YINGKE® 盈科

盈科全国业务指导委员会系列丛书

碳达峰碳中和纠纷案件争议解决指南

风险提示与防控建议

盈科律师事务所 / 编
刘新海 / 主编
陈勇珍 / 副主编

GUIDELINES FOR DISPUTE RESOLUTION OF CARBON PEAK AND CARBON NEUTRALITY

RISK WARNING AND PREVENTION SUGGESTIONS

法律出版社 LAW PRESS · CHINA
北京

图书在版编目(CIP)数据

碳达峰碳中和纠纷案件争议解决指南 ：风险提示与防控建议 / 盈科律师事务所编 ；刘新海主编. -- 北京 ：法律出版社，2023
ISBN 978 - 7 - 5197 - 8635 - 9

Ⅰ. ①碳… Ⅱ. ①盈… ②刘… Ⅲ. ①企业环境管理－环境保护法－中国－指南 Ⅳ. ①D922.683.4 - 62

中国国家版本馆 CIP 数据核字（2023）第 239422 号

碳达峰碳中和纠纷案件争议解决指南
——风险提示与防控建议
TANDAFENG TANZHONGHE JIUFEN ANJIAN ZHENGYI JIEJUE ZHINAN
—FENGXIAN TISHI YU FANGKONG JIANYI

盈科律师事务所　编
刘新海　主编

策划编辑 朱海波
责任编辑 朱海波　杨雨晴
装帧设计 汪奇峰　臧晓飞

出版发行 法律出版社
编辑统筹 法律应用出版分社
责任校对 邢艳萍
责任印制 刘晓伟
经　　销 新华书店

开本 710 毫米×1000 毫米　1/16
印张 37.75　**字数** 620 千
版本 2023 年 12 月第 1 版
印次 2023 年 12 月第 1 次印刷
印刷 天津嘉恒印务有限公司

地址：北京市丰台区莲花池西里 7 号(100073)
网址：www.lawpress.com.cn
投稿邮箱：info@lawpress.com.cn
举报盗版邮箱：jbwq@lawpress.com.cn

销售电话：010 - 83938349
客服电话：010 - 83938350
咨询电话：010 - 63939796

书号：ISBN 978 - 7 - 5197 - 8635 - 9
定价：128.00 元

凡购买本社图书，如有印装错误，我社负责退换。电话：010 - 83938349

本书编著者

主　　编　刘新海

副 主 编　陈勇珍

编　　委　张月宁　郭建平　庄瑞彪　刘　娟　张继胜　向海龙
陈思远　李　艳　李鲜华　徐　莉　姜淳云　李　贞
程　尧　陈晓晓　秦可天　王春刚

编委助理　孔傲龙　唐于平　王　静　刘晟东　周冬云　冯　磊
崔帆帆　赵伟杰　刘凌怡

YINGKE® 盈科

序

为落实《巴黎协定》和2030可持续发展目标，全球已有137个国家和地区宣布了“碳中和”目标，彰显了全球绿色低碳创新发展的大趋势。

中国政府于2020年9月宣布了“2030年前实现碳达峰、2060年前实现碳中和”的目标，随后，陆续搭建完成了“碳达峰碳中和”目标的“1+N”政策体系，在能源、工业、城乡建设等各领域制定了双碳行动方案，在科技支撑、绿色金融等方面也制定了一系列保障措施。从中央到地方，从行业到企业，中国经济结构已进入以“双碳”为主线的绿色发展模式。

随着“碳达峰碳中和”政策体系与市场体系的逐步深化，围绕“双碳”展开的新技术新业态加快构建并壮大发展。除产业层面外，“双碳”法律服务、评价认证服务、碳市场与碳金融等专业服务新业态构成了“双碳”新兴服务业，成为推进实现双碳目标的重要力量。

在企业层面，围绕“双碳”目标展开的各项行动已成为各行业树立标杆、体现企业社会责任和提升国际竞争力的重要战略举措。与此同时，推进“双碳”工作，还涉及环保法规、碳排放管理、碳排放权交易、自愿减排项目开发、碳市场监管等政策法规，企业“双碳”行动自然面临各种法律风险和纠纷争议。如何有序有效地规避潜在风险、解决法律纠纷，是企业“双碳”工作的必备能力，是保障经济高质量发展和推进实现“双碳”目标的重要课题。

最高人民法院于2023年2月发布的《关于完整准确全面贯彻新发展理念　为积极稳妥推进碳达峰碳中和提供司法服务的意见》强调，积极引导企业遵守法律法规，降低碳排放，对环境保护和可持续发展至关重要。《关于完整准确全面贯彻新发展理念　为积极稳妥推进碳达峰碳中和提供司法服务的意见》同时提出了配套典型案例，对温室气体排放侵权纠纷案件、绿色金融纠纷案件、碳排放配额、核证自愿减排量交易纠纷案件等17类双碳相关案件进行依法审理。

作为中国规模最大、最具影响力的法律专业机构，盈科律师事务所对标国家“双碳”战略，组建了盈科全国碳中和法律专业委员会，潜心研发“双碳”领域法律风险与法律服务产品，率先编撰了《碳达峰碳中和纠纷案件争议解决指南——风险提示与防控建议》（以下简称《指南》），为企业应对各类案件提供参考和指引，形成最新的理论和实践成果，并将其集结成册和出版发行。

《指南》为企业提供了在碳达峰和碳中和领域应对法律风险和挑战的解决方案。通过深入研究碳达峰和碳中和领域的纠纷案例，并对相关法律政策和案例进行全面解读和分析，帮助企业更好地理解和应对可能面临的法律问题。通过学习和应用《指南》中的知识和建议，企业可以全面了解碳达峰和碳中和的法律要求和政策导向，从而更好地制定和实施相关策略和措施，提高自身的可持续发展能力。

《指南》是“双碳”新兴服务业的典范之作。将为推进“双碳”目标发挥保驾护航的重要作用。它不仅对企业具有指导作用，成为企业在碳达峰和碳中和领域的重要参考工具，帮助企业遵守法律法规，管理风险，实现可持续发展；也为律师、法律从业者以及相关人士提供了重要的参考资料。

借《指南》出版之际，希望各界企业能不断提升“双碳”行动的意识和能力，为推进“双碳”新业态新经济的发展贡献积极力量。

（邓继海）

国际绿色经济协会

法人代表、执行会长

2023 年 10 月

前　言

在面临全球气候变化和环境问题日益严重的背景下，碳达峰碳中和的目标已然成为全球共同追求的方向。2020年9月22日，国家主席习近平在第七十五届联合国大会一般性辩论上首次提出了，中国将提高国家自主贡献力度，采取更加有力的政策和措施，二氧化碳的碳排放力争于2030年前达到峰值，努力争取到2060年前实现“碳中和”。“30·60”目标的提出，坚定了我国要走绿色低碳发展道路的决心，描绘了中国未来实现绿色低碳高质量发展的蓝图，也在国际社会中展现了大国担当，为推进全球气候治理进程注入了强大的推动力。

2022年10月，在党的二十大报告中，习近平总书记提出，“推动绿色发展，促进人与自然和谐共生”。“绿色发展”是党中央立足全面建成社会主义现代化强国、实现第二个百年奋斗目标，以中国式现代化全面推进中华民族伟大复兴作出的重大战略部署，深入学习领会习近平总书记对“绿色发展”的重要论述，对促进经济社会的永续发展，顺利完成“十四五”规划具有重要的指导意义。迈上全面建设社会主义现代化国家新征程，我们要加快发展方式绿色转型，深入推进环境污染防治，提升生态系统多样性、稳定性、持续性，积极稳妥推进碳达峰碳中和，最终实现人与自然和谐共生的现代化。

2023年是全面贯彻落实党的二十大精神的开局之年，也是实施“十四五”规划承上启下的关键之年。在“双碳”国家战略实施的过程中，法律服务将发挥重要的作用。2023年2月17日，最高人民法院发布的《关于完整准确全面贯彻新发展理念　为积极稳妥推进碳达峰碳中和提供司法服务的意见》（法发〔2023〕5号，以下简称《法发〔2023〕5号》），为这一目标的实现提供了重要的法律指引和保障。该意见指出要“准确把握刑事、民事、行政法律涉及生态环境保护的立法精神，让制度成为刚性约束和不可触碰的高压线。正确适用民法典绿色原则和绿色条款，强化以环境保护法为基础，以生态保护、污染防治、资源利用以及能源开发等法律为主干，以行政法规规章为补充的碳达峰碳中和法律制度供给和执行，加快形成系统完备的裁判规则体系，确保法律适用统一。”该意见列举了服务经济社会发展全面绿色转型、保障产业结构深度调整、推进完善碳市场交易机制等 17 种纠纷案件类型。

本书编写的初衷就是基于《法发〔2023〕5 号》的要求和中国碳达峰碳中和实践的需求。盈科双碳领域的专业律师团队针对《法发〔2023〕5 号》列举的 17 种碳达峰碳中和纠纷案件类型，通过梳理和研究具体案例和相关企业可能面临的风险点，提出了相应的风险防控建议。这些建议旨在帮助企业准确评估风险，采取有效措施进行预防和应对，从而更好地维护企业的合法权益。

这本书的诞生并不仅是为了迎合法规，更是为了帮助企业和法律从业者适应一个日益重视环保和碳减排的社会。随着“碳达峰碳中和”政策体系与市场体系的逐步深化，我们正处于一个全新的时代，一个以低碳、环保为核心的可持续发展时代。在这个时代中，“双碳”成为了关键词，也成为了推动可持续发展的重要驱动力。各行各业都将面临前所未有的机遇和挑战。在这个时代背景下，围绕“双碳”展开的新技术、新业态正在加快构建并壮大发展。不同领域的“双碳”关键技术，正成为推动各行各业实现碳达峰碳中和的核心力量。从清洁能源到节能环保，从智能制造到绿色交通，每一项技术的突破，都将为可持续发展贡献一份重要的力量。与此同时，双碳法律服务、碳市场与碳金融等专业服务新业态，也已经在“双碳”发展进程中崭露头角。法律的力量在于引导和规范，我们将与时俱进，为“双碳”产业链上的各个环节提供切实可行的法律指引，助力企业合规经营。

盈科律师事务所近年来一直致力于在“双碳”领域提供卓越的法律服务。通过深入研究“双碳”领域的法律政策，积极参与碳市场建设与管理，助力企业合规运营。律师团队已积累丰富的经验和专业知识，在碳排放权交易、碳关税、碳抵销、碳减排项目以及 ESG 合规等方面具有独特的优势。同时，盈科律师事务所努力得到了英国国家标准机构 BSI 基于 PSA2060 标准的核查，并获得了“碳核查、碳中和”双认证证书。作为中国首家完成 BSI 独立第三方核查的律师事务所，也是首家将“碳中和”写入发展理念的律师事务所。为了更好地服务于碳达峰碳中和的实施，盈科律师事务所在全国各分所范围内组建了专业双碳法律服务团队，设置盈科全国碳中和法律专业委员会，并形成了“1 + N”的服务与合作体系，其中“1”就是盈科全国碳中和专委会，主要负责双碳法律服务产品的研发、承做与交付,供应商体系的组织和建设;“N”是指盈科体系的各个分所,由区域的负责人负责在当地客户的开发与维护。

盈科全国碳中和法律专业委员会截至目前已经推出了十大双碳法律服务产品,这些产品涵盖了碳汇开发、项目管理、绿色金融、碳交易、争议解决、ESG合规等十大领域。我们致力于为企业提供专业的法律咨询和服务,帮助他们在碳达峰碳中和的过程中遵守法律法规,实现可持续发展。2023年5月4日,上述双碳产品入选由中国政法大学律师学研究中心主办,法制日报社媒体支持的首届青年律师创新引领典型案例奖。该奖项是对我们在碳资产交易、投融资和纠纷解决等方面的出色表现的认可。这本《碳达峰碳中和纠纷案件争议解决指南》,正是盈科碳中和法律专委会团队律师的最新理论和实践成果。

我们坚信,通过法律服务的专业性与创新性,能够为企业提供更加可靠、可行的法律指导,帮助企业应对碳达峰碳中和的挑战,实现可持续发展,因此我们组织了来自盈科北京、上海、深圳、广州、西安、长沙、呼和浩特、鄂尔多斯、太原等多位盈科双碳领域专业律师参与编写本书。他们聚焦了《法发〔2023〕5号》中列举的17种碳达峰碳中和纠纷案件类型,通过案例研究、法律分析和实践经验,提供了关于如何理解、预防和解决这些案件的深刻见解。

本书共有十九个篇章,通过深入分析和探讨在环境法领域中的多个子领域案例,着眼于气候变化问题所引发的各种法律纠纷。这些案例展示了在不同层面、不同领域内,气候变化所带来的影响以及应对之道。例如,在新业态、新模式生产服务消费领域,我们关注了生产、服务和消费过程中可能出现的纠纷,包括合同纠纷、侵权纠纷等。在温室气体排放方面,我们研究了排放侵权纠纷、污染防治纠纷等案例。在适应气候变化方面,我们关注了行政补偿、能源管理等纠纷。在绿色金融、碳排放配额交易、资源开发等领域,我们也进行了详细的分析和总结。

通过对这些案例的研究,我们可以看到,在环境与气候变化领域,涉及的法律问题非常复杂,涉及的利益关系也较为复杂。同时,随着环境与气候变化问题的日益突出,相关案件的数量和复杂性也在不断增加。

然而,我们也看到了司法审判实践中的一些亮点和取得的成绩。各级法院在审理环境与气候变化案件时,积极运用法律法规,依法保护环境权益,促进绿色发展。一些判决结果对于引导企业履行环境责任、推动可持续发展具有积极的影响力。

在总结本书内容时,我们认为,为了更好地应对环境与气候变化问题,需要进一步加强立法工作,完善相关的法律法规体系。同时,还需要提高司法人员的专业素养,加强环境与气候变化领域的司法能力建设。

此外,我们还强调了企业的环境责任和社会责任,在经营过程中要意识到环境保护的重要性,并主动承担起应尽的责任。政府、企业、公众等各方应共同努力,形成多方合作的良好局面,共同应对环境与气候变化带来的挑战。

本书的编写得到了专家学者和盈科全国碳中和法律专业委员会成员的全力支持和积极参与。我们衷心感谢那些专家学者和盈科碳中和法律专业委员会成员,他们为本书的编写作出了重要贡献。他们不仅具备深厚的专业知识,还关注最新的法律动态和司法实践,为本书提供了宝贵的意见和建议。同时,我们也感谢所有参与本书编写的律师们,他们的努力和热情使得本书能够顺利完成。

最后,在这个充满挑战和机遇的时代,我们相信深入了解碳达峰碳中和法律纠纷将成为企业成功的关键因素之一。我们希望本书能够成为企业在碳达峰碳中和纠纷案件中的指南,为企业决策者、法律专家和相关从业人员提供有益的参考和指引。希望读者能够通过本书深入了解碳达峰、碳中和的法律问题,并从中获得有用的启示和指导,通过阅读本书,能对碳达峰碳中和领域的风险点有更加深入的了解,同时也能够更好地应对碳达峰碳中和纠纷案件带来的挑战。

本书在编写过程中虽经过多次修改,但因“双碳”尚属较新的领域,专门的“双碳”立法还不完善,在理论知识的研究上较为薄弱及匮乏,再加上时间匆忙,参与律师较多,编者能力有限,在编写过程中对一些内容难免有遗漏和不足,故书中欠妥之处在所难免,恳请读者及同行不吝批评指正,以使本书能不断地完善。

祝愿您阅读愉快,同时也期待着与您一同探讨碳中和法律的未来。

衷心感谢您的关注与信任!

盈科全国碳中和法律专业委员会　敬上

目录

第一章

关于碳达峰碳中和领域背景介绍与司法审判实践分析

第二章

新业态新模式生产服务消费纠纷案件

第七章

产能置换纠纷案件

第八章

高耗能、高碳排放企业生态环境侵权纠纷案件

第十二章

可再生能源发展纠纷案件

第十三章 合同能源管理节能服务合同纠纷案件

第十四章

碳排放配额、核证自愿减排量交易纠纷案件

第十五章

碳排放配额、核证自愿减排量担保纠纷案件

第十六章

碳排放配额清缴行政处罚案件

附录

第一章

关于碳达峰碳中和领域背景介绍与司法审判实践分析

张月宁

本章作者：张月宁，北京市盈科（深圳）律师事务所高级合伙人律师、青年律师工作委员会主任，盈科全国碳中和法律专业委员会副主任。

第一节　背景介绍及司法审判在碳达峰碳中和领域的作用

一、背景介绍

全球气候变化问题日益严峻，各国政府正在采取积极应对措施。2020 年 9 月 22 日，国家主席习近平宣布中国作为当前全球最大的碳排放国承诺在 2030 年前实现我国碳达峰，并在 2060 年实现碳中和。

碳中和又称为碳中性，是指一个国家或地区温室气体排放量与其同期抵消排放量相平衡。实现碳中和需要减少温室气体排放、提高能源效率，并通过植树造林、碳捕获等方式，抵消剩余的碳排放量。

碳达峰，是指某一国家或地区温室气体排放到达最高峰值，并从此开始逐年递减。中国承诺在 2030 年前实现碳达峰，这要求各产业、领域采取积极措施，降低碳排放量，以减缓气候变化带来的不利影响。

截至 2023 年 9 月 16 日，以“碳达峰”为关键词检索相关案例、裁判文书 117 例，其中民事案件 104 例，刑事案件 6 例，行政案件 7 例。案件类型上，买卖合同纠纷数量较多，共 15 例。地域分布上，山东地区案件数量较多，共 24 例，占比 24.74%，广东地区案件次之，共 14 例，占比 14.43%（见图 1－1）。

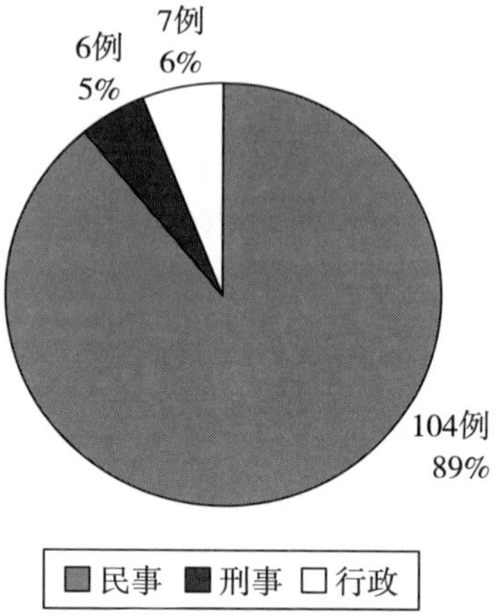

图 1－1　以“碳达峰”为关键词检索相关案例

截至 2023 年 10 月 12 日，以“碳中和”为关键词检索相关案例、裁判文书 167 例，其中民事案件 145 例，刑事案件 8 例，行政案件 13 例，其他类型案件 1 例，案件类型上，买卖合同纠纷较多，共 17 例。地域分布上，检索到的广东地区案件数量较多，共 33 例，占比 22.45%，山东地区案件次之，共 26 例，占比 17.69%（见图 1－2）。

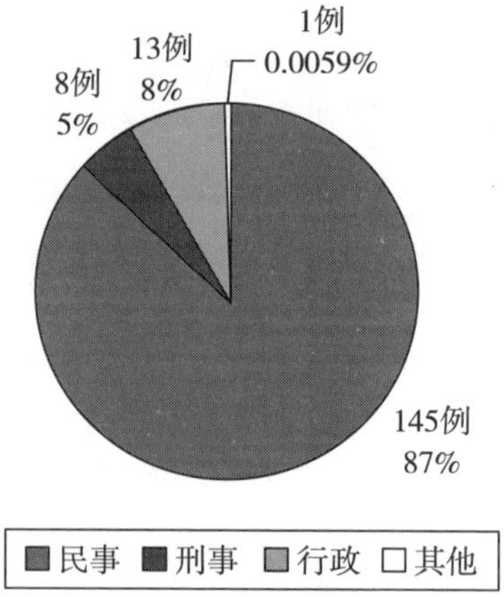

图 1－2　以“碳中和”为关键词检索相关案例

截至 2023 年 10 月 12 日，以“生态环境”为关键词检索相关案例、裁判文书 128,836 例，其中民事案件 50,111 例，刑事案件 18,117 例，行政案件 40,173 例，案件类型上,商品房预售合同纠纷较多,共6182例。地域分布上,检索到的广东地区案件数量较多,共14,546例,占比11.6%,江苏地区案件次之,共11,114例,占比8.86%(见图1-3)。

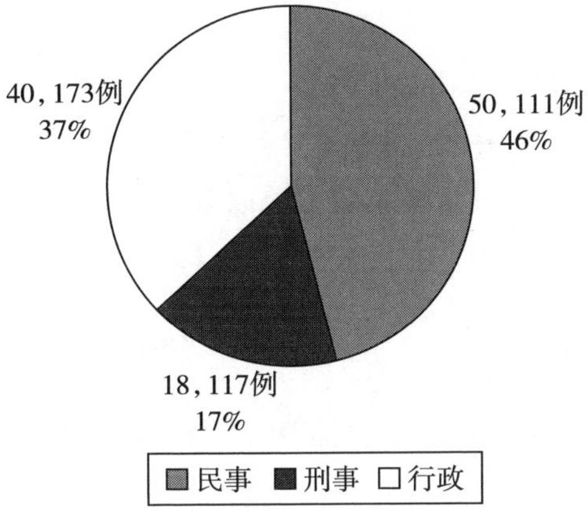

图1-3 以"生态环境"为关键词检索相关案例

2021年1月9日生态环境部发布的《关于统筹和加强应对气候变化与生态环境保护相关工作的指导意见》指出:"协调推动有关法律法规制修订。把应对气候变化作为生态环境保护法治建设的重点领域,加快推动应对气候变化相关立法,推动碳排放权交易管理条例出台与实施。在生态环境保护、资源能源利用、国土空间开发、城乡规划建设等领域法律法规制修订过程中,推动增加应对气候变化相关内容。鼓励有条件的地方在应对气候变化领域制定地方性法规。"中共中央、国务院于2021年9月22日发布的《关于完整准确全面贯彻新发展理念做好碳达峰碳中和工作的意见》中也明确提到:"健全法律法规。全面清理现行法律法规中与碳达峰、碳中和工作不相适应的内容,加强法律法规间的衔接协调。研究制定碳中和专项法律,抓紧修订节约能源法、电力法、煤炭法、可再生能源法、循环经济促进法等,增强相关法律法规的针对性和有效性。"

由此可见,碳中和无论是从立法还是司法角度上都是一项系统化工程。从立法角度上,我国目前仍亟待解决的如明确碳交易的商品种类、相关的市场交易规则、交易应承担的法律责任等,使得在执行层面上确切做到有法可依。从司法角度上,人民法院需做到准确理解立法精神,做好刑事、民事审判与行政执法的有效衔接,充分地发挥审判职能作用,通过妥善审理碳市场交易纠纷案件,促进碳市场健康有序发展。

二、司法审判在碳达峰碳中和领域的作用

(一)确保政策有效实施

司法审判在碳达峰碳中和的实施过程中发挥关键作用。通过审判环境污染、碳排放违法案件,可以确保相关政策得以有效实施,推动各产业、地区减少温室气体排放。

(二)维护公平竞争

司法审判可以有效解决企业之间因碳排放政策引发的纠纷,确保公平竞争和市场秩序。通过对碳排放违法行为的审判,可以维护企业间的公平竞争,引导企业采取绿色、低碳的生产方式。

(三)保护合法权益

司法审判有助于保护公民、法人和其他组织的合法权益。通过审判环境污染、碳排放案件,可以保护受害人的合法权益,维护社会公平正义。

(四)监督执法

强化司法审判对环保、能源等部门的监督,确保政策得到严格执行。通过审判环境污染、碳排放违法案件,可以发现执法中存在的问题,及时进行整改,提高执法效果。

第二节　案件类型综述

最高人民法院《关于完善准确全面贯彻新发展理念　为积极稳妥推进碳达峰碳中和提供司法服务建议》(法发〔2023〕5号),以下简称(《法发〔2023〕5号》)中提及案由类型共17个,最高人民法院分别从经济社会绿色转型、产业结构深度调整、清洁低碳安全高效能源体系、完善碳市场交易机制四个维度将17个案由进行归类,对于法院审理涉碳案件具有重要的指导作用,有利于发挥各级法院的审判职能作用,具体案件类型如下:

一、新业态新模式生产服务消费纠纷案件

2021年7月,正式启动全国碳排放交易市场以来,我国碳市场已经成为全球覆盖碳排放最大的市场,双碳政策带来的新业态新模式无疑会成为未来几年、十几年甚至几十年的发展之重,"绿色"日益成为经济社会高质量发展的鲜明底色。如何绿色、可持续、高效、有盈利地实现生产、服务、消费已经是每个行业发展前进的重中之重,由此产生的各类新业态新模式案件也无疑成为法律行业需要研究的重点。除《法发〔2023〕5号》中列举的涉标的物包装方式争议的消费纠纷案件外,双碳政策必然推动企业对原有技术的创新,涉及运用煤炭清洁、可再生能源、环境、水污染、绿色能源等新型知识、技术的知识产权纠纷。

二、温室气体排放侵权纠纷案件

根据《法发〔2023〕5号》规定,解决温室气体排放侵权纠纷案件,依法判断企业排放行为与损害结果之间是否成立因果关系,明确侵权人承担停止侵害、排除妨碍、消除危险、生态环境修复、赔偿损失等民事责任。

三、大气污染防治纠纷案件

大气污染防治纠纷案件可能涉及的案件类型有民事案件、行政案件和刑事案件三大类。守护“绿水青山”和“碧海蓝天”是每个企业的担当和责任,随着国家“碳达峰碳中和”和“美丽中国”等战略目标的提出,各企业单位实施节能减排、绿色低碳的生产模式势在必行,追求经济目标的同时要注重保护环境和自然资源,这也是企业实现可持续发展的前提。

四、适应气候变化行政补偿案件

适应气候变化行政补偿案件是现代市场经济发展过程中对市场经济调节和政府双重干预的一种补救方法。该类案件的审理,对恢复受损的私人权利、抚慰相对人的不满心理、修复失衡的社会关系具有重要作用,推动完善陆地生态系统保护和海洋生态系统保护,促进资源开发利用与生态环境保护相协调。

五、企业环境信息披露相关案件

企业环境信息披露主要是要依法及时、真实、准确、完整披露环境信息。法院审理该类纠纷的目的是引导企业主动适应绿色低碳发展要求,强化环境责任意识,依法确定上市公司和发债企业等承担相应侵权责任,确保资金投向气候友好型绿色低碳项目,切实保护投资者合法权益,维护公平、公正的气候投融资市场秩序。

六、产能置换纠纷案件

产能置换案件主要争议焦点在于产能置换协议的效力认定、合同义务的归属、违约责任的认定等。法院审理该类案件,通过结合产业政策,能源消耗、碳排放强度和总量控制要求,认定合同履行和违约责任,推动产能指标从高耗能、高碳排放企业向低耗能、低碳排放企业转移。

七、高耗能、高碳排放企业生态环境侵权纠纷案件

高耗能、高碳排放企业生态环境侵权纠纷案件着重在企业生态环境修复赔偿金交纳类案件和绿色技改赔偿抵扣类案件。法院审理该类案件，有利于及时要求侵权人按照生效裁判要求，在合理期限内履行生态环境修复义务，加强绿色低碳技改抵扣赔偿损失方式的推广适用。

八、绿色金融纠纷案件

绿色金融纠纷主要是深入研究绿色税收以及绿色信贷、绿色债券、绿色保险、绿色发展基金等涉及绿色金融发展的特殊法律问题。法院审理该类案件，有利于通过法律有效保护投资者合法权益，鼓励更多资本和机构参与气候投融资。

九、煤炭资源整合和电力结构调整纠纷案件

煤炭资源利用和电源结构调整纠纷案件法院主要综合考虑煤炭资源整合政策、合同签订主体、具体内容以及履行情况后作出裁判。同时，解决该类案件有利于推动高碳排放企业低碳公正转型，有利于依法推动完善煤炭生产企业与发电供热企业长协机制，并严格落实。

十、油气资源矿业权纠纷案件

我国经济长期向好，能源需求持续增长，但新能源短时间内还不能替代传统的油气能源，因此稳油增气、提升油气资源供给能力依然是筑牢能源安全底线的基础。法院审理该类案件有利于推动油气资源规模化开发，依法保障国家能源供应安全，最终构建清洁低碳安全高效的能源体系，提升国家油气安全保障能力。

十一、可再生能源发展纠纷案件

该类案件的审理要按照能源项目建设用地分类指导政策和国土空间规划要求，依法妥善处理好沙漠、戈壁、荒漠生态环境保护和大型风电、光伏发电基地等建设用地需求之间的关系，助力形成清洁低碳安全高效能源供应体系，最终实现依法推动能源高效、清洁利用的目标。

十二、合同能源管理节能服务合同纠纷案件

在国家促进节能产业大发展的背景下，涌现出大批节能服务公司，又称“合同能源管理公司”（EMC 公司），国外简称能源服务公司（Energy Service Companies，ESCO），通过与客户签订能源服务合同，为客户提供节能改善的设备、技术、资金等一条龙服务，并通过为客户节约下来的能源成本来获得项目收益。由于涉及的主体较多，业务环节复杂，合同履行周期较长，对节能标准的认定存在较大差异等，在节能改造实施过程中极易发生争议，常见的争议包括节能效益是否达到合同约定的节能标准、用能单位欠付节能效益分享款、节能改造终止后的赔偿、能源管理合同的性质认定等。

十三、碳排放配额、核证自愿减排量交易纠纷案件

我国的碳交易市场现阶段主要交易标的分为两大类：碳排放配额和核证自愿减排量。国内目前碳排放配额、核证自愿减排量交易相关案件的审理与披露较少，自我国签订《巴黎协定》以来，全国各级人民法院一审审结涉碳市场交易案件 600 余件。在最高人民法院官网发布的《司法积极稳妥推进碳达峰碳中和典型案例》中可以看到 11 个经典案例，这些案例涵盖了民事、行政和刑事领域。这些案例都表明了人民法院积极稳妥推动碳达峰碳中和的鲜明态度，并积极引导企业增强环保意识、走绿色低碳发展道路。

十四、碳排放配额、核证自愿减排量担保纠纷案件

碳排放配额、核证自愿减排量担保纠纷,是指涉及碳排放配额、核证自愿减排量作为担保物的担保合同的争议。碳排放配额、核证自愿减排量担保纠纷可能涉及以下几个方面:(1)担保合同的效力;(2)担保物的处置;(3)担保责任的承担。

十五、碳排放配额清缴行政处罚案件

根据《法发〔2023〕5 号》第 19 条之规定,依法审理碳排放配额清缴行政处罚案件。碳配额限额发放后,由于某些企业在履约期到期前未做好碳资产的合理管理工作,导致核算时实际的排放量超过其所持有的碳排放配额,且未采取合理措施进行履约清缴,而最终被行政机关处罚。若企业对此有异议,可通过行政复议、行政诉讼的方式来进行救济。因此,就会产生碳排放配额清缴的行政处罚纠纷。

十六、涉碳排放配额、国家核证自愿减排量金钱债权执行案件

随着"双碳"目标的提出,碳交易市场正在有条不紊地建构中,各项配套措施稳步推出。在部分涉及金钱债权的执行案件中,有地方法院先行先试将目光聚焦于碳排放权、国家核证自愿减排量的资产价值,认为碳排放权、国家核证自愿减排量可作为交易产品进入市场,也可通过市场变现来实现执行债权。《法发〔2023〕5 号》对此作出了规定,确立了后续的执行依据。

十七、涉温室气体排放报告纠纷案件

涉温室气体排放报告纠纷案件主要争议为排放单位因拒绝履行温室气体排放报告义务,或者虚构、捏造、瞒报、漏报温室气体排放数据对我国如何保障碳市场的健康运行提出了新的挑战。通过碳排放报告,企业可以从多个维度全面了

解自身的碳排放情况。真实准确的碳排放数据对于碳市场的正常运转至关重要,它可以成为评估企业碳足迹、制定碳减排策略和推动低碳经济发展的基础依据。

第二章

新业态新模式生产服务消费纠纷案件

郭建平

本章作者：郭建平，北京市盈科（鄂尔多斯）律师事务所高级合伙人律师、监事会主任、商事诉讼与仲裁法律事务部主任。

第一节　案件类型、案由分析及相关法律法规

一、新业态新模式生产服务消费纠纷案件类型和案由综述

《法发〔2023〕5号》第2条规定："完整准确全面贯彻新发展理念。积极稳妥推进碳达峰碳中和，统筹产业结构调整、减污降碳、生态保护、应对气候变化。依法助力协调和平衡发展和减排、整体和局部、短期和中长期、政府和市场的关系。以促进能源绿色低碳发展为关键，推动形成节约资源和保护环境的产业结构、生产方式、生活方式、空间格局，走符合中国国情和实际的司法服务道路。"

科技革命不仅给各个行业和人民的生活方式带来了巨大的转变，也不可避免地对我们赖以生存的生态环境造成了不小的负担，碳排放正从现实层面深深影响着人类未来的命运，为了推动构建人类命运共同体，实现可持续发展，减少碳排放以应对气候变化已经势在必行。碳达峰碳中和这一重大战略决策，必然助推绿色生产方式的形成，带来能源消费结构的变化，而能源消费结构的巨大变化，也为工业、交通、建筑等重点实体经济领域带来了绿色技术创新与新的商业机会，推动产业升级。

环境治理是一个需要经年累月才能有收获的过程，"双碳"也绝不会仅是"昙花一现"的政策，因此，"双碳"政策带来的新业态新模式无疑会成为未来几年、十几年甚至几十年的发展之重，"绿色"日益成为经济社会高质量发展的鲜明底色。妥善审理碳市场交易纠纷案件，促进碳市场健康有序发展，是人民法院的重要职责。

在此情境下，新业态新模式无疑要聚焦于"新"，传统产业的手段已经不足以应对"双碳"政策，不同产业、企业需要以相互组合的方式，充分利用各自内部与外部的力量，结合新时代互联网技术，以实现降低绿色项目开发和交易成本，从而形成节约集约、循环高效、普惠共享的生产服务新格局。如何绿色、可持续、高效、有盈利地实现生产、服务、消费已经是每个行业发展前进的重中之重，由此

产生的各类新业态新模式案件也无疑成为法律行业需要研究的重点。

二、新业态新模式生产服务消费纠纷涉及的具体案件类型及对应的案由

2021 年 7 月，正式启动全国碳排放交易市场以来，我国碳市场已经成为全球覆盖碳排放最大的市场，“双碳”政策必然推动企业对原有技术的创新，除《法发〔2023〕5 号》中列举的涉标的物包装方式争议的消费纠纷案件外，涉及运用煤炭清洁、可再生能源、环境、水污染、绿色能源等新型知识、技术的知识产权纠纷，以及因新标准带来的新型环境污染引发的各类公益诉讼案件。除此之外，建筑、工业、交通、电力、炼油、农业、林业等传统行业因新要求需要获取行政单位审批许可，进而引发的行政诉讼类案件，以及因新业态新模式下可能产生的新型财产（如碳排放额）的新法律属性引发的买卖合同纠纷、债权债务纠纷，由互联网引发的各类网络侵权、合同纠纷，都为我们进一步推进审判、执行等司法工作提供了很好的指引方向。

实践中，立法、司法层面都需要尽快明确碳交易、碳金融案件的管辖问题，碳配额发放、核证引发的涉碳行政争议与传统行政案件相比有哪些特殊性，能否就涉碳环评、信息公开、超量排放等提起环境公益诉讼等新模式下可能引发的问题，为国家“双碳”目标的实现助力，为推动绿色低碳高质量发展和社会主义现代化建设贡献法律智慧。

三、新业态新模式生产服务消费纠纷涉及的法律法规

目前来说，真正针对“双碳”政策和“新业态新模式”下生产服务消费纠纷的权威、全面的上位法律尚未发布，法律工作者更多是从现有的法律法规和地方政策中寻找碳市场交易行为及各个纠纷的法律依据。

在《民法典》第 9 条“民事主体从事民事活动，应当有利于节约资源、保护生态环境”这一绿色原则的指引下，我们会从《大气污染防治法》、《森林法》、《促进科技成果转化法》、《节约能源法》、《中国清洁发展机制基金管理办法》和《碳排放权交易管理办法（试行）》、最高人民法院《关于充分发挥审判职能作用为推进生态文明建设与绿色发展提供司法服务和保障的意见》等法律性文件中，寻求

企业生产经营交易的合法性。又由于碳排放不可避免地需要行政机关的审批、许可，因此对《行政许可法》《行政处罚法》《行政诉讼法》的研究也成为企业发展的必要保障。

从政策的角度，自"双碳"目标确立和发布后，党中央成立碳达峰碳中和工作领导小组致力于建设"1+N"政策体系。其中"1"即2021年9月22日中共中央、国务院发布的《关于完整准确全面贯彻新发展理念做好碳达峰碳中和工作的意见》。2021年10月24日，国务院印发《2030年前碳达峰行动方案》，意见和方案两个指导性文件共同构建了贯穿我国"碳达峰""碳中和"两个阶段的顶层设计。

第二节　相关企业面临的主要法律风险

培育壮大经济发展新动能，加快新旧动能接续转换是促进经济结构转型和实体经济升级的重要途径，"双碳"政策为我国各个企业加快转型升级、增强发展主动权提供了重要机遇，企业更加需要推动人才、技术、数据等的合理流动。

区别于传统市场，新业态新模式下的生产、服务、消费除了受各市场主体自发运转的推动外，受行政机构管理、调控的特征尤为明显，其市场发展除了以民法为基础，更加受到精细、复杂的行政管理性法律、法规、规章制度及各地政策影响、保障，行政主管部门需根据国家温室气体排放控制要求，综合考虑经济增长、产业结构调整、能源结构优化、大气污染物排放协同控制等因素，制定碳排放配额，而原本市场主体间可以通过自主约定违约责任来限定，但碳市场交易更加容易触及相关行政规章和其他法律责任。

一、法律法规约束更加严格的风险

最高人民法院、最高人民检察院联合发布《关于办理环境污染刑事案件适用法律若干问题的解释》（法释〔2023〕7 号）（以下简称《法释〔2023〕7 号》），自 2023 年 8 月 15 日起施行。《法释〔2023〕7 号》第 10 条规定，承担温室气体排放检验检测、排放报告编制或者核查等职责的中介组织的人员故意提供虚假证明文件的，也纳入《刑法》第 229 条提供虚假证明文件罪的适用范围。《法释〔2023〕7 号》第 11 条对环境质量监测系统造假行为也作出了有针对性的细化，加强了打击监测数据造假的针对性。

近年来，随着国家推行对企业温室气体排放情况开展核查，有些技术服务机构及其人员在检验检测、编制或核查排放报告过程中，通过造假行为，牟取私利。对于这类违法行为，不但严重破坏了碳交易市场秩序，还给企业带来了经营风险。企业如不遵守相关法律、法规，可能会影响到企业的生产的正常经营，从而影响企业的长期发展。

二、碳排放权交易的风险

生态环境部发布的《碳排放权交易管理办法（试行）》（生态环境部令第19号）（以下简称《生态环境部令第19号》）于2021年2月1日起实施。《生态环境部令第19号》第5条规定，组织建立全国碳排放权注册登记机构和全国碳排放权交易机构，全国碳排放交易机构负责组织开展全国碳排放权集中统一交易。2021年7月16日，全国碳排放权交易市场正式上线，采用“双城模式”，包括设于上海的碳排放权交易平台/中心，设于武汉的碳配额登记系统。《生态环境部令第19号》第22条规定，碳排放交易权可采用协议转让、单向竞价的交易模式，符合我国商品现货交易特性。目前，湖北、上海、陕西、广东等地已经开始积极探索新的碳金融产品，如碳抵押贷款、碳基金、现货远期等，我国碳排放权交易市场正朝着现货交易与衍生品交易共同发展的方向前进。

中国人民银行2021年度第一期碳金融市场研究报告《推动我国碳金融市场加快发展》中指出“碳排放权资产的法律属性不明确、价值评估体系薄弱，阻碍了金融产品工具的推广与创新”。在碳交易市场及相关法律法规尚不完善的情况下，碳交易市场的稳定性面临的法律风险不容忽视。

《生态环境部令第19号》第39条、第40条对虚报、瞒报温室气体排放报告以及未按时足额缴清碳排放配额的重点排放单位进行了罚则规定，将对碳排放额的分配额进行核减。对于重点排放单位的排放配额与企业的产能息息相关，而产能往往是企业赖以生存发展的关键。企业如果不了解相关交易规则或不当操作，可能会因不同区域交易规则的不同带来后续交易风险，以及面临碳排放配额分配数量过低、无法分配，或因未足额清缴碳排放配额等违法被罚款等法律风险。

三、登记、交易和结算平台内控的风险

为规范碳排放权登记、交易、结算活动，2021年5月14日，生态环境部发布

《碳排放权登记管理规则（试行）》、《碳排放权交易管理规则（试行）》和《碳排放权结算管理规则（试行）》（生态环境部公告2021年第21号）（以下简称《生态环境部公告2021年第21号》）。《生态环境部公告2021年第21号》碳排放权登记管理规则第24条规定，注册登记机构应当依照法律、行政法规及生态环境部相关规定建立信息管理制度，对涉及国家秘密、商业秘密的，按照相关法律法规执行。登记、交易和结算平台涉及交易主体的与各参与方的权益，将保存大量用户信息，这将涉及用户的商业秘密、信息安全。

同时，在《生态环境部公告2021年第21号》碳排放权结算管理规则第4章中，对结算风险进行了明确的规定。结算平台托管资金庞大，因违约交收、技术故障、操作失误等行为会对交易主体造成损失。除交易以外，还可能有一些新兴业务对应的内控风险。

四、科技创新成果保护的风险

知识经济时代，加强知识产权的保护，充分保障专利先用权人作为科技创新成功的创造者的权益，在科技创新背景下显得尤为重要。在专利权纠纷案件中，我国先用权抗辩制度不足，先用权抗辩成功案例较少，这也暴露了我国知识产权法律体系的不足。最高人民法院《关于审理侵犯专利权纠纷案件应用法律若干问题的解释（二）》（法释〔2020〕19号）（以下简称《法释〔2020〕19号》）细化了侵犯专利权纠纷案件的相关规定，但对于先用权的规定仍然存在不足，使得在专利侵权纠纷中，先用人的权益得不到充分的保障。

五、环境信息披露要求的风险

根据生态环境部于2021年12月发布的《企业环境信息依法披露管理办法》（生态环境部令第24号）（以下简称《生态环境部令第24号》），纳入负有环境信息披露义务的企业包括重点排污单位、实施强制性清洁生产审核的企业、因生态环境违法行为被追究刑事责任、被罚款或限制生产、停产整治等情形的上市公司和发债企业等。该办法对不披露或披露的环境信息不真实不准确的企业进行了详细的罚则规定，上述企业将面临相关监管机构更加严格的监督检查，同时将环境信息依法披露纳入企业信用管理，作为评价企业信用的重要指标。披露环境信息不真实、不准确将受到生态环境部门的行政处罚，面临环境合规风险，还有可能发生环境污染违规事件，最后陷入不得不披露的窘迫局面。

第三节　新业态新模式生产服务消费纠纷案例评析

一、微碳(广州)低碳科技有限公司与广州碳排放权交易中心有限公司、东莞通明电力有限公司、贺某合同纠纷案

微碳(广州)低碳科技有限公司与广州碳排放权交易中心有限公司(以下简称广碳交易中心)、东莞通明电力有限公司(以下简称通明公司)、贺某合同纠纷案,案号:(2020)粤0114民初2940号。

【基本案情】

微碳公司原名称为广州微碳投资有限公司,于2018年7月27日变更名称为"微碳(广州)低碳科技有限公司"。微碳公司(甲方)与第三人通明公司(乙方)于2018年签订《广东碳排放配额转让合同》(以下简称《转让合同》),该合同约定在广东碳排放交易所的广东碳排放权交易系统上以初始转让、协议转让等适合方式转让碳排放配额合计236,350吨,转让价格为16元/吨,交易总价为3,781,600元。双方约定于2018年6月29日(含)发起转让交易。乙方在2018年6月28日(含)前支付50,000元保证金到甲方账户,甲方收到后与广碳交易中心确认,广碳交易中心审核确认后在2018年6月28日将甲方账户中的236,350吨碳配额以初始转让的方式划拨至乙方账户。乙方在2018年7月31日前将余款3,781,600元及交易手续费7563.2元共计3,789,163.2元转入广碳交易中心账户中,由广碳交易中心审核通过后,从广碳交易中心账户转入甲方账户,甲方收到全部款项后,将50,000元保证金原路退回给乙方。该合同第5条其他条款约定,通明公司的法定代表人贺某为通明公司的连带责任保证人,为该合同项下的余款支付及乙方义务履行提供连带责任保证。第三人贺某在该合同"乙方保证人(贺某)签名"处签名。

《转让合同》签订后,通明公司向微碳公司支付了50,000元保证金(非通过交易系统支付)。广碳交易中心根据该合同及微碳公司、通明公司的要求,于2018年6月28日,在其交易系统完成上述236,350吨碳排放权配额的转让划拨,并出具交易凭证。事后,通明公司没有按约定于2018年7月31日将资金转入其交易账户(没有付款)。因通明公司未能按照《转让合同》约定时间支付合同款项,微碳公司与通明公司于2018年11月20日签订《广东碳排放配额补充协议》,该协议约定,通明公司同意按《转让合同》违约条款处理,即微碳公司取得通明公司25万吨广东碳排放权配额(其中16.6万吨已于2018年8月14日划拨到微碳公司账户),剩余8.4万吨碳排放权配额通明公司将于2018年11月24日前划拨到微碳公司账户。该协议还约定2018年12月10日前,通明公司有权向微碳公司购回8.4万吨碳排放权配额。此后,通明公司既没有向微碳公司划拨8.4万吨碳排放权配额,也没有支付该8.4万吨碳排放权配额的对价款项。

广碳交易中心于2017年3月31日发布的《广州碳排放权交易中心碳排放配额交易规则》(2017年修订)(以下简称《广碳交易中心交易规则》)第16条规定,"交易参与人在发起委托申报前,应当确保交易账户中持有满足成交条件的碳排放配额或资金"。第26条规定,"广碳所(即广碳交易中心)在当天交易结束后进行交易清算。碳排放配额由出让方交易账户转入受让方交易账户;资金通过结算银行由受让方交易账户转入出让方交易账户"。微碳公司据此认为,在涉案碳排放权交易中,广碳交易中心应当核实及保证通明公司的交易资金到位,在微碳公司已支付碳排放权配额的情况下,广碳交易中心负有向微碳公司结算支付交易款项的义务,广碳交易中心并不能以其未收到通明公司缴存的涉案转让款项为由而免责。

本案审理期间,通明公司破产清算案正由东莞市第一人民法院审理,微碳公司在该案中已就通明公司尚未支付的涉案转让款申报了债权。

【法院裁判要旨】

花都区人民法院认为微碳公司主张广碳交易中心应向其承担赔偿责任不能成立,具体理由如下。

首先,确保交易账户中持有满足成交条件的碳排放配额或资金,是进行碳排放配额交易双方的义务,而非广碳交易中心的义务。对此,《广碳交易中心交易规则》第16条已有明确规定，“交易参与人在发起委托申报前，应当确保交易账户中持有满足成交条件的碳排放配额或资金”。微碳公司和通明公司作为交易参与人在广碳交易中心进行碳排放配额交易，应受到该规定的约束。根据《广碳交易中心交易规则》第6条的规定，“交易参与人是指在广碳所进行碳排放配额交易的各方参与人，主要包括：(一)纳入广东省碳排放配额交易体系的控排企业、单位和新建项目企业；(二)符合规定的投资机构、其他组织和个人”。广碳交易中心并不属于交易参与人，因此其并不负有该项义务。

其次，关于广碳交易中心在本案交易模式中应保证通明公司实际拥有与交易申报相对应的资金，缺乏明确的约定，广碳交易中心不负有这样的约定义务。一方面，广碳交易中心与微碳公司之间并没有就此进行特别约定。另一方面，《广碳交易中心交易规则》第26条规定，“广碳所在当天交易结束后进行交易清算。碳排放配额由出让方交易账户转入受让方交易账户；资金通过结算银行由受让方交易账户转入出让方交易账户”。对交易结算时间和结算方式进行了规范，但并未直接规定广碳交易中心在任何交易模式下均负有保证交易参与者实际拥有与交易申报相对应的碳排放配额或资金的义务。

再次，关于广碳交易中心应保证交易参与者实际拥有与交易申报相对应的碳排放配额或资金，缺乏明确的法律规定，广碳交易中心不负有这样的法定义务。无论是《碳排放权交易管理暂行办法》(国家发展和改革委员会令第17号)，还是《广东省碳排放管理试行办法》(广东省人民政府令第197号)，虽然规定了交易机构应建立交易风险管理制度，但都没有明确规定交易机构负有保证交易参与者实际拥有与交易申报相对应的碳排放配额或资金的义务。在立法尚未进行明确规定的情况下，仅根据“交易机构应建立交易风险管理制度”即一概认定交易机构负有这种保证责任，缺乏充分正当的理由。

最后，微碳公司自愿放弃交易时买方须有资金保障的条件而甘冒风险，应自行承担相应的商业风险。《广碳交易中心交易规则》第16条规定，“交易参与人在发起委托申报前，应当确保交易账户中持有满足成交条件的碳排放配额或资金”。既是对交易双方的约束也是对双方权利的保障。然而，微碳公司在本案选择的交易模式，实际已自愿放弃了这一规则的保障。微碳公司与通明公司约定碳配额转让划拨至通明公司账户的时间是2018年6月28日，而关于转让款的支付时间，《转让合同》明确约定为，“乙方在2018年7月31日前将余款

3,781,600元及交易手续费7563.2元共计3,789,163.2元转入广碳交易中心账户中”。据此,微碳公司在交易时明知通明公司的交易账户并没有相应的资金,其是自愿在这种情况下先行把自己的碳配额转让划拨给通明公司的。作为专业从事碳排放配额投资业务的商事主体,微碳公司对于碳排放配额转让款项远期交付可能存在的风险是明知的。微碳公司甘冒风险,自愿放弃广碳交易中心既有交易规则的保障,事前又未与广碳交易中心约定保证责任(微碳公司与通明公司法定代表人贺某约定了保证责任),广碳交易中心是根据微碳公司的指示将涉案碳排放配额划拨给通明公司,微碳公司却要求广碳交易中心对通明公司未支付转让款承担赔偿责任,有违诚信。

综上所述,在该案的碳排放权交易模式中,作为提供交易平台和相关服务的广碳交易中心,对于微碳公司和通明公司之间的碳排放权交易,既没有违反约定的义务,也没有违反法定的义务。微碳公司主张广碳交易中心应对通明公司未支付转让款承担赔偿责任,缺乏事实和法律依据,其诉讼请求不能成立。

【律师评析】

从裁判要旨来看,对于碳交易平台是否应承担交易责任问题,一审法院认为碳交易平台既没有义务保证交易账户必须满足涉案交易的相应资金,也没有义务保证交易对方一定可以获得交易款项。本案明确了碳交易平台的法律地位,即碳交易平台不属于碳排放权的交易参与人,不负有保证责任,也不对交易风险和交易参与人的违约行为承担赔偿责任。

二、上海丁香环境科技有限公司与上海复禹环境科技有限公司侵害发明专利权纠纷案

上海丁香环境科技有限公司与上海复禹环境科技有限公司侵害发明专利权纠纷案,案号:(2020)最高法知民终642号。

【基本案情】

上海复禹环境科技有限公司(以下简称复禹公司)提出其在专利申请日前已完成被诉侵权产品的生产准备,并制造、销售了被诉侵权产品。如原审法院前述审查认证,原审法院认为,复禹公司提供的证据不能证明被诉侵权产品在专利申请日前已完成生产准备或者已生产、销售,故复禹公司的先

用权、现有技术抗辩不能成立。二审法院指出复禹公司主张先用权的被诉侵权产品由衷晶公司加工制造。一审期间，复禹公司提供衷晶公司情况说明2015年11月至2016年1月15日，复禹公司与衷晶公司签订20台水箱购销合同，具体为2015年11月16日两份购销合同大水箱5台、中水箱3台，2015年12月25日1000水箱5台，2015年12月25日2000水箱5台，2016年1月15日1000水箱2台。复禹公司提供给中碳公司的3台水处理设备箱体上铭牌记载生产日期为2016年3月。最高人民法院指出，从复禹公司提交的主张先用权抗辩的证据来看，应认定复禹公司已做好“技术准备”，同时也做好“生产准备”，应当认定复禹公司符合先用权规定中必要准备的成立条件，最终复禹公司通过先用权抗辩胜诉。

【法院裁判要旨】

最高人民法院认为，二审争议焦点问题是复禹公司提出的先用权抗辩是否成立。

与现有技术抗辩的审查方式类似，先用权抗辩是以专利权利要求为参照，确定被诉侵权技术方案中被指控落入专利权保护范围的技术特征，并判断被诉侵权产品是否与在申请日已经制造相同产品、使用相同方法或者已经做好制造、使用的必要准备的技术方案相同或者实质相同。

第一，参照专利权利要求确定被诉侵权技术方案中被控落入专利权保护范围的技术特征，涉及原审法院认定“板体结构”“活动件”为功能性特征的问题。虽然复禹公司未对原审法院关于上述特征属于功能性特征的认定提出异议，但是权利要求的解释是法律问题，且功能性特征的认定与其他类型的技术特征在侵权比对方法上有明显差异，可能影响侵权判定结果。在分析复禹公司先用权抗辩是否成立前，应先就涉案专利权利要求1中“板体结构”“活动件”是否为功能性特征作出认定。

首先，关于功能性特征的界定。《法释〔2020〕19号》第8条对功能性特征及其侵权对比方法作了明确规定。该条第1款规定：“功能性特征，是指对于结构、组分、步骤、条件或其之间的关系等，通过其在发明创造中所起的功能或者效果进行限定的技术特征，但本领域普通技术人员仅通过阅读权利要求即可直接、明确地确定实现上述功能或者效果的具体实施方式的除外。”第2款规定：“与说明书及附图记载的实现前款所称功能或者效果不可缺少的技术特征相比，被诉侵权技术方案的相应技术特征是以基本相同的手段，实现相同的功能，达到相同的效果，且本领域普通技术人员在被诉侵权行为发生时无须经过创造性劳动就能够联想到的，人民法院应当认定该相应技术特征与功能性特征相同或者等同。”根据该规定，功能性特征是指不直接限定发明技术方案的结构、组分、步骤、条件或其之间的关系等，而是通过其在发明创造中所起的功能或者效果对结构、组分、步骤、条件或其之间的关系等进行限定的技术特征。如果某个技术特征已经限定或者隐含了发明技术方案的特定结构、组分、步骤、条件或其之间的关系等，即使该技术特征还同时限定了其所实现的功能或者效果，原则上亦不属于上述司法解释所称的功能性特征，不应作为功能性特征进行侵权比对。

其次，本案中，(1)对于“板体结构”，“板体”中“板”指片状的较硬物体，“板体结构”不是标准专业名词，但也并非其所实现的功能或者效果的描述。权利要求 1 中“板体结构通过所述活动件沿所述轨道移动，所述板体结构与所述活动件同轴旋转连接”，并进一步再调整、使用两种状态下限定了“板体结构”与“轨道”“箱本体”“阴阳极板”等其他技术特征之间的位置、步骤、连接及配合等关系，使用状态下“板体结构固定连接于所述箱本体的开口侧”“所述板体结构上的所述阳极板和/或阴极板插入所述箱本体内的所述阳极板和/或阴极板的间隔之中”，调整状态下“板体结构通过所述活动件沿所述轨道移动至活动区域位置，所述板体结构能够通过相对所述活动件的自转调整自身的旋转位置”，因此，“板体结构”不属于上述司法解释所称的功能性特征。另据说明书第[0014]段记载：“本发明在已有箱门的基础上，另外引入了板体结构，以之作为安装阴极板或阳极板的基础，从而避免了因箱门的旋转运动限制所带来的空间浪费和处理能力下降。”可知，板体结构是箱门的上位概念。(2)对于“活动件”，虽然“活动”系一种功能或者效果描述，而“件”也并未给出相关结构等实质性技术信息，但是本领域技术人员根据权利要求 1 的整体技术方案还可以获知该“活动件”与其他技术特征之间的位置、步骤、连接及配合关系。例如，本领域技术人员从“活动件沿所述轨道移动”“板体结构通过所述活动件沿所述轨道移动”“板体结构与所述活动件同轴旋转连接”，调整状态下“板体结构能够通过相对所述活动件的自转调整自身的旋转位置”等权利要求 1 所记载的其他内容可以获知，“活动件”在“板体结构”与“轨道”位置之间，“活动件的自转调整”“活动件沿所述轨道移动”，通过“活动件”与“板体结构”“轨道”之间存在连接关系，实现“板体结构”与“轨道”之间的活动配合。因此,涉案专利权利要求 1 中的“活动件”不属于功能性特征。

最后,因涉案专利权利要求 1 中的“板体结构”“活动件”不属于功能性特征,不应当将其解释为说明书所记载的具体实施例及其等同方式。原审判决认定“板体结构”“活动件”为功能性特征有误,法院予以指出并纠正。由于被诉侵权产品也同样具有“板体结构”“活动件”技术特征,故法院的上述认定不影响原审法院关于被诉侵权技术方案落入涉案专利权利要求 1 保护范围的结论。

第二,复禹公司主张的先用权抗辩是否成立。

首先,关于复禹公司主张先用权抗辩的证据。原审期间复禹公司的邮件公证书证明,2016 年 3 月 4 日复禹公司员工陈某易向代理商戴某发送了邮件,该邮件明确显示有水处理设备产品图片,已经清晰显示了涉案专利说明书明确记载的区别于现有技术的板体结构、U 形轨道和活动件,该邮件发送时间在涉案专利申请日 2016 年 3 月 11 日之前,符合先用权抗辩的证据要求。除此之外,复禹公司作为现有技术抗辩的证据也可以结合作为先用权抗辩的证据予以审查综合判定。

其次,关于复禹公司邮件中产品图片明确表达的内容。产品图片中清晰显示设备有箱体本体、板体结构、轨道和活动件,根据涉案专利说明书的记载,涉案专利需要解决的技术问题是“由于箱门的开合是旋转运动,而非直线插入,为了实现板的插入,就不得不将板的尺寸做小,或者扩大板间的间隔,在此情况下,一方面会造成空间的浪费,另一方面由于板间距离减少,以及板尺寸的减小,都会造成处理能力的减弱”,根据说明书第[0014]段记载,解决技术问题的技术手段是引入了板体结构,引入了轨道与活动件,因而,在现有技术的基础上,涉案专利权利要求中板体结构、轨道和活动件是区别于现有技术的核心内容。从邮件图片明确表达的内容可知,活动件连接在箱门顶部中间位置,轨道为呈直线的两条平行直线轨部,以及连接两条直线轨部的呈半圆形曲线轨部,本领域技术人员从设备外形图片示出的活动件连接在箱门顶部中间位置、直线轨部长度距离和半圆形曲线轨部的形态,可直接地、毫无疑义地确定,图片中设备具有与被诉侵权产品中轨道固定连接于箱本体,箱门与活动件同轴旋转连接相同的技术特征。被诉侵权产品中与涉案专利技术方案对应的其他技术特征,虽然从图片中无法得出,但鉴于陈某易自上海丁香环境科技有限公司(以下简称丁香公司)退股协议明确陈某易可从事竞争业务，丁香公司亦确认复禹公司生产销售老款水处理设备的事实，应当认定陈某易邮件附件中的设备包含有图片无法直接得出的部分，均属于本领域构成现有技术的必要技术特征。此外，复禹公司的证据显示，顾某1铅笔手画图纸定稿于2015年11月16日，复禹公司的水处理箱体由衷晶公司代工，复禹公司供给中碳公司的具有涉案专利技术特征的水处理设备出厂日期为2016年3月，推定出厂日期为3月最后一天，晚于涉案专利申请日，上述证据，虽然单独均不足以证明被诉侵权技术方案是否为在先使用的技术，但与陈某易邮件中设备图片相互印证，能够证明其在涉案专利申请日前已经制造与被诉侵权产品相同的产品。

再次，关于复禹公司制造被诉侵权产品是否在原有范围内的问题。复禹公司以委托衷晶公司加工形式制造被诉侵权产品，2015年11月至2016年1月复禹公司与衷晶公司之间合同项下产品虽无法确定为被诉侵权产品，但足以表明衷晶公司具备批量制造能力，复禹公司在涉案专利申请日后的制造行为，并未超出原有范围。复禹公司只能在原有范围内继续实施其技术方案。

最后，复禹公司在专利申请日前已经制造相同产品，并且在原有范围内继续制造、使用的，不视为侵犯专利权，亦无须支付涉案专利临时保护期使用费，复禹公司关于先用权抗辩的上诉理由成立，最高人民法院予以支持。

鉴于复禹公司主张的先用权抗辩成立，丁香公司关于增加赔偿数额的上诉主张缺乏事实和法律依据，最高人民法院不予支持。

【律师评析】

判断先用权是否成立，关键在于被诉侵权人在专利申请日前是否已经实施专利或者为实施专利做好了技术或者物质上的必要准备。根据《法释〔2020〕19号》第15条，先用权人已经完成实施发明创造所必需的主要技术图纸或者工艺文件，或已经制造或者购买实施发明创造所必需的主要设备或原材料，就属于“已经做好制造、使用的必要准备”。由于不同的专利技术难易程度十分悬殊，对于简单的专利技术所需准备比较简单；对于科技含量较高的专利技术，其准备工作就复杂。因此，在判断能否享有先用权的必要准备时，需要根据实际情况进行判断。

三、北京天擎动力国际清洁能源咨询有限公司与顺风光电投资(中国)有限公司服务合同纠纷案

【基本案情】

2014年7月4日,顺风光电投资(中国)有限公司(以下简称顺风公司)与北京天擎动力国际清洁能源咨询有限公司(以下简称天擎公司)签订《中国温室气体自愿减排项目开发服务协议》(以下简称《服务协议》)1份,约定由顺风公司全权委托天擎公司负责下列4个项目的温室气体自愿减排交易专业服务:(1)尚德红星二场50MWP并网光伏电站建设项目一期30MWP工程;(2)金坛正信喀什麦盖提20MWP光伏并网发电项目;(3)中建材喀什疏附20MWP光伏并网发电项目;(4)浚鑫科技喀什疏附20MWP伏并网发电项目。天擎公司协助顺风公司在一年内完成上述项目在国家发展和改革委员会的登记注册,在随后18个月内完成项目减排量在国家主管机构备案和国家登记簿登记,如天擎公司未能按时完成,且经友好协商后判定天擎公司无能力继续协助顺风公司的国家核证自愿减排量(CCER)项目设计及开发事宜,则本协议终止。服务内容任务1:项目设计文件的开发。任务2:协助顺风公司使项目通过经国家主管机构备案的审定机构的审定,任务完成标志为获得由审定机构签字的最终版项目审定报告。任务3:协助顺风公司使项目通过国家主管机构的项目备案申请的评估、备案和登记,任务完成标志为项目通过国家主管机构的审查和备案,并在国家登记簿处登记。付款条件为:天擎公司完成每个项目的任务2后,顺风公司在收到天擎公司发送的付款通知及相应数额的咨询费发票后10个工作日内(以较晚者为准),针对每个项目汇款50,000元,4个项目共计200,000元;天擎公司在完成任务3后,顺风公司在收到天擎公司发送的付款通知及相应数额的咨询费发票后的10个工作日内(以较晚者为准),针对每个项目汇款26,000元。如顺风公司在规定期限内未能及时支付协议中规定的费用,则天擎公司有权就逾期未付款项按中国人民银行公布的利率加上2‰的日利率对到期应付金额按日计收复利,计息期从到期日起至该款项被全额支付之日止。中国质量中心分别于2016年1月30日出具尚德红星二场

50MWP 并网光伏电站建设项目一期 30MWP 工程审定报告、于 2016 年 2 月 18 日出具中建材喀什疏附 20MWP 光伏并网发电项目审定报告、于 2016 年 2 月 22 日出具浚鑫科技喀什疏附 20MWP 光伏并网发电项目审定报告、于 2016 年 7 月 8 日出具金坛正信喀什麦盖提 20MWP 光伏并网发电项目审定报告，天擎公司并于 2016 年 7 月 25 日向国家发展和改革委员会政务服务大厅提交尚德红星温室气体自愿减排交易项目备案材料并办理了备案手续。2017 年 1 月 20 日，天擎公司向顺风公司发出解约通知书 1 份，要求顺风公司尽快支付合同约定的共计 244，596.74 元的款项及逾期付款利息，同时提出解除《服务协议》。2017 年 2 月 22 日，天擎公司诉至法院。

以上事实，由《服务协议》、审定报告、截图、解约通知书及当事人陈述等证据在卷予以证实。

诉讼中，顺风公司称因为天擎公司未能在合理期限内完成《服务协议》约定的服务内容，根据《服务协议》的约定，视为双方终止本协议，并由天擎公司自行承担所投入的成本及支付前期的费用。天擎公司则称未在约定的期限内完成服务内容系顺风公司迟迟未能提供项目的基本资料及信息所导致。顺风公司提供了国家发展和改革委员会于 2017 年 3 月 14 日的公告 1 份，以证明国家发展和改革委员会已暂缓受理温室气体自愿减排项目、减排量、审定和核证机构、交易机构备案申请。天擎公司未能按期完成相应服务，导致现已取得的审定报告也可能出现无法使用的后果，使《服务协议》的目的无法实现。天擎公司认可该公告的真实性，但认为并不影响已备案的 CCER 参与交易，因诉争项目已于 2016 年通过备案，并不受政策调整的影响。

天擎公司提供请款通知书、催款通知书各 1 份及邮件若干以证明其曾向顺风公司催要款项的事实，顺风公司则称因承办人离职的原因，故无法确认是否已收到上述通知书。

【法院裁判要旨】

江苏省无锡市新吴区人民法院认为：天擎公司与顺风公司之间的《服务协议》合法有效，现双方均有解除协议的意思表示，故确认《服务协议》的未履行部分予以解除。关于顺风公司已经完成的各个项目的任务 2 以及尚德红星二场 50MWP 并网光伏电站建设项目一期 30MWP 工程项目的任务 3，天擎公司提供的证据已能够证明其确实按照协议约定履行了相应义务。虽然天擎公司未能在《服务协议》约定期限内完成服务，但因双方在《服务协议》中约定要在经友好协商后判定天擎公司无能力继续履行协议时才终止协议，再结合天擎公司已向顺风公司交付审定报告而顺风公司也予以接受并未提出异议的情形，江苏省无锡市新吴区人民法院判定天擎公司主张的226,000元服务费用已符合付款条件，顺风公司应予支付。关于逾期付款利息，双方在《服务协议》中约定的利息远超银行同期贷款利率的4倍，经顺风公司请求，人民法院酌定逾期付款利率为中国人民银行同期同档贷款基准利率的4倍，从起诉之日起计算至实际给付之日止。

【律师评析】

CCER交易较为复杂，周期长，且目前尚未发布全国碳市场林业碳汇等CCER项目抵消碳排放的细则，在一定程度上增加了项目的交易风险。全国碳市场启动后，林业碳汇的需求和交易量将逐渐升温，也将逐步规范。林业碳汇交易存在的另一个重要法律问题是林业碳汇的产权定位。目前，我国没有法律法规确认《京都议定书》及CDM框架下的林业碳汇的完整产权属性，只是通过林业相关主管部门根据原国家林业局颁布的《指导意见》（已失效），准用《民法典》以及其他法规政策，设定林业碳汇交易合同，来实现相关部门批准许可的可用于交易的林业碳汇权的交易。法规的配套及政策的完善将对林业碳汇权开发、交易、资产管理产生积极影响。

三个案例均为官方发布的典型案例。

人民法院坚持贯彻《民法典》第9条立法精神，结合国家产业政策规定，依法对案件各个部分予以区分后，又分别对认定的事实、行为加以定性，尽力平衡了项目各方主体的利益，彰显了人民法院积极稳妥推动碳达峰碳中和的鲜明态度，有利于引导企业增强环保意识，走绿色低碳发展道路，引导碳市场交易活动有序开展。

以上判决体现了人民法院从司法的角度依法支持和维护产业，推动符合“双碳”政策的生产消费服务等各项环节的立场和态度，为相关行业开展节能降碳改造，产业结构深度调整提供有力的司法服务，发挥了有力的司法保障作用。

第四节　新业态新模式生产服务消费纠纷风险防控建议

在新业态新模式下，传统工业、农业、林业等行业及其相关企业都不得不聚焦新技术新产业，加快其高碳基础设施向低碳转型，获取或拓展绿色技术、绿色设备、绿色产品与服务，提升自身的创新能力，通过技术创新、增加清洁能源使用等方式促进减排，不断尝试、摸索与新产业通过合作的方式创造适合自身发展的新路径，开辟出“绿色”交易、生产模式，这一系列都必然会增加企业成本的投入，无论是经济成本还是时间成本。

此外，虽说“法无禁止即可为”，但正是由于没有真正权威统一的“双碳”相关上位法律，地方“双碳”政策又纷繁复杂，所以企业需要加紧培养、配备对相关政策、法律法规的把握准确而娴熟的人才，但如何才能在日常生产经营中避免与已经生效的法律、法规、政策相违背，控排企业履约过程中的合规审查和法律方案，可以规避碳配额时代的相关法律风险，建立健全环保合规风险防范机制和对策，掌握正确及高效地识别、预防、应对环保合规风险的方法，提升环境保护意识，用长远的眼光看待环境保护问题。

一、法律法规约束更加严格的风险防控措施

法律法规的频繁更新，需要企业及时了解和适应，以确保经营行为合法合规。法律法规的更新给企业的经营带来不确定性，应密切关注法律法规的动态，建立健全法律合规机制，可以通过关注政府官方网站、媒体报道、专业机构的研究报告等途径获取相关信息。加强内部法律培训和外部法律专家的指导，建立风险管理体系，开展风险评估和应急预案，避免员工的不当行为导致违法和不当行为的发生。专业的法律咨询和服务非常重要，专业的法律咨询和服务机构制定应对政策和法律变化的对策方案，对政策环境引起的风险起到预测和预防的

作用。

二、碳排放权交易的风险防控措施

全国碳排放交易场所与地方交易场所并行,各个区域市场对于碳配额分配、核查监管等方面分别适用不同的监管规范和交易规则。如《北京市碳排放权交易管理办法(试行)》《广东省碳排放管理试行办法》《天津市碳排放权交易管理暂行办法》《福建省碳排放权交易管理暂行办法》《深圳市碳排放权交易管理办法》《重庆市碳排放权交易管理办法(试行)》《湖北省碳排放权管理和交易暂行办法》等。在重点控排单位的确认标准上,北京市认定的标准为:本市行政区域内固定设施和移动设施二氧化碳直接排放与间接排放总量 5000 吨(含)以上,且在中国境内注册的企业、事业单位、国家机关及其他单位。而广东省的认定标准则按照行业进行区分,工业企业排放 1 万吨以上,对于宾馆、饭店等其他企业在 5000 吨以上即认定为控排单位。在跨区域交易中,应对各交易所的交易规则、交易时间深入了解,避免因交易规则的不同,产生误解,带来的交易风险。

另外,在碳排放权交易中,合同效力不容忽视。在拟定转让协议时,对出让方主体资格、资信、标的合法性等事项要格外重视。同时,也应当尽量全面约定违约情形,预防未来交易的风险。

三、登记、交易和结算平台内控的风险防控措施

登记、交易和结算平台需要完善内部防控体系,做好对碳排放交易相关信息的严格保密工作,加强相关主体的账户信息、业务信息、商业秘密的管理工作。登记、交易和结算平台还应互相配合,建立风险联防联控制度,构建风险防控系统和应急措施,有效实施防范和控制。

四、科技创新成果保护的风险防控措施

我国知识产权保护意识逐渐由弱转强,知识产权法院受理反不正当竞争案件数量逐年增长。在遇到自主研发的技术与他人在后申请的技术相同,如果允

许在后申请专利并获得专利权的权利人实施禁止他人使用，则损害了先用权人的合法权益。先用权制度在合理保护专利权人合法权益的前提下，使得先用权人的利益也得以平衡，激发先用权人的创造活力。对于自主研发型企业，在技术研发过程中应注意保存设计图、结构图、工艺文件、专利申请文件等技术文件，记录主要原料、设备等的变化情况，留存使用相关的第三方交易记录、合同等文件以便在遭遇专利侵权诉讼时，举证能够满足先用权抗辩的成立要件，维护自身合法权益。

五、环境信息披露要求的风险防控措施

生态环境部发布了《企业环境信息依法披露格式准则》（环办综合〔2021〕32号）（以下简称《环办综合〔2021〕32号》），细化企业环境信息依法披露内容，规范环境信息依法披露格式，为企业环境信息披露的可靠性和实用性打下基础。企业根据《环办综合〔2021〕32号》所列明的各项披露项目，对依法披露的主体、内容、形式、时限等进行披露，同时，对照披露信息，主动检查环保合规问题，保证符合生态环境相关法律法规的规定。有条件的企业可以建立内部生态环境管理制度，设立专人专岗或与第三方专业机构合作，提升环境信息披露水平，有效防止环境信息披露不合规，引发的企业的估值、运营、融资等方面的风险，提高企业长期可持续发展的能力。

第三章

温室气体排放侵权纠纷案件

庄瑞彪

本章作者：庄瑞彪，北京市盈科（呼和浩特）律师事务所律师、执行主任。

第一节　案件类型、案由分析及相关法律法规

一、温室气体排放侵权纠纷案件类型和案由综述

生态环境部发布的《碳排放权交易管理办法(试行)》第42条第1项指出:“温室气体是指大气中吸收和重新放出红外辐射的自然和人为的气态成分,包括二氧化碳(CO_2)、甲烷(CH_4)、氧化亚氮(N_2O)、氢氟碳化物(HFCs)、全氟化碳(PFCs)、六氟化硫(SF_6)和三氟化氮(NF_3)。”大气中能吸收地面反射的长波辐射,并重新产生辐射的一些气体就是温室气体。

2020年9月,习近平总书记在联合国大会上宣布了一项重大战略决策,中国将力争于2030年前实现碳达峰、2060年前实现碳中和。习近平总书记提出的“双碳”目标,是对世界的庄严承诺,也为我们国内的发展指明了方向。碳达峰是指我国承诺2030年前,二氧化碳的排放不再增长,达到峰值之后逐步降低。碳中和是指企业、团体或个人测算在一定时间内直接或间接产生的温室气体排放总量,然后通过植树造林、节能减排等形式,抵消自身产生的二氧化碳排放量,实现二氧化碳零排放。这是我们国家有担当的体现。因为二氧化碳是温室气体,温室气体的排放直接影响整个全球的生态环境,现在气候的变暖,冰川的融化,海平面的上升和不断出现的极端气候,这些都在预示着我们,如果不注重二氧化碳等温室气体的排放,整个世界所有的人民都将共同为人类的这种行为承担责任。温室效应不是某一个国家的问题,而是影响全人类安全的问题。在这样的国际场合中,在这样的情况之下,我们作为世界上最大的发展中国家,作为世界第二大经济体,习近平总书记说我们要率先倡导实现碳达峰和碳中和的理念,体现了中国应有的大国担当与责任,体现了中国为构建人类命运共同体做出了不懈努力,体现了中国想要去保护好只有一个绿色地球母亲的决心;这也是我们国家有远见的体现,从眼前来看,“双碳”目标的提出能够实现我们国家的绿色发展,可持续发展。往远一点看,它能够倒逼我们实现产业升级,敦促供给侧

结构性改革的完成，有利于整个工业、制造业的提升。因为要实现“双碳”目标，就必须要严格制定企业发展的排放要求，要不断地去完善技术，淘汰落后产能，淘汰高消耗的产能，所以能够倒逼企业实现产业升级。

2023 年年初，为了顺应全球绿色低碳转型以及“双碳”目标的背景，进一步发挥人民法院审判职能作用，《法发〔2023〕5 号》发布了。其中，为了服务经济社会发展全面绿色转型，专门强调了依法审理温室气体排放侵权纠纷案件。

《法发〔2023〕5 号》第 6 条强调：“审理温室气体排放生态环境侵权纠纷案件，依法认定企业排放行为与损害后果之间因果关系是否成立，明确侵权人承担停止侵害、排除妨碍、消除危险、生态环境修复、赔偿损失等民事责任。侵权人自愿购买核证自愿减排量并在碳排放权交易市场核销或购买其他碳汇产品折抵赔偿碳汇损失、生态环境受到损害至修复完成期间服务功能丧失导致损失的，坚持生态修复优先，处理好固碳和增汇的关系。”

根据《法发〔2023〕5 号》内容，解决温室气体排放侵权纠纷案件，依法判断企业排放行为与损害结果之间是否成立因果关系，明确侵权人承担停止侵害、排除妨碍、消除危险、生态环境修复、赔偿损失等民事责任。关于责任构成要件，在福建南平损害森林资源公益诉讼申请再审案①中，法院查明，侵权人违反法律规定开采矿山，其违反法律规定占用、毁坏林地等行为，与不能正常发挥森林资源功能之间有因果关系，因此认定侵权责任成立。《民法典》颁行之后，解决温室气体排放侵权纠纷案件，针对侵权人损害森林、湿地等生态系统，对于森林、草原及其他碳汇减缓气候变化功能发挥有不利影响的纠纷案件，可依照《民法典》第 1234 条关于生态环境修复责任以及第 1235 条关于生态环境损害公益诉讼赔偿范围，确定侵权人承担相应的责任。《法发〔2023〕5 号》第 6 条规定，对于侵权人自愿购买核证自愿减排量并在碳排放权交易市场核销或购买其他碳汇产品折抵赔偿碳汇损失、生态环境受到损害至修复完成期间服务功能丧失导致损失的，坚持生态修复优先，处理好固碳和增汇的关系。例如，被告盗伐林木刑事附带民事公益诉讼案。诉讼中，被告积极履行民事赔偿义务，自愿从四川联合环境交易所有限公司认购碳汇用于修复被破坏的生态环境。被告人购买林业碳汇在碳市场注销，以替代承担生态环境受到损害至修复完成期间服务功能丧失导致损失的

① 案号（2015）闽民终字第 2060 号，内容来自中国裁判文书网。

赔偿方式，有效缓解了案涉补种树木幼龄期固碳增汇能力缺失的问题。

二、温室气体排放侵权纠纷涉及的具体案件类型及对应的案由

目前国内并没有关于“温室气体排放侵权纠纷案件”的明确案由。这一类型的案件通常包含在“大气污染责任纠纷”中。此类案件的破解要点主要聚焦于判断侵权行为与损害后果之间有无因果关系。当然，关于温室气体排放的案件不仅涉及民事法律规范，而且会同时涉及民事、刑事、行政法律规范，如德清某保温材料公司违法购买、使用受控消耗臭氧层物质（ODS）三氯一氟甲烷（俗称氟利昂）用于生产聚氨酯硬泡组合聚醚保温材料①，在被生态环境局相关部门作出行政处罚后，该公司主要负责人被人民法院判决为污染环境罪，同时德清县人民检察院也对其提起民事公益诉讼要求其承担生态环境损害赔偿责任。由此可见，温室气体排放侵权纠纷案件会存在民事、刑事、行政处罚的交叉与竞合。

三、温室气体排放侵权纠纷案件涉及的法律法规

通过查阅关于相关判决书②，汇总了处理此类案件的高频法律规范：

（一）民事方面有关温室气体排放的法律法规、司法解释及规范性文件

1.《民法典》

《民法典》第9条规定：“民事主体从事民事活动，应当有利于节约资源、保护生态环境。”该条被称为《民法典》的“绿色原则”，将环境资源保护上升至民法基本原则的地位，体现了绿色发展的新理念。该条款虽然是一项原则性规定，但却已经被司法机关在司法活动中予以适用。

例如，“双碳”典型案例③中的案例一是一起比特币相关合同纠纷案件。该案中，上海某实业公司因北京某公司为比特币挖矿提供计算机机房服务中相关

---

① 以上内容来自威科先行网。

② 以上内容来自威科先行网、中国裁判文书网。

③ 以上内容来自中华人民共和国最高人民法院（court.gov.cn）官网。

违约行为而诉请法院判令该北京公司赔偿比特币相关收益。该案一审法院认定比特币"挖矿"行为电力能源消耗巨大,不利于高质量发展、节能减排和碳达峰碳中和目标实现,与《民法典》第9条"绿色原则"相悖,亦不符合产业结构调整相关政策法规和监管要求,违反公序良俗。故认定案涉委托维护比特币"矿机"及"挖矿"的合同应属无效,双方当事人相关损失后果应由各自承担,并最终判决驳回上海某实业公司的诉讼请求。该案中,法院创造性地适用了《民法典》"绿色原则",将资源消耗巨大、违反绿色原则的比特币"挖矿"行为认定为违背公序良俗民事法律行为,进而否定了相关合同的效力。

又如,"双碳"典型案例中的案例四是一起破产清算案件。该案中,某公司破产管理人在清产核资中积极排查环保隐患、履行危险废物处置职责后,法院裁定认可将案涉危险废物处置费用作为破产费用列支。这意味着法院认可了污染治理费用在破产清偿中的优先地位,体现了践行绿色发展、生态环境保护优先的破产审判新思路。同时,鼓励对尚未造成严重环境污染的危险废物及时安全处置,避免了后续生态环境风险隐患,避免了企业破产终结后环境治理责任转嫁的问题,也避免了破产财产后续买受人或投资人的后顾之忧,突出了预防性司法理念。该案虽然并未直接涉及碳达峰碳中和,相关的审判思路却可为"双碳"案件处理提供有益的借鉴。

前述典型案例的发布,意味着"绿色原则"在实践中已通过司法判例予以落地。对企业而言,在进行民商事活动乃至业务方向规划时,应特别关注国家产业政策要求,如果开展一些未被法律明确禁止但不利于绿色发展的民商事活动,一旦产生纠纷诉至法院,可能会因违反绿色原则被认定相关民商事法律行为无效,相关权利也难以得到司法保护,导致企业最终承担不利后果。

当然,《民法典》第1229条规定:"因污染环境、破坏生态造成他人损害的,侵权人应当承担侵权责任。"第1230条规定:"因污染环境、破坏生态发生纠纷,行为人应当就法律规定的不承担责任或者减轻责任的情形及其行为与损害之间不存在因果关系承担举证责任。"为依法认定企业排放行为与损害后果之间因果关系来明确侵权人承担民事责任的方式提供了依据。

2.《环境保护法》

现行《环境保护法》于2014年修订,2015年1月1日起实施。修订后的《环境保护法》调整了环境保护和经济发展的关系,将"使环境保护工作同经济建设和社会发展相协调”修改为“使经济社会发展与环境保护相协调”，彻底改变了环境保护在二者中的次要地位。

《环境保护法》第58条规定：“对污染环境、破坏生态，损害社会公共利益的行为，符合下列条件的社会组织可以向人民法院提起诉讼：（一）依法在设区的市级以上人民政府民政部门登记；（二）专门从事环境保护公益活动连续五年以上且无违法记录。符合前款规定的社会组织向人民法院提起诉讼，人民法院应当依法受理。提起诉讼的社会组织不得通过诉讼牟取经济利益。”此规定扩大了环境公益诉讼的主体，这对增强公众保护环境的意识有很大的作用。

《环境保护法》第64条规定：“因污染环境和破坏生态造成损害的，应当依照《中华人民共和国侵权责任法》的有关规定承担侵权责任。”根据该法律规定，只要具备两个条件，就要依法承担侵权责任：一是企业有污染环境或者破坏生态的行为；二是造成损害。至于是否超标及是否违法，不是企业承担环境侵权责任的必要条件。由此可见，环境污染的侵权责任与普通的民事侵权责任不同，普通的民事侵权责任是以行为的违法性作为构成要件之一，而环境污染的侵权责任中，不要求排污行为一定具有违法性。换句话说，即使企业达标排放，造成环境污染或对他人的人身及财产造成损失的，同样要承担民事赔偿责任。

3.《大气污染防治法》

此部法律是为保护和改善环境，防治大气污染，保障公众健康，推进生态文明建设，促进经济社会可持续发展制定的法律。2018年修正的《大气污染防治法》涉及法律责任的条款有30条，具体的处罚行为和种类接近90种，大大提高了这部法律的可操作性和针对性。

《大气污染防治法》对企业事业单位和其他生产经营者有以下监督管理措施：

（1）按照规定设置大气污染物排放口。《大气污染防治法》第20条规定，企事业单位和其他生产经营者向大气排放污染物的，应当依照法律法规和国务院生态环境主管部门的规定设置大气污染物排放口。禁止通过偷排、篡改或者伪造监测数据、以逃避现场检查为目的的临时停产、非紧急情况下开启应急排放通道、不正常运行大气污染防治设施等逃避监管的方式排放大气污染物。

（2）按照规定对排放大气污染物进行监测并保存原始记录。《大气污染防治法》第24条规定，企业事业单位和其他生产经营者应当按照国家有关规定和监测规范,对其排放的工业废气和本法第 78 条规定名录中所列有毒有害大气污染物进行监测,并保存原始监测记录。其中,重点排污单位应当安装、使用大气污染物排放自动监测设备,与生态环境主管部门的监控设备联网,保证监测设备正常运行并依法公开排放信息。监测的具体办法和重点排污单位的条件由国务院生态环境主管部门规定。

(3)违反规定排放将被执行行政强制措施。《大气污染防治法》第 30 条规定,企业事业单位和其他生产经营者违反法律法规规定排放大气污染物,造成或者可能造成严重大气污染,或者有关证据可能灭失或者被隐匿的,县级以上人民政府生态环境主管部门和其他负有大气环境保护监督管理职责的部门,可以对有关设施、设备、物品采取查封、扣押等行政强制措施。

4. 最高人民法院《关于生态环境侵权民事诉讼证据的若干规定》(法释〔2023〕6 号)

最高人民法院《关于生态环境侵权民事诉讼证据的若干规定》第 2 条规定:"环境污染责任纠纷案件、生态破坏责任纠纷案件的原告应当就以下事实承担举证责任:(一)被告实施了污染环境或者破坏生态的行为;(二)原告人身、财产受到损害或者有遭受损害的危险。"第 5 条第 1 款规定:"原告起诉请求被告承担环境污染、生态破坏责任的,应当提供被告行为与损害之间具有关联性的证据。"也就是应当提供证明以下事实的证据材料:污染者排放了污染物;被侵权人的损害;污染者排放的污染物或者其次生污染物与损害之间具有关联性。环境侵权责任构成要件与一般民事侵权责任构成不同,不论污染者的主观过错,仅就污染环境行为、损害的客观事实和行为与污染事实之间的因果关系进行判断。温室气体排放侵权责任构成要件与环境侵权责任构成要件类似,因此,构成温室气体排放侵权纠纷应当满足以下事实要件:

(1)有排放温室气体污染环境的行为。企业的温室气体环境污染行为多数表现为排放大量废气、有害物质及废弃物,滥采乱挖造成煤炭自燃散发有害气体等作为的方式,但也可以表现为不作为的方式,如不建尾矿库而自然堆放尾矿废渣、未及时发现修理损坏的监测设备。

(2)有客观的损害事实。损害事实是侵权行为赔偿法律关系赖以发生的根据,对于损害事实,法律上并无明确的规定,《民法典》仅以"因污染环境造成损害的"一句带过。但从《民法典》填补损害的立法目的以及环境污染损害本身具备的复杂性、广泛性、潜伏性和持续性等特性出发,损害作为一种事实状态,主要包括财产损害、人身伤害和伤亡。其中,财产损害主要是财产本身的损毁,人身损害会因环境污染的隐蔽性和潜伏性随着时间推移逐步显露。

(3)排放温室气体环境污染行为与损害事实之间存在因果关系。行为与损害事实之间的因果关系是确定是否构成环境污染责任的重要判断依据。由于环境污染责任的特殊性,若由被侵权人直接证明因果关系的存在,对保护被侵权人极为不利。因此,环境污染责任纠纷采用因果关系举证责任倒置。《民法典》第1230条也明确规定,因污染环境、破坏生态发生纠纷,行为人应当就法律规定的不承担责任或者减轻责任的情形及其行为与损害之间不存在因果关系承担举证责任。可见,被侵权人先初步举证污染行为和损害后果存在关联性,污染者针对该关联性不构成因果关系举证。对于环境污染责任纠纷,适用举证责任倒置原则已是共识,但这并不意味着被侵权人无须承担其他证明责任。就环境侵权责任纠纷案件中的因果关系而言,被侵权人和污染者双方都负有行为意义上的举证责任。被侵权人应先对污染者存在环境污染行为、损害后果承担举证责任,并提交污染行为和损害之间可能存在关联性的初步证据,污染者再就法律规定的免责事由及其行为与损害结果之间不存在因果关系承担举证责任。最高人民法院机关刊《人民司法案例》曾引用江苏省南通市中级人民法院(2014)通中环民终字第0003号民事判决,认为环境污染受害者无须对因果关系进行举证,但需要提供证明可能存在因果关系的初步证据,由污染者就不存在因果关系进行举证。环境污染的因果关系虽然实行举证责任倒置,但受害者仍应提交污染行为和损害之间可能存在因果关系的初步证据。

5. 有关温室气体污染防治的地方政府规章

减少温室气体排放是应对气候变化的关键因素。我国面临巨大的国际压力、很难在短期内改变我国温室气体排放量大、全球份额大的现状。目前,许多地方政府制定了本地区与气候变化有关的地方政府法规和规范性文件。例如,石家庄市出台了《石家庄市低碳发展促进条例》(2016年),是全国第一部专门规范城市低碳发展的地方性立法;围绕"双碳"目标,江苏省人大(含常委会)发布《关于推进碳达峰碳中和的决定》(2022年),天津市人大(含常委会)发布《天津市碳达峰碳中和促进条例》(2021年);早期开展碳排放权交易试点的北京、上海、天津、重庆、广东和湖北,以及参与碳排放权交易的四川、福建等地区几乎都发布了碳排放权交易相关的地方政府规章或规范性文件。

(二)刑事方面有关温室气体排放防治的法律法规及司法解释

1.《刑法》

我国《刑法》第338条规定:"【污染环境罪】违反国家规定,排放、倾倒或者处置有放射性的废物、含传染病病原体的废物、有毒物质或者其他有害物质,严重污染环境的,处三年以下有期徒刑或者拘役,并处或者单处罚金;情节严重的,处三年以上七年以下有期徒刑,并处罚金;有下列情形之一的,处七年以上有期徒刑,并处罚金:(一)在饮用水水源保护区、自然保护地核心保护区等依法确定的重点保护区域排放、倾倒、处置有放射性的废物、含传染病病原体的废物、有毒物质,情节特别严重的;(二)向国家确定的重要江河、湖泊水域排放、倾倒、处置有放射性的废物、含传染病病原体的废物、有毒物质,情节特别严重的;(三)致使大量永久基本农田基本功能丧失或者遭受永久性破坏的;(四)致使多人重伤、严重疾病,或者致人严重残疾、死亡的。有前款行为,同时构成其他犯罪的,依照处罚较重的规定定罪处罚。"

《刑法》第346条规定:"【单位犯破坏环境资源保护罪的处罚规定】单位犯本节第三百三十八条至第三百四十五条规定之罪的,对单位判处罚金,并对其直接负责的主管人员和其他直接责任人员,依照本节各该条的规定处罚。"

2.《法释〔2023〕7号》

该司法解释主要内容为:

(1)污染环境罪定罪量刑标准的调整。《刑法修正案(十一)》将《刑法》第338条规定的污染环境罪由原有的两档法定刑调整为三档,并完善了量刑的标准。根据修改后的《刑法》规定,《法释〔2023〕7号》重新设定了污染环境罪的定罪量刑标准,细化第一档量刑适用情形,明确2年内曾因在重污染天气预警期间,违反国家规定,超标排放二氧化硫、氮氧化物等实行排放总量控制的大气污染物受过2次以上行政处罚,又实施此类行为的;重点排污单位、实行排污许可重点管理的单位篡改、伪造自动监测数据或者干扰自动监测设施,排放化学需氧量、氨氮、二氧化硫、氮氧化物等污染物等情形的,处3年以下有期徒刑。坚持用最严格的生态环境保护制度,保持常态化外部压力,为推进生态文明建设提供法治保障。

(2)明确办理环境污染刑事案件的宽严相济规则。《法释〔2023〕7号》结合相关环境立法法规,明确了实行排污许可重点管理的单位未取得排污许可的情况下违法排放污染物的行为为从重处罚情形;明确可以根据认罪认罚、生态环境恢复和有效整改等因素,在必要时酌情采取从宽处理措施,以确保案件处理取得良好结果。

(3)明确环境数据造假行为的处理规则。《法释〔2023〕7号》贯彻《刑法修正案(十一)》立法精神,对承担环境影响评价、环境监测、温室气体排放检验检测、排放报告编制或者核查等职责的中介组织的人员,实施提供虚假证明文件犯罪的定罪量刑标准作出明确。同时,针对实践突出问题,《法释〔2023〕7号》进一步完善了对破坏环境质量监测系统行为适用破坏计算机信息系统罪的处理规则,依法惩治环境领域数据造假行为,推动生态环境高水平保护,切实维护人民群众环境权益,促进人与自然和谐共生。

(三)有关温室气体排放的行政法规

1. 国务院《关于加快建立健全绿色低碳循环发展经济体系的指导意见》(以下简称《指导意见》)

《指导意见》总体要求指出要全面贯彻习近平生态文明思想,认真落实党中央、国务院决策部署,坚定不移贯彻新发展理念,全方位全过程推行绿色规划、绿色设计、绿色投资、绿色建设、绿色生产、绿色流通、绿色生活、绿色消费,使发展建立在高效利用资源、严格保护生态环境、有效控制温室气体排放的基础上,统筹推进高质量发展和高水平保护,建立健全绿色低碳循环发展的经济体系,确保实现碳达峰、碳中和目标,推动我国绿色发展迈上新台阶。

2.《"十三五"控制温室气体排放工作方案》

该方案总体要求指出要按照党中央、国务院决策部署,统筹国内国际两个大局,顺应绿色低碳发展国际潮流,把低碳发展作为我国经济社会发展的重大战略和生态文明建设的重要途径,采取积极措施,有效控制温室气体排放。

第二节　相关企业面临的主要法律风险

《法发〔2023〕5号》和“双碳”典型案例的发布标志着全国各级司法机关将进一步落实绿色发展理念，贯彻最严格制度最严密法治，维护碳市场交易秩序，推动产业结构绿色低碳转型，以及坚持生态修复优先、协同推进固碳增汇。面对这样的新形势，企业也面临诸多法律风险。

一、不积极履行排放报告义务的风险

《法发〔2023〕5号》中规定，如果重点排放单位因不积极履行温室气体排放报告义务，那么将会受到行政处罚；第三方服务机构与温室气体重点排放单位恶意串通，漏报温室气体排放数据，对他人造成损害，要承担民事赔偿责任，构成犯罪的追究刑事责任。基于此，重点排放单位、第三方技术单位等相关企业，应及时披露相关重要环境信息，履行信息公开义务，进一步保障公众知情权，防范环境风险和市场风险。

二、排放数据造假的风险

污染物排放监测数据弄虚作假会导致生态环境主管部门无法有效监测企业的污染物排放情况，严重扰乱环境监管秩序并影响温室气体排放与环境污染物协同治理成效；而真实准确的碳排放数据是碳排放交易市场有序运行的生命线，碳排放数据弄虚作假也会严重扰乱监管秩序和市场秩序。因此，在各类违法行为中，排放数据造假相关违法行为一直是生态环境执法和司法打击的重点。碳减排信息披露不充分或弄虚作假可能会承担民事责任、行政处罚甚至刑事责任。

民事责任：若企业在市场营销和官网资料中虚报谎报碳减排情况，且消费者或合作伙伴基于对该减排情况的错误认识而签订了合同，则可能构成欺诈，导致

合同可撤销等。此外,相关企业还可能被同行业竞争者提起有关虚假宣传、不正当竞争等的民事诉讼。

刑事责任:根据我国《刑法》第 161 条规定,依法负有信息披露义务的企业向股东和社会公众提供虚假的或者隐瞒重要事实的财务会计报告,或者对依法应当披露的其他重要信息不按照规定披露等,可能导致刑事责任,并处罚金。

行政责任:依据《企业环境信息依法披露管理办法》《上市公司信息披露管理办法》等监管规定,重点排放单位、上市公司、央企国企、金融机构等负有 ESG(环境、社会和公司治理)①强制披露义务的企业若未充分披露碳减排信息或对相关信息弄虚作假,则会面临相应的行政处罚。

三、强制减排企业不积极履行履约清缴义务的风险

对于强制减排单位,监管部门会对其减排情况进行数据核算、报告核查和交易监管等。如企业实际排放量超过其所分配的碳排放配额、实际履约不充分,则主要有三种解决途径:通过全国碳市场购买其他重点排放单位的盈余碳排放配额,在抵消限额内使用 CCER② 抵消其碳排放配额的清缴,或承担未足额清缴的法律责任(如罚款、通报或核减下一年度配额等),例如:

《生态环境部令第 19 号》第 40 条规定,重点排放单位未按时足额清缴碳排放配额的,由其生产经营场所所在地设区的市级以上地方生态环境主管部门责令限期改正,处 2 万元以上 3 万元以下的罚款;逾期未改正的,对欠缴部分,由重点排放单位生产经营场所所在地的省级生态环境主管部门等量核减其下一年度碳排放配额。

《上海市碳排放管理试行办法》第 39 条(未履行配额清缴义务的处罚)规定,纳入配额管理的单位未按照本办法第 16 条的规定履行配额清缴义务的,由市发展改革部门责令履行配额清缴义务,并可处以 5 万元以上 10 万元以下

---

① 环境、社会和公司治理又称为 ESG(Environmental, Social and Governance),从环境、社会和公司治理三个维度评估企业经营的可持续性与对社会价值观念的影响。

② CCER 即中国核证减排量,根据《温室气体自愿减排交易管理暂行办法》,参与自愿减排的减排量需经国家主管部门在国家自愿减排交易登记簿进行登记备案,经备案的减排量称为"中国核证减排量"(CCER)。

罚款。

由此可见,针对强制减排企业的履约情况,主要由监管部门负责每年清算,未履约的法律风险主要是罚款、通报或核减配额等。对于自愿减排企业碳减排实际履约不充分的情况,目前暂未有强制性法律法规直接规定该类自愿减排企业超额排放的法律后果,但基于履约不充分造成的信息披露弄虚作假或披露不充分等,也可能给自愿减排企业带来法律责任,减损企业的信誉。

四、对企业环境责任、污染物排放总量控制等提出了新的要求①

在公布的典型案例二中,涉案企业德清某保温材料公司在明知三氯一氟甲烷为有害物质,且被明令禁止用于生产使用的情况下,仍进行生产和售卖,本案中涉案单位生产的三氯一氟甲烷未经有效处置而进行排放,其有害物质不仅损害周围的环境及空气,甚至会影响人类健康并造成生态环境损害,在该案诉讼前,行政机关对涉案单位进行行政处罚、单位负责人依法承担行政责任,后经司法审判认定,涉案单位承担环境污染责任并赔偿损失。这是全国首例消耗臭氧层物质(ODS)大气污染责任民事公益诉讼案件。基于此,有关企业应提高环境责任意识,建立合规管理制度,温室气体主要排放主体应依法按时并准确提交温室气体排放数据,有效处理并减少温室气体等大气污染物的排放。

① 引用赵舒杰、梁巍《关于最高院首部碳达峰碳中和司法服务意见的解读与风险防范简述》中的部分内容。

第三节　温室气体排放侵权纠纷案例评析[①]

一、德清县人民检察院诉德清某保温材料公司大气污染责任纠纷案

德清某保温材料公司因长期向大气超标排放污染物，被德清县人民检察院提起公益诉讼，被判决承担损失赔偿责任，案号(2020)浙05民初115号。

【案件基本信息】

公益诉讼起诉人：德清县人民检察院

被告：德清某保温材料公司

【基本案情】

德清某保温材料公司主要从事聚氨酯硬泡组合聚醚保温材料的生产，以及聚氨酯保温材料、塑料材料、建筑材料等批发零售。2017年8月至2019年6月，德清某保温材料公司在明知三氯一氟甲烷(俗称氟利昂)系受控消耗臭氧层物质(ODS)，且被明令禁止用于生产使用的情况下，仍向他人购买并用于生产聚氨酯硬泡组合聚醚保温材料等。德清某保温材料公司购买三氯一氟甲烷共计849.5吨；经核算，其在使用三氯一氟甲烷生产过程中，造成三氯一氟甲烷废气排放量为3049.7千克。2019年10月，浙江省湖州市生态环境局分别以德清某保温材料公司存储使用的正戊烷等化学用品不符合环评要求、涉嫌超配额使用ODS为由，作出两份行政处罚决定书。2019年7月，德清某保温材料公司及其法定代表人祁某明涉嫌污染环境罪被公安机关立案侦查。2020年3月，德清县人民法院作出刑事判决，被告德清某保温材料公司犯污染环境罪，判处罚金70万元(案涉行政罚款在本罚金中予以折抵，不重复执行)；被告人祁某明犯污染环境罪，判处有期徒刑10个月并处罚金5万元。2020年8月，浙江省生态环境科学技术研究院

---

① 以上内容来自威科先行网。

对德清某保温材料公司排放三氯一氟甲烷事件作出生态环境损害鉴定评估报告,确定生态环境损害值为746,421~866,244元,鉴定评估费用15万元。2020年10月,德清县人民检察院提起民事公益诉讼,请求德清某保温材料公司赔偿生态环境损害费用746,421元,并承担鉴定评估费用15万元。

【案件焦点】

被告德清某保温材料公司是否应对其在生产中排放3049.7千克三氯一氟甲烷的行为承担生态环境损害赔偿费用746,421元及鉴定评估费用15万元。

根据《环境保护法》第64条规定,因污染环境和破坏生态造成损害的,应当依照侵权责任的有关规定承担侵权责任。《大气污染防治法》第125条规定,排放大气污染物造成损害的,应当依法承担侵权责任。被告德清某保温材料公司在生产过程中使用三氯一氟甲烷生产组合聚醚保温材料的违法行为经德清县人民法院(2019)浙0521刑初592号生效刑事判决书予以确认,根据2010年9月27日环境保护部、国家发展和改革委员会、工业和信息化部公布的《关于发布〈中国受控消耗臭氧层物质清单〉的公告》,三氯一氟甲烷为第一类全氯氟烃,危险品标识为Xn;N,分别表示有害物质,危险环境物质。按《关于消耗臭氧层物质的蒙特利尔议定书》规定,自2010年1月1日起,除特殊用途外,全面禁止生产和使用。该案中,被告产生的三氯一氟甲烷废气未经有效处置,排放至周围环境中,其厂房西侧为京杭运河支流,河道对岸及厂房东侧主要为居民区和农田,排放行为将损害环境及居住区空气质量,该物质可以扩散到大气同温层中,并以催化分解的方式破坏臭氧层,臭氧层的破坏将会导致过量的紫外线辐射到达地面,从而影响人类健康并造成环境生态损害,由此被告应当承担其排放三氯一氟甲烷行为的损害赔偿责任。

该案中,浙江省生态环境科学技术研究院出具生态环境损害鉴定评估报告确定了的生态环境损害值,该研究院具有评估鉴定资质,依据规范的评估鉴定程序出具的报告符合法律规定,公益诉讼起诉人德清县人民检察院根据上述评估报告主张746,421元生态损害赔偿费用和15万元鉴定评估费用具有事实和法律依据,法院予以支持。

【判决结果】

1. 被告德清某保温材料公司赔偿生态环境损害费用人民币746,421元;

2. 被告德清某保温材料公司支付鉴定评估费用人民币 15 万元。

【律师评析】

三氯一氟甲烷被释放到大气层后，受到紫外线的照射，将造成臭氧层破坏。我国作为《保护臭氧层维也纳公约》《关于消耗臭氧层物质的蒙特利尔议定书》的缔约国，一贯高度重视国际环境公约履约工作，于 2010 年发布《消耗臭氧层物质管理条例》《中国受控消耗臭氧层物质清单》，其中三氯一氟甲烷作为第一类全氯氟烃是国际公约规定的受控消耗臭氧层物质，被全面禁止使用。值得注意的是，因该案当事人的同一行为，同时触犯了不同法律规定，依法应当承担相应的法律责任。在该案诉讼前，行政机关已经对当事人予以行政处罚，刑事案件中当事人也被依法判处承担相应刑事责任。该案民事公益诉讼中，人民法院依据《环境保护法》第 64 条、《大气污染防治法》第 125 条等规定，认定侵权人承担环境污染责任并赔偿损失。该案是人民法院在环境保护领域统筹协调适用行政、刑事、民事三种责任，落实最严格制度最严密法治的生动体现，对相关行业和社会公众具有较强警示和教育作用。

二、龚某与乐昌市某水泥有限公司大气污染责任纠纷案

龚某因乐昌市某水泥有限公司（以下简称水泥公司）在公路上堆放物料，导致粉尘部分飘入其柑园，龚某遂起诉水泥公司要求该公司进行赔偿，法院驳回龚某的诉讼请求。案号：（2017）粤 0281 民初 1426 号。

【案件基本信息】

原告：龚某

被告：水泥公司

【基本案情】

被告水泥公司的水泥厂于 1988 年 9 月 9 日设立生产经营至今。原告龚某于 2008 年 11 月 18 日与长来村委会冲夫村小组签订了一份承包（甲石仔）山地合同，2014 年 2 月 21 日又签订了一份鱼塘承包合同。山地承包合同 15 年，每年租金 1600 元；鱼塘承包合同期限 10 年，每年租金 1500 元。承包后，原告先是种植西瓜，从 2010 年开始改种贡柑，2013 年开始挂果。被告在 2016 年 6 月由于在公路上堆放物料，导致有粉尘部分飘入原告的柑

园，于2016年10月10日与原告达成补偿协议，一次性补偿原告果园清洗费5000元。2017年1月始，被告对收尘器进行了改造和升级。根据原、被告双方提供的监测报告，从2016年5月30日至2017年12月28日，经乐昌市环境监测站的监测和韶关市知青检测技术有限公司检测，被告的污染物排放均达标。原告因被告的粉尘排放污染其柑园的问题，分别向乐昌市环境保护局、乐昌市长来镇人民政府、乐昌市农业局投诉和信访，2016年6月22日，乐昌市农业局向长来镇人民政府作出《关于对长来镇龚某种植皇帝柑落果技术指导情况回复》，主要是针对果树的管理进行技术性的指导，并未对污染行为与损害结果之间存有关联性进行任何说明，只说到"烟尘污染属工业污染，建议与环保局协调"。2016年9月26日，乐昌市环境保护局环境监察分局向龚某作出《关于投诉污染纠纷的调查处理回复》，回复称在调查、监测后认为被告均未达标排放，并提出处理意见："根据《广东省环保领域信访问题法定途径清单》第四部分（非环保部门职能类）中第八条财产损失鉴定规定：'农作物、林木（果树、花卉、药材）、养殖物（含水产品）出现减产、死亡，种植（养殖）户怀疑因周边企业排放污染物所致，要求赔偿的，提示其立即向当地农林牧渔部门反映，申请鉴定评估损失种类、数额、原因，为后续调查、调解、诉讼提供基础材料。在当事人取得书面鉴定评估结论，并经排查确定致害范围后，由当地环保或其他部门引导当事人通过人民调解、行政调解或民事诉讼等途径处理。'为此，建议你向有关部门反映，申请做评估损失鉴定，并按上述途径解决。在处理该类纠纷案中，法律赋予我们职责是：一是对污染源展开调查，主要调查是否存在违法行为。当企业存在违法行为时，我局将对污染源依法处理，并要求其整改，直至达标排放，严重者将会给予更严厉的行政处罚。二是对污染纠纷进行调解，在调解过程中，监测报告是不能直接作为赔偿的法律依据，若调解不成，建议走司法程序。"2016年12月26日，乐昌市农业局作出的《关于贡柑（皇帝柑）产量情况的复函》回复长来镇人民政府称："你单位2016年12月19日来'关于请求提供皇帝柑平均亩产量的数据'函收到，经不完全调查，该品种引进我市试种时间不到10年，在我市中部两江水果产区2008年曾试种，综合表现不算太优良，在我市南面种植未做相关的试验。在全市已种植面积不大，故也没有较准确的当地产量数据，通过查阅外市、外省适宜区种植相关资料显示，科学正常管理情况下，盛产期平均株产量 80 ~ 100 斤（亩产 4500 ~ 5500 斤）。以上数据仅供参考。”相关部门进行了多次调解未果。为此，原告以柑树受污染掉果为由，要求赔偿损失，向法院提起了诉讼。

【案件焦点】

1. 被告的生产排污行为与原告果园产量低下是否存在因果关系。

2. 原告果园产量低下的实际经济损失是多少。

【法院裁判要旨】

1. 被告的生产排污行为与原告果园产量低下是否存在因果关系

在环境污染侵权案件中，根据 2015 年最高人民法院《关于审理环境侵权责任纠纷案件适用法律若干问题的解释》第 6 条规定：“被侵权人根据侵权责任法第六十五条规定请求赔偿的，应当提供证明以下事实的证据材料：（一）污染者排放了污染物；（二）被侵权人的损害；（三）污染者排放的污染物或者其次生污染物与损害之间具有关联性。”举证责任的倒置规则并不意味着原告无须承担任何举证责任。原告应就排污行为与损害结果之间存在关联性提供初步证明材料，即应证明被告的排污行为与原告的柑果减产之间存在因果关系的可能性。本案原告提供的证据，仅能证明被告生产有排污行为，原告就果园果树受到污染一事向政府有关部门投诉过，政府有关部门对此事进行过调处，未能证明果树掉果、减产与被告的排污行为存在关联性。

2. 原告果园产量低下的实际经济损失是多少

法院认为，原告果树产量低下的实际经济损失，原告依据乐昌市农业局作出的《关于贡柑（皇帝柑）产量情况的复函》和单方估算皇帝柑减产的产量，再乘以估算的价格，拟证明柑果受污染损失达 120 万元，难以令人信服。综上，原告要求被告赔偿柑果遭受污染损失 120 万元，既未对柑果损失提供相应的证据，也没有证据证明被告排放的污染物或者其次生污染物与其柑果减产之间具有关联性，故原告的诉讼请求证据不足。

【判决结果】

驳回原告龚某的诉讼请求。

【律师评析】

如今环境污染损害纠纷日益增多，环境污染的特征决定了污染与损害间的因果关系难以认定，所以只要被侵权人能证明自己遭受的环境污染损害与污染者具有一定的因果关联性，即由污染者承担严苛的举证力度，该举证责任倒置原则已然成为我国环境侵权因果关系的主要认定方法，但并非所有举证证明责任均由侵权人承担，而是由被侵权人承担一定的举证证明责任后才发生举证责任转移。本案中，原告应当就柑果减产与被告的排污行为之间存在因果关系的可能性承担举证责任；被告应当就法律规定的不承担责任或者减轻责任的情形及其行为与损害之间不存在因果关系承担举证责任。一般环境污染行为与污染环境损害后果要件容易证明，而因果关系要件往往却不容易证明。

三、沈阳市生态环境局对沈阳抗生素厂作出行政处罚案

沈阳市生态环境局执法人员对沈阳抗生素厂开展现场核查，发现该企业未足额清缴碳排放配额问题。

【案件基本信息】

处罚机关：沈阳市生态环境局

行政相对人：沈阳抗生素厂

【基本案情】

根据2021年12月16日对沈阳抗生素厂下达的警示函内容，该企业存在未按时足额清缴碳排放配额的问题。2022年1月10日，沈阳市生态环境局执法人员对沈阳抗生素厂开展现场核查，发现该企业2019～2020年企业获得的碳交易免费配额量为329，970吨CO_2，最终应清缴配额量为409，632吨CO_2，配额缺口为79，662吨CO_2，未足额清缴碳排放配额问题。

【律师评析】

碳达峰碳中和目标是我国的重大战略方针，也是企业的长远发展目标，企业应当关注并加强内部碳排放合规管理，将碳排放合规管理纳入企业整体规划。与此同时，企业应当按时完成配额清缴工作，履行碳排放相关责任和义务。

第四节 温室气体排放侵权纠纷风险防控建议

从《碳排放权交易管理办法(试行)》的实施,再到已经提上制定日程的《碳排放权交易管理暂行条例》,政府对重点机构的处罚措施更加严厉。随着被纳入重点排污单位范围的扩大,企业可以在制定碳排放合规计划中起主导作用。在满足企业需求、建立合规体系的同时,充分研究法律法规要求,关注碳排放合规义务,防止因违规行为遭受行政处罚,从而对企业信用评级和发展的总体评价产生不良影响。

一、企业必须如实披露温室气体排放信息

根据《生态环境部令第 19 号》第七章第 39 条规定,重点排放单位虚报、瞒报温室气体排放报告,或者拒绝履行温室气体排放报告义务的,由其生产经营场所所在地设区的市级以上地方生态环境主管部门责令限期改正,处 1 万元以上 3 万元以下的罚款。逾期未改正的,由重点排放单位生产经营场所所在地的省级生态环境主管部门测算其温室气体实际排放量,并将该排放量作为碳排放配额清缴的依据;对虚报、瞒报部分,等量核减其下一年度碳排放配额。

"碳排放双控"制度下,所有碳排放企业都应该如实披露碳排放信息,以应对监管部门日益严格的监督和审查。企业须如实披露温室气体排放信息,这要求企业必须配备相关专业人才,或委托相关碳资产管理机构对排放情况进行测算,这不可避免地增加了企业的运营成本,需要企业为此做好充分准备。

二、企业必须按期履行全国碳市场碳配额清缴的义务

根据《生态环境部令第 19 号》有关规定,控排企业应当在生态环境部规定的时限内依据温室气体实际排放量完成上一年度碳排放配额的清缴,如重点排

放单位未按时足额清缴碳排放配额,将被责令限期改正,处2万元以上3万元以下的罚款;逾期未改正的,对欠缴部分,由省级生态环境主管部门等量核减其下一年度碳排放配额。需要注意的是,《碳排放权交易管理暂行条例(征求意见稿)》(以下简称《碳排放暂行条例(草案)》)中已加重行政处罚力度,处罚金额已提升至10万元以上50万元以下(该条例尚未正式颁布)。

因此,控排企业如未能依法按期完成配额清缴义务,不仅会受到罚款等行政处罚,还会影响下一年度碳排放配额的分配。鉴于碳交易市场的成熟与日益完善、配额总量逐年减少的大背景下,如受到前述处罚,后续可能会进一步增加控排企业未来的履约成本。

三、相关企业务必提高企业环境责任意识,建立合规管理制度

温室气体重点排放单位应当依法提供温室气体排放数据,科学处理和减少温室气体等大气污染物的排放,综合考虑"减污"和"降碳"。同时要遵守战略规划中的碳市场相关规定,以减少污染、降低二氧化碳排放量等合规方式来实现生产。同时,企业要加强对污染物排放的全面监测,在企业内部大力开展合规文化宣传和培训,积极参与碳市场交易活动,及时落实各项减排措施,提高劳动者的合规意识,提高合规管控水平,及时公布自身碳排放数据、减排结果、风险管理等信息,以此降低公司法律风险,提高自身效益。

总之,当前我国生态文明建设面临两大战略挑战:一是生态环境深度改善,二是实现"碳达峰"和"碳中和"。进一步强调生态环境多目标治理的必要性,协同推进减污减碳已成为新发展阶段中国经济社会发展全面绿色不可或缺的选择。企业碳中和合规是应对气候变化、实现绿色低碳发展的本质要求,是提升企业核心竞争力、实现高质量发展的重要途径。企业应树立正确的合规理念,制定科学的合规目标和途径,建立健全合规管理体系,加大技术创新和投资力度,加强合作伙伴管理和社会责任,抓住合规的好处和机遇,为实现国家"双碳"目标作出贡献。

第四章

大气污染防治纠纷案件

刘　娟

本章作者：刘娟，北京盈科（长沙）律师事务所环境资源与能源法律事务部主任，盈科全国碳中和法律专业委员会副主任。

第一节　案件类型、案由分析及相关法律法规

一、大气污染防治纠纷案件类型和案由综述

《法发〔2023〕5号》第7条规定:“依法审理大气污染防治案件。依法监督、支持行政机关依照法定权限和程序,对无证排放、通过逃避监管方式排放、超标排放大气污染物,机动车、非道路移动机械生产企业对发动机、污染控制装置弄虚作假,以及违法焚烧废弃物等行为进行行政处罚,对造成污染的排放设施设备实施查封、扣押等行政强制措施。推动行政机关充分利用生态环境制度体系促进低碳发展,采取多污染物与温室气体协同控制措施,全面提升减污降碳综合效能。对违法使用受控消耗臭氧层物质,走私木炭、硅砂等构成犯罪的,依法追究刑事责任。”

历年来我国司法实践中与大气污染防治相关的案件也有不少,相关数据显示:截至2023年8月17日,我国关于大气污染责任纠纷的民事诉讼约371件,其中江苏省的案件最多,涉及的行业主要是制造业(占比约67.49%);行政诉讼中有关大气污染的环境保护行政管理(环保)案件约608件,其中河南省的案件最多,涉及的行业主要也是制造业(占比约55.6%);刑事犯罪中有关大气污染的环境污染罪约133件,其中仍然是制造业占比最多,而刑事犯罪中有关走私木炭、硅砂及违法使用受控消耗臭氧层物质的案例相对较少。

为助推“双碳”目标的实现,推进美丽中国建设,实现人与自然和谐共生的高质量现代化强国,国家需制定最严格最严密的法律制度,让制度成为保护环境的刚性约束和不可触碰的高压线。大气污染防治是实现碳达峰碳中和目标非常重要的一部分,企业无证排放、超标排放、违法排放或者对污染控制装置弄虚作假等,或违法使用受控消耗臭氧层物质,走私木炭、硅砂等妨害环境和破坏自然资源的行为,都会不同程度地造成大气污染损害,企业也会因此承担民事、行政或刑事责任。因此,各企业应准确把握民事、行政、刑事法律中涉及大气污染防

治的立法精神、立法目的和法律规则及其适用，在市场机遇中懂得规避环境责任风险，同时又能在风险中准确把握商业机会。

二、大气污染防治纠纷涉及的具体案件类型及对应的案由

司法实践中，大气污染防治案件可能涉及的案件类型不仅有民事诉讼案件、行政诉讼案件，还有刑事犯罪案件。其中，民事诉讼案件主要案由有“大气污染责任纠纷”和“生态环境损害赔偿纠纷”；行政诉讼案件主要是排污企业对行政机关处罚决定不服提起的“环境保护行政管理（环保）纠纷”；刑事犯罪案件主要是“污染环境罪”和“走私国家禁止进出口的货物罪”。

民事诉讼案件类型主要因为高排放、高耗能企业无证排放、通过逃避监管方式排放或超标排放大气污染物等，如企业在涂漆工艺中废气排放量超标对大气环境造成了严重的污染，严重影响周围居民生活，应该承担赔偿责任而引起民事侵权责任纠纷中的环境污染责任纠纷，对应的案由为“大气污染责任纠纷”或“生态环境损害赔偿纠纷”。实践中，一般由中华环保联合会、自然之友等社会公益组织作为原告提起民事公益诉讼；也由生态环境行政主管机关提起生态环境损害赔偿诉讼；人民检察院在履行职责过程中发现存在破坏生态环境和自然资源保护等损害社会公共利益的行为，也有权以公益诉讼起诉人的身份提起环境民事公益诉讼。

行政诉讼案件类型主要是行政机关依照法定权限和程序，对企业无证排放、通过逃避监管方式排放、超标排放大气污染物，机动车、非道路移动机械生产企业对发动机、污染控制装置弄虚作假，以及违法焚烧废弃物等行为作出行政处罚决定，而被行政处罚的企业不服，认为行政机关的处罚适用法律错误或认定事实错误，处罚幅度明显不当等，向人民法院提起“环境保护行政管理（环保）纠纷”等行政诉讼，请求撤销或改变行政机关的行政处罚。

刑事犯罪案件类型主要有因违法使用受控消耗臭氧层物质，严重污染环境，构成“污染环境罪”；走私木炭、硅砂等妨害环境和资源保护的货物、物品达到一定数量或者金额的，构成“走私国家禁止进出口的货物罪”。

三、大气污染防治纠纷案件涉及的法律法规

由于大气污染防治案件不仅有民事纠纷案件、行政纠纷案件，还有刑事犯罪案件，主要涉及的法律规定有《民法典》《环境保护法》《大气污染防治法》《刑法》等。

(一)民事方面有关大气污染防治的法律法规、司法解释及规范性文件

1.《民法典》

2021 年 1 月 1 日实施的《民法典》是我国第一部以法典命名的法律，是整个法律体系中的基础，也是市场经济中的基本法。

首先，应正确把握和适用《民法典》中“绿色原则”，即第 9 条规定：“民事主体从事民事活动，应当有利于节约资源、保护生态环境。”意味着国家要求企业作为市场经济的参与者，在从事所有民事活动中应当遵守“绿色原则”。

其次，在《民法典》分编中多次出现“绿色条款”，例如第三编合同第四章合同的履行中第 509 条第 3 款规定：“当事人在履行合同过程中，应当避免浪费资源、污染环境和破坏生态。”又如第七编侵权责任中的第七章，关于环境污染和生态破坏责任的法律规定等“绿色条款”。

2.《环境保护法》

保护环境是我国的基本国策，《环境保护法》第 1 条就规定：“为保护和改善环境，防治污染和其他公害，保障公众健康，推进生态文明建设，促进经济社会可持续发展，制定本法。”该部法律于 2014 年 4 月 24 日在第十二届全国人民代表大会常务委员会第八次会议修订。

根据《环境保护法》规定，首先，任何企业事业单位都有保护环境的义务，企业在生产经营过程中要减少环境污染和生态破坏，坚持“谁污染谁赔偿”的责任制度。其次，排污企业应当建立环境保护责任制度，对在生产建设中产生的废气、粉尘、恶臭气体等大气污染物进行监测和防治。最后，对于无证排放、超标排放、篡改监测数据等行为，有关单位可以对企业作出行政处罚，情节严重的，可以责令停业、关闭；构成犯罪的，依法追究刑事责任。同时，企业还要承担环境修复和民事赔偿的责任。由此可见，如果企业不重视环境保护，违法向大气排放污染

物,将面临严重的经营风险,巨额的经济赔偿或罚款,甚至会受到刑事处罚。

3.《大气污染防治法》

《大气污染防治法》于 1988 年 6 月 1 日起实施,经历 1995 年、2000 年、2015 年及 2018 年多次修改,是我国第一部专门以防治大气污染、改善大气环境质量为目标而制定的单行法。

该部单行法共 8 章 129 条,包括总则,大气污染防治标准和监督管理,燃煤等能源业、工业、机动车、扬尘和农业等大气污染防治措施,重点区域大气污染联合防治,重污染天气应对及法律责任,附则等内容。从事工业制造、煤炭和化石等能源业、建筑业、交通运输业及农业等行业的企业,尤其要注意对其在生产经营过程中产生的废气、恶臭气体、扬尘等大气污染源的防治。否则,将受到行政主管部门高额的罚款甚至停业关闭等行政处罚,及巨额民事赔偿责任;构成犯罪的,还会被依法追究刑事责任。

例如,根据该部单行法第 99 条规定,如排污企业存在“无证排放”,或者“超标排放”或者“逃避监管方式排放”等情形,将会受到生态环境主管部门责令改正、限制生产、停产整治并处 10 万元到 100 万元的高额罚款,情节严重的将会被责令停业、关闭,这将直接影响到企业的生死存亡。又如,根据该部单行法第 109 条规定,企业如果生产超过污染物排放标准的机动车、非道路移动机械,不仅会受到省级生态环境主管部门责令改正,没收违法所得,还将并处货值金额 1 倍以上 3 倍以下的罚款,没收、销毁无法达到污染物排放标准的机动车、非道路移动机械;如果拒不改正,将责令企业停产整治,且国务院机动车生产主管部门将直接责令企业停止生产该车型。由此可见,如果汽车制造企业违反《大气污染防治法》,将会被严厉惩治,违法成本较高。

4.《消耗臭氧层物质管理条例》

为了加强对消耗臭氧层物质的管理,履行《保护臭氧层维也纳公约》和《关于消耗臭氧层物质的蒙特利尔议定书》规定的义务,保护臭氧层和生态环境,保障人体健康,根据《大气污染防治法》,制定《消耗臭氧层物质管理条例》。该条例于 2010 年 4 月 8 日国务院令第 573 号公布,2018 年 3 月 19 日进行了修订。

该条例共 6 章 41 条,包括总则,生产、销售和使用,进出口,监督检查,法律责任和附则等内容。根据该条例规定:(1)国家逐步削减并淘汰作为制冷剂、发泡剂、灭火剂、溶剂、清洗剂、加工助剂、杀虫剂、气雾剂、膨胀剂等用途的消耗臭氧层物质;(2)国家对消耗臭氧层物质的生产、使用、进出口实行总量控制和配额管理,消耗臭氧层物质的生产、使用单位,应当申请领取生产或者使用配额许可证,否则将受到行政主管部门的处罚,包括没收违法所得及生产设备,并处以高达百万元的巨额罚款;(3)从事进出口单位,无进出口许可证或者超出进出口许可证的规定进出口消耗臭氧层物质的,由海关依照有关法律、行政法规的规定予以处罚;构成犯罪的,要依法追究刑事责任。

5.《生态环境损害赔偿管理规定》(环法规〔2022〕31 号)

《生态环境损害赔偿管理规定》是经中央全面深化改革委员会审议通过,生态环境部联合最高人民法院、最高人民检察院、科学技术部、公安部、司法部、财政部、自然资源部、住房和城乡建设部、水利部、农业农村部、国家卫生健康委员会、国家市场监督管理总局、国家林业和草原局于 2022 年 4 月 26 日共同发布并实施。为规范生态环境损害赔偿工作,推进生态文明建设,建设美丽中国,根据《生态环境损害赔偿制度改革方案》和《民法典》等法律法规的要求而制定。

该规定共 5 章 38 条,主要包括总则、任务分工、工作程序、保障机制及附则等规定。明确了生态环境损害赔偿包括对大气造成污染、破坏环境的损害赔偿;生态环境损害赔偿权利人为国务院授权的省级、市地级政府(包括直辖市所辖的区县级政府);损害赔偿的范围包括生态环境受到损害至修复完成期间服务功能丧失导致的损失,生态环境功能永久性损害造成的损失,生态环境损害调查、鉴定评估等费用,清除污染、修复生态环境费用,防止损害的发生和扩大所支出的合理费用等;企业作为赔偿义务人,如因同一大气污染排放损害行为需要承担行政责任或者刑事责任,并不影响其依法承担生态环境损害赔偿责任,即可以要求企业同时承担民事责任、行政责任和刑事责任,且生态环境损害赔偿责任优先;不得以罚代赔,也不得以赔代罚,不履行或者不完全履行赔偿义务的,还将依法列入失信被执行人名单。

6.《关于推进生态环境损害赔偿制度改革若干具体问题的意见》(环法规〔2020〕44 号)

2020 年 8 月 31 日,生态环境部、司法部、财政部、自然资源部、住房和城乡建设部、水利部、农业农村部、国家卫生健康委员会、国家林业和草原局及最高人民法院、最高人民检察院联合发布并实施《关于推进生态环境损害赔偿制度改革若干具体问题的意见》。该意见是为推动生态环境损害赔偿制度改革工作深入开展,根据中共中央办公厅、国务院办公厅印发的《生态环境损害赔偿制度改革方案》的相关规定,在总结地方实践经验基础上提出的,是对《生态环境损害赔偿制度改革方案》内容的进一步明确和细化。

7.《生活垃圾焚烧发电厂自动监测数据应用管理规定》(生态环境部令第10号)

《生活垃圾焚烧发电厂自动监测数据应用管理规定》共20条内容,于2019年10月11日由生态环境部部务会议审议通过,自2020年1月1日起施行。为规范生活垃圾焚烧发电厂自动监测数据使用,推动生活垃圾焚烧发电厂达标排放,依法查处环境违法行为,根据《环境保护法》及《大气污染防治法》等法律法规而制定。

8.《中国受控消耗臭氧层物质清单》(生态环境部、国家发展和改革委员会、工业和信息化部公告2021年第44号)

为履行《保护臭氧层维也纳公约》、《关于消耗臭氧层物质的蒙特利尔议定书》及其修正案规定的义务,根据《消耗臭氧层物质管理条例》有关规定,生态环境部、国家发展和改革委员会、工业和信息化部共同修订了《中国受控消耗臭氧层物质清单》,自2021年9月29日起施行。

该清单公布了包括第一类全氯氟烃(又称氯氟化碳)15种、第二类哈龙3种、第三类四氯化碳1种、第四类甲基氯仿1种、第五类含氢氯氟烃14种、第五类含氢氯氟烃26种、第六类含氢溴氟烃34种、第七类溴氯甲烷1种、第八类甲基溴1种、第九类氢氟碳化物18种等一共九类114种受控消耗臭氧层物质。各企业要清楚《中国受控消耗臭氧层物质清单》名录中的受控物质种类,违法使用受控消耗臭氧层物质的企业可能面临承担刑事责任的风险。

9.《生态环境损害赔偿制度改革方案》

生态环境损害赔偿制度是生态文明制度体系的重要组成部分。党中央、国务院高度重视生态环境损害赔偿工作,党的十八届三中全会明确提出对造成生态环境损害的责任者严格实行赔偿制度。2017年12月17日,《生态环境损害赔偿制度改革方案》由中共中央办公厅、国务院办公厅发布,2018年1月1日实施。

该方案提出生态环境损害赔偿制度的总体要求和目标,明确生态环境损害赔偿范围、责任主体（赔偿义务人）、索赔主体（赔偿权利人）、损害赔偿解决途径（鼓励磋商，并完善赔偿诉讼规则）等，加强生态环境修复与损害赔偿的执行和监督，规范生态环境损害鉴定评估和赔偿资金管理。将“依法推进，鼓励创新；环境有价，损害担责；主动磋商，司法保障；信息共享，公众监督”作为生态环境损害赔偿制度的工作原则，并制定了保障措施，确保《生态环境损害赔偿制度改革方案》能够落到实处。

10. 最高人民法院《关于审理生态环境侵权责任纠纷案件适用法律若干问题的解释》（法释〔2023〕5 号）

为正确审理生态环境侵权责任纠纷案件，依法保护当事人合法权益，根据《民法典》《民事诉讼法》《环境保护法》等法律的规定，结合审判实践，制定该解释。该解释于 2023 年 6 月 5 日由最高人民法院审判委员会第 1890 次会议通过，2023 年 8 月 14 日公布，自 2023 年 9 月 1 日起施行。该解释公布施行后，《最高人民法院关于审理环境侵权责任纠纷案件适用法律若干问题的解释》（法释〔2015〕12 号）同时废止。

该解释共 29 条，主要规定生态环境侵权案件范围、归责原则、数人侵权、责任主体、责任承担、诉讼时效等内容。其中第 4 条第 1 款规定了“无过错原则”，根据该规定，企业作为大气污染物的排放主体，无论是否存在主观过错都应当承担侵权赔偿责任，且“举证责任倒置”，即排污企业作为侵权人要自己证明其排放的大气污染物与损害结果之间不存在因果关系才可以免责，比如排污企业能证明其排放大气污染物的行为没有造成该损害可能的，或者能够证明该损害于其排放大气污染物行为实施之前已发生的，才可以免责。

11. 最高人民法院《关于审理环境民事公益诉讼案件适用法律若干问题的解释》

为正确审理环境民事公益诉讼案件，根据《民法典》《环境保护法》《民事诉讼法》等法律的规定，结合审判实践而制定。该解释在 2014 年 12 月 8 日由最高人民法院审判委员会第 1631 次会议通过，根据 2020 年 12 月 23 日最高人民法院审判委员会第 1823 次会议通过的最高人民法院《关于修改〈最高人民法院关于人民法院民事调解工作若干问题的规定〉等十九件民事诉讼类司法解释的决定》修正。

该解释一共 35 条，主要对环境民事公益诉讼案件中部分程序性问题进一步作出解释规定，其中规定了环境公益诉讼参与主体资格（符合条件的社会组织和人民检察院可以提起环境公益诉讼），诉讼管辖地（通常在污染行为发生地、损害结果发生地及被告所在地的中级人民法院起诉），提起公益诉讼的材料，送达（同时要公告受理情况），民事责任承担方式（包括停止侵害、排除妨碍、消除危险、修复生态环境、赔偿损失、赔礼道歉等），赔偿费用的范围（支持被告承担调查、评估费用，消除污染及防止扩大损失的费用及律师费、诉讼费）等相关内容。

12. 最高人民法院《关于审理生态环境损害赔偿案件的若干规定（试行）》

2019 年 5 月 20 日，由最高人民法院审判委员会第 1769 次会议通过，根据 2020 年 12 月 23 日最高人民法院审判委员会第 1823 次会议通过的最高人民法院《关于修改〈最高人民法院关于在民事审判工作中适用《中华人民共和国工会法》若干问题的解释〉等二十七件民事类司法解释的决定》修正。为正确审理生态环境损害赔偿案件，严格保护生态环境，依法追究损害生态环境责任者的赔偿责任，依据《民法典》和《民事诉讼法》等法律的规定，结合审判工作实际而制定。

该规定共 23 条，主要规定可以提起生态环境损害赔偿诉讼的情形，诉讼管辖，诉讼证明材料，举证责任，评估鉴定，承担责任形式及赔偿范围等内容。根据该规定第 17 条，如果因同一大气污染排放行为，提起了“生态环境损害赔偿诉讼案件”和“民事公益诉讼案件”，应优先审理“生态环境损害赔偿诉讼案件”，同时应先中止“民事公益诉讼案件”的审理，待“生态环境损害赔偿诉讼案件”审理完毕后，再就“民事公益诉讼案件”未被涵盖的诉讼请求依法作出裁判。

13. 地方性法规

全国大部分直辖市及省级人民政府都有颁布关于大气污染防治的地方性法规条例，如北京市、天津市、重庆市、上海市、广东省、浙江省、海南省、湖北省、湖南省等，不再一一赘述。

（二）行政方面有关大气污染防治的法律法规

1.《行政处罚法》

《行政处罚法》由中华人民共和国第十三届全国人民代表大会常务委员会第二十五次会议于 2021 年 1 月 22 日修订通过，自 2021 年 7 月 15 日起施行。为了规范行政处罚的设定和实施，保障和监督行政机关有效实施行政管理，维护公共利益和社会秩序，保护公民、法人或者其他组织的合法权益，根据宪法而制定。该部法律共8章86条，是行政主管机关对企业违法排放大气污染物的行为依法作出行政处罚的主要法律依据，主要包括行政处罚的种类、实施机关、管辖和适用、行政处罚的决定、执行和法律责任等，如第18条第1款规定："国家在城市管理、市场监管、生态环境、文化市场、交通运输、应急管理、农业等领域推行建立综合行政执法制度，相对集中行政处罚权。"

2.《行政强制法》

《行政强制法》由中华人民共和国第十一届全国人民代表大会常务委员会第二十一次会议于2011年6月30日通过，自2012年1月1日起施行。为了规范行政强制的设定和实施，保障和监督行政机关依法履行职责，维护公共利益和社会秩序，保护公民、法人和其他组织的合法权益，根据宪法而制定，共7章71条。该部行政强制法也是行政主管机关对企业违法排放大气污染物的行为依法作出行政处罚决定的法律依据，包括实施行政强制措施的种类、实施程序、强制执行程序及法律责任等规定。

3.《生态环境行政处罚办法》

《生态环境行政处罚办法》于2023年4月13日由生态环境部2023年第1次部务会议审议通过，自2023年7月1日起施行。为了规范生态环境行政处罚的实施，监督和保障生态环境主管部门依法实施行政处罚，维护公共利益和社会秩序，保护公民、法人或者其他组织的合法权益，根据《行政处罚法》《行政强制法》《环境保护法》等法律、行政法规而制定。

该处罚办法共8章92条，包括总则、实施主体与管辖、普通程序、简易程序、执行、结案和归档、监督及附则等程序性规定。

（三）刑事方面有关大气污染防治的法律法规及司法解释

1.《刑法》

《法发〔2023〕5号》第7条关于大气污染刑事犯罪是关于"对违法使用受控消耗臭氧层物质，走私木炭、硅砂等构成犯罪的，依法追究刑事责任"。在《刑法》中对应的刑事罪名主要有"污染环境罪"和"走私国家禁止进出口的货物、物品罪"两个罪名。

根据《刑法》第151条第3款、第4款规定【走私国家禁止进出口的货物、物品罪】:“走私珍稀植物及其制品等国家禁止进出口的其他货物、物品的,处五年以下有期徒刑或者拘役,并处或者单处罚金;情节严重的,处五年以上有期徒刑,并处罚金。单位犯本条规定之罪的,对单位判处罚金,并对其直接负责的主管人员和其他直接责任人员,依照本条各款的规定处罚。”

“木炭和硅砂”在我国是明令禁止出口的货物,企业如果违反海关管制,私自出口木炭和硅砂,妨害环境保护和自然资源达到一定数量或金额,可能构成走私国家禁止进出口的货物、物品罪。

根据《刑法》第338条规定【污染环境罪】:“违反国家规定,排放、倾倒或者处置有放射性的废物、含传染病病原体的废物、有毒物质或者其他有害物质,严重污染环境的,处三年以下有期徒刑或者拘役,并处或者单处罚金;情节严重的,处三年以上七年以下有期徒刑,并处罚金;有下列情形之一的,处七年以上有期徒刑,并处罚金:(一)在饮用水水源保护区、自然保护地核心保护区等依法确定的重点保护区域排放、倾倒、处置有放射性的废物、含传染病病原体的废物、有毒物质,情节特别严重的;(二)向国家确定的重要江河、湖泊水域排放、倾倒、处置有放射性的废物、含传染病病原体的废物、有毒物质,情节特别严重的;(三)致使大量永久基本农田基本功能丧失或者遭受永久性破坏的;(四)致使多人重伤、严重疾病,或者致人严重残疾、死亡的。有前款行为,同时构成其他犯罪的,依照处罚较重的规定定罪处罚。”第346条规定【单位犯破坏环境资源保护罪的处罚规定】:“单位犯本节第三百三十八条至第三百四十五条规定之罪的,对单位判处罚金,并对其直接负责的主管人员和其他直接责任人员,依照本节各该条的规定处罚。”

如企业在生产经营过程中违法使用受控消耗臭氧层物质,造成严重污染环境,将构成“污染环境罪”,且为“双罚制”即单位、直接负责的主管人员和其他责任人员将一并受到刑事处罚。

2. 最高人民法院、最高人民检察院《关于办理走私刑事案件适用法律若干问题的解释》

最高人民法院、最高人民检察院《关于办理走私刑事案件适用法律若干问题的解释》第11条规定:“走私国家禁止进出口的货物、物品,具有下列情形之一的,依照刑法第一百五十一条第三款的规定处五年以下有期徒刑或者拘役,并处或者单处罚金……(五)走私木炭、硅砂等妨害环境、资源保护的货物、物品十吨以上不满五十吨,或者数额在十万元以上不满五十万元的……(七)数量或者数额未达到本款第一项至第六项规定的标准,但属于犯罪集团的首要分子,使用特种车辆从事走私活动,造成环境严重污染,或者引起甲类传染病传播、重大动植物疫情等情形的。具有下列情形之一的,应当认定为刑法第一百五十一条第三款规定的'情节严重':(一)走私数量或者数额超过前款第一项至第六项规定的标准的;(二)达到前款第一项至第六项规定的标准,且属于犯罪集团的首要分子,使用特种车辆从事走私活动,造成环境严重污染,或者引起甲类传染病传播、重大动植物疫情等情形的。"此条规定对"走私木炭、硅砂"入刑的数量和金额作出进一步明确,入刑门槛比较低,足以说明国家对该行为的处罚力度比较重,立法目的是严厉打击"走私木炭、硅砂"等行为对环境和自然资源的破坏。

第二节　相关企业面临的主要法律风险

一、大气污染防治纠纷民事赔偿法律风险

大气污染防治纠纷案件民事法律风险主要是侵权赔偿责任，根据相关法律法规规定，遵循"无过错责任原则""谁污染谁赔偿原则""举证责任倒置原则"等，承担民事责任的形式主要有"停止侵害、排除妨碍、消除危险、修复生态环境、赔偿损失、赔礼道歉"等。

（一）无过错责任原则

无过错责任原则，是指无论侵权行为人是否存在主观过错，只要有造成损害结果的客观事实，且其行为与损害结果存在因果关系就应当承担赔偿责任，这是民法归责原则中的一种特殊原则，特别加重侵权行为人的责任。

如根据最高人民法院《关于审理生态环境侵权责任纠纷案件适用法律若干问题的解释》第4条第1款规定："因污染环境、破坏生态造成他人损害，行为人不论有无过错，都应当承担侵权责任。"

大气污染属于环境污染的一种，有大气污染物排放的企业在生产实践中，只要造成了损害后果且排放的大气污染物与损害后果存在因果关系的，都应当承担侵权民事赔偿责任。

（二）谁污染谁赔偿原则

"谁受益谁补偿、谁破坏谁恢复、谁污染谁赔偿"是我国环境保护法的一项基本原则，也是环境保护工作中的一项重要原则。《环境保护法》规定，企业事业单位和其他生产经营者应当防止、减少环境污染和生态破坏，对所造成的损害依法承担责任；排放污染物的企业事业单位和其他生产经营者，应当按照国家有关规定缴纳排污费，全部专项用于环境污染防治。

两个以上企业分别对外排放大气污染物，对环境、生态造成同一损害的行为，每一个排污企业的污染环境、破坏生态行为都足以造成全部损害的，被侵权人可以要求所有排污企业承担连带责任。

（三）举证责任倒置原则

一般民事诉讼的举证原则是“谁主张，谁举证”，但是对于大气污染防治纠纷案件之类的环境侵权案件适用的是“举证责任倒置”原则，大大增加了企业的环境责任风险，所以企业方要引起重视。

“举证责任倒置”，是指基于法律规定，本应该由提出主张一方就某种事实不承担举证责任，转而要求其他诉讼当事人就该种事实存在或不存在进行举证，否则将承担举证不能的后果。在大气污染防治纠纷民事案件中，排污企业作为侵权人即被告方，需要就其不存在排污行为，或具有免责、减轻事由，或对其排污行为与损害后果之间不存在因果关系等承担举证责任，否则将推定被侵权人即原告主张的事实成立。

（四）民事责任承担方式和经济损失赔偿范围

《民法典》第179条规定承担民事责任的方式主要有11种，由于大气污染防治纠纷之类的环境侵权案件属于特殊的民事侵权纠纷，根据其特殊性，承担民事责任的主要方式有“停止侵害、排除妨碍、消除危险、修复生态环境、赔偿损失、赔礼道歉”等，这些责任方式可以单独适用，也可合并适用。

其中赔偿损失范围包括：(1)修复环境的费用，企业作为侵权人如不履行环境修复的责任，就应承担生态环境修复费用。生态环境修复费用包括制定、实施修复方案的费用，修复期间的监测、监管费用，修复完成后的验收费用、修复效果后评估费用，以及生态环境受到损害至修复完成期间服务功能损失的费用等。(2)财产损失，包括直接损失和间接损失，直接损失有企业侵权造成被侵权人财产的直接减少或者灭失费用，环境监测、技术鉴定、损失评估、调查取证等环境侵权损害的调查费用，被侵权人为消除环境侵权危害、清理、治理环境，防止损害发生和扩大而实际支出的费用。间接损失有被侵权人因环境侵权损害而丧失的正常收益。(3)人身伤害赔偿损失，包括医疗费、护理费、误工费、营养费、交通费、伤残补助金、死亡赔偿金、丧葬费、被抚养/赡养人生活费及精神损失费等，具体的计算方式参照一般人身损害赔偿标准计算。(4)合理的律师费以及为诉讼支出的其他合理费用。

二、大气污染防治纠纷行政处罚法律风险

行政责任风险通常是指企业因违反环境保护法、大气污染防治法等相关法律法规,在生产经营过程中违法排放大气污染物,对环境、生态造成损害,但尚未构成犯罪的,依法应承担的行政责任。

(一)过错原则

行政责任与民事责任最大的不同就是"企业违法行为和主观过错(故意或过失)"为承担行政法律责任的必要条件,而不再采用民事责任中的"无过错原则";另一个不同点就是两者产生主体不同,行政责任产生在不平等主体之间,即行政机关和行政相对人(企业),民事责任发生在侵权人(排污企业)和被侵权人之间,主体是平等的。

(二)责任法定原则

大气污染物排放企业承担行政责任必须有法律依据;严格按照法律规定的程序执行;承担责任的形式和幅度严格按照法律规定选择适用。

(三)行政责任的形式

大气污染物排放企业承担行政责任的主要形式有:警告、罚款、责令停止侵害、责令停产停业、吊销营业执照、没收违法所得、对造成大气污染的排放设施设备实施查封、扣押等,情节严重的可以对企业主管人员或直接责任人进行行政拘留。

(四)行政复议和行政诉讼

在行政责任风险方面,企业还面临着可能提起行政复议和行政诉讼的风险,也会给企业造成一定的负面影响和经济损失。大气污染物排放企业如对行政机关作出的行政处罚决定不服,认为行政机关作出处罚决定所认定的事实不符或

适用的法律有误,可依据相关法律规定提起行政复议和行政诉讼。

三、大气污染防治纠纷刑事犯罪法律风险

企业在生产经营过程中如存在"违法使用受控消耗臭氧层物质",造成严重污染环境的,将构成"污染环境罪"。前文已介绍国家已颁布《消耗臭氧层物质管理条例》和《中国受控消耗臭氧层物质清单》,相关企业应熟悉受控消耗臭氧层物质清单的种类,了解相关管理条例。

例如,德清某保温材料公司违反国家规定,使用三氯一氟甲烷用于生产保温材料并出售,严重污染环境,其行为构成污染环境罪。该单位法定代表人祁某明,明知三氯一氟甲烷禁止用于生产,主动购入用于公司生产保温材料并销售,造成环境严重污染,亦应当以污染环境罪追究刑事责任。一审法院以污染环境罪,判处单位德清某保温材料公司罚金 70 万元,判处该单位法定代表人祁某明有期徒刑 10 个月,并处罚金 5 万元。该案系全国首例因违法使用受控消耗臭氧层物质(ODS)被判处实刑的污染环境刑事案件[案号:(2019)浙 0521 刑初 592 号][①]。

企业违反国家正常对外贸易管理秩序和国家关于进出口货物、物品的禁止性管理规定,走私木炭、硅砂等妨害环境、资源保护的货物、物品达到一定数量或者金额的,将构成"走私国家禁止进出口的货物罪"。

① 案例来源于威科先行·法律信息库网站。

第三节 大气污染防治纠纷案例评析①

一、中华环保联合会与德州晶华集团振华有限公司环境污染责任纠纷案

德州晶华集团振华有限公司(以下简称振华公司)因长期向大气超标排放污染物,被中华环保联合会起诉,被判决承担上千万元的巨额损失赔偿责任,案号:(2015)德中环公民初字第1号。

【案件基本信息】

原告:中华环保联合会

被告:振华公司

【基本案情】

被告振华公司原有三条浮法玻璃生产线,1#线已于2011年全面停产,2#线、3#线因玻璃生产特殊工艺要求及冬季供暖,一直继续生产,振华公司虽已投入资金建设了两线脱硫除尘设施,但2#线、3#线两根烟囱向大气长期超标外排放污染物,造成了严重的大气污染,严重影响了周围居民生活,被环境保护主管部门多次处罚后仍未整改,继续超标向大气排放污染物。根据最高人民法院《关于审理环境民事公益诉讼案件适用法律若干问题的解释》,特提起诉讼,请求法院判令:(1)被告立即停止超标向大气排放污染物,增设大气污染防治设施,经环境保护行政主管部门验收合格并投入使用后方可进行生产经营活动;(2)被告赔偿因超标排放污染物造成的损失2040万元(按照被告大气污染防治设施投入及运营的成本计算得出);(3)被告赔偿因拒不改正超标排放污染物行为造成的损失780万元(以10万为基数,自2015年1月1日开始暂计算至2015年3月19日);(4)被告在省级及以上媒体向社会公开赔礼道歉;(5)本案诉讼、检验、鉴定、专家证

① 案例来源于威科先行·法律信息库网站。

人、律师及诉讼支出的费用由被告承担。上述第2、3项诉讼请求中的赔偿款项支付至地方政府财政专户，用于德州市大气污染的治理。后原告中华环保联合会将诉讼请求第2项变更为判令被告赔偿因超标排放污染物造成的损失2746万元。

【案件焦点】

1. 本案原、被告主体是否适格

2. 被告振华公司应承担何种民事责任，损害赔偿数额如何计算。

【法院裁判要旨】

1. 本案原、被告主体是否适格

《环境保护法》第58条规定，对污染环境、破坏生态、损害社会公共利益的行为，符合下列条件的社会组织可以向人民法院提起诉讼：(1)依法在设区的市级以上人民政府民政部门登记；(2)专门从事环境保护公益活动连续5年以上且无违法记录。因此，原告中华环保联合会是本案的适格主体。

根据最高人民法院《关于审理环境民事公益诉讼案件适用法律若干问题的解释》第1条规定，法律规定的机关和有关组织依据《民事诉讼法》第55条、《环境保护法》第58条等法律的规定，对已经损害社会公共利益或者具有损害社会公共利益重大风险的污染环境、破坏生态的行为提起诉讼，符合《民事诉讼法》第119条第2项、第3项、第4项规定的，人民法院应予受理；第18条规定，对污染环境、破坏生态，已经损害社会公共利益或者具有损害社会公共利益重大风险的行为，原告可以请求被告承担停止侵害、排除妨碍、消除危险、恢复原状、赔偿损失、赔礼道歉等民事责任。法院认为，企业事业单位和其他生产经营者超过污染物排放标准或者重点污染物排放总量控制指标排放污染物的行为可以视为是具有损害社会公共利益重大风险的行为，故被告振华公司是本案的适格被告。

2. 被告振华公司应承担何种民事责任，损害赔偿数额如何计算

根据最高人民法院《关于审理环境民事公益诉讼案件适用法律若干问题的解释》第18条的规定，环境民事公益诉讼案件承担责任的方式包括六种：停止侵害、排除妨碍、消除危险、恢复原状、赔偿损失、赔礼道歉。原告中华环保联合会关于被告振华公司立即停止超标向大气排放污染物，以及在省级以上媒体向社会公开赔礼道歉的诉讼请求于法有据。

关于生态损害赔偿费用。为证明被告振华公司因其行为应当承担的生态损

害赔偿数额，原告中华环保联合会以双方提交的证据以及法院向环境保护机关调取的证据为依据，委托原环境保护部环境规划院进行鉴定评估。经评估，二氧化硫单位治理成本为0.56万元/吨，超标排放255吨，虚拟治理成本为142.8万元(0.56万元/吨×255吨)；氮氧化物单位治理成本为0.68万元/吨，超标排放589吨，虚拟治理成本400.52万元(0.68万元/吨×589吨)；烟粉尘单位治理成本为0.33万元/吨，超标排放19吨，虚拟治理成本6.27万元(0.33万元/吨×19吨)。

根据德州市环境保护局《关于德州晶华集团振华有限公司高档优质汽车玻璃原片项目环境影响评价执行标准的意见》、《环境空气质量标准》(GB 3095—2012)、《环境损害鉴定评估推荐方法(第Ⅱ版)》、《突发环境事件应急处置阶段环境损害评估技术规范》的规定，利用虚拟治理成本法计算得到的环境损害可以作为生态环境损害赔偿的依据，被告振华公司所在区域的空气功能区为二类，按照规定，环境空气二类区生态损害数额为虚拟治理成本的3~5倍，法院认定按虚拟治理成本的4倍计算生态损害数额，即2198.36万元(142.8万元×4+400.52万元×4+6.27万元×4)。

关于原告中华环保联合会要求被告振华公司赔偿因超标排放污染物造成的损失780万元。法院认为，原告中华环保联合会该项诉讼请求的依据是《大气污染防治法》第99条及《环境保护法》第59条，该两条规定的是行政处罚而非民事责任，且最高人民法院《关于审理环境民事公益诉讼案件适用法律若干问题的解释》中并未规定惩罚性赔偿，故原告中华环保联合会该项诉讼请求法律依据不足，法院不予支持。

【判决结果】

1.被告振华公司于本判决生效之日起30日内赔偿因超标排放污染物造成的损失2198.36万元，支付至德州市专项基金账户，用于德州市大气环境质量修复；

2.被告振华公司在省级以上媒体向社会公开赔礼道歉；

3.被告振华公司于本判决生效之日起10日内支付原告中华环保联合会所支出的评估费10万元；

4.驳回原告中华环保联合会的其他诉讼请求。

【律师评析】

该案中，振华公司长期超标排放污染物，造成了严重的大气污染，严重影响了周围居民生活，被环境保护主管部门多次处罚后仍未整改，继续超标向大气排放污染物。振华公司作为环境侵权人，有排放污染物的侵权行为，造成了大气严重被污染的后果，且该侵权行为与大气污染损害结果之间存在因果关系就应该承担民事法律责任，除非该公司能够自己证明不存在排污行为或排污行为与损害后果之间不存在因果关系。根据相关法律法规和司法解释，该企业作为环境侵权人承担民事责任的方式有停止侵害、排除妨碍、消除危险、恢复原状、赔偿损失、赔礼道歉等；赔偿的费用包括环境修复费用、评估费用等。

二、上海鑫晶山建材开发有限公司与上海市金山区环境保护局行政诉讼案

上海鑫晶山建材开发有限公司无组织排放恶臭污染物，给大气造成污染，对上海市金山区环境保护局作出的行政处罚决定不服，提起行政诉讼，案号：(2017)沪0116行初3号。

【案件基本信息】

原告：上海鑫晶山建材开发有限公司

被告：上海市金山区环境保护局

【基本案情】

上海市金山区环境保护局执法人员对上海鑫晶山建材开发有限公司无组织排放恶臭污染物进行检查、监测，在上海鑫晶山建材开发有限公司厂界采样后，经上海市金山区环境监测站检测，3#监测点臭气浓度一次性最大值为25，超出《恶臭污染物排放标准》(GB 14554—93)规定的排放限值20。上海市金山区环境保护局认为该行为违反了《大气污染防治法》第18条的规定，依据《大气污染防治法》第99条第2项的规定，作出行政处罚决定书决定对上海鑫晶山建材开发有限公司罚款人民币25万元。

上海鑫晶山建材开发有限公司对此行政处罚决定书不服，向人民法院提起行政诉讼，诉称被诉行政处罚决定认定事实及适用法律均错误，处罚幅度明显不当，请求予以撤销。

【案件焦点】

1. 被告根据监测报告认定原告排放臭气且浓度超标是否有误。

2. 被告适用《大气污染防治法》对原告涉案行为进行处罚是否正确。

3. 被诉行政处罚决定处罚幅度是否合理。

【法院裁判要旨】

1. 被告根据监测报告认定原告排放臭气且浓度超标是否有误

法院认为,根据《大气污染防治法》第18条的规定,企业事业单位和其他生产经营者向大气排放污染物的,应当符合大气污染物排放标准,遵守重点大气污染物排放总量控制要求。本案无证据可证实臭气来源于污泥,即使可能来源于污泥,原告作为排污单位,生产活动全程排放的污染气体均应符合国家标准的要求,既包括有组织排放,也包括泄漏、无组织排放。生产原料的处置、管理属于生产环节之一,原告作为生产单位对此负有环境管理义务,因疏于管理导致厂界臭气浓度超标亦应承担相应责任。

上海市金山区环境监测站根据现场情况,按照间歇排放源采样频率对原告厂界四个监测点位各采集三次样品进行检测,取其最大测定值,符合选择尽可能高的生产负荷及不利于污染物扩散稀释的条件进行检测的原则,未违反《恶臭污染物排放标准》的要求,法院予以尊重、认可。因此,被告认定原告2016年8月17日厂界3#监测点臭气浓度一次性最大值25超过规定排放限值20,事实清楚,证据确凿。

2. 被告适用《大气污染防治法》对原告涉案行为进行处罚是否正确

本案中,被告接到群众有关原告排放臭气的投诉后进行执法检查,检查、监测对象是原告排放大气污染物的情况,监测报告显示臭气浓度超标,故适用《大气污染防治法》第99条第2项规定更为贴切和准确,本案并无证据可证实臭气是否来源于任何工业固体废物,故被诉行政处罚决定适用法律并无不当。

3. 被诉行政处罚决定处罚幅度是否合理

被告在确定罚款幅度时,综合考虑了原告违法行为对环境及社会的影响、违法次数、配合调查取证情况、整改情况以及原告企业性质等因素,决定罚款25万元,罚款数额亦在《大气污染防治法》第99条第2项规定的法定裁量幅度内,被诉行政处罚决定处罚幅度并无不当。

【判决结果】

驳回原告上海鑫晶山建材开发有限公司的诉讼请求。

【律师评析】

企业因排放大气污染物被行政主管机关作出罚款的行政处罚决定,企业所面临的最常见的是环境行政责任风险。本案中,作为排污企业的上海鑫晶山建材开发有限公司,专门以其他企业污泥为原料进行无害化处理的资源综合再利用,应当对生产全过程中的污染物排放严格管制,要符合国家法律规定标准,但是由于其自身疏于管理,导致厂区臭气浓度超标造成大气污染。证明该公司主观上有故意或放任臭气的排放,客观上存在大气污染的行为,造成了大气污染损害后果,且该企业未提供证据证明排污行为与损害后果之间不存在因果关系。行政主管机关在执法过程中严格遵守相关法律规定程序进行执法,检查、监测对象是该企业排放大气污染物的情况,监测报告显示臭气浓度超标,故适用《大气污染防治法》。在处罚幅度方面也是综合考虑了该企业违法行为对环境及社会的影响、违法次数、配合调查取证情况、整改情况以及原告企业性质等因素。

三、贾某诚、周某锋、陈某走私国家禁止进出口的货物、物品罪(走私木炭)

贾某诚、周某锋、陈某走私木炭至韩国,触犯了国家禁止进出口的货物、物品罪而获刑,案号:(2019)浙刑终371号。

【基本案情】

被告人贾某诚原在国内主要经营原木烧制的木炭生意,被告人周某锋在义乌从事库存服装生意。2016年3月以来,韩国买家"卢某1"(音译,下同)分别联系被告人贾某诚、周某锋,商定由贾某诚负责木炭的国内组货、发货,由周某锋负责联系木炭的报关出口。被告人贾某诚、周某锋明知国家禁止出口以木材为原料烧制的木炭的情况下,为牟取非法利益,仍同意共同为韩国买家"卢某1"将木炭走私至韩国。

2016年3月至2018年1月,被告人贾某诚将自营窑厂生产的木炭及其从湖北、安徽等地揽购的木炭通过国内货车物流,按照韩国买家"卢某1"的要求发往浙江省义乌市并将运输货车司机手机号码、车牌号、货车到达时间等相关信息传达给被告人周某锋,由被告人周某锋联系应某、陈某景(均另案处理)安排木炭的虚假出口报关手续。应某、陈某景等人则指使贾某、苏某1、周某等人(均另案处理)采用拆换海关施封锁、集装箱倒箱换货、伪报品名申报出口等方式将木炭走私至韩国。木炭到达韩国后,韩国买家“卢某1”通过国内户名为李某1等人的银行账号将货款和其他费用一并汇给被告人贾某诚,被告人贾某诚使用自己的银行卡及戴某、朱某、吴某等人的中国银行卡接收货款和其他报关出口费用等。之后被告人贾某诚根据被告人周某锋的要求,将其报关出口费用汇至户名为陈某3的中国邮政储蓄银行卡。被告人周某锋收取每集装箱30,000元左右的报关出口费用,并以每集装箱28,000元左右的价格委托给应某、陈某景,其个人从中赚取每集装箱2000元左右的好处费。被告人贾某诚、周某锋采用上述手段共走私木炭76个集装箱,重约1449.77吨,其中1个集装箱木炭重约21.5吨在海关监管现场被舟山海关现场查验时查扣,其余75个集装箱的木炭已实际走私出口。

2017年7月5日、2018年1月17日,被告人贾某诚两次委托被告人陈某为韩国买家“卢某1”走私木炭至韩国,被告人陈某采用伪报品名等方式予以走私,共从“卢某1”处收取报关出口等费用共计82,000元。被告人贾某诚、陈某共同走私2个集装箱的木炭,重约41.5吨,其中2018年1月17日走私的1个集装箱约21.5吨木炭在海关监管现场被金华海关现场查验时查扣,另一个集装箱的木炭已实际走私出口。

综上,被告人贾某诚走私木炭共计78个集装箱,重约1491.27吨;被告人周某锋走私木炭共计76个集装箱,重约1449.77吨;被告人陈某走私木炭共计2个集装箱,重约41.5吨。被告人贾某诚走私木炭违法所得70万元左右;被告人周某锋走私木炭违法所得15万余元;被告人陈某走私木炭违法所得8.2万元。2018年1月19日,被告人陈某被金华海关缉私分局民警传唤归案;2018年3月29日,被告人贾某诚到安徽省六安市公安局金某分局毛坦厂派出所投案;2018年5月28日,被告人周某锋被金华海关缉私分局民警传唤归案。

【法院裁判要旨】

法院认为,被告人贾某诚、周某锋、陈某为牟取非法利益,在明知国家禁止出口木炭的情况下,违反海关法规,逃避海关监管,走私木炭出境,其行为均已构成走私国家禁止进出口的货物罪。

根据案件事实及相关法律规定，作出以下判决：(1)被告人贾某诚犯走私国家禁止进出口的货物罪，判处有期徒刑7年，并处罚金人民币200万元；(2)被告人周某锋犯走私国家禁止进出口的货物罪，判处有期徒刑4年，并处罚金人民币40万元；(3)被告人陈某犯走私国家禁止进出口的货物罪，判处有期徒刑3年，缓刑4年，并处罚金人民币20万元；(4)扣押在案的苹果7手机一部，由扣押机关依法处理；(5)对被告人贾某诚、周某锋、陈某的违法所得予以追缴，追缴不足部分，责令其退赔，上缴国库；(6)查扣在案的涉案原木木炭，予以没收，上缴国库。

【律师评析】

根据《刑法》第151条第3款、第4款规定："走私珍稀植物及其制品等国家禁止进出口的其他货物、物品的，处五年以下有期徒刑或者拘役，并处或者单处罚金；情节严重的，处五年以上有期徒刑，并处罚金。单位犯本条规定之罪的，对单位判处罚金，并对其直接负责的主管人员和其他直接责任人员，依照本条各款的规定处罚。"又根据最高人民法院、最高人民检察院《关于办理走私刑事案件适用法律若干问题的解释》第11条规定："走私国家禁止进出口的货物、物品，具有下列情形之一的，依照刑法第一百五十一条第三款的规定处五年以下有期徒刑或者拘役，并处或者单处罚金……(五)走私木炭、硅砂等妨害环境、资源保护的货物、物品十吨以上不满五十吨，或者数额在十万元以上不满五十万元的……(七)数量或者数额未达到本款第一项至第六项规定的标准，但属于犯罪集团的首要分子，使用特种车辆从事走私活动，造成环境严重污染，或者引起甲类传染病传播、重大动植物疫情等情形的。具有下列情形之一的，应当认定为刑法第一百五十一条第三款规定的'情节严重'：(一)走私数量或者数额超过前款第一项至第六项规定的标准的；(二)达到前款第一项至第六项规定的标准，且属于犯罪集团的首要分子，使用特种车辆从事走私活动，造成环境严重污染，或者引起甲类传染病传播、重大动植物疫情等情形的。"

本案中，被告人贾某诚、周某锋、陈某结伙逃避海关监管，走私国家禁止出口的货物木炭出境，妨害环境保护，其行为均已构成走私国家禁止进出口的货物罪，且贾某诚(走私木炭共计78个集装箱，重约1491.27吨)、周某锋(走私木炭共计76个集装箱，重约1449.77吨)属情节严重。在共同犯罪中，被告人贾某诚、陈某系主犯,被告人周某锋系从犯,被告人贾某诚有自首情节,被告人周某锋、陈某有坦白情节。根据各被告人犯罪事实、性质、情节和对社会的危害程度,法院判处被告人贾某诚有期徒刑7年,并处罚金人民币200万元;被告人周某锋有期徒刑4年,并处罚金人民币40万元;判处被告人陈某有期徒刑3年,缓刑4年,并处罚金人民币20万元,符合罪刑相适应原则。

走私国家禁止进出口的货物、物品罪是指走私珍稀植物及其制品等国家禁止进出口的其他货物、物品的行为,违反国家正常对外贸易管理秩序和国家关于进出口货物、物品的禁止性管理规定。该项罪名的犯罪主体为一般主体,自然人和单位均可成为本罪主体。

由于木炭是由木头直接烧制成的,烧制木炭要砍伐树木、森林,会直接造成国家自然资源和环境遭到破坏,树木和森林对我国实现“双碳”目标起着非常重要的作用。因此,为了保护国家资源,国家明令禁止出口木炭。硅砂在我国也是禁止出口的,由于我国石英砂的矿产资源丰富,容易开采且成本较低,导致很多地区滥挖滥采,一方面破坏了土地自然资源造成大量原矿的浪费,另一方面砂石加工企业属于高污染、高耗能企业,环境污染严重。所以,从保护环境和自然资源的角度出发,国家也明令禁止出口硅砂。《法发〔2023〕5号》第7条最后明确提出,“……走私木炭、硅砂等构成犯罪的,依法追究刑事责任”,说明国家为积极稳妥推进“双碳”目标的达成,在司法实践中,重点打击“走私木炭、硅砂等”破坏自然资源与环境的行为。

在我国走私木炭、硅砂等妨害环境、资源保护的货物、物品,数量达到10吨以上或者金额达到10万元以上的,或者是犯罪集团的首要分子,使用特种车辆从事走私活动,造成环境严重污染的,就构成走私国家禁止进出口的货物罪;数量超过50吨或者金额超过50万元的,属于情节严重,起点刑在5年以上,并处罚金。

第四节　大气污染防治纠纷风险防控建议

随着国家“碳达峰·碳中和”和“美丽中国”等战略目标的提出,各企业单位实施节能减排、绿色低碳的生产模式势在必行,追求经济目标的同时要注重保护环境和自然资源,从源头控制污染源的排放。守护“绿水青山”和“碧海蓝天”是每个企业的担当和责任,也是企业实现可持续发展的前提。企业在生产经营过程中,应该从以下几个方面防范大气污染之法律风险,尤其是化工、钢铁、建筑、电力、石油、矿产等高耗能、高排放的制造型企业。

一、企业要有环保意识形态及环保法律素养

资本的本质是逐利的,企业家在过去都是以追求经济利益为目标,忽略了对环境污染造成的损害。当代企业要转变思维,以可持续发展为目标,追求经济利益的同时也要注重环境保护,强化环境保护意识形态。

同时,企业内部要普及环保知识和相关法律知识,“知法、懂法、守法”,尤其是现有大气污染防治相关的法律法规、司法解释及规范性文件,做到大气污染“有证排放、依法排放、排放付费”,企业生产部门要把环境保护作为日常工作一样对待。

二、建立大气污染防治管理制度

无制度不成方圆,企业应坚持以“预防为主,防治结合”为原则,在企业内部建立大气污染防治管理制度,包括管理架构、管理措施、管理程序、管理责任、应急预案等。明确单位大气污染防治总负责人和相关人员的责任,成立大气污染防治小组,企业负责人为第一责任人,生产部长为组长,鼓励全员参与,降低大气污染排放,保护环境,人人有责。定期组织企业内部员工培训,建立奖罚制度,强

化结果考核，并与员工绩效挂钩。杜绝将管理制度流于形式，依法依规，真正做到“有制度可依、有制度必守、执行必严、违反必究”，才能有效防范企业大气污染责任风险。

三、从源头到末端全过程控制大气污染物排放

（一）坚持“三同时原则”

“三同时原则”是我国环境保护制度中一项非常重要的原则，企业在新建、扩建、改建项目时，防治大气污染的设备设施必须与企业主体工程“同时设计、同时施工、同时投产”。

（二）企业建立绿色采购制度

企业绿色采购是指企业在采购产品、工程或服务时，包括但不限于对供应商的选择和管理、与采购物资相关的包装、物流等一系列的活动，综合考虑环境因素和经济因素，优先购买对环境保护最有利的产品、工程或服务，以达到保护环境和节约采购成本的双重目标。

企业建立绿色采购制度，从生产源头控制大气污染物的排放，应当优先使用清洁能源，采用资源利用率高、污染物排放量少的原材料、工艺、设备等。比如，办公用车采用新能源车，减少汽车尾气对大气的污染；对供应商提供的原材料要求进行碳足迹核算，优先采购“绿色原料”，以便减少生产过程中的大气污染物排放，并跟踪企业产品整个生命周期的碳排放量。

1. 清洁生产

淘汰产能低、高耗能、高排放的主要生产设备，采用先进的生产技术和工艺，确保企业生产所产生的大气污染物排放达标，并争取做到“零排放”，实现清洁生产。

2. 废气无害化处理

根据企业不同的生产要素和排放污染物，如粉尘、臭气、浓烟等，采取不同的治理措施，同时排放同时消化处置，必要时聘请第三方治理专家参与。提高企业废弃物综合利用技术和大气污染物无害化处理技术，减少大气污染物的产生，即

使产生也可以做到及时处置。

四、建立大气污染风险应急机制

(一)编制应急预案

"一事一预案",企业可以就大气污染排放风险编制专门的应急预案,预案内容应当包括目的、原则、体系、措施、监管、责任等,应当科学合理、可操作执行。

(二)实时监测、加强监管

大气污染防治应急预案编制以后,要加强对大气污染物排放实时监测,做到及时发现、及时处理、及时改进,同时指定监管部门和责任人,并将监测、监管责任与责任人的绩效进行挂钩。

(三)应急预案要定期进行演练

大气污染防治应急预案内容设置是否科学、合理,需要通过实践来检验,企业就必须定期对应急预案进行演练。当企业发生大气污染紧急事件时,相关人员能够快速地落实应急预案,并能够使用先进、科学、合理的方式消除或降低大气污染造成的负面影响。

五、投保包含大气污染责任在内的环境污染责任保险

根据《环境保护法》第52条规定,国家是鼓励企业投保环境污染责任保险的。有大气污染物排放的企业,可以选择投保包括大气污染环境责任的保险,以防产生损害赔偿经济损失时,可以将部分经济责任转嫁给保险公司,降低企业的经济损失。

第五章

适应气候变化行政补偿案件

张继胜　孙璐璐

本章作者：张继胜，北京盈科（太原）律师事务所律师、刑事法律事务二部副主任。
孙璐璐，北京盈科（太原）律师事务所律师。

第一节　案件类型、案由分析及相关法律法规

一、适应气候变化行政补偿类型和案由综述

《法发〔2023〕5 号》第 8 条规定："依法审理适应气候变化行政补偿案件。加大司法对行政机关采取措施积极适应气候变化的支持力度，推动行政争议实质性化解。审理企业退出重点生态功能区、生态环境敏感区和脆弱区、自然保护地等行政补偿纠纷案件，企业主张因行政机关变更或撤销行政许可而遭受实际损失的，依法对行政行为进行合法性审查，保障企业有序退出。审理收回国有土地使用权、规划变更、移民安置等行政补偿纠纷案件，依法保障行政相对人的合法权益，推动完善陆地生态系统保护和海洋生态系统保护，促进资源开发利用与生态环境保护相协调。"

从公权力角度分析，行政补偿是国家救济制度的重要组成部分，是现代市场经济发展过程中对市场经济调节和政府双重干预的一种补救方法。从私权利角度审视，行政补偿则是受到公权力侵害的补偿相对人依法享有的一项正当权利。行政补偿的公正性与有效性对恢复受损的私人权利、抚慰相对人的不满心理、修复失衡的社会关系具有重要作用，如果不予行政补偿或行政补偿不公平、不合理，将会进一步激发相对人的抵触情绪，激化公权力与私权利之间的紧张关系，加剧社会矛盾的冲突。①

本章系探究适应气候变化行政补偿案件，以下部分只探究生态类行政补偿案件。

---

① 参见姜伟主编：《最高人民法院第四巡回法庭疑难案件裁判要点与观点》，人民法院出版社 2020 年版，第 12 页。

二、适应气候变化行政补偿涉及的具体案件类型及对应的案由

1. 加大司法对行政机关采取措施积极适应气候变化的支持力度，推动行政争议实质性化解。

案由：行政补偿（二级案由）。

该案由是根据最高人民法院《关于行政案件案由的暂行规定》行政案由确定的基本方法而得出的二级案由，本章是指适应气候变化行政措施的行政补偿案件。

2. 审理企业退出重点生态功能区、生态环境敏感区和脆弱区、自然保护地等行政补偿纠纷案件，企业主张因行政机关变更或撤销行政许可而遭受实际损失的，依法对行政行为进行合法性审查，保障企业有序退出。

案由：撤回行政许可补偿。

3. 审理收回国有土地使用权、规划变更、移民安置等行政补偿纠纷案件，依法保障行政相对人的合法权益，推动完善陆地生态系统保护和海洋生态系统保护，促进资源开发利用与生态环境保护相协调。

案由：收回国有土地使用权补偿、规划变更补偿、移民安置补偿。

三、适应气候变化行政补偿案件涉及的法律法规

（一）行政补偿类案件涉及的法律

对于适应气候变化的行政补偿案件，目前法律体系并不完整，实践中该案件涉及的领域较多，如 2020 年 11 月，国家发展和改革委员会公布的《生态保护补偿条例（公开征求意见稿）》明确指出本条例生态保护补偿是指采取财政转移支付或市场交易等方式，对生态保护者因履行生态保护责任所增加的支出和付出的成本，予以适当补偿的激励性制度安排，涉及森林补偿、草原补偿、湿地补偿、水流补偿、荒漠补偿、内陆和近海重要水域休禁渔补偿、耕地补偿、重点生态功能区补偿、自然保护地补偿等。涉及法律规定也较多，如《环境保护法》《森林法》《草原法》《海洋环境保护法》《水污染防治法》《湿地保护法》。

另外,政策文件作为指导实施的纲领性文件,尤其需要予以重视。2021 年 9 月,中共中央办公厅、国务院办公厅印发了《关于深化生态保护补偿制度改革的意见》,强调到 2025 年,与经济社会发展状况相适应的生态保护补偿制度基本完备。以生态保护成本为主要依据的分类补偿制度日益健全,以提升公共服务保障能力为基本取向的综合补偿制度不断完善,以受益者付费原则为基础的市场化、多元化补偿格局初步形成,全社会参与生态保护的积极性显著增强,生态保护者和受益者良性互动的局面基本形成。到 2035 年,适应新时代生态文明建设要求的生态保护补偿制度基本定型。

(二)撤回行政许可补偿涉及的法律及司法解释

撤回行政许可主要是指行政机关基于公共利益的需要收回已经颁发的行政许可情形。使用前提是相对人取得的行政许可合法。适用情形包括:(1)行政许可依据的法律、法规、规章修改或者废止;(2)行政许可依据的客观情况发生重大变化。一般来说,撤回行政许可的行政机关应当作出书面决定,说明撤回行政许可的法律依据或事实基础。撤回行政许可对公民、法人或者其他组织造成财产损失的,作出撤回行政许可法定的行政机关应当依法予以补偿。其基本法律依据为:《行政许可法》、最高人民法院《关于审理行政许可案件若干问题的规定》、《矿产资源法》。

(三)收回国有土地使用权补偿、规划变更补偿、移民安置补偿涉及的法律行政法规

这一类行政补偿,特别是收回国有土地使用权补偿案件实践中较多,围绕收回国有土地使用权决定主体、程序、补偿标准等问题展开。而规划变更也实际影响了土地使用权的使用,可按收回土地使用权的标准进行补偿,移民安置系政府的职责所在,应对相对人进行补偿。其法律依据主要为《土地管理法》《城市房地产管理法》《城乡规划法》《水法》《大中型水利水电工程建设征地补偿和移民安置条例》。

政策文件如中共中央、国务院《关于完善产权保护制度依法保护产权的意见》明确遵循及时合理补偿原则,完善国家补偿制度,进一步明确补偿的范围、形式和标准,给予被征收征用者公平合理补偿。

第二节　相关企业面临的主要法律风险

对于行政补偿问题，从司法实践来看，其实就是围绕着“为何补偿、谁来补偿、怎么补偿”的焦点问题来展开的，因缺乏统一的行政补偿法律，相关企业面临的主要法律风险包括以下内容。

一、行政补偿需要有明确的补偿依据

补偿有无，不仅需要法律规定，更需要行政机关细化的补偿细则或协议，遵循有依据可补偿，无依据不补偿。是否存在生态补偿“依据”主导着行政补偿的最终走向。此处的“依据”，主要包括司法解释、习惯、法律行为和政策法规等。之所以“依据”成为生态补偿裁判逻辑的主线，缘于制定法上的生态补偿制度规范只是一种“指示性条款”，具体实施还依赖于行政机关制定颁发的生态补偿操作规则，或是平等主体之间的补偿合同。这些行政、民事法律行为就是生态补偿司法裁判中的“依据”。换句话说，由于生态补偿法律规范内容的不完整，生态补偿的“依据”成了法院裁判生态补偿纠纷的准据。法院主要根据规范性文件和合同等“依据”来裁判生态补偿纠纷案件，奉行“无依据，则无补偿”。

二、行政补偿需要有明确的补偿主体

享有补偿权利的主体依据情况不同而有所不同。虽有依据但法院不予直接裁判补偿额，而是判决责令行政机关作出补偿决定。行政补偿责任主体系人民政府，在实践中存在政府、政府部门等直接作出决定的情况，维权时司法机关会根据法律规定或政策要求责令行政机关作出补偿决定，但因存在行政主体的先行处理原则，司法机关会作出驳回要求支付补偿款的诉讼请求。

三、补偿金额根据权利丧失的程度来确定

行政许可撤回一般以实际投入为原则，生态行政补偿一般按规制权利受限程度来确定。[①] 而权利受限程度的确定，一般是由法律法规具体化的规则或政策来体现，在没有相应明确规则的情况下，得到的补偿金额存在较大不确定性。

① 参见李尧：《撤回行政许可的乱象及法律规制——基于 121 份裁判文书的实证考察》，载《交大法学》2021 年第 4 期。

第三节　适应气候变化行政补偿案例评析

一、张掖某建材有限责任公司与甘肃省张掖市甘州区人民政府行政补偿案①

因张掖市甘州区人民政府未在规定期限内履行法定职责，致使张掖某建材有限责任公司（以下简称建材公司）无法得到行政补偿，被建材公司诉至法院。

【案件基本信息】

原告：建材公司

被告：甘肃省张掖市甘州区人民政府

【基本案情】

建材公司取得采矿许可证，有效期为2015年7月1日至2020年7月1日，开采矿种为砖瓦用黏土矿，矿区位于黑水国遗址保护区范围内。2018年5月25日，甘肃省人民政府办公厅印发《关于开展全省各级各类保护地内矿业权分类处置的意见》，规范全省各级各类保护地内矿业权有序退出。同年9月30日，张掖市甘州区人民政府依据该意见作出决定，对建材公司砖瓦用黏土矿进行关闭，并注销其采矿权。相关事宜公告期满后，行政主管部门采取了关闭措施。2021年10月10日、11月18日、12月18日，建材公司先后三次向张掖市甘州区人民政府递交书面矿业权退出的行政补偿申请，均未获答复，遂提起行政诉讼。

【案件焦点】

张掖市甘州区人民政府是否履行了对建材公司矿业权退出给予行政补偿的职责。

① 参见最高人民法院发布2022年度人民法院环境资源审判典型案例之九。

【法院裁判要旨】

甘肃矿区人民法院一审认为,张掖市甘州区人民政府未在规定的时限内对建材公司矿业权的退出方式及是否给予行政补偿作出明确认定,即未在规定期限内履行法定职责。该项工作必须在张掖市甘州区人民政府的主导下,在调查的基础上进行最终的认定或裁量。人民法院应当充分尊重行政机关的首次判断权,不宜径行判决张掖市甘州区人民政府履行具体的给付义务。

【判决结果】

一审法院依法判决张掖市甘州区人民政府在判决生效后 3 个月内对建材公司砖瓦用黏土矿矿业权退出的方式及是否对建材公司给予行政补偿作出明确认定。

二审法院维持原判。

【律师评析】

该案系有关机关未依法履职引发的行政案件。黑水国遗址坐落在甘肃省张掖市甘州区,是全国重点文物保护单位。加强遗址保护,有利于遏制人为损伤和破坏,减轻或延缓自然力量的影响,使遗址所承载的历史信息真实长久地传递下去。行政机关负有保护历史文化遗产、维护社会公共利益的相关职责,但同时应依法履职、保障行政相对人的合法权益。该案中,人民法院统筹兼顾,既坚持生态优先理念,又落实依法保护产权要求,同时尊重行政机关的首次判断权,妥善协调生态环境保护与合法权益保障,通过司法裁判回应人民群众日益增长的环境司法需求,依法监督行政机关履职尽责。

二、云南得翔矿业有限责任公司与云南省镇康县人民政府行政补偿案①

云南得翔矿业有限责任公司(以下简称得翔公司)探矿权取得在先,但其有效期届满后,云南省镇康县人民政府(以下简称镇康县政府)基于饮用水水源地保护需要不再申报延续登记,故得翔公司提起行政诉讼,请求镇康县政府补偿其经济损失,勘探支出等费用。案号:(2019)云行终 817 号。

① 参见云南省高级人民法院行政判决书,(2019)云行终 817 号。

【案件基本信息】

原告:得翔公司

被告:镇康县政府

【基本案情】

得翔公司系“镇康县麦地河铅锌矿详查”探矿权人,该探矿权最后一次延续的有效期为2010年6月28日至2012年6月28日。2011年8月,云南省发展和改革委员会批复同意镇康县中山河水库工程建设。得翔公司探矿权所涉项目位于上述水库的水源保护区范围内。镇康县政府先后两次函告得翔公司,勘察许可证到期后,不再申报延续登记。2014年6月,双方委托鉴定机构对案涉探矿权进行评估,鉴定意见确定该探矿权价值3053.18万元。得翔公司提起行政诉讼,请求镇康县政府补偿其经济损失3053.18万元,勘探支出本息1363.42万元,2012年至2017年11月支出的员工工资86.05万元,鉴定费10万元。

【案件焦点】

1. 本案是否可诉。

2. 镇康县政府是否应承担行政补偿责任?如需承担,金额应如何计算。

【法院裁判要旨】

一审法院认为:(1)依法取得的探矿权受法律保护。镇康县政府为了公共利益的需要,因水库项目建设决定取消水源区域包括得翔公司探矿权在内的所有矿业权,镇康县政府不具备探矿权审批权限,故告知得翔公司探矿权到期后不再申报延续登记。镇康县政府在履职中并无过错,但确因其兴建水库的行为而给得翔公司造成了一定损失,应由镇康县政府给予相应补偿。(2)得翔公司诉请3053.18万元损失。根据《矿产资源法》第3条规定,得翔公司取得了探矿权,但未取得采矿权。根据司法鉴定,本案所涉探矿权价值3053.18万元系在满足“证号为T15312008040200909O的探矿权能依法办理为采矿许可证且有效期至储量开采完毕”等诸多假设前提之下的可预期收益,并非得翔公司的实际损失,该项诉讼请求于法无据,不予支持。(3)得翔公司诉请勘探支出本息1363.42万元。得翔公司提供的证据为凤庆时代会计师事务所作出的凤注会审字(2008)第093号审计报告、凤庆时代会计师事务所会审字(2012)第105号审计报告,根据凤注会审字(2008)第093号审计报告,审计意见为“……仅凭对云南得翔矿业有限责任公司提供的审计财务资料进行审计结果，确认云南得翔矿业有限责任公司自2004年1月1日至2008年3月31日在镇康麦地河矿山勘探支出为547.8427万元”，并强调，“此审计报告仅限用于供云南得翔矿业有限责任公司内部结算参考依据专用”。该两份审计报告并不能准确、公允地反映得翔公司的勘探支出，仅作为参考依据。结合案件情况，酌定由镇康县政府补偿得翔公司探矿损失200万元。(4)得翔公司诉请2012年至2017年11月支出的员工工资86.05万元。得翔公司的探矿权终止期限为2012年6月28日，一审法院支持至探矿权终止期限即2012年1月至2012年6月28日的费用，标准采纳得翔公司举证工资表，即2012年工资支出19.2万元，至6月共半年为9.6万元。(5)得翔公司诉请鉴定费10万元。该项费用为本案双方当事人作为共同委托方委托鉴定实际产生的费用，由双方各承担5万元。

二审法院认为：

1.本案是否可诉

从镇康县政府发出的镇政办函字[2012]7号、镇政办函字[2012]34号内容看，该函件中明确告知得翔公司“经县人民政府研究，决定取消镇康中山河水库建设及水源区域内所有矿业权”，该两份函件的直接对象为得翔公司，内容为取消镇康中山河水库建设及水源区域内的所有矿业权，包括案涉得翔公司的探矿权，因此该两份函件的内容已经对得翔公司的权利义务产生实际影响，得翔公司据此提起本案行政补偿诉讼符合《行政诉讼法》的规定。

2.镇康县政府是否应承担行政补偿责任？如需承担，金额应如何计算

(1)从上述两份函件的内容，还可以看出镇康县政府为妥善解决水库建设与矿产资源开发之间的关系，告知得翔公司按照探矿风险共担的原则，通知前来协商解决相关事宜。因此得翔公司现起诉要求镇康县政府承担相应的行政补偿责任并无不当，镇康县政府认为其不应承担责任的理由不能成立。(2)根据最高人民法院《关于审理行政许可案件若干问题的规定》第15条的规定，法律、法规、规章或者规范性文件对补偿标准未作规定的，一般在实际损失范围内确定。具体到本案：①关于得翔公司主张3053.18万元探矿权价值损失问题。根据《矿产资源法》第3条的规定，矿产资源属于国家所有，且镇康县政府发出两个函件时，得翔公司尚未取得采矿许可证，根据得翔公司提交的鉴定意见，该3053.18万元属于预期收益，并非得翔公司的实际损失，因此一审法院对此不予支持并无

不当。②关于得翔公司主张勘探支出本息 1363.42 万元的问题。得翔公司提交的两份审计报告载明得翔公司勘探支出为 547.8427 万元,但该两份审计报告载明“2011 年会计报表年初数未经审计,其结果具有不确定性”,“此审计报告仅限用于供云南得翔矿业有限责任公司内部结算参考依据专用”,由此结合镇康县政府是由于公共利益建设需要而对得翔公司的探矿权不予申报延续登记的实际,一审法院酌定由镇康县政府补偿得翔公司 200 万元探矿实际损失并无不当。③关于得翔公司主张 2012 年至 2017 年 11 月支出的员工工资 86.05 万元的问题。一审法院考虑到得翔公司处理探矿区域相关后续事宜及镇康县政府在 2012 年 3 月即发函告知决定取消矿业权,到期后不再申报延续登记的实际,将工人工资的计算时间计算至 2012 年 6 月 28 日并无不当。镇康县政府认为工人工资无证据证实的理由与在案证据相悖,也不予支持。④关于得翔公司主张鉴定费 10 万元的问题。因该鉴定系双方共同委托,且根据镇康县政府函件中关于“探矿风险共担的原则”表述,一审法院将鉴定费判定由双方当事人各承担一半并无不当。

【判决结果】

一审法院判决由镇康县政府在判决发生法律效力后 10 日内,补偿得翔公司损失 214.6 万元。

二审法院驳回上诉,维持原判。

【律师评析】

该案系因饮用水水源地退出探矿权引发的行政补偿案件。饮用水安全与人民群众生命健康息息相关。2017 年修正的《水污染防治法》重申了饮用水水源保护区制度,禁止在饮用水水源二级保护区内新建、改建、扩建排放污染物的建设项目;已建成的排放污染物的建设项目,由县级以上人民政府责令拆除或者关闭。该案中,虽得翔公司探矿权取得在先,但其有效期届满后,镇康县政府基于饮用水水源地保护需要不再申报延续登记,符合环境公共利益。人民法院依法支持行政机关不再延续探矿权期限决定,同时判令对得翔公司实际损失予以合理补偿,实现了保护人民群众公共饮水安全和探矿权人财产权益之间的平衡。

三、苏某华与广东省博罗县人民政府划定禁养区范围通告案[①]

苏某华因对广东省博罗县人民政府作出的通告不服，提起行政诉讼，请求法院判决撤销该通告，案号：(2013)粤高法行终字第699号。

【案件基本信息】

原告：苏某华

被告：广东省博罗县人民政府

【基本案情】

2006年年底，苏某华与广东省博罗县农业科技示范场签订了《承包土地合同书》，在涉案土地上经营养殖场，养殖猪苗，并先后领取了税务登记证、排放污染物许可证和个体工商户营业执照。2012年3月22日，广东省博罗县人民政府发布《关于将罗浮山国家级现代农业科技示范园划入禁养区范围的通告》(以下简称《禁养范围通告》)，要求此前禁养区内已有的畜禽养殖场(点)于当年6月30日前自行搬迁或清理，违者将依据有关法律、法规进行处理，直至关闭。

此后，博罗县环境保护局、畜牧局均以《禁养范围通告》为由不予通过养殖场的排污许可证、动物防疫合格证的年审；县国土资源局以养殖场未按规定申请办理用地手续，未取得县人民政府批准同意擅自兴建畜禽养殖房为由，要求养殖场自行关闭并拆除畜禽养殖房，恢复土地原状；县住房和城乡建设局对养殖场发出了行政处罚告知书，以养殖场的建筑未取得建设工程规划许可证为由，拟给予限期拆除的处罚。苏某华对县人民政府作出的上述《禁养范围通告》不服，提起行政诉讼，请求法院判决撤销该通告。

【案件焦点】

1. 被上诉人广东省博罗县人民政府发布的《禁养范围通告》是否违法。

2. 上诉人经营的益湖养殖场权益是否应予以保护。

【法院裁判要旨】

一审法院认为，2004年《广东省环境保护条例》第35条规定："县级以上人

---

① 参见广东省高级人民法院行政判决书，(2013)粤高法行终字第699号。

民政府可以根据环境保护的需要,划定畜禽禁养区。严禁在畜禽禁养区内从事畜禽养殖业。"2005 年《畜牧法》第 40 条规定:"禁止在下列区域内建设畜禽养殖场、养殖小区:(一)生活饮用水的水源保护区,风景名胜区,以及自然保护区的核心区和缓冲区;(二)城镇居民区、文化教育科学研究区等人口集中区域;(三)法律、法规规定的其他禁养区域。"被告广东省博罗县人民政府作为县一级人民政府,其有权根据环境保护的需要将其管辖的罗浮山国家级现代农业科技示范园划定为畜禽禁养区,并且被告广东省博罗县人民政府已经将《禁养范围通告》告知并送达给包括原告苏某华在内的其他禁养区范围内的畜牧养殖户,在该通告上也已明确告知当事人应予履行的义务。因此,被告广东省博罗县人民政府将罗浮山国家级现代农业科技示范园划定为畜禽禁养区是完全合乎法律规定的。综上所述,原告苏某华起诉理由不成立,不予采纳。

二审法院认为:

1. 被上诉人广东省博罗县人民政府发布的《禁养范围通告》是否违法

罗浮山国家级现代农业科技示范园承担着农业科技推广的任务,需要严格的环境保护条件。科技示范园附近河涌连接当地饮用水水源地沙河和东江,在科技示范园内进行畜禽养殖有可能造成空气和水质污染。《畜牧法》第 40 条规定:"禁止在下列区域内建设畜禽养殖场、养殖小区:(一)生活饮用水的水源保护区,风景名胜区,以及自然保护区的核心区和缓冲区;(二)城镇居民区、文化教育科学研究区等人口集中区域;(三)法律、法规规定的其他禁养区域。"原国家环境保护总局颁布的《畜禽养殖污染防治管理办法》第 7 条规定:"禁止在下列区域内建设畜禽养殖场:(一)生活饮用水水源保护区、风景名胜区、自然保护区的核心区及缓冲区;(二)城市和城镇中居民区、文教科研区、医疗区等人口集中地区;(三)县级人民政府依法划定的禁养区域;(四)国家或地方法律、法规规定需特殊保护的其他区域。本办法颁布前已建成的、地处上述区域内的畜禽养殖场应限期搬迁或关闭。"《广东省环境保护条例》第 35 条规定:"县级以上人民政府可以根据环境保护的需要,划定畜禽禁养区。严禁在畜禽禁养区内从事畜禽养殖业。"依据上述法律、法规和规章的规定,被上诉人有权根据环境保护的需要,将其管辖的罗浮山国家级现代农业科技示范园划定为畜禽禁养区。因此,被上诉人发布本案被诉的《禁养范围通告》,将涉案土地划定为畜禽禁养区,并要求在禁养区范围内严禁新、改、扩建各类畜禽养殖场,以及要求已有的畜禽养殖场(点)自行搬迁或清理,并未违反法律规定。上诉人苏某华请求撤销《禁养范围通告》的诉讼请求缺乏法律依据,原审判决维持被诉《禁养范围通告》并无不当,法院予以维持。

2. 上诉人经营的益湖养殖场权益是否应予以保护

上诉人经营益湖养殖场的行为发生在被诉《禁养范围通告》作出之前,也即在涉案土地被划为畜禽禁养区之前,益湖养殖场已经依法领取了税务登记证、排放污染物许可证和个体工商户营业执照,上诉人的合法经营行为应当受到法律保护。

《行政许可法》第 8 条规定:"公民、法人或者其他组织依法取得的行政许可受法律保护,行政机关不得擅自改变已经生效的行政许可。行政许可所依据的法律、法规、规章修改或者废止,或者准予行政许可所依据的客观情况发生重大变化的,为了公共利益的需要,行政机关可以依法变更或者撤回已经生效的行政许可。由此给公民、法人或者其他组织造成财产损失的,行政机关应当依法给予补偿。"虽然被上诉人有权根据环境保护这一公共利益的需要,依据相关法律、法规和规章规定将罗浮山国家级现代农业科技示范园划定为畜禽禁养区,但亦应当根据行政许可法的上述规定,对因此遭受损失的上诉人依法给予补偿。被上诉人发布被诉《禁养范围通告》,要求上诉人合法经营的畜禽养殖场自行搬迁或清理,但并不涉及对上诉人合法权益的任何补偿事宜显然不妥。被上诉人主张上诉人系因其自身原因违反国土、规划、环保以及工商管理规定的事由而受到相关部门的处罚,上诉人应承担因自身行为违法而带来的不利后果。对此,法院认为,本案有关国土、规划、环保以及工商管理等部门系依据《禁养范围通告》对上诉人及其经营的益湖养殖场作出处罚、不予受理年审等行政处理行为,并不能否定上诉人在《禁养范围通告》作出之前的经营行为系合法经营行为,被上诉人不能以此为由主张其关闭上诉人经营养殖场行为的合法性。被上诉人应当对上诉人经营的养殖场被《禁养范围通告》划入畜禽禁养区而遭受的损失依法给予补偿。最高人民法院《关于审理行政许可案件若干问题的规定》第 14 条规定:"行政机关依据行政许可法第八条第二款规定变更或者撤回已经生效的行政许可,公民、法人或者其他组织仅主张行政补偿的,应当先向行政机关提出申请;行政机关在法定期限或者合理期限内不予答复或者对行政机关作出的补偿决定不服的,可以依法提起行政诉讼。"上诉人可依照上述规定,另循法律救济。

【判决结果】

一审法院判决维持被告广东省博罗县人民政府于2012年3月22日作出的《禁养范围通告》的具体行政行为。

二审法院驳回上诉,维持原判。

【律师评析】

人民法院在维护行政机关环境保护监管行为的同时,也注重利益的平衡,较好地诠释了环境行政管理活动中的信赖保护原则。虽然县级以上人民政府有权根据环境保护的需要,划定畜禽禁养区,严禁在畜禽禁养区内从事畜禽养殖业,也可要求已有的畜禽养殖场(点)自行搬迁或清理,即变更或撤回养殖户的生产经营许可。与此同时,也应当考虑到在此之前合法经营的畜禽养殖户的利益保护问题,应根据《行政许可法》第8条所体现的信赖保护原则精神,对行政许可因环境公共利益需要被变更或撤回而遭受损失的合法养殖户依法给予补偿。在环境行政管理活动中,政府及环保部门需注重公共利益与私人利益的平衡,不能只考虑环境保护的需要,忽视合法经营者的信赖利益,尤其要防止为了逃避补偿责任,有意找各种理由将合法的生产经营活动认定为“违法”的现象。该案由于原告并未提出行政补偿的诉讼请求,二审法院在维持被告《禁养范围通告》的同时,明确指出被告未就补偿事宜作出处理,甚至以“事后”提出的原告行为不合法为由不予补偿,明显不当,并告知原告可另行提出补偿申请的法律救济途径,处理适当。

四、某公司诉某风景名胜区管理处行政补偿案[①]

某公司因某风景名胜区总体规划致使无法办理建设用地手续,不能正常生产营业,向某风景名胜区管理处申请行政补偿,该管理处对某公司的申请作出不予受理决定,因而产生争议,诉至法院。

【案件基本信息】

原告:某公司

被告:某风景名胜区管理处

---

① 参见贵州省高级人民法院发布7起优化营商环境行政审判典型案例之七。

【基本案情】

2013 年,某公司在取得相关部门备案同意后开始建设政府招商引资项目,2015 年建设完成并投入试生产。2016 年,某风景名胜区总体规划经国务院批准,该项目所在地被纳入某风景名胜区三级保护区范围内,致使某公司无法办理建设用地手续,不能正常生产营业,某公司处于停工停产状态。为此,某公司向某风景名胜区管理处申请行政补偿,该管理处对某公司的申请作出不予受理决定,因而产生争议,诉至法院。

【案件焦点】

某风景名胜区管理处作出不予受理(行政补偿申请)的决定是否合法。

【法院裁判要旨】

法院认为,该管理处作为风景名胜区管理机构,负责该风景名胜区的规划、建设、利用和管理。其向某公司下达完善手续通知书及责令(限期)改正通知书,严禁某公司在此期间进行生产,致使某公司无法正常生产经营。某公司向该管理处提出补偿申请,该管理处直接作出不予受理决定,无事实和法律依据。

【判决结果】

法院判决撤销行政补偿不予受理决定书,并责令该管理处重新作出决定。

【律师评析】

行政机关因公共利益需要调整用地规划,致使企业难以继续使用土地,无法正常开展经营活动,应当根据法律规定和客观情况及时采取补救措施,在不具有法定阻却补偿事由的情况下,对权利人给予相应补偿。该案中,行政机关通过招商引资的方式吸引企业投资建设,后因规划调整,企业无法办理相关手续,停工停产,经济损失重大。某风景名胜区管理处未经审查,在无事实和法律依据的情况下,对企业的补偿申请直接作出不予受理决定,变相减少了行政机关的违约成本,有悖信赖保护原则。

第四节　适应气候变化行政补偿风险防控建议

行政补偿系因政策调整或发展重点调整引起环境秩序变化而发生的原有利益再平衡机制。对此，司法实践中存在无相应的补偿规定、补偿主体不清晰、补偿金额不确定等各种情况，其原因在于国家利益、集体利益、企业利益、个人利益或其他组织利益等主体利益调整不一致而发生的。

一、参与立法征求意见过程，熟悉法律法规制定前沿

根据《立法法》的规定，制定法律法规都需要进行公示草案并通过征求意见等方式来保证法律法规的科学性。如国家层面正在研究制定“生态保护补偿条例”，地方层面也在积极出台生态保护补偿的地方性法规或规范性文件，明确具体实践中行政补偿的依据。对此企业不仅要关注，也要在公示的征求意见途径积极反映实际诉求，参与到规则的制定过程，既有利于政策的科学性，也方便把握政策实际的导向及具体考量因素及细节，方便了解权利分配的方式和途径。

二、政府要科学决策、企业应参与相关过程

从政府角度来看，政府作为行使国家权力的机构，在生态补偿关系中不是个人利益或团体利益的“代表者”而是“代理人”，生态补偿的利益分配也不应该止步于政府之间的利益交换。在具体的政策文件中应当明确规定行政补偿的情形和标准，且根据实际对其细化。从营造更好的营商环境角度为相对的利益相关方提供表达意见的途径，综合考虑政策的科学性、民主性和可行性，避免“一阵风”“一刀切”等损害相对人合法权益情况发生。企业要利用参与政策调研、制定过程，积极提供数据，帮助政府科学民主决策，争取在具体操作规则上就将利益诉求予以确定。

三、养成法治思维和证据意识

行政补偿政策性很强，各个地方对此都会根据实际情况来制定，具体的规则会有较大不同，在实际操作过程中要具体问题具体分析，但作为企业要注意养成法治思维和证据思维，不能有“等”“靠”的思维。

（一）企业投资前的准备工作

企业在投资之前，最好要对投资区域的规划问题进行了解，对全国、省市规划进行全面了解，关注投资区域的政策导向，在前期就对投资的具体区域有充分了解，做到心中有数。

（二）投资建设的“合规”意识和“证据”意识

在项目落地实施过程中，应当保留投资建设期间产生的各种证据资料。如保留好相应的合同、购销凭证、付款凭证、税务凭证等；在财务报表上进行合规记录；保存“钱”变“物”的所有资料，比如出让资源的合同、投资建设中购置的设备、管理过程中各种费用支出凭证、人员的工资、社保等的支出证据以及在经营生产过程中产生的利润等资料。在行政补偿中提供充实的证据资料，降低利益调整的财产损失。

（三）积极参与“规则”制定的“参与”意识

在立法机关、政府出具涉及企业的法律和政策时，如有相应的公众参与途径，要积极参与，发表切实可行的意见，在定规矩时就争取相应的表达权利，如果有反馈也应积极回应。另外借助人大代表、政协委员参政议政途径积极反映意见，拓宽意见表达途径和增加被采纳的机会。

（四）明确合理损失的“协商”意识

在确定属于调整退出主体时，也要有理有据主张表达权利，在具体的补偿上要细化并尽量做到有理有据，不要主观估计，争取平等协商的机会，如能协商一致委托第三方评估机构确定，要积极与相应政府部门协商一致并委托评估，提供详细资料帮助评估机构客观反映损失情况，积极通过平等协商解决相关争议。

（五）合法维权的“法治”意识

在无法协商解决的情况下，及时向人民法院提起行政补偿类的行政诉讼，将问题纳入法治化解决的轨道。在分析法律、政策前提下，收集证据，向专业律师咨询，通过司法途径解决争议，具体问题具体分析，从而以实际损失来维护合法权利，将问题纳入行政诉讼程序予以解决。

第六章

企业环境信息披露相关案件

向海龙　孔傲龙　唐于平

本章作者：向海龙，北京盈科（宜昌）律师事务所高级合伙人律师、管委会副主任，盈科全国政府与社会公共服务法律专业委员会副主任。

孔傲龙，北京盈科（宜昌）律师事务所。

唐于平，三峡大学法学与管理学院硕士研究生。

第一节　案件类型、案由分析及相关法律法规

一、企业环境信息披露案件的案件类型和案由综述

（一）最高人民法院对企业环境信息披露案件的规定要求

《法发〔2023〕5 号》第 9 条明确提出要依法审理企业环境信息披露纠纷案件，其目的在引导企业主动适应绿色低碳发展要求，强化环境责任意识，依法及时、真实、准确、完整披露环境信息。其中特别提到，投资者以上市公司和发债企业等未按照企业环境信息披露管理要求，公布企业碳排放量、排放设施等碳排放信息，年度融资形式、金额、投向等信息，以及融资所投项目的应对气候变化、生态环境保护等相关信息，致其遭受损失为由提起侵权损害赔偿诉讼、符合法律规定情形的，依法确定上市公司和发债企业等承担相应侵权责任，确保资金投向气候友好型绿色低碳项目，切实保护投资者合法权益，维护公平、公正的气候投融资市场秩序。

另外，《法发〔2023〕5 号》对于“双碳”法律制度的界定也涵盖刑事、民事和行政多个层面，文件中提到，要贯彻最严格制度最严密法治，准确把握刑事、民事、行政法律涉及生态环境保护的立法精神，让制度成为刚性约束和不可触碰的高压线。正确适用《民法典》绿色原则和绿色条款，强化以《环境保护法》为基础，以生态保护、污染防治、资源利用以及能源开发等法律为主干，以行政法规规章为补充的碳达峰碳中和法律制度供给和执行，加快形成系统完备的裁判规则体系，确保法律适用统一。

因此，企业环境信息披露不仅涉及民事侵权赔偿责任，还涉及行政责任甚至刑事责任，相关的规范和要求覆盖了民事、行政和刑事法律制度，市场主体应当给予充分重视，因环境信息披露问题而导致的责任很可能是多方面的，既有行政处罚，也有民事赔偿，甚至刑事责任。

(二)承担企业环境信息披露责任的主体及现状

按照《法发〔2023〕5号》的上述规定,另结合《环境保护法》第55条,《企业环境信息依法披露管理办法》第7条、第8条、第9条、第10条,《企业环境信息依法披露格式准则》第25条,《上市公司投资者关系管理工作指引》第8条、第13条的相关规定,承担企业环境信息披露责任的主体,主要是上市公司和发债企业等融资主体。因此,尤其是对于上市公司而言,在关注企业管理能力、财务状况、行业竞争等因素之外,环境风险日渐成为上市公司重要的经营风险之一。环境风险关乎企业发展,也关乎企业形象。2023年6月第四周,生态环境领域违法违规等风险信息共关联到21家上市公司,其中8家属于国资控股企业。梳理发现,前述21家上市公司背后有多达247.9万户的股东,该等投资者可能因其投资标的登上环境风险榜而面临投资风险。

其中,大有能源子公司义煤集团宜阳义络煤业有限责任公司于2023年4月18日排放的水污染物,悬浮物污染物排放浓度日均值为110.156毫克/升,超过排放限值(30毫克/升),超标2.6倍,违反了《水污染防治法》第10条,根据《水污染防治法》第83条第2项被处以罚金36.94万元。

另外,兖矿能源子公司兖州煤业榆林能化有限公司10万吨/年DMMn装置,部分处理设施停运排放大气污染物,根据环境影响分析报告中满负荷生产最大废气流量为40,563标准立方米/小时。违反了《大气污染防治法》第20条第2款,公司因此被处以罚款32万元。

根据《生态环境部令第24号》和《环办综合〔2021〕32号》,负有法定环境信息披露义务的上市公司,需通过编制专门的年度环境信息依法披露报告及临时环境信息依法披露报告进行环境信息披露。

年度环境信息依法披露报告应当披露的环境信息包括:企业环境管理信息,污染物产生、治理与排放信息,碳排放信息,生态环境应急信息,生态环境违法信息,本年度临时环境信息依法披露情况,强制性清洁生产审核信息,生态环境应急信息,生态环境违法信息,以及投融资信息及所投项目的应对气候变化、生态环境保护等相关信息。

临时环境信息依法披露报告应当披露的环境信息包括:环境行政许可信息、生态环境行政处罚信息、生态环境违法导致的人员行政拘留信息、生态环境司法判决信息、生态环境损害赔偿及协议信息、突发环境事件信息等。

未尽到环境信息披露义务将导致“双罚”的行政法律责任后果，通过以下4则案例可见一斑：

1. 2014年至2017年，山西SW公司陆续收到当地县环境保护局出具的7份行政处罚决定书，罚款金额共计约300万元。同时，其日常生产经营中存在多次排污超标的情形，该公司在2014年半年度报告及年度报告、2015年半年度报告及年度报告、2016年年度报告、2017年半年度报告中披露的环境保护相关内容，与前述行政处罚及日常环境表现事实不符。

该案的处罚结果：(1)对公司责令改正，给予警告，并处以60万元罚款；(2)对董事长、董事、总经理及其他高级管理人员、直接责任人员给予警告，并分别处以3万~10万元罚款。

2. 云南ZD公司未按照规定临时报告和在2016年年度报告、2017年半年及年度报告中披露公司10万吨含铅废渣整改处置的情况；未按照规定临时报告和在2016年年度报告中披露公司采矿厂被当地县安全生产监督管理局行政处罚的情况；未按照规定在2016年年度报告中披露全资子公司被当地市级环境保护局行政处罚、控股子公司被当地市环境保护局行政处罚的情况。

该案的处罚结果：(1)对公司责令改正，给予警告，并处以60万元罚款；(2)对直接负责的主管人员3人给予警告，并分别处以10万元罚款；(3)对其他直接负责人员等7人给予警告，并分别处以5万元罚款；(4)对其他直接责任人员10人给予警告，并分别处以3万元罚款。

3. 2017年4月11日，S公司浙江子公司在环保联合检查中，涉及污染环境犯罪，当地公安局对子公司副总经理等4人立案侦查，并采取刑事强制措施。相关人员未上报该事件，未履行信息披露义务，导致S公司未以临时报告的方式公告该事件。

该案的处罚结果：(1)对公司责令改正，给予警告，并处以40万元罚款；(2)对直接负责人员分别给予警告，并处10万元罚款；(3)对其他直接负责人员给予警告，并处8万元罚款。

4. 自2016年7月至2018年5月，江苏F公司及其下属公司因环境违法收到15份行政处罚决定书。2018年4月20日，中央环保督察通报F公司及其下属公司存在重大环保违法行为，违法行为发生期间涵盖2016年、2017年上半年。但F公司仍在2016年年报、2017年半年报中披露"公司严格按照国家和地方的法律法规,文明生产、达标排放,不存在重大环保或其他重大社会安全问题"的内容,与事实不符。

该案的处罚结果:(1)对公司责令改正,给予警告,并处以60万元罚款;(2)对董事长、总经理及高级管理人员给予警告,并分别处以5万元至30万元罚款。

从上述案例可以看出,上市公司未尽到环境信息披露义务主要体现在环境信息披露不真实、未进行披露或未全部披露,处罚依据均为《证券法》第193条,处罚主体均为当地证监局,且均对主要负责人一并进行处罚。随着《生态环境部令第24号》的深入实施,上市公司因不披露环境信息,或者披露的环境信息不真实、不准确的,也将面临生态环境部门的处罚。此外,上市公司及相关主体因违法违规被处罚,将不得公开发行股票、不得实施重大资产重组等。①

二、企业环境信息披露所涉及的责任类型及对应的法律规范

如上所述,企业环境信息披露涉及民事、行政和刑事多重责任和风险。

(一)民事责任

1. 投资人损害赔偿责任

《证券法》第85条规定:信息披露义务人未按照规定披露信息,或者公告的证券发行文件、定期报告、临时报告及其他信息披露资料存在虚假记载、误导性陈述或者重大遗漏,致使投资者在证券交易中遭受损失的,信息披露义务人应当承担赔偿责任;发行人的控股股东、实际控制人、董事、监事、高级管理人员和其他直接责任人员以及保荐人、承销的证券公司及其直接责任人员,应当与发行人承担连带赔偿责任,但是能够证明自己没有过错的除外。

在下文的案例评析中,山西路桥股份有限公司屡次未披露2014年至2017年受到的7次环保处罚情况的行为已经严重违反了上市公司信息公开的义务,

---

① 以上来自网络https://business.sohu.com/a/695438127_121123741,最后访问日期:2023年7月23日。

违反了法律规定的信息披露必须真实、准确、完整的原则，(2021)晋01民初165号民事判决书将其未披露环保处罚之行为认定为未披露重大事件，认为已构成虚假陈述。根据《证券法》第85条规定，山西路桥股份有限公司应当承担民事赔偿责任，投资者可主张赔偿。

2. 公益损害赔偿责任

《民事诉讼法》第58条规定：对污染环境、侵害众多消费者合法权益等损害社会公共利益的行为，法律规定的机关和有关组织可以向人民法院提起诉讼。人民检察院在履行职责中发现破坏生态环境和资源保护、食品药品安全领域侵害众多消费者合法权益等损害社会公共利益的行为，在没有前款规定的机关和组织或者前款规定的机关和组织不提起诉讼的情况下，可以向人民法院提起诉讼。前款规定的机关或者组织提起诉讼的，人民检察院可以支持起诉。

(二)行政责任

1. 证券监管处罚

2010年7月3日，上市公司紫金矿业拥有的紫金山铜矿湿法厂发生铜酸水渗漏事故，造成部分汀江水域严重污染，但该公司直至7月12日才发布公告，瞒报事故为期9天。[①] 对这一行为，中国证券监督管理委员会(以下简称中国证监会)在后来的行政处罚决定书中认为，"在对环境产生重大影响的重大事件发生后，作为一家上市公司，首先应当依法及时披露相关信息，将可能产生的后果及时告知投资者和社会公众，以利于投资者的投资决策，而不应受各种外部因素的干扰。紫金矿业未按照法律规定，在第一时间及时披露相关信息，侵害了广大投资者的知情权，理应承担相应的法律后果"。

2018年5月30日，中国证监会甘肃监管局向上峰水泥公司、俞某、瞿某、俞某峰下发行政处罚决定书，上峰水泥公司等未及时披露上峰建材涉嫌污染环境犯罪，且隐瞒诸暨市公安局对上峰建材副总经理俞某灿等4人立案侦查并采取刑事强制措施的事件，违反了2014年《证券法》第63条、第67条第1款的规定，构成《证券法》第193条第1款所述的违法行为。据此，可以认定上峰水泥公司

---

① 参见梁卫浩：《紫金矿业废水外渗污染福建汀江事故迟报9天》，载新浪环保，http://green.sina.com.cn/news/roll/2010-07-13/071020664959.shtml。

在披露信息时发生的上述遗漏，属于具有重大性的违法行为，已经构成最高人民法院《关于审理证券市场因虚假陈述引发的民事赔偿案件的若干规定》（以下简称《关于虚假陈述赔偿的规定》）第17条规定的“虚假陈述”。依据《证券法》第193条第1款的规定，决定：(1)对上峰水泥公司责令改正，给予警告，并处以40万元罚款。(2)对俞某、瞿某分别给予警告，并处以10万元罚款。(3)对俞某峰给予警告，并处8万元罚款。

2019年《证券法》第197条规定：信息披露义务人未按照本法规定报送有关报告或者履行信息披露义务的，责令改正，给予警告，并处以50万元以上500万元以下的罚款；对直接负责的主管人员和其他直接责任人员给予警告，并处以20万元以上200万元以下的罚款。发行人的控股股东、实际控制人组织、指使从事上述违法行为，或者隐瞒相关事项导致发生上述情形的，处以50万元以上500万元以下的罚款；对直接负责的主管人员和其他直接责任人员，处以20万元以上200万元以下的罚款。信息披露义务人报送的报告或者披露的信息有虚假记载、误导性陈述或者重大遗漏的，责令改正，给予警告，并处以100万元以上1000万元以下的罚款；对直接负责的主管人员和其他直接责任人员给予警告，并处以50万元以上500万元以下的罚款。发行人的控股股东、实际控制人组织、指使从事上述违法行为，或者隐瞒相关事项导致发生上述情形的，处以100万元以上1000万元以下的罚款；对直接负责的主管人员和其他直接责任人员，处以50万元以上500万元以下的罚款。

《上市公司信息披露管理办法》第54条规定：信息披露义务人未按照《证券法》规定在规定期限内报送有关报告、履行信息披露义务，或者报送的报告、披露的信息有虚假记载、误导性陈述或者重大遗漏的，由中国证监会按照《证券法》第197条处罚。上市公司通过隐瞒关联关系或者采取其他手段，规避信息披露、报告义务的，由中国证监会按照《证券法》第197条处罚。

《信息披露违法行为行政责任认定规则》第5条规定：信息披露违法行为情节严重，涉嫌犯罪的，中国证监会依法移送司法机关追究刑事责任。依法给予行政处罚或者采取市场禁入措施的，按照规定记入证券期货诚信档案。依法不予处罚或者市场禁入的，可以根据情节采取相应的行政监管措施并记入证券期货诚信档案。

《公开发行证券的公司信息披露内容与格式准则第2号——年度报告的内

容与格式》第 41 条规定,属于环境保护部门公布的重点排污单位的公司或其主要子公司,应当根据法律、行政法规、部门规章及规范性文件的规定披露以下主要环境信息:(1)排污信息。包括但不限于主要污染物及特征污染物的名称、排放方式、排放口数量和分布情况、排放浓度和总量、超标排放情况、执行的污染物排放标准、核定的排放总量。(2)防治污染设施的建设和运行情况。(3)建设项目环境影响评价及其他环境保护行政许可情况。(4)突发环境事件应急预案。(5)环境自行监测方案。(6)报告期内因环境问题受到行政处罚的情况。(7)其他应当公开的环境信息。重点排污单位之外的公司应当披露报告期内因环境问题受到行政处罚的情况,并可以参照上述要求披露其他环境信息,若不披露其他环境信息,应当充分说明原因。鼓励公司自愿披露有利于保护生态、防治污染、履行环境责任的相关信息。环境信息核查机构、鉴证机构、评价机构、指数公司等第三方机构对公司环境信息存在核查、鉴定、评价的,鼓励公司披露相关信息。鼓励公司自愿披露在报告期内为减少其碳排放所采取的措施及效果。

2. 生态环保处罚

2022 年,张家口市生态环境局在对涿鹿县宝祥机动车检测有限公司“双随机”抽查时,发现该公司在进行机动车排放检验时涉嫌存在未按照国家标准进行检验、冒黑烟车辆通过检验等违法行为;2022 年 4 月 28 日联合涿鹿县分局就相关线索进一步调查核实,通过调取视频监控录像发现某车辆于 2022 年 1 月 12 日在上线检测时有明显冒黑烟现象,但该公司违规出具了合格的检验报告,属于通过伪造数据出具虚假排放检验报告的行为。通过现场检查笔录、调查询问笔录、调取现场视频等证据,锁定了该公司出具虚假检验报告的违法行为,该行为违反了《大气污染防治法》第 54 条第 1 款之规定,依据《大气污染防治法》第 112 条第 1 款之规定,对该公司处以 10 万元罚款,并没收违法所得 600 元。

《环境保护法》第 55 条规定:重点排污单位应当如实向社会公开其主要污染物的名称、排放方式、排放浓度和总量、超标排放情况,以及防治污染设施的建设和运行情况,接受社会监督。

《生态环境部令第 24 号》第 28 条规定:企业违反本办法规定,不披露环境信息,或者披露的环境信息不真实、不准确的,由设区的市级以上生态环境主管部门责令改正,通报批评,并可以处 1 万元以上 10 万元以下的罚款。

《生态环境部令第 24 号》第 29 条规定,企业违反本办法规定,有下列行为之一的,由设区的市级以上生态环境主管部门责令改正,通报批评,并可以处5万元以下的罚款:(1)披露环境信息不符合准则要求的;(2)披露环境信息超过规定时限的;(3)未将环境信息上传至企业环境信息依法披露系统的。

(三)刑事责任

违反环境信息披露义务还有可能构成刑事责任。《刑法》第160条规定:在招股说明书、认股书、公司、企业债券募集办法等发行文件中隐瞒重要事实或者编造重大虚假内容,发行股票或者公司、企业债券、存托凭证或者国务院依法认定的其他证券,数额巨大、后果严重或者有其他严重情节的,处5年以下有期徒刑或者拘役,并处或者单处罚金;数额特别巨大、后果特别严重或者有其他特别严重情节的,处5年以上有期徒刑,并处罚金。控股股东、实际控制人组织、指使实施前款行为的,处5年以下有期徒刑或者拘役,并处或者单处非法募集资金金额20%以上1倍以下罚金;数额特别巨大、后果特别严重或者有其他特别严重情节的,处5年以上有期徒刑,并处非法募集资金金额20%以上1倍以下罚金。单位犯前两款罪的,对单位判处非法募集资金金额20%以上1倍以下罚金,并对其直接负责的主管人员和其他直接责任人员,依照第1款的规定处罚。

《刑法》第161条规定:依法负有信息披露义务的公司、企业向股东和社会公众提供虚假的或者隐瞒重要事实的财务会计报告,或者对依法应当披露的其他重要信息不按照规定披露,严重损害股东或者其他人利益,或者有其他严重情节的,对其直接负责的主管人员和其他直接责任人员,处5年以下有期徒刑或者拘役,并处或者单处罚金;情节特别严重的,处5年以上10年以下有期徒刑,并处罚金。前款规定的公司、企业的控股股东、实际控制人实施或者组织、指使实施前款行为的,或者隐瞒相关事项导致前款规定的情形发生的,依照前款的规定处罚。犯前款罪的控股股东、实际控制人是单位的,对单位判处罚金,并对其直接负责的主管人员和其他直接责任人员,依照第1款的规定处罚。

三、企业环境信息披露的域外经验

近年来，随着ESG[①]（环境、社会责任及管治）投资理念逐步升温，投资者越来越注重企业的可持续发展能力。上市公司财务投资和战略投资的环境责任受到重视，因此直接或间接参股企业环境数据被纳入A股绿色报告项目数据库。

“双碳”背景下，绿色发展成为推动经济高质量发展的关键。作为经济发展的重要推动者，A股上市公司也越发重视环境治理，在生产经营中把“绿色”“可持续”作为公司发展的理念。环境作为ESG三大“支柱”之一，披露可持续发展报告、社会责任报告等ESG类报告，成为更多上市公司展示公司环境治理能力的重要手段。

（一）美国环境信息披露制度

美国关于企业环境信息披露的立法进程要早于ESG理念萌芽之前。早在20世纪70年代，美国证券交易委员会[②]（United States Securities and Exchange Commission，SEC）就注意到环境风险对企业财务表现的负面影响，故美国于1977年通过的《证券法》S－K条例建议上市公司对环境问题可能带来的金融或法律风险进行披露，但这种披露在当时仍属于自愿性而非强制性义务。直到2010年，SEC在《委员会关于气候变化相关信息披露的指南》中提出，上市发行人需要根据实际情况在其经营陈述、法律程序、风险因素以及管理层对财务状况和经营结果的披露报告中向外界提供与气候变化相关的风险信息，由此开启了在美上市公司环境信息披露的新时代。

经过数十年的发展，美国目前关于企业环境信息披露的监管政策可分为两个层面：一是对于企业在经营生产过程中排放的废弃物及有毒物质的具体数据，由美国政府的环保部门制定相应的披露管治要求；二是对于上市公司在财务报告中反映与环境议题相关的财务信息（如环境负债、成本及风险等），由SEC及美国会计职业组织制定相关的监管规则和行业准则。其中，SEC主要通过S－K

---

① ESG是指与公司业务相关的环境（Environmental）、社会（Social）和治理（Governance）主题的英文首字母缩写。

② US Securities and Exchange Commission.

条例以解释性文件的形式要求上市公司履行与环境议题相关的披露义务。如2022年3月,SEC提交了《上市公司气候数据披露标准草案》,草案要求经SEC登记的上市公司需要在公司申请上市时以及定期报告中披露与气候相关的信息。结合目前的趋势而言,SEC正在逐渐加强对上市公司气候及环境信息的披露要求。

(二)欧盟环境信息披露制度

2011年起欧盟便在相关文件中多次确认提高ESG信息透明度的重要性,2014年欧盟付诸立法行动,出台非财务报告指令。这是欧盟构建体系化的强制性ESG信息披露制度的初次努力。非财务报告指令规定,ESG信息披露遵循"不遵守就解释"原则,受规管公司仍享有是否披露ESG信息的裁量空间。① 由于非财务报告指令导致了ESG信息供给总量较少、信息的可靠性和可比性程度不高等问题。2022年11月欧盟通过公司可持续报告指令(以下简称《欧盟指令》),从以下几个方面构建"真正的"强制性ESG信息披露制度。

第一,《欧盟指令》适用范围较广泛,并采用分类延期适用规则。《欧盟指令》规定,除上市的微型公司外,大型公司、上市的中小型公司等均应遵从《欧盟指令》要求披露ESG信息。同时,《欧盟指令》也根据公司规模差异,设置轻重相宜的披露负担。大型公司最晚应于2025年适用《欧盟指令》,上市的中小型公司可以选择延迟到2028年适用《欧盟指令》。

第二,《欧盟指令》继续采用非财务报告指令提出的"双重重大性"原则。该原则具体是指公司既应披露对理解公司行为如何影响ESG事务所必要的信息,又应披露对理解ESG事务如何影响公司所必要的信息。由此,"双重重大性"原则旨在同时满足投资者和其他利益相关者的信息需求。

第三,《欧盟指令》规定的ESG信息披露范围非常广泛。在整体层面,公司应披露其商业模式和战略中ESG事务的简要描述、与ESG相关的有时限目标的信息、进展信息及目标科学性的声明、公司机关在ESG事务上所扮演角色的信息等多项信息。此外,《欧盟指令》还规定了ESG信息披露标准中应纳入的

---

① 参见彭雨晨:《强制性ESG信息披露制度的法理证成和规则构造》,载《东方法学》2023年第4期。

ESG 信息的具体类别，即在环境主题方面，公司应披露气候变化、水资源、资源利用、污染等方面信息。

（三）新加坡环境信息披露制度

新加坡现行 ESG 信息披露制度主要规定在新加坡交易所（以下简称新交所）出台的《主板规则》及其附录之中。2011 年新交所出台《上市公司可持续发展报告指南》，要求上市公司自愿披露 ESG 报告，2016 年新交所修改《主板规则》，并出台《可持续发展报告指南》（以下简称《新加坡指南》），引入“不遵守就解释”原则，并要求所有上市公司披露 ESG 报告。随后，新交所于 2020 年修订《新加坡指南》，又于 2022 年修订《主板规则》和《新加坡指南》，历次修订均延续“上市公司均应披露 ESG 报告”规则和“不遵守就解释”原则。

第一，新交所坚持采用“不遵守就解释”的披露原则。根据《主板规则》第 711B 条第 2 款的规定，上市公司原则上应披露下文所述的 6 项“主要部分”，如果上市公司不披露相关信息，就需要说明排除披露的情况，替代性做法以及相关原因。不过，《新加坡指南》也规定少数行业在气候信息披露方面应适用强制披露模式。具体而言，从 2023 年开始，农业、食品和森林产品行业、金融行业、能源行业的上市公司必须披露气候信息；从 2024 年开始，强制披露范围扩大到材料和建筑行业、运输行业的上市公司。

第二，结合《主板规则》第 711B 条第 1 款和《新加坡指南》的规定，ESG 报告应包括以下 6 项“主要部分”：重大 ESG 因素，按照气候相关财务信息披露工作组（Task Force on Climate-related Financial Disclosures，TCFD）标准披露气候信息，与重大 ESG 因素相关的政策、惯例和绩效，与重大 ESG 因素相关的公司未来一年目标，编制 ESG 报告所依据的披露标准，有关 ESG 实践的董事会声明和相关治理结构。

第三，新交所在 ESG 信息披露标准方面的规定较为复杂。首先，整体而言，新交所并未强制规定统一的 ESG 信息披露标准，《新加坡指南》仅要求上市公司优先选择国际公认的披露标准，如全球报告倡议组织编制的标准。其次，气候信息是前述规则的例外。所有上市公司均应采用 TCFD 标准披露气候信息。最后，为了提高 ESG 信息的可比性，新交所出台了不具强制性的《通用核心 ESG 指标入门》，为上市公司披露 ESG 信息提供必要指导，其中包含 27 项核心 ESG

指标，不少涉及定量披露要求。

（四）对我国环境信息披露制度的启示

我国境内对环境信息披露的关注及监管实践尚处于起步阶段，缘起于对上市公司有关环境信息强制披露的要求。中共中央、国务院于2015年9月21日发布的《生态文明体制改革总体方案》以及中国人民银行等七部委于2016年8月31日联合发布的《关于构建绿色金融体系的指导意见》（以下简称《绿色金融体系指导意见》）等文件中，相继提出要求建立上市公司环境（环保）信息强制性披露机制，中国证监会也在后续修订的《公开发行证券的公司信息披露内容与格式准则第2号——年度报告的内容与格式》（2017年修订）中进一步纳入了环境信息披露要求。从域外的环境信息披露制度中可以吸取以下经验以建设我国环境信息披露制度：

1. 建立健全环境信息依法强制性披露规范要求

明确环境信息强制性披露主体。依据有关法律法规等规定，下列企业应当开展环境信息强制性披露：重点排污单位；实施强制性清洁生产审核的企业；因生态环境违法行为被追究刑事责任或者受到重大行政处罚的上市公司、发债企业；法律法规等规定应当开展环境信息强制性披露的其他企业事业单位。

确定环境信息强制性披露内容。依据有关法律法规等规定，明确企业环境信息强制性披露内容和范围，全面反映企业遵守生态环境法律法规和环境治理情况。建立动态调整机制，根据改革实践和工作需要，及时完善环境信息强制性披露内容。落实国家安全政策，涉及国家秘密的，以及重要领域关键核心技术的，企业依法依规不予披露。

及时披露重要环境信息。强化重要环境信息披露，企业发生生态环境相关行政许可事项变更、受到环境行政处罚或者因生态环境违法行为被追究刑事责任、突发生态环境事件、生态环境损害赔偿等对社会公众及投资者有重大影响或引发市场风险的环境行为时，应当及时向社会披露。

完善环境信息强制性披露形式。环境信息强制性披露应采用易于理解、便于查询的方式及时自行开展，同时传送至环境信息强制性披露系统，做到信息集中、完备、可查。属于重点排污单位、实施强制性清洁生产审核的上市公司、发债企业，应当在年报等相关报告中依法依规披露企业环境信息。因生态环境违法行为被追究刑事责任或者受到重大行政处罚的上市公司、发债企业，应当在规定期限内持续披露企业环境信息。

强化企业内部环境信息管理。引导企业规范工作规程，使用符合监测标准规范要求的环境数据，优先使用符合国家监测规范的污染物自动监测数据、排污许可证执行报告数据，科学统计归集环境信息。企业披露的环境信息应当真实、准确、完整，不得有虚假记载、误导性陈述或者重大遗漏。

2. 建立环境信息依法强制性披露协同管理机制

依法明确环境信息强制性披露企业名单。市（地）级生态环境部门会同相关部门严格按照有关法律法规等规定，合理确定本行政区域内环境信息强制性披露企业名单。企业名单动态更新并及时向社会公开。涉及有关中央管理企业所属企业的，由所在市（地）级生态环境部门依法将其纳入名单。对不按规定确定环境信息强制性披露企业名单的地方生态环境等部门，依法依规追究责任。

强化环境信息强制性披露行业管理。生态环境部门加强管理，协调各有关部门做好环境信息强制性披露相关工作。工业和信息化部门将环境信息强制性披露纳入绿色工厂和绿色制造评价体系，鼓励重点企业编制绿色低碳发展报告。国有资产监督管理部门指导督促所监管企业带头做好环境信息强制性披露，树立行业标杆。人民银行、证券监督管理部门在金融风险管控体系、绿色金融改革创新试验区等工作中，落实环境信息依法披露制度。鼓励行业协会指导会员企业做好环境信息披露。

建立环境信息共享机制。市（地）级以上生态环境部门依托官方网站或其他信息平台，设立企业环境信息强制性披露系统，集中公布企业环境信息强制性披露内容，供社会公众免费查询。建立信息共享机制，市（地）级以上生态环境部门及时将企业环境信息强制性披露情况及监督执法结果等信息共享至同级信用信息共享平台、金融信用信息基础数据库，并转送至同级有关管理部门。

第二节　相关企业面临的主要法律风险

一、违规披露企业环境信息造成投资人损害的法律风险

投资人权益保障是企业环境信息披露的目的之一。《证券法》第 85 条规定:信息披露义务人未按照规定披露信息,或者公告的证券发行文件、定期报告、临时报告及其他信息披露资料存在虚假记载、误导性陈述或者重大遗漏,致使投资者在证券交易中遭受损失的,信息披露义务人应当承担赔偿责任;发行人的控股股东、实际控制人、董事、监事、高级管理人员和其他直接责任人员以及保荐人、承销的证券公司及其直接责任人员,应当与发行人承担连带赔偿责任,但是能够证明自己没有过错的除外。

基于上述规定,在"上市公司紫金矿业拥有的紫金山铜矿湿法厂发生铜酸水渗漏事故案"中,中国证监会则认为"在对环境产生重大影响的重大事件发生后,作为一家上市公司,首先应当依法及时披露相关信息,将可能产生的后果及时告知投资者和社会公众,以利于投资者的投资决策,而不应受各种外部因素的干扰。紫金矿业未按照法律规定,在第一时间及时披露相关信息,侵害了广大投资者的知情权,理应承担相应的法律后果。"

因此,违规披露企业环境信息则有造成投资人损害并承担责任的法律风险。

二、违反环境信息披露义务构成虚假陈述的法律风险

《上市公司 2019 年年报环境信息披露检查报告》显示,样本范围内的 A 股上市公司(含上交所主板、深交所主板和创业板的上市公司)未能披露相关行政处罚记录的比例高达 92%;已发现的处罚金额在 10 万元以上的行政处罚记录的未披露率高达 86%。此前,实务中不少上市公司本着"报喜不报忧"的原则选择性披露相关环境处罚信息,且在特征性污染物、碳排放、有毒有害物质排放等

对人体健康和生态环境存有高危风险隐患等方面的环境信息披露情况不甚理想。环境信息强制性披露制度一旦走上正轨，上市公司将面临来自环境监管和证券监管方面的双重压力——除上市公司本身可能因为环保工作不合规受到生态环境部门的行政处罚外，其直接负责的主管人员可能面临被警告和罚款的风险，并可能因未依法履行信披义务导致证券虚假陈述责任而招致民事索赔诉讼。

上市公司未按规定制定上市公司信息披露事务管理制度的，中国证监会责令改正。拒不改正的，中国证监会给予警告、罚款。上市公司未按照规定披露信息，或者所披露的信息有虚假记载、误导性陈述或者重大遗漏的，责令改正，给予警告，并处以 30 万元以上 60 万元以下的罚款。对直接负责的主管人员和其他直接责任人员给予警告，并处以 3 万元以上 30 万元以下的罚款。未按照规定报送有关报告，或者报送的报告有虚假记载、误导性陈述或者重大遗漏的，责令改正，给予警告，并处以 30 万元以上 60 万元以下的罚款。对直接负责的主管人员和其他直接责任人员给予警告，并处以 3 万元以上 30 万元以下的罚款。上市公司的控股股东、实际控制人指使从事前两款违法行为的，依照前两款的规定处罚。

三、未及时披露或未全面披露企业环境信息的法律风险

未能及时披露不是偶发事件，实际上在信息披露违规中是一个普遍问题。中国证监会在 2021 年和 2022 年发布的 20 个典型违法案例中，2021 年的 GZLQ 违规信披案涉及上市公司未能及时披露存货问题，而 2022 年的江苏 ZC 和 FS 集团也未及时披露重大事件。这种情况中的“未及时”披露通常有两种典型情形：一种是应该在临时报告中披露而未披露，只通过年报或半年报等定期报告披露；另一种是虽然明知应该在两个交易日内披露，但却推迟了披露。对于第二种情况，上市公司可能会抱有侥幸心理，认为短暂的延迟不会带来严重后果。然而，以广州某礼品企业违规信披案为例，即使公司在 9 月 16 日发现了存货风险，并在 9 月 28 日披露了该风险，中国证监会仍然认定广州某礼品企业违反了信息披露规定，并向该公司发出了警示函。可见，“及时性”是监管机构反复强调的重要概念，这不仅因为信息披露依赖于及时性，只有及时才能准确地反映公司的最新情况，更因为信息披露时间差可能会引发多种衍生犯罪，如操纵证券市场和

内幕交易等。

青悦 ESG 数据库收录自各地政府发布网站的案例显示，自 2023 年 9 月至 2023 年 10 月初，仅一个月时间，因未披露企业环境信息而遭受处罚的共计 1300 多条，例如 2023 年 9 月 18 日，云南神农集团石林畜牧有限公司实施了以下环境违法行为：配套建设的环境保护设施未经验收或者验收不合格，建设项目即投入生产，被罚款 38.7 万元；2023 年 9 月 20 日，长春市生态环境局委托监测单位对吉林省鹏鹞生物科技有限公司污泥产品铺设地块十七孟城生态园无组织排放废气进行采样监测，监测结果显示该地块无组织排放臭气浓度为 169，超过了《恶臭污染物排放标准》（GB 14554—93）表 1 中二级标准要求（臭气浓度 20），污染物超标排放，被罚款 45 万元；2023 年 9 月 21 日，上海城建市政工程（集团）有限公司因于 2020 年 9 月 1 日至 2023 年 4 月 12 日在浙江省温州市瓯海区温瑞大道南段快速路一期工程（瓯海大道至温州南）（第 2 标段）实施了工程施工单位未按规定利用或处置施工产生的固体废物的行为，被罚款 100 万元整；2023 年 9 月 25 日，杭州临安小天使食品有限公司因于 2023 年 6 月 9 日在浙江省杭州市临安区锦南街道杨岱路 858 号实施了超标、超总量、逃避监管方式排放水污染物的行为，被罚款 31 万元。

年度环境信息依法披露报告应当披露的环境信息包括：企业环境管理信息，污染物产生、治理与排放信息，碳排放信息，生态环境应急信息，生态环境违法信息，本年度临时环境信息依法披露情况，强制性清洁生产审核信息，生态环境应急信息，生态环境违法信息，以及投融资信息及所投项目的应对气候变化、生态环境保护等相关信息。临时环境信息依法披露报告应当披露的环境信息包括环境行政许可信息、生态环境行政处罚信息、生态环境违法导致的人员行政拘留信息、生态环境司法判决信息、生态环境损害赔偿及协议信息、突发环境事件信息等。

根据上述案例可知，监管机构针对应披露而未披露的环境信息监管非常严格，因此企业环境信息披露主体应与监管趋势保持同步，确立内部信息披露合规，应时刻牢记五项信息披露原则，即时、准确、完整、真实、公平。必须严格控制信息披露的“及时”和“完整”标准，特别关注信息披露期间与关联公司和关联机构的公司证券交易，以防止未能及时或不完整的信息披露引发内幕交易和市场操纵等刑事风险。

第三节　企业环境信息披露案例评析

一、山西路桥股份有限公司与蒋某证券虚假陈述责任纠纷案①

【基本案情】

被告山西路桥股份有限公司为深圳证券交易所上市公司，股票代码000755，股票名称为山西路桥。2018年4月17日晚，央视财经频道《经济半小时》栏目以“污染大户身边的‘黑保护’”为题报道了该公司环保问题。4月18日，山西三维公司发布《关于央视财经频道〈经济半小时〉栏目报道公司环保问题的提示性公告》。2018年6月22日，中国证监会山西证监局作出山西三维集团股份有限公司信息披露违法违规案件行政处罚决定书，该决定书载明：“2014年至2017年，山西三维陆续收到洪洞县环境保护局出具的七份《行政处罚决定书》，责令其改正环境污染行为，涉及罚款金额共计2,858,448元。同时，其日常生产经营中存在多次排污超标的情形。但是，该公司在2014年半年报、2014年度报告、2015年半年报、2015年度报告、2016年度报告、2017年半年报中披露的环境保护相关内容，与其多次受到环保部门行政处罚、日常生产经营中排污超标情况时有发生的事实不符。”故山西证监局认定山西三维公司的行为违反了《证券法》第63条、第193条的规定，对其作出行政处罚决定书，对公司管理人员作出罚款、警告等行政处罚。2018年11月8日，被告公司名称由“山西三维集团股份有限公司”变更为“山西路桥股份有限公司”，2018年11月14日，证券简称由“ST三维”变更为“山西路桥”。

2018年4月18日至2018年12月19日，深证综指由1784.56点跌至1294.49点，深证成指由10,395.16点跌至7418.69点，化工板块由1167.1

---

① 山西省高级人民法院民事判决书，(2021)晋民终135号。

点跌至857点，跌幅分别为27.46%、28.63%和26.57%，山西路桥股价从6.17元跌至4.44元，跌幅为28.04%。原告基于对被告的信任，2014年8月13日至2018年4月17日买入被告的股票，并于2018年4月18日及以后卖出或持有该股票，后又由于被告虚假陈述行为被揭露而遭受巨额损失，原告损失与被告虚假陈述行为之间存在法定的因果关系。原告认为，被告作为一家上市公司，应履行严格的信息披露义务，已构成证券法意义上的"虚假陈述"，给投资者造成了重大投资损失，理应承担相应的法律责任。故主张被告按原告投资损失的20%予以赔偿（含投资差额损失、佣金和印花税及利息）共计7475.9元。被告认为原告计算投资损失的20%为7475.9元错误，应为7420.81元，原告认可被告计算原告投资损失的20%予以赔偿（含投资差额损失、佣金和印花税及利息）共计7420.81元。原告投资损失的20%（含投资差额损失、佣金和印花税及利息）应为7420.81元。

【争议焦点】

山西路桥股份有限公司受到环保处罚的事实是否属于上市公司必须依法披露的重大事项。

根据《证券法》的规定，信息披露义务人披露的信息，应当真实、准确、完整，简明清晰，通俗易懂，不得有虚假记载、误导性陈述或者重大遗漏。根据2007年《上市公司信息披露管理办法》第30条规定：发生可能对上市公司证券及其衍生品种交易价格产生重大影响的重大事件，投资者尚未得知时，上市公司应当立即披露，说明事件的起因。其中包括公司涉嫌违法违规被有权机关调查，或者受到刑事处罚、重大行政处罚的情形。《深圳证券交易所股票上市规则》第11.11.3条第10项中亦有上述应报告并披露的规定。2014年至2017年，山西路桥股份有限公司陆续收到山西省洪洞县环境保护局出具的7份行政处罚决定书，责令其改正环境污染行为，涉及罚款金额共计285万余元，其中2017年的行政处罚金额为192万元，属于应当依法披露之重大行政处罚事件。但是山西路桥股份有限公司在2014年半年报、2014年度报告、2015年半年报、2015年度报告、2016年度报告、2017年半年报中均未对其受到环保处罚的情况予以披露。山西路桥股份有限公司屡次未披露环保处罚情况的行为严重违反了上市公司信息公开的义务，违反了法律规定的信息披露必须真实、准确、完整的原则。《关于虚假陈述赔偿的规定》第17条第1款、第2款规定："证券市场虚假陈述，是指信息披露义务人违反证券法律规定，在证券发行或者交易过程中，对重大事件作出违背事实真相的虚假记载、误导性陈述，或者在披露信息时发生的重大遗漏、不正当披露信息的行为。对于重大事件，应当结合证券法第五十九条、第六十条、第六十一条、第六十二条、第七十二条及相关规定的内容认定。”《全国法院民商事审判工作会议纪要》第85条亦指出，重大性是指可能对投资者进行投资决策具有重要影响的信息，虚假陈述已经被监管部门行政处罚的，应当认为是具有重大性的违法行为。据此，山西路桥股份有限公司未披露环保处罚行为构成重大事件的虚假陈述。山西路桥股份有限公司提出其受到环保处罚不属于重大事项范围，也不属于上市公司必须依法披露的事项。综上，山西路桥股份有限公司未披露的2014年至2017年受到的7次环保处罚，共涉及罚款金额约285万余元，因其违反我国环保法律法规，7次受到山西省洪洞县环保局行政处罚且未依法披露，并受到中国证监会山西证监局的行政处罚，故法院将其未披露环保处罚之行为认定为未披露重大事件。被告的行为已构成虚假陈述，一审、二审法院最终支持了原告的诉讼请求。

该案中，山西路桥股份有限公司未披露的2014年至2017年受到的7次环保处罚的行为严重违反了上市公司信息公开的义务，违反了法律规定的信息披露必须真实、准确、完整的原则。因此在企业环境信息披露过程中严格依照法律法规、自律规则和公司章程的规定，真实、准确、完整、及时、公平地披露信息，不得有虚假记载、误导性陈述、重大遗漏或者其他不正当披露。

二、江苏辉丰生物农业股份有限公司证券虚假陈述责任纠纷案

江苏辉丰生物农业股份有限公司（以下简称辉丰股份）是一家从事农药化工生产的上市公司，其在2016年年报、2017年半年报中存在虚增营业收入、隐瞒重大环保违法情形等虚假陈述行为。上述虚假陈述被揭露后，辉丰股份股价连续下跌导致投资者遭受损失。2019年年底，中国证监会对辉丰股份的信息披露违法作出行政处罚，之后陆续有多名投资者提出民事索赔，要求辉丰股份赔偿因虚假陈述给投资者造成的损失。江苏省南京市中级人民法院一审宣判，224名投资者共获赔8700多万元。

2018年4月，生态环境部公布信息称，辉丰股份存在非法处置危险废物、违

规转移和贮存危险废物、长期偷排高浓度有毒有害废水、治污设施不正常运行等行为。此后,该公司被要求整改。整改期间,辉丰股份又收到中国证监会针对财报披露及高级管理人员被采取刑事强制措施的问询函。

此后,辉丰股份股票价格大幅下跌。当时发布的股票价格统计数据显示,2018 年 3 月至 8 月,辉丰股份股价跌幅达 49.67%,市值缩水 38.7 亿元。2019 年 12 月 26 日,辉丰股份发布《关于收到中国证监会江苏监管局的公告》提到,中国证监会江苏监管局查明,辉丰股份 2016 年年报、2017 年一季报、半年报、三季报虚增营业收入和营业成本;2016 年年报、2017 年半年报关于环保事项的披露与事实不符;2018 年 3 月,辉丰股份关于公司高级管理人员被采取刑事强制措施的临时公告信息披露不准确。江苏监管局决定对辉丰股份责令改正,给予警告并处以 60 万元罚款;对相关责任人员给予警告,并分别处金额不等罚款。上述公告发布后,陆续有多名投资者提出民事索赔,要求辉丰股份赔偿因虚假陈述给股民造成的损失。

江苏省南京市中级人民法院认为:上市公司依法披露的信息,必须真实、准确、完整,不得有虚假记载、误导性陈述或者重大遗漏。《关于收到中国证监会江苏监管局的公告》明确认定,辉丰股份非法处置危险废物、违规转移和贮存危险废物、长期偷排高浓度有毒有害废水、治污设施不正常运行等行为违反了《证券法》第 63 条、第 67 条第 1 款的规定,构成《证券法》第 193 条第 1 款所述的违法行为。据此,可以认定辉丰股份在披露信息时发生的上述遗漏,属于具有重大性的违法行为,已经构成《关于虚假陈述赔偿的规定》第 17 条规定的"虚假陈述"。因此江苏省南京市中级人民法院于 2021 年 7 月 16 日就许某等 4 名代表人代表 230 名投资者诉辉丰股份证券虚假陈述责任纠纷普通代表人诉讼一案作出一审判决,判决被告赔偿原告投资损失共计 87,199,203.78 元。

2021 年 7 月 30 日,因不服一审法院判决,辉丰股份向江苏省高级人民法院提出上诉,截至本书成稿之时,该案二审尚未审结。

三、环境信息属于上市公司应当披露的重大事项

根据最高人民法院《关于审理证券市场虚假陈述侵权民事赔偿案件的若干规定》(以下简称《虚假陈述司法解释》)第 4 条规定,信息披露义务人违反法律、

行政法规、监管部门制定的规章和规范性文件关于信息披露的规定，在披露的信息中存在虚假记载、误导性陈述或者重大遗漏的，人民法院应当认定为虚假陈述。虚假记载，是指信息披露义务人披露的信息中对相关财务数据进行重大不实记载，或者对其他重要信息作出与真实情况不符的描述。误导性陈述，是指信息披露义务人披露的信息隐瞒了与之相关的部分重要事实，或者未及时披露相关更正、确认信息，致使已经披露的信息因不完整、不准确而具有误导性。重大遗漏，是指信息披露义务人违反关于信息披露的规定，对重大事件或者重要事项等应当披露的信息未予披露。

《证券法》第 78 条第 1 款、第 2 款规定："发行人及法律、行政法规和国务院证券监督管理机构规定的其他信息披露义务人，应当及时依法履行信息披露义务。信息披露义务人披露的信息，应当真实、准确、完整，简明清晰，通俗易懂，不得有虚假记载、误导性陈述或者重大遗漏。"《证券法》第 85 条规定："信息披露义务人未按照规定披露信息，或者公告的证券发行文件、定期报告、临时报告及其他信息披露资料存在虚假记载、误导性陈述或者重大遗漏，致使投资者在证券交易中遭受损失的，信息披露义务人应当承担赔偿责任；发行人的控股股东、实际控制人、董事、监事、高级管理人员和其他直接责任人员以及保荐人、承销的证券公司及其直接责任人员，应当与发行人承担连带赔偿责任，但是能够证明自己没有过错的除外。"

在中国，近年来引发社会严重关切的重大环境事故时有发生，在此背景下，政府以及社会公众对于企业环境信息的关注也日益增强。要求企业披露环境信息，这不仅成为政府进行环境管理的内容，也上升到了公众行使环境知情权的高度，这使得上市公司通过各种形式进行环境信息披露已经成为其回应外界要求其承担社会责任的一种重要表现形式。区别于普通企业，上市公司的一项最基本的法定义务就是信息披露，这是现代证券法律制度的核心所在。自美国 1933 年《证券法》和 1934 年《证券交易法》实行以来的制度设计者之所以将上市公司强制性信息披露作为证券市场法律制度的核心规则，原因就在于投资者保护被确立为证券市场法律制度的最终目标，而立法者相信，"阳光是最好的防腐剂，路灯是最好的警察"。通过构建有效的强制性信息披露机制，投资者与上市公司之间的信息不对称（informational asymmetries）状况可以得到改善，进而起到遏制上市公司的欺诈行为的作用，提升证券市场的有效性（efficiency）的政策功能。

既然《证券法》所规定的上市公司强制性信息披露义务是服务于投资者保护这一目标的,那自然地,立法者和监管者要求上市公司所披露信息的内容(无论是定期报告还是临时性的披露)一定是和投资者的投资盈亏相关联的信息,简言之就是公司的财务信息或者会引发公司财务状况变化的其他相关信息,或者会导致上市公司股价变化的信息,因为这才是投资者最为关心的。

近年来,中国证监会陆续发布了监管规则和指引,进一步明确企业环境信息披露的具体要求与监管措施。2018 年 9 月,中国证监会修订《上市公司治理准则》,对上市公司在环保层面提出要求,同时增加了“利益相关者、环境保护与社会责任”章节,从“利益相关者权益保护”“员工权益保护”“践行生态环保要求”“履行社会责任”等方面对企业环境信息披露实践作出了规定,并进一步要求企业应当就环境信息及社会责任等落实情况履行披露义务,明确了环境信息披露相关事宜的披露要求。值得一提的是,在《上市公司治理准则》的发布说明中,中国证监会强调,本次修订的重点之一即为“确立环境、社会责任和公司治理信息披露的基本框架”。2022 年 4 月 11 日发布的《上市公司投资者关系管理工作指引》中将“公司的环境保护、社会责任和公司治理信息”列为上市公司与投资者沟通的主要内容,要求上市公司就环境信息披露事项对投资者进行说明。又如在《公开发行证券的公司信息披露内容与格式准则第 2 号——年度报告的内容与格式》(2021 年修订)中单独设置“环境和社会责任”章节,并通过“公司治理”章节及前述章节要求企业披露公司治理情况、环境信息,同时将企业职工权益保护、供应商、客户和消费者权益保护、社会公益事业等履行社会责任的工作情况作为鼓励披露事项。

第四节　企业环境信息披露风险防控建议

一、合理利用环境污染责任保险

环境责任保险起源于欧美发达国家，其设计环境责任保险的初衷是分担风险，减少投保人风险，确保出险以后受害人能够得到及时处置，是对特定风险的后果提供经济保障的一种风险财务转移机制。环境责任保险是随着环境污染事故频繁出现和公众自我保护意识不断提升而随即出现的，在许飞琼教授的《责任保险》中，将环境责任保险划归至公众责任保险中（CGL）。在欧美发达国家中，环境责任保险已发展成熟，环境责任保险在分散环境污染企业排污风险、保护第三人利益和分担政府负担方面发挥了积极作用。

相较于未投保环境责任保险的企业，投保环境责任保险企业的环境信息披露质量更高，且这一正相关关系在强制投保企业以及民营企业中更加显著。将环境保险责任制度与环境信息披露相结合，明晰权责归属，一方面，可以扩大保险公司的业务范围和规模，建立起一个符合社会主义市场经济的社会保障体制；另一方面，也能促使企业按照现代企业制度模式，进行合法、文明、清洁、安全的生产，符合现代市场经济与法治要求，促使企业逐步减少或消除生产经营管理过程中的各种危害环境的不良行为，并最终本着“预防为主，惩治为辅”的原则来改善环境污染的现状。从而真正化解和抵御环境污染带来的各种危害及风险，对保障经济环境安全，维护生态和保护环境都具有重要的现实意义。

坚持“政府推动、市场运作”的基本指导原则不动摇，进一步提高保险机构参与环境责任保险产品供给、业务推广积极性以及企业投保环境责任保险真实意愿与需求，稳步化解“供需双冷”尴尬局面，从而更好地发挥环境责任保险加强企业环境信息披露治理的市场调节效应。①

二、建立健全环境信息依法披露管理制度

我国正处于经济高质量发展转型期,特别是2030年“碳达峰”和2060年“碳中和”的“双碳”目标提出要求企业生产方式绿色转型,企业环境信息披露应是企业绿色转型的推动力。

为做好环境信息披露合规工作,企业应根据《生态环境部令第24号》的规定,建立健全环境信息依法披露管理制度,规范企业环境信息披露工作规程,明确工作职责,建立准确的环境信息管理台账,妥善保存相关原始记录,科学统计归集相关环境信息。同时,应确保披露环境信息所使用的相关数据及表述符合环境监测、环境统计等方面的标准和技术规范要求,优先使用符合国家监测规范的污染物监测数据、排污许可证执行报告数据等。

结合上文,上市公司、企业在依法依规开展信息披露工作的同时,也应当注意内部治理规范。中国证监会对2002年《上市公司治理准则》进行修订并正式发布,修订的重点包括:一是增加上市公司党建要求,强化上市公司在环境保护、社会责任方面的引领作用;二是进一步加强对控股股东、实际控制人及其关联方的约束,更加注重中小投资者保护,发挥中小投资者保护机构的作用;三是积极借鉴国际经验,推动机构投资者参与公司治理,强化董事会审计委员会作用,确立ESG信息披露的基本框架;四是对上市公司治理中面临的控制权稳定、独立董事履职、上市公司董事、监事、高级管理人员评价与激励约束机制、强化信息披露等提出新要求。针对以上修订内容,上市公司引入ESG治理理念需要设计科学的评价体系,针对上市公司的实际情况对E、S、G三个维度设计不同的评价指标进行评级,同时对评级的结果进行披露。上市公司内部治理效果的可量化、可视化是推动公司内部治理结构创新的动力。

同时也更应当注重优化股权结构,规范上市公司治理,充分发挥股东大会、董事会、监事会的职能。提高信息披露合法合规的意识,对关键人员包括上市公

① 参见李敏鑫、王江寒:《环境污染责任保险与企业环境信息披露》,载《保险研究》2021年第12期。

司的大股东、实际控制人、高级管理人员、董事会秘书、财务人员等加强培训，对证券虚假陈述可能引发的民事责任、行政责任、刑事责任充分释明，提高关键人员对此问题和后果的认识。同时，在制度上进一步完善上市公司信息披露相关规范，明确责任人，将信息披露合法合规与奖励绩效和相关激励机制挂钩，使得上市公司从内部提高风险防范意识，形成良性运行机制。

三、合法合规开展环境信息披露工作

在做好环保合规工作、建立健全企业信息披露制度的基础上，企业合法合规开展环境信息披露工作的重点，主要体现在年度报告及临时报告的合规披露。《环办综合〔2021〕32 号》对环境信息披露的年度报告和临时报告的具体内容及格式进行了规范，不仅规定了企业基本信息、污染物产生、治理与排放信息、碳排放信息等报告具体内容的组成部分及要求，而且列示了报告封面、扉页承诺等格式要求。企业在开展具体信息披露工作时，应严格遵守《生态环境部令第 24 号》及《环办综合〔2021〕32 号》等规定，确保具体信息披露工作的合规性。

依据《生态环境部令第 24 号》《上市公司信息披露管理办法》等规定，上市公司对环境信息的披露主要有定期报告和临时报告两种。定期报告是上市公司对投资者作出价值判断和投资决策有重大影响的信息进行的全面性披露，分为一般性定期报告和环境信息披露报告两种。对于一般性定期报告而言，环境信息披露是其中的一部分。上市公司一般性定期报告又细分为年度报告及中期报告，其中，年度报告应当在每个会计年度结束之日起 4 个月内，中期报告应当在每个会计年度的上半年结束之日起 2 个月内编制完成并披露。对于环境信息披露报告而言，上市公司应当于每年度 3 月 15 日前制作环境信息披露报告并公告，披露上一年度 1 月 1 日至 12 月 31 日的环境信息。制作临时报告是上市公司在发生可能对证券及其衍生品种交易价格产生较大影响的重大事件，投资者尚未得知时，应当立即履行的临时披露义务。涉及环境信息披露的临时报告分为两种，一是临时重大事件披露报告，当发生重大资产重组、重大股权变更、重大经营事项变更等事件时，上市公司应当披露重大事件相关信息，其中涉及环境信息的应当将环境信息作为附属信息一并披露；二是临时环境信息披露报告，在发生生态环境行政许可准予、变更、延续、撤销以及因生态环境违法行为受到行政处罚或被追究刑事责任后，企业应当自收到相关法律文书之日起 5 个工作日内进行披露。

四、将有法律背景的人才纳入高管团队

自 2021 年 5 月生态环境部出台《环境信息依法披露制度改革方案》以来，我国越发重视环境信息披露管理，从上至下通过出台一系列关于环境信息披露的规定，逐步完善上市公司环境信息披露制度，将上市公司对环境信息的披露逐渐由自发性披露向强制性披露转变，着重加强外部监管制度约束。因此，无论是从信息披露全面、真实的角度，还是从规避政府部门行政处罚的角度考虑，作为上市公司，不管是否属于环境部门公布的环境信息依法披露企业名单，公司、企业管理层都应当具备环境信息披露的观念，提高环境信息披露的主动性。

公司、企业管理层对企业环保行为决策负责，而高级管理人员行为又受到自身环保认知的影响。因此通过探究影响高级管理人员环保认知的因素，促使高级管理人员作出有利于企业绿色健康发展的决策变得尤为重要。2014 年《环境保护法》对我国重污染行业环境信息披露行为作出严格要求，具有法律背景的高级管理人员拥有丰富的法律知识储备，对于政策的敏感度与普通高级管理人员不同，作出的环保决策也会有所不同。企业高级管理人员在感知外部压力和制定决策过程中扮演着核心角色，对企业的社会责任行为起着重要作用。① 拥有法律背景的高级管理人员更能够在“双碳”“绿色环保”的发展理念及法律、政策的覆盖下引导企业的战略向其熟悉的专业领域靠拢，从而影响到企业在环境信息披露方面的行为抑制企业发生违规行为。

当企业中法律背景高级管理人员比例较高时，企业规避法律风险以及对抗法律风险的能力也就越强。拥有高比例法律背景的企业会拥有更多规避风险的手段，降低企业违规次数，同时法律背景高级管理人员会提供更多符合法律规范的意见，减少企业因法律风险产生的损失和额外支出，使得企业能以较低的环保成本通过环保要求。②

---

① 参见冯臻：《从众还是合规：制度压力下的企业社会责任抉择》，载《财经科学》2014 年第 4 期。

② 参见唐亮、薛九洋、姜海锋：《环境规制、法律背景高管与企业环境信息披露——基于新〈环境保护法〉实施的证据》，载《商学研究》2023 年第 1 期。

另外，上市公司信息披露具有常态化、专业化和复杂化的特点。上市公司在某些情况下，因为缺乏专业知识，无意中产生了信息披露违法违规行为。为了避免出现类似情况，可以聘请专业律师，对上市公司证券合规业务提供法律支持。同时，为了提高信息披露的准确性及规范性，上市公司可以选择专业的咨询公司，对信息披露事项进行日常咨询。

五、有效应对舆情，处理好与新闻媒体、投资者的关系

《虚假陈述司法解释》第7条第1款规定：虚假陈述实施日，是指作出虚假陈述或者发生虚假陈述之日。

《虚假陈述司法解释》第8条第1款、第9条规定：虚假陈述揭露日，是指虚假陈述在全国范围发行或者播放的报刊、电台、电视台等媒体上，首次被公开揭露之日。虚假陈述更正日，是指虚假陈述行为人在中国证监会指定披露证券市场信息的媒体上，自行公告更正虚假陈述并按规定履行停牌手续之日。

《全国法院民商事审判工作会议纪要》第84条规定：虚假陈述的揭露和更正，是指虚假陈述被市场所知悉、了解，其精确程度并不以“镜像规则”为必要，不要求达到全面、完整、准确的程度。原则上，只要交易市场对监管部门立案调查、权威媒体刊载的揭露文章等信息存在明显的反应，对一方主张市场已经知悉虚假陈述的抗辩，人民法院依法予以支持。

如前所述，新闻媒体报道日，在符合某些情形时会被裁判机构认定为虚假陈述的揭露日，广大投资者对新闻媒体报道高度关注，如果上市公司危机公关工作处理不当，将可能造成后续被监管机构立案调查、处罚，乃至被投资者索赔等一系列连锁反应。因此，上市公司对于与新闻媒体的关系要给予足够的重视。

此外，有些上市公司被立案调查，源于投资者等相关主体的举报或投诉，在出现投资者质疑、质询的情形时，上市公司也应高度重视，合理应对，妥善处理好与投资者的关系，防止出现被动局面。

第七章

产能置换纠纷案件

陈思远

本章作者：陈思远，北京盈科（沈阳）律师事务所高级合伙人律师、建设工程法律事务部主任，盈科全国建设工程法律专业委员会副主任。

第一节　案件类型、案由分析及相关法律法规

一、产能置换纠纷案件类型和案由综述

《法发〔2023〕5 号》第 10 条规定："依法审理产能置换纠纷案件。审理钢铁、水泥等产能置换纠纷案件，依法确认合同效力，结合产业政策，能源消耗、碳排放强度和总量控制要求，认定合同履行和违约责任，推动产能指标从高耗能、高碳排放企业向低耗能、低碳排放企业转移。审理债务人在建项目被纳入国家相关领域产业规划或产能置换范围的破产重整、破产和解或者破产清算等纠纷案件，积极引导债务人与债权人协商，协调解决企业兼并问题，完善市场主体救治和退出机制，推动实现产业结构调整目标。"

产能即生产能力，是指在一个计划周期内，企业参与生产的全部固定资产在既定的组织技术条件下所能生产的产品数量，或者能够处理的原材料数量。产能是反映企业所拥有的加工能力的一个技术参数，与生产过程中的固定资产数量、质量、组织技术条件等密切相关。煤炭产能就是一个煤炭企业每年生产煤炭的总量。由于煤炭生产关乎能源的供给、资源的永续利用、环境保护、生产安全等国计民生的诸多方面，多年来政府对煤炭行业进行统筹管理，产能指标这个概念由此应运而生，不仅涉及煤炭产量的数量指标，还包含其他多项内容。国家发展和改革委员会 2016 年公布的《煤炭先进产能评价依据(暂行)》划定了机械化程度、资源利用率、安全生产、能耗和环保、产品质量 5 个方面的标准，以确定一个企业的产能是否先进。可以说，产能指标既是衡量产能的指标，也是监管部门进行行业管理的指标。

产能置换是我国以市场化、法治化手段实施产能资源配置的有效手段，是在供给侧结构性改革方面取得的重要制度创新。在碳达峰碳中和背景下，我国制定了多项产能置换、减量等碳减排政策，国家对产能过剩行业的产能总量控制使得产能指标成为一种稀缺性的资源；产能置换又使得企业的合规有效产能可以

按照市场化方式流转，也即企业产能指标在一定程度上具备了“可流通”的属性。而企业产能指标一旦具有了稀缺性和可流通性后，便具有了不再依附于生产资料的独立价值，逐步发展成为企业可以对外转让的资产。企业之间通过签订产能置换协议完成产能置换交易，上述行为将产生包括但不限于产能置换协议效力认定，产能置换协议是否需要行政审批等各类型的纠纷。结合最高人民法院意见、“双碳”典型案例等，本书经过具体分析，将产能置换纠纷案件主要概括为以下几类情形：

1. 高耗能、高碳企业与低耗能、低碳企业之间的产能置换协议纠纷。

2. 高耗能、高碳企业与地方政府之间的产能置换补充协议纠纷。

3. 银行等金融机构与高耗能、高碳企业之间的贷款合同纠纷。

4. 高耗能、高碳企业的破产重整纠纷等。

以上纠纷案件的主要争议焦点在于产能置换协议的效力认定、合同义务的归属、违约责任的认定等问题。该等纠纷的解决需要在遵守合同约定的前提下，兼顾国家宏观政策、产业政策和碳达峰目标，依法平衡各方当事人的权利义务，推动产能顺利完成置换。

二、产能置换纠纷涉及的具体案件类型及对应的案由

结合《法发〔2023〕5 号》及相关案例来看，产能置换纠纷可能涉及的案件类型可以细化为以下内容。

（一）高耗能、高碳企业与低耗能、低碳企业之间的产能置换协议纠纷

1. 置换协议的效力认定纠纷

产能指标作为特定历史环境下的国家政策产物，其司法处置需要在正确领会国家政策精神的前提下依法合规进行，并兼顾法律效果和社会效果。与一般合同纠纷相比，产能置换协议的效力不仅应当尊重当事人意思自治，充分考虑当事人的真实意思表示，还需兼顾是否符合国家政策要求，是否完成转出地、转入地行政主管部门的审批等流程，是否在相关平台交易等一系列问题。

2. 置换协议的履行和违约责任纠纷

产能置换协议的本质是合同，应当明确约定合同的履行方式、付款节点、违

约责任等。其中针对违约责任，产能置换协议需在符合国家行业技术进步及“双碳”目标的情况下，根据合同履行情况予以确定。值得注意的是，产能置换由于其特殊性必然需要考虑与国家宏观政策调控及行政审批流程的衔接，实务中，因先合同未完成转出地、转入地行政主管部门审批流程，后合同完成转出地、转入地行政主管部门审批流程导致先合同履行不能的案件也有发生。

3. 置换资金的支付纠纷

在合同履行过程中，置换资金何时支付、如何支付、是否通过平台支付等均可能出现纠纷。通过平台支付置换资金的，平台是否承担责任等问题均值得关注。

（二）高耗能、高碳企业与地方政府之间的产能置换补充协议纠纷

产能指标在国家确定的总体额度限制下，需要相关行政主管部门的行政审批，包括产能指标的审批以及产能置换是否实际履行，是否需要转出地与转入地有关行政部门进行审批、公示、公告等，同时环评审批在产能置换过程中亦具有重要意义。上述行政审批、公示、公告等事宜均可能涉及企业与地方政府之间的纠纷，具体可能出现以下几种纠纷类型：

1. 置换规模和进度的确定纠纷。
2. 置换资金支付和监管纠纷。
3. 置换项目环境影响评价纠纷。

（三）银行等金融机构与高耗能、高碳企业之间的贷款合同纠纷

党的十八大以来，以习近平同志为核心的党中央高度重视绿色发展，多次强调大力发展绿色金融。党的二十大报告进一步提出要“完善支持绿色发展的财税、金融、投资、价格政策和标准体系，发展绿色低碳产业”。相较于其他非高耗能、高碳企业，绿色信贷政策的施行有利于降低高耗能、高碳企业的污染排放强度，但也同时抑制了高耗能、高碳企业的全要素生产率。因此，绿色信贷政策在高耗能、高碳企业进行贷款审批时可能会对其产生影响，从而出现纠纷，具体可能出现以下几种纠纷类型：

1. 绿色信贷政策适用争议。
2. 贷款合同纠纷。

(四)高耗能、高碳企业的破产重整纠纷

近年来,高耗能、高碳企业受国家政策影响,因其生产技术落后、经营理念滞后、主营业务受挫等问题,造成企业资金链断裂,最终导致该等企业严重资不抵债的情形时有发生,此时,高耗能、高碳企业可能面临破产重整。只有推动高耗能、高碳困境企业进行绿色低碳转型,进行服务产业结构的绿色优化升级,才能帮助困境企业重获新生。

高耗能、高碳企业破产重整案件审理中,受理法院协同破产管理人在破产程序选择、企业经营维护、重整投资人招募、重整计划制定和执行等各个环节都深入贯彻落实绿色发展观,围绕服务产业结构绿色优化升级,力保环境安全,以促进企业绿色转型为导向招募重整投资人,优化规则设计提高企业重整价值,并在重整后持续推动企业整治提升,取得了良好效果。高耗能、高碳企业破产重整过程中,重整计划的制定与执行、员工的安置问题等均将影响企业的生死存亡。如果最终重整计划得到顺利执行,各项生产要素的利用效率通过重整能够得到显著提高,破产企业走上绿色低碳转型的发展道路,就可以促进当地高耗能、高碳产业进一步绿色优化升级。如果重整计划未能如预期,可能将导致高耗能、高碳企业从破产重整程序转到破产清算。

通过对案件类型和案由的具体分析,可以明确产能置换纠纷的主要争议焦点,为妥善处理此类纠纷提供指导。

三、产能置换纠纷案件的法律法规

(一)产能置换政策的制度沿革

我国的产能置换政策起始于 2013 年国务院出台的《关于化解产能严重过剩矛盾的指导意见》(国发〔2013〕41 号)。该意见对化解钢铁、水泥、电解铝、平板玻璃、船舶等行业的产能过剩矛盾作出了明确部署,其中明确规定了“(三)淘汰和退出落后产能。鼓励各地积极探索政府引导、企业自愿、市场化运作的产能置换指标交易,形成淘汰落后与发展先进的良性互动机制”。从“建立过剩产能退出的法律制度”角度,首次提出“产能严重过剩行业项目建设,须制定产能置换

方案,实施等量或减量置换”。

2015 年工业和信息化部制定颁布了《部分产能严重过剩行业产能置换实施办法》(工信部产业〔2015〕127 号,已被修改),明确在钢铁、电解铝、水泥、平板玻璃行业等严重过剩行业实施产能置换,并将“产能置换”定义为“新(改、扩)建项目应淘汰等量或大于该建设项目产能数量的落后或过剩产能”。其中,第 6 条明确“支持跨地区产能置换,引导国内有效产能向优势企业和更具比较优势的地区集中,推动形成分工合理、优势互补、各具特色的区域经济和产业发展格局。鼓励各地积极探索实施政府引导、企业自愿、市场化运作的产能置换指标交易”。第 7 条明确“产能置换指标交易由各省(区、市)工业和信息化主管部门进行组织协调,制定具体交易实施办法,报省级人民政府同意后执行”。

2016 年国务院出台《关于煤炭行业化解过剩产能实现脱困发展的意见》(国发〔2016〕7 号),全国范围内在煤炭行业开始推行产能置换政策,并明确提出“保留产能与退出产能适度挂钩”“化解产能与转型升级相结合”,将“产能置换”政策定位于“用法治化和市场化手段化解过剩产能”的长效机制。该意见强调职工安置是重中之重,还提出,安置计划不完善、资金保障不到位以及未经职工代表大会或全体职工讨论通过的职工安置方案,不得实施。该意见还明确了四个方面的职工安置办法:一是挖掘企业内部潜力,对采取措施不裁员或少裁员的生产经营困难企业,通过失业保险基金发放稳岗补贴。二是对符合条件的职工实行内部退养。三是企业确需与职工解除劳动关系的,应依法支付经济补偿,并做好社会保险关系转移接续手续等工作。四是通过技能培训、职业介绍等方式,促进失业人员再就业或自主创业。

2016 年 7 月 23 日,国家发展和改革委员会、国家能源局、国家煤矿安全监察局下发《关于实施减量置换严控煤炭新增产能有关事项的通知》(发改能源〔2016〕1602 号,已失效),对建设煤矿与关闭退出煤矿产能置换、严控煤炭新增产能作出详细安排,确定了煤矿产能置换的基本政策框架。

2018 年 1 月起,工业和信息化部陆续出台规范性文件,包括但不限于《水泥玻璃行业产能置换实施办法》(工信部原〔2021〕80 号)、《钢铁行业产能置换实施办法》(工信部原〔2021〕46 号)等实施办法,分别对钢铁、水泥、玻璃、电解铝等行业的产能置换政策进行了不同程度的完善。其中《钢铁行业产能置换实施办法》明确哪些项目建设须实施置换是开展产能置换工作的前提,为避免个别项目打政策“擦边球”，坚决杜绝新增钢铁产能，无论建设项目属新建、改建、扩建还是“异地大修”等何种性质，只要建设内容涉及炼铁、炼钢冶炼设备地点、型号、规模等任一变化的，都须实施产能置换，简言之，即“动设备、须置换”。《水泥玻璃行业产能置换实施办法》要求，所有扩大产能的水泥熟料、平板玻璃项目，必须制定产能置换方案，实施产能置换。

与此同时，部分省市也探索针对本地域的产能过剩行业实行产能置换政策，如山西、河北等地出台焦化行业产能置换管理的相关规定，浙江、山东、天津、江苏等地出台与铸造业产能置换相关的地方性规范文件。

2018 年，工业和信息化部发布了《关于电解铝企业通过兼并重组等方式实施产能置换有关事项的通知》(工信部原〔2018〕12 号)，规定凡包含电解工序生产铝液、铝锭等建设项目，通过产能指标交易实施产能置换的，产能退出企业作为责任主体，必须确保退出产能无资产债务纠纷、职工安置到位、产能退出指标真实准确、无重复使用，并向所在地省级工业和信息化主管部门提交产能退出报告。

2020 年 7 月 29 日，国家发展和改革委员会发布《煤炭法(修订草案)(征求意见稿)》公开征求意见。该意见稿第 22 条增加了“国家对煤炭产能实施宏观调控，实行煤矿新增产能与退出产能置换制度”的相关规定，并在第 75 条明确违反产能置换的法律责任，即“违反本法规定，未达到产能置换要求的，责令限期改正，逾期仍未改正的，煤炭管理部门不予办理项目核准手续；情节严重的，核减所核增产能，按照国家有关规定对政府有关部门及其工作人员进行通报批评”，这是我国首次准备将产能置换制度写入立法。

随后，部分省份进一步出台与产能置换有关的各项制度，并积极开展产能置换工作，包括但不限于 2022 年 11 月 29 日，贵州省能源局发布的《关于进一步做好煤炭产能置换工作的通知》；2023 年 7 月 21 日，广西壮族自治区工业和信息化厅发布的《广西碳酸钙行业产能置换实施办法(试行)》(桂工信规范〔2023〕7 号)；《四川省钢铁行业产能置换实施细则(征求意见稿)》；《宁夏回族自治区铁合金行业产能置换实施办法(试行)》等。各省(自治区、直辖市)制度中规定了严禁违规新增钢铁产能，禁止在合规园区外新建、扩建钢铁冶炼项目，置换项目置换比例不低于的具体标准。为鼓励企业兼并重组，提高产业集中度，对完成实质性兼并重组(实现实际控股且完成法人或法人隶属关系、股权关系、章程等工商变更)后取得的合规产能用于项目建设时,置换比例可以不低于的具体标准等。

产能置换政策及立法在我国重要国民经济行业领域已经得到较为广泛的适用。在产能置换实施过程中,《民法典》《企业破产法》《公司法》《行政许可法》《政府信息公开条例》《环境影响评价法》以及司法执行制度中均对其有所提及,例如,产能置换指标是否具备物权的性质,其转让是否需要履行审批或变更登记程序等。

(二)民法方面有关产能置换的法律法规及司法解释

1.《民法典》

产能置换系转让方与受让方之间的民事行为,必然受到《民法典》的约束,具体而言,首先,产能置换与《民法典》中关于"绿色原则"的规定密不可分。《民法典》第9条规定:"民事主体从事民事活动,应当有利于节约资源、保护生态环境"。产能置换作为市场经济主体从事的一项民事活动,应当遵守"绿色原则"。其次,产能置换协议的签订应当根据《民法典》合同编要求完成,即《民法典》第119条规定:"依法成立的合同,对当事人具有法律约束力。"第502条规定:"依法成立的合同,自成立时生效,但是法律另有规定或者当事人另有约定的除外。依照法律、行政法规的规定,合同应当办理批准等手续的,依照其规定。未办理批准等手续影响合同生效的,不影响合同中履行报批等义务条款以及相关条款的效力。应当办理申请批准等手续的当事人未履行义务的,对方可以请求其承担违反该义务的责任。依照法律、行政法规的规定,合同的变更、转让、解除等情形应当办理批准等手续的,适用前款规定。"

另外,产能指标作为具有财产性质的拟制性权利,可以进行置换交易,同时需要经相关行政主管部门审批、登记、公示。其中,产能指标能否抵押、质押均应当遵循《民法典》物权编的相关规定。

2.《公司法》

《公司法》第27条规定:"股东可以用货币出资,也可以用实物、知识产权、土地使用权等可以用货币估价并可以依法转让的非货币财产作价出资;但是,法律、行政法规规定不得作为出资的财产除外。对作为出资的非货币财产应当评估作价,核实财产,不得高估或者低估作价。法律、行政法规对评估作价有规定的，从其规定。”据此可以看出，第一，出资方式采用了立法列举式和概括式相结合的规定。第二，列举的方式可分为货币、非货币出资两种。《公司法》对于设立企业可以进行出资的资产并没有完全列举，应当说能够用货币估价并可以依法转让的非货币财产都可以进行出资。那么产能指标不仅可以用货币进行估价，而且能够进行转让，因此完全可以在企业设立时作为非货币性资产进行出资。但相关流程应当严格按照《公司法》及公司章程履行。

3.《环境保护法》

保护环境是我国基本国策，《环境保护法》第 1 条即明确“为保护和改善环境，防治污染和其他公害，保障公众健康，推进生态文明建设，促进经济社会可持续发展，制定本法”。产能置换与环境保护息息相关，应当遵循《环境保护法》。

另外，根据《环境保护法》第 19 条“编制有关开发利用规划，建设对环境有影响的项目，应当依法进行环境影响评价。未依法进行环境影响评价的开发利用规划，不得组织实施；未依法进行环境影响评价的建设项目，不得开工建设”等规定，产能置换项目作为对环境有影响的项目，环境影响评估及环评审批系产能置换项目中至关重要的一环，应当严格遵循《环境保护法》及《环境影响评价法》等相关法律法规对环境影响评价的规定。

4.《煤炭法（修订草案）（征求意见稿）》

如前所述，2020 年的《煤炭法（修订草案）（征求意见稿）》是我国首次准备在立法层面上规定产能置换制度，其中第 22 条明确规定：“国家对煤炭产能实施宏观调控，实行煤矿新增产能与退出产能置换制度。”第 75 条规定了违反产能置换的法律责任，即“违反本法规定，未达到产能置换要求的，责令限期改正，逾期仍未改正的，煤炭管理部门不予办理项目核准手续；情节严重的，核减所核增产能，按照国家有关规定对政府有关部门及其工作人员进行通报批评”。如最终按照该修订草案征求意见稿内容通过，具有标志性意义。

第二节　相关企业面临的主要法律风险

通过分析产能置换过程中可能出现的各类案件类型可知,在产能置换过程中,相关企业可能面临的法律风险具有多样性,本书概括归纳以下主要法律风险。

一、产能置换协议效力认定风险

在碳达峰碳中和背景下,我国制定了多项产能置换、减量等碳减排政策,企业之间可以通过签订产能置换协议完成产能置换交易。但产能置换协议可能因以下原因而存在无效的风险:

1. 协议主体资格不具备。如果协议签署主体不具有法定的民事主体资格,则协议存在无效的风险。

2. 协议内容违反法律法规强制性规定。如果协议约定的权利义务安排违反产能置换政策的强制性要求,则存在被认定为无效的风险。此外,实践中关于企业产能置换行为的效力如何认定,是否以行政审批为生效要件等问题均为企业进行产能置换所要面临的风险。虽然目前我国并无法律、行政法规明文规定产能置换协议应当办理批准手续,或办理批准、生效手续后才生效,即并无明文规定产能置换协议以办理行政审批手续为生效条件,但考虑到产能指标本身属于一种行政许可,如果置换协议未按法定程序签署或生效,则协议效力存在不确定性,企业的权利义务关系不明晰,无法确保置换协议能够得到有效履行。

二、置换资金支付风险

企业间产能置换行为作为一种民事行为,核心即为出让方向受让方转让产能指标,受让方按照合同约定的付款期限及付款方式及时足额付款。实践中,产能指标已经转让但受让方并未足额支付置换资金的情形频频发生,因此,置换企业应当高度重视置换资金支付风险。置换企业未按协议约定及时足额支付置换资金的,可能被判定为违约并承担违约责任,甚至面临行政处罚。

同时,产能置换行为多通过交易平台完成,但交易平台并非产能置换协议的当事人,仅为产能置换提供交易通路。因此,置换资金支付风险还是由产能置换协议的当事人自行承担,如果产能指标的受让方资金支付能力较差,置换资金支付风险将大大提升。因此,企业在签订产能置换协议前应当对交易对手进行尽职调查,初步了解交易对手的经营情况、涉诉情况及资金实力,必要时,可以考虑引入担保以降低风险。

三、置换进度管理风险

举例而言,产能置换程序至少包括:

首先,建设项目主体单位向所在市工业和信息化局提出申请,并提报产能置换方案。方案主要包括建设项目(单位名称、拟建项目主体设备、造型工艺、产能核算、计划开工和投产时间等)和退出项目情况(单位名称、置换的设备名称、产能、拆除时间)以及按期拆除的承诺书。

其次,非重点区域产能置换由所在市工业和信息化局会同发展和改革委员会、生态环境局等相关行政部门对置换方案的真实性、合规性进行审核,并向社会进行公示,无异议后予以公告,同时还需将公告的产能置换方案报省工业和信息化厅、省发展和改革委员会、省生态环境厅备案。特殊行业的产能置换方案由市级工业和信息化局核查同意后,上报省工业和信息化厅,并经其审核同意后向社会公示,无异议后予以公告。前述相关审批手续由项目管理部门按照审批权限办理。跨省产能置换,一般须由出让产能企业制定产能出让方案,报出让地省级工业和信息化主管部门公示、公告,公示产能置换前,还需委托全国性的行业组织或中介机构召开置换听证会。

最后,建设项目投产前,产能出让方须拆除用于置换的退出设备,使其不具备恢复生产的条件,并由相关行政部门进行整合。

产能置换的整个过程环环相扣,涉及多项审批及公示,如果置换进度缓慢,无法满足碳达峰要求或产能置换协议约定时间，相关企业可能被认定为未积极推进置换，除可能承担民事违约责任外，还可能面临行政风险。行政风险包括行政监管风险和行政处罚风险，其中行政监管风险包括主管部门可能对置换进度缓慢的企业实施约谈、通报批评等行政监管措施；行政处罚风险包括进度严重滞后的企业可能会受到责令改正、暂停相关业务等行政处罚。

四、员工安置风险

员工安置风险高发于高耗能、高碳企业破产重整或改制过程中。在企业破产重整或改制时，员工安置是重要工作之一，直接关系着职工利益和社会稳定。同时根据企业性质不同，国有企业对员工安置要求较其他企业更为严格。全国企业兼并破产和职工再就业工作领导小组在《关于做好关闭破产国有企业职工安置等前期准备工作的通知》第 2 条中规定："对煤炭、有色金属、军工等中央及中央下放的关闭破产企业，由企业所在省（自治区、直辖市）劳动保障部门负责组织对职工安置方案进行审核，主要审核企业各类人员的实际情况，离退休人员管理及基本养老保险经费落实情况，离休人员医疗保障经费和退休人员医疗保险经费落实情况，职工安置渠道及职工安置经费落实情况，社会保险费用缴纳情况，工伤职工及工亡遗属的保障计划、执行政策依据和职工代表大会讨论通过的职工安置方案决议等。审核后，应出具《职工安置方案审核意见书》（见附件），交各省（自治区、直辖市）协调小组，随同企业关闭破产前期准备工作材料上报全国领导小组。否则，全国领导小组将不予审查。"如果员工安置方案不当，不仅将导致集体劳资纠纷，企业可能面临行政处罚及劳动争议诉讼的法律风险，而且可能给高耗能、高碳企业破产重整或改制转型造成障碍。

五、环境保护风险

根据《环境保护法》《环境影响评价法》《建设项目环境保护管理条例》等规定，一般情况下，用于产能置换的项目及设备必须取得核准（备案）、环评、安评、能评等相关手续。2022 年河北省生态环境厅行政许可网上审批平台曾发布过该厅对迁安轧一钢铁集团有限公司炼钢产能等量置换转型升级项目建设项目环境影响评价报告书审批项目环评文件不予批准意见。由此可以看出,产能置换项目中环评审批尤为重要,置换项目的环境影响评价存在瑕疵或置换企业存在环境违法行为的,都可能被依法追究民事、行政责任,甚至是刑事责任。

第三节　产能置换纠纷案例评析

一、广西新东运矿业有限公司与内蒙古百建水泥有限责任公司合同纠纷案①

【案件基本信息】

原告:新东运公司

被告:百建公司

【基本案情】

2019 年 10 月 20 日,新东运公司作为甲方、中建公司作为乙方签订《大数据信息服务协议书》,约定中建公司为新东运公司提供水泥大数据信息服务,在全国范围内筛选可用于产能置换的水泥熟料生产线产能指标,协助新东运公司完成产能指标置换工作,本次所需置换指标为 4600 吨/日,并约定大数据信息服务费用等内容。

2019 年 10 月 23 日,经中建公司介绍,百建公司作为甲方、新东运公司作为乙方、中建公司作为丙方共同签订了转让协议 1,约定由百建公司将两条回转窑生产线的年产 138 万吨熟料产能指标以单价 90 元/吨的价格转让给新东运公司。

2019 年 11 月 22 日,百建公司作为甲方、珍珠公司作为乙方签订转让协议 2,约定百建公司将案涉 138 万吨熟料产能指标以单价 118 元/吨的价格转让给珍珠公司。

2019 年 12 月 30 日,百建公司取得涉案产能的生产许可证。在此之前,百建公司曾与中建公司沟通不再履行与新东运公司的涉案产能指标转让合同事宜。

---

① 最高人民法院发布司法积极稳妥推进碳达峰碳中和典型案例之三:广西新东运矿业有限公司(以下简称新东运公司)与内蒙古百建水泥有限责任公司(以下简称百建公司)合同纠纷案,案号:(2020)桂民终 1788 号。

2020 年 1 月 8 日，内蒙古自治区工业和信息化厅对珍珠公司与百建公司之间的产能置换进行了公示。2020 年 1 月 15 日，内蒙古自治区工业和信息化厅对珍珠公司与百建公司之间的产能置换进行了公告。2020 年 1 月 16 日，珍珠公司按合同约定进度支付了 8142 万元给百建公司。

2020 年，新东运公司将百建公司诉至法院，要求百建公司继续履行转让协议 1，本案的诉讼费用、保全费等由百建公司承担。

【案件焦点】

1. 一审法院总结争议焦点为新东运公司诉请百建公司继续履行案涉合同是否有事实及法律依据。

2. 二审法院总结争议焦点为：

（1）百建公司与新东运公司、中建公司签订的转让协议 1 的合同效力；

（2）百建公司与珍珠公司签订的转让协议 2 的合同效力；

（3）百建公司与新东运公司、中建公司签订的转让协议 1 应否继续履行。

【法院裁判要旨】

1. 关于焦点一，百建公司与新东运公司、中建公司签订的转让协议 1 的合同效力问题

根据《合同法》（已失效）第 44 条“依法成立的合同，自成立时生效。法律、行政法规规定应当办理批准、登记等手续生效的，依照其规定”以及最高人民法院《关于适用〈中华人民共和国合同法〉若干问题的解释（一）》第 9 条第 1 款“依照合同法第四十四条第二款的规定，法律、行政法规规定合同应当办理批准手续，或者办理批准、登记等手续才生效，在一审法庭辩论终结前当事人仍未办理批准手续的，或者仍未办理批准、登记等手续的，人民法院应当认定该合同未生效；法律、行政法规规定合同应当办理登记手续，但未规定登记后生效的，当事人未办理登记手续不影响合同的效力，合同标的物所有权及其他物权不能转移”的规定，转让协议 1 是否生效的关键在于法律、行政法规是否特别规定此类合同以办理行政审批手续为生效要件。新东运公司提交的《水泥玻璃行业产能置换实施办法》为工业和信息化部制定的部门规章，不能作为认定转让协议 1 是否生效的依据。新东运公司以水泥产能指标与矿业权相似为由，上诉主张本案应适用《探矿权采矿权转让管理办法》、最高人民法院《关于审理矿业权纠纷案件适用法律若干问题的解释》的相关规定，该主张没有法律依据，法院不予采信。虽

然转让协议 1 约定,百建公司负责办理并取得内蒙古自治区工业和信息化厅同意熟料产能指标转让公告文件以及新东运公司负责办理国家工业和信息化部门熟料产能指标转让备案手续,但上述内容均非百建公司与新东运公司签订的转让协议 1 的生效要件。根据转让协议 1 第 6 条第 3 点“本协议经甲乙丙三方签字或盖章之日起生效,未尽事宜三方经协商一致,可以签署补充协议另行约定”的约定,该协议于 2019 年 10 月 23 日已生效。新东运公司上诉主张其与百建公司签订的转让协议 1 尚未生效的理由不能成立。因此,百建公司与新东运公司签订的转让协议 1 系各方当事人的真实意思表示,不违反法律、法规的强制性规定,应为合法有效。

2. 关于争议焦点二,百建公司与珍珠公司签订的转让协议 2 的合同效力问题

基于争议焦点一的分析,根据转让协议 2 第 6 条第 5 点“本协议经甲乙双方签字或盖章之日起生效,未尽事宜双方经协商一致,可以签署补充协议另行约定”的约定,该协议于 2019 年 11 月 22 日已生效。本案事实表明,珍珠公司于 2019 年 11 月 25 日成立。珍珠公司与百建公司于 2019 年 11 月 22 日签订转让协议 2,此时珍珠公司为设立中公司,尚未取得法人资格。根据最高人民法院《关于适用〈中华人民共和国公司法〉若干问题的规定(三)》第 3 条第 1 款“发起人以设立中公司名义对外签订合同,公司成立后合同相对人请求公司承担合同责任的,人民法院应予支持”的规定,设立中的公司与正式成立后的公司系同一人格,发起人为了公司利益而以设立中公司名义签订的合同,权利义务归属于设立中公司,公司成立后当然继承合同的权利义务。因此,新东运公司上诉主张珍珠公司签订案涉协议时不具备民事行为能力,故转让协议 2 无效的理由不成立。综上,百建公司与珍珠公司签订的转让协议 2 系各方当事人的真实意思表示,不违反法律、法规的强制性规定,应为合法有效。

3. 关于争议焦点三,百建公司与新东运公司、中建公司签订的转让协议 1 应否继续履行

案涉两份转让协议约定,水泥产能指标的转让除了要提供转让所需的相关生产线项目接收批文等相关材料外,需经转出地、转入地行政部门进行审批。内蒙古自治区工业和信息化厅于 2020 年 1 月 8 日对珍珠公司与百建公司之间的产能置换进行了公示,于 2020 年 1 月 15 日对珍珠公司与百建公司之间的产能

置换进行了公告，来宾市兴宾区人民政府于 2019 年 11 月 29 日出具《关于请求帮助向自治区工信厅申请同意给予广西桂民投珍珠水泥有限公司出具接收跨省水泥熟料产能指标函件的函》，来宾市工业和信息化局于 2019 年 12 月 2 日出具《关于支持广西桂民投珍珠水泥有限公司异地购买水泥熟料产能指标及跨省进入我市的请示》，证实珍珠公司已经先行办理所有权转移登记手续。在新东运公司未能提交证据推翻内蒙古自治区工业和信息化厅作出的公示公告的法律效力，也未提交证据证实珍珠公司与百建公司恶意串通签订、履行合同的情形下，百建公司事实上已无法继续履行其与新东运公司约定的合同义务。根据《合同法》（已失效）第 110 条第 1 项“当事人一方不履行非金钱债务或者履行非金钱债务不符合约定的，对方可以要求履行，但有下列情形之一的除外：（一）法律上或者事实上不能履行”的规定，一审判决驳回新东运公司提出百建公司继续履行转让协议 1 的诉讼请求，具有事实和法律依据。

【判决结果】

一审法院判决驳回新东运公司的诉讼请求。

二审法院驳回新东运公司的上诉请求，维持原判。

【律师评析】

该案主要涉及的两个问题为产能置换协议效力问题及产能置换协议的履行问题。

关于产能置换协议效力问题，目前我国法律并无明文规定产能置换协议以办理行政审批手续为生效条件。因此，关于产能置换协议的效力问题更应当遵循平等民事主体意思自治，即签署的产能置换协议系当事人真实意思表达即发生法律效力。

关于产能置换协议的履行问题，由于产能指标本质上属于一种特殊的行政许可，在遵循民法意思自治的前提下，同时应当考虑国家宏观调控限制，即产能指标的转让处理除提供转让所需相关建设项目接收批文等相关文件外，还应考虑是否完成转出地、转入地行政部门审批等问题。以该案为例，同一产能指标多次出让情况下，在优先完成审批流程的合同相对方完成相关手续后，另一合同已经陷入履行不能，未完成审批流程的合同相对方请求履行产能置换协议无法被支持。

二、泸西县昌盛煤业有限公司与梁某松合同纠纷案[①]

【案件基本信息】

原告:梁某松

被告:昌盛煤业

【基本案情】

2018年,昌盛煤业负责人与案外人钱老三协商一致,由钱老三为昌盛煤业小凹子煤矿代购煤矿产能,产能达标后,昌盛煤业将煤矿资产、经营权等转让给钱老三和梁某松。

钱老三从其他煤矿企业为昌盛煤业代购煤矿产能26万吨,该产能的置换资金4200万元全部由梁某松垫付。

完成煤矿产能代购后,因产能置换事宜产生纠纷。泸西县人民政府为解决该纠纷,于2019年1月31日上午9时召集相关行政管理部门、纠纷各方当事人在泸西县煤炭局五楼会议室召开会议,专题研究解决该煤矿产能置换纠纷,并形成《会议纪要》。会议决定:(1)钱老三代购的昌盛煤业小凹子煤矿26万吨煤矿产能置换交易金额为4200万元。(2)煤矿产能置换手续及税务手续办理完成后,由昌盛煤业15日内将4200万元打入泸西县煤炭工业管理局对公账户(账号:24×××70,开户行:中国农业银行泸西县支行),由泸西县煤炭工业管理局代为支付。(3)26万吨煤炭产能涉及的税款,从圭山煤矿购买的产能税款由圭山煤矿缴纳,剩余未缴纳部分由昌盛煤业负责缴纳……(6)梁某松作为钱老三代购昌盛煤业小凹子煤矿26万吨产能置换垫资人,钱老三同意将昌盛煤业打到泸西县煤炭工业管理局对公账户的4200万元,待产能置换手续办理完毕后由泸西县煤炭工业管理局直接支付给梁某松。

会议召开后,煤矿产能置换手续及税务手续已经办理完成。

昌盛煤业也按照会议纪要的约定向梁某松支付4000万元,剩余200万

---

① 泸西县昌盛煤业有限公司(以下简称昌盛煤业)与梁某松合同纠纷案件,案号:(2020)云25民终1778号。

元产能置换资金未支付，梁某松将昌盛煤业诉至法院。

【案件焦点】

梁某松是否有权要求昌盛煤业直接支付置换资金。

【法院裁判要旨】

法院认为，本案一审法院判决的依据《会议纪要》是泸西县人民政府为解决煤矿行业整合过程中产能置换问题，对昌盛煤业与钱老三之间代购煤矿产能纠纷进行处理，召集相关行政管理部门、各方当事人参加协调会后作出的一份文件，该会议纪要虽然明确了昌盛煤业、钱老三及梁某松之间对煤矿产能置换金额、支付方式等各方的权利义务关系，且昌盛煤业已经按照《会议纪要》的约定支付了代购煤矿产能4200万元中的4000万元，已支付的4000万元已经由泸西县人民政府的相关职能部门按照《会议纪要》第6条的约定支付给梁某松担任法定代表人的泸西县旺达商贸有限公司，但因《会议纪要》是泸西县人民政府依照国家相关政策对煤矿行业整合过程中相关事务的协商结果，由此引发的纠纷，应由人民政府随着整合进度予以解决，人民法院以民事案件受案处理不当，应当由政府按照相关政策进行处理。一审将本案作为民事案件进行实体判处不当，二审予以纠正。

【判决结果】

一审法院判决昌盛煤业向梁某松支付产能置换垫资款200万元。

二审法院裁定撤销一审判决，驳回梁某松的起诉。

【律师评析】

该案一审法院认为泸西县人民政府协调会形成的《会议纪要》是各方当事人真实意思表示，具有合同性质及效力，按照民事纠纷最终判决昌盛煤业向梁某松支付产能置换垫资款。但二审法院则认为《会议纪要》是泸西县人民政府依照国家相关政策对煤矿行业整合过程中相关事务的协商结果，由此引发的纠纷，应由人民政府随着整合进度予以解决，人民法院以民事案件受案处理不当，应当由政府按照相关政策进行处理，一审将该案作为民事案件进行实体判处不当，因此，裁定驳回梁某松的起诉。该案提示我们，在通过政府部门形成会议纪要后，可由当事人另行签订与会议纪要内容相匹配的协议，以争取将会议纪要的内容通过民事合同予以固定。

第四节　产能置换纠纷风险防控建议

回望我国钢铁、水泥等高耗能、高碳行业数百年历史，每一个阶段都有其明显的特征，每一个时代的关键词均见证着时代的发展，也深刻影响着后来的行业格局。如今，在全面推进生态文明建设大背景下，青山绿水需要各个产业共同守护。高耗能、高碳行业要实现绿色高质量发展，就需要全面推进产业升级，提升生产技术水平，进而降低整体能耗和污染物排放，在这个过程中产能置换无疑是焦点问题之一。

一、加强产能置换准备工作

产能置换由于其程序的复杂性及涉及金额较大等特点，相关企业在准备实施产能置换前，应当做好规划和先前准备工作。

具体而言，对于转让方企业和受让方企业的共性问题，均应解读国家关于产能置换的各项宏观政策，提前了解转让地、转入地行政主管关于产能置换的各项审批流程及要求，以便顺利完成整个产能置换流程，保障程序正当。

除了解国家政策及行政流程外，还需对转让方企业及受让方企业进行法律、财务等全方位的尽职调查，包括但不限于转让方企业或受让方企业的主体及历史沿革、业务经营、资产负债、重大合同、重大诉讼、劳动用工等人、财、物方面的全盘核查。但关注的侧重点应当有所不同，对于转让方企业而言，重点关注的是受让方企业的资金实力、资信情况、履约能力、项目管理运营能力，以保障产能置换协议能够顺利履行，产能指标转出后能够顺利回款。对于受让方企业而言，更应关注出让方所转出的产能指标是否真实，是否存在产能指标多次出让等情况，以确保产能指标合法且能够转让。

除此之外，对于转让方企业而言还应当对产能指标转让后员工安置等问题作出准备工作，完善各项准备措施，为产能置换创造有利条件。

二、优化置换协议管理

在完成前期准备后，产能置换协议内容的设置显得尤为重要。企业在签订置换协议前，应当认真调研，避免与国家、行业政策相违背。

在产能置换协议内容的设置上，应当参考尽职调查结果，作出更有利于己方的安排。对于转让方企业而言，如果发现受让方企业在资金实力方面存在瑕疵，可考虑通过引入第三方担保方式增加受让方企业的履约能力。对于受让方企业而言，为防止转让方就同一产能指标多次转让，可以在违约责任部分增加对应条款，通过高额违约金尽量震慑转让方。

资金支付方式方面应当尽量考虑分期付款，即受让方企业先向转让方企业支付一定比例的预付款，再参考行政审批流程分各个阶段分多笔支付进度款，在完成转让行为后由受让方支付尾款。但是即使如此设置，在转让方企业转出指标后，受让方企业仍可能逾期或拒绝支付剩余款项，此时，本书认为考虑引入第三方担保，或考虑引入第三方进行资金监管至关重要。

除此之外，企业还应当建立起完善的内部审批流程，将协议管理纳入审批流程中，确保协议的合法性、有效性和公平性。同时，企业还应当定期对协议的执行情况进行检查和评估，及时发现和纠正存在的问题，以确保协议的顺利履行，尤其是在签订协议后，及时履行相关行政审批手续，并确保应由专人负责协议管理，确保协议的效力合法有效，权利义务关系清晰，履行主体和义务明确，为后续履行及纠纷预防打下基础。

三、规范置换资金支付和使用

资金支付应严格按约定期限和金额进行，用于置换项目的资金，应实行专款专用。可以考虑引入第三方监管资金使用，防止违规挪用带来的法律风险。

在实际操作过程中，涉及置换资金支付和使用的管理流程，除了严格遵守约定期限和金额外，还应设立相关的监管机制，确保资金的专款专用，防止出现违规挪用的现象。在这个过程中，我们可以引入第三方监管机构，让这些第三方机构对置换资金的使用进行全程监督，确保置换资金按照预先设定的方案和流程进行运作。

第三方监管机构的主要职责是对置换资金的使用进行全过程的监控和管理,他们会定期对置换资金的使用情况进行审查,确保资金的使用都是按照规定的程序进行,没有出现任何违规操作。一旦发现任何违规操作,都会立即采取措施进行制止,并对违规操作的责任人进行相应的处罚。

同时,企业还可以设立相应的风险控制机制,来保障资金的安全和使用的合规。在资金的使用过程中,我们需要对资金的使用情况进行详细的记录,并设立相应的风险控制指标,一旦发现资金的使用出现异常情况,应立即采取相应的措施进行风险控制。

四、加强员工沟通和安置

重整企业应加强与员工的沟通协商,制定合理的员工安置方案,最大限度保障员工权益,防范集体劳资纠纷出现。

面对企业转型、组织架构调整时,要高度重视员工的利益和诉求,倾听并理解员工的声音,这将有助于企业顺利完成转型,同时也能增强员工的归属感。

在员工安置方面,企业可以采用灵活的安置方式,包括内部转岗、转岗到其他公司等多种形式。在制定方案时,企业需要充分考虑员工的年龄、经验、技能、需求等因素,确保员工能够在新的岗位上找到合适的发展机会。

此外,企业还需要注重与员工的沟通,确保员工了解企业的发展战略、转型计划、安置方案等信息,让员工对企业的决策有充分的了解和信任。企业应及时公开信息,积极回应员工的问题和诉求,建立起良性的沟通机制,促进员工与企业的共同发展。

为了降低集体劳资纠纷的风险,企业还应该建立完善的员工权益保障制度,确保员工在转型过程中的合法权益得到充分保护。该等保障制度包括但不限于:保证员工工资、福利待遇不受影响,为员工提供必要的培训和发展机会,以及为员工提供合理的补偿措施等。

总之,加强员工沟通和安置是企业转型和组织重构过程中必须重视的一环。企业应该积极采取措施,加强与员工的沟通协商,制定合理的员工安置方案,最大限度地保障员工的权益,防范集体劳资纠纷的出现,为企业的持续稳定发展奠定坚实的基础。

五、遵守环境影响评价相关法规

在遵守环境影响评价相关法规的基础上，企业应保持高度的法治意识，将环境保护和可持续发展作为企业发展的核心准则。在评估项目和制定战略时，企业需充分考虑环境影响因素，使其符合环保法规的要求，进而为企业创造良好的发展环境。

为把握政策走向，企业需积极了解和研究政府的环保政策，定期关注相关法律法规的更新，积极参与环保组织和交流活动，及时掌握环保政策的最新动态，并对企业的发展战略作出相应调整，以适应政策的变化。

规范开展评价工作，企业在编制环境影响报告书时，需确保资料的真实性和完整性，采用科学的技术手段和方法，从源头上降低生态环境风险。同时，企业应接受政府部门的监管和社会监督，确保项目的环保措施得到有效实施。

企业应主动参与生态环境风险的防范和应对工作，加大环保投入，完善环保设施，提高环境应急处理能力。在项目实施过程中，企业应确保环境保护设施的运行效率，并对潜在的环境风险进行预测和评估，从而降低可能导致的生态环境风险。

通过上述举措，企业能够提高自身的环保水平，在遵循法规的基础上，推动企业的可持续发展。而对于政府和社会，企业的环保表现也是衡量一个国家生态文明建设水平的重要指标。在实现经济发展与环境保护双赢的道路上，遵守环境影响评价相关法规、把握政策走向、规范开展评价工作并积极防范生态环境风险是企业义不容辞的责任。

第八章

高耗能、高碳排放企业生态环境侵权纠纷案件

李　艳　王　静　夏紫妍

本章作者：李艳，北京盈科（上海）律师事务所高级合伙人律师、法律顾问法律事务部副主任，盈科全国碳中和法律专业委员会秘书长。
王静，北京盈科（上海）律师事务所律师。
夏紫妍，北京盈科（上海）律师事务所实习生。

第一节　案件类型、案由分析及相关法律法规

一、高耗能、高碳排放企业生态环境侵权纠纷案件类型和案由综述

《法发〔2023〕5号》第11条规定："依法审理高耗能、高碳排放企业生态环境侵权纠纷案件。侵权人提出延长生态环境修复赔偿金交纳期限、分批赔偿申请，同时提供有效担保的，依法予以准许，引导企业有序开展节能降碳技术改造。侵权人按照生效裁判要求，在合理期限内履行生态环境修复义务，申请支付清洁生产改造费用折抵生态环境受到损害至修复完成期间服务功能丧失导致损失的，依法予以准许，加强绿色低碳技改抵扣赔偿损失方式的推广适用。"

党的十八大以来，我国对生态文明建设更为重视，坚守"绿水青山就是金山银山"的信念，对生态环境保护开启了系列工作。其中，检察公益诉讼制度在生态环境保护与生态文明建设方面发挥了颇为重要的作用，确保在无直接利益受损人作为原告的情况下，环境侵权类案件有人看、有人提，使受损的生态环境的日后修复有了保障。针对高耗能、高碳排放（以下简称"两高"）企业，生态环境部发布的《关于加强高耗能、高排放建设项目生态环境源头防控的指导意见》曾指出，要从源头加强引领，促进"两高"行业有序发展，严把建设项目环境准入关、严格落实"两高"项目区域削减、严格排污许可、加大监管力度，对"两高"企业可能存在的环境违法行为，如"未批先建"、环保措施未落实、无证排污、不按证排污等，给予严厉打击，讲求责任追究必须到位。长远看来，为加快对存量"两高"项目转型升级的引导及节能降碳工作的稳步推进，在监管领域，须落实产能置换，强化能耗管控及预警工作，时时关注"两高"项目整改落实情况，提高公开发布各项目完成情况的频次。而除监管外，仍需着重强调技术水平领域的同步推进发展，加强绿色低碳科学技术改革与行业转型升级的推广布局，着重关注清洁生产、节能减排、零碳负碳等技术的研发与应用，以推动绿色低碳产业发展来推动环境友好型企业的建设，从根源上对环境生态损害的源头进行防控，达

成环境保护的目的。

二、高耗能、高碳排放企业生态环境侵权纠纷涉及的具体案件类型及对应的案由

自2021年起，生态环境部专门发布《关于加强高耗能、高排放建设项目生态环境源头防控的指导意见》，我国进一步对“两高”案件加强关注。“两高”企业的无证排放、超标排放、逃避监管排放等违法排放情形，得到了严格的监督管理，同时，“两高”行业也因减碳事业的长期推进与相关工作的整体部署，如各地各部门的相关政策文件紧跟出台、“两高”类项目的审批与考核及高耗能企业市场交易电价上浮限制开放等措施，达成有力监管的同时，加快了行业内部的升级改造与低碳转型的步伐。

针对“两高”企业，因其能源消耗活动产生废气、废物排放的行为造成环境污染、生态破坏，从而引起的民事侵权责任纠纷，根据最高人民法院《民事案件案由规定》，其所对应的案由为“环境污染责任纠纷”“生态破坏责任纠纷”。

随着《法发〔2023〕5号》的颁布，我国以依法审理“两高”企业生态环境侵权纠纷案件为基础，针对此类环境侵权纠纷案件的审理，进一步强调了法院就“两高”企业对生态环境损害赔偿的承担，应当以依法保障产业结构深度调整为目标，缓解该等企业资金压力，引导企业有序开展节能降碳技术改造，即在“两高”企业符合一定的前提条件下，允许该等企业分期交纳生态环境修复赔偿金以及通过绿色技改抵扣生态环境的损失赔偿金。前者通常由于企业无法一次性付清大额环境修复赔偿金而产生相应需求，后者在允许企业通过具有长期利益性的技术改造折抵部分赔偿金减轻一定资金负担之外，还进一步体现了法院在审理案件中需扮演的“引导者”角色。根据《法发〔2023〕5号》，此二类案件中，法院审理应旨在以生态大局为本，合理引导企业进行环境修复，并加快企业自身绿色技改进度，同时合理减轻企业负担，实现“双赢”。

三、高耗能、高碳排放企业生态环境侵权纠纷案件涉及的法律法规

1.《民法典》

《民法典》作为社会生活的“百科全书”，涉及各类社会主体、各类民事行为的方方面面，其中在生态环境保护方面，无论是基本的法律原则，还是具体的法律规定均对各类民事主体提出了相应的环境保护要求。

首先，《民法典》第 9 条的“绿色原则”、第 509 条第 3 款的“合同履行原则”均规定了民事主体应当避免浪费资源、污染环境和破坏生态，该等规定也意味着对“两高”企业提出了节约资源、保护生态环境的最基本的原则性要求。

其次，针对损害生态环境的行为，《民法典》也规定了侵权人应当承担生态环境修复、损失和费用赔偿的责任，即《民法典》第 1234 条规定侵权人应当在合理期限内承担生态环境修复的责任；如果侵权人在合理期限内未修复，侵权人应当承担国家机关或者法律规定的组织自行或者委托他人进行修复所需的费用。《民法典》第 1235 条规定侵权人应当就其损害生态环境造成的损失和费用承担赔偿责任，损失和费用范围包括：生态环境受到损害至修复完成期间服务功能丧失导致的损失；生态环境功能永久性损害造成的损失；生态环境损害调查、鉴定评估等费用；清除污染、修复生态环境费用；防止损害的发生和扩大所支出的合理费用。

2.《环境保护法》

《环境保护法》是我国针对保护和改善环境，防治污染和其他公害，保障公众健康，推进生态文明建设，促进经济社会可持续发展而专门制定的法律。根据《环境保护法》第 6 条关于“企业事业单位和其他生产经营者应当防止、减少环境污染和生态破坏，对所造成的损害依法承担责任”的规定，“两高”企业因其生产经营业务的特殊性，应尤为注意防止、减少环境污染和生态破坏。并根据《环境保护法》第 40 条第 3 款之规定，“优先使用清洁能源，采用资源利用率高、污染物排放量少的工艺、设备以及废弃物综合利用技术和污染物无害化处理技术，减少污染物的产生”。

3.《节约能源法》

能源活动产生的二氧化碳排放占我国二氧化碳排放的大头。无论是从国内

实践还是从国际经验看,节能和提高能效都是减少能源活动二氧化碳排放的有效途径。为了推动全社会节约能源,提高能源利用效率,保护和改善环境,促进经济社会全面协调可持续发展,1997 年 11 月 1 日第八届全国人民代表大会常务委员会第二十八次会议审议通过我国第一部《节约能源法》,首次把节约能源放到了国家法律的高度。《节约资源法》第 4 条关于"节约资源是我国的基本国策。国家实施节约与开发并举、把节约放在首位的能源发展战略"之规定,明确了节能在我国国家政策和能源发展战略中的重要地位。

《节约能源法》第 2 条规定,能源是指煤炭、石油、天然气、生物质能和电力、热力以及其他直接或者通过加工、转换而取得有用能的各种资源。而"两高"企业正是主要消耗利用该等资源进行生产经营的企业,是应当适用本法践行节能措施的企业,也即"两高"企业应当遵守《节约能源法》,加强用能管理,采取技术上可行、经济上合理以及环境和社会可以承受的措施,降低消耗、减少损失和污染物排放、制止浪费,有效、合理地利用能源;同时,国家也采用鼓励该等企业采用高效、节能的电动机、锅炉、窑炉、风机、泵类等设备,采用热电联产、余热余压利用、洁净煤以及先进的用能监测和控制等技术;淘汰落后的耗能过高的用能产品、设备和生产工艺;执行单位产品能耗限额标准等措施,以实现节能减排的目的。

除此之外,根据《节约能源法》的规定,若"两高"企业实施违反关于固定资产投资项目节能评估和审查制度;生产、进口、销售不符合强制性能源效率标准的用能产品、设备;使用国家明令淘汰的用能设备或者生产工艺;超过单位产品能耗限额标准用能等行为,将承担限期改造、治理,行政罚款,甚至停业整顿或关闭的行政法律责任。

4.《循环经济促进法》

《循环经济促进法》是为了促进循环经济发展,提高资源利用效率,保护和改善环境,实现可持续发展而制定的法律。《循环经济促进法》从法律上确定了发展循环经济的目的、定义、基本方针、遵循原则、基本管理制度、激励约束措施等,是我国第一部以提高资源利用效率为主要目的,以减量化、再利用、资源化为基本原则和实现路径,促进循环经济发展的法律。

根据《循环经济促进法》第 2 条的规定,循环经济是指在生产、流通和消费等过程中进行的减量化、再利用、资源化活动的总称。减量化是指减少资源消耗和废物产生；再利用是指将废物作为产品或者加以处理后再作为产品使用；资源化是指将废物直接作为原料进行利用或者对废物进行再生利用。其中，针对“两高”企业，进行减量化活动，也即在生产、流通和消费等过程中减少资源消耗和废物产生，是其贯彻发展循环经济这一国家经济社会发展重大战略的应有之义。

5. 最高人民法院《关于审理生态环境侵权责任纠纷案件适用法律若干问题的解释》

党的十八大以来，以习近平同志为核心的党中央把生态文明建设作为关系中华民族永续发展的根本大计，开展了一系列开创性工作，生态文明建设从理论到实践都发生了历史性、转折性、全局性变化，美丽中国建设迈出重要步伐。2023 年 6 月 28 日，第十四届全国人民代表大会常务委员会第三次会议通过《关于设立全国生态日的决定》，将 8 月 15 日设立为全国生态日，对于更好学习宣传贯彻习近平生态文明思想，以“钉钉子精神”推动生态文明建设不断取得新成效，具有重要意义。

为贯彻落实全国人民代表大会常务委员会决定精神，向全社会展示人民法院贯彻落实习近平生态文明思想、服务保障生态文明建设的生动实践和工作成绩，最高人民法院在 2023 年 8 月 14 日发布了《关于审理生态环境侵权责任纠纷案件适用法律若干问题的解释》《关于生态环境侵权民事诉讼证据的若干规定》两部生态环境保护方面的重要司法解释，进一步健全完善生态环境审判法律适用规则体系，推动生态环境审判工作高质量发展。

《关于审理生态环境侵权责任纠纷案件适用法律若干问题的解释》共 29 条，主要规定生态环境侵权案件范围、归责原则、数人侵权、责任主体、责任承担、诉讼时效等内容。

根据《民法典》侵权责任编环境污染和生态破坏责任章的规定，结合最高人民法院《民事案件案由规定》，本解释所规定的生态环境侵权案件，仅指私益侵权，具体包括环境污染责任纠纷案件和生态破坏责任纠纷案件。与一般侵权不同，生态环境侵权在归责原则、因果关系证明等方面具有特殊性，所适用的法律规则亦有不同。根据本解释第 4 条规定，行为人污染环境、破坏生态造成他人损害的，承担无过错侵权责任。行为人以外的其他责任人承担过错侵权责任。根据本解释第 18 条、第 19 条、第 20 条规定，因第三人过错造成污染环境、破坏生态的,按照以下规则确定责任:即便第三人对损害发生有过错,侵权人仍应当承担全部侵权责任;侵权人不得以第三人的过错为由主张减轻或免除责任。若侵权人无过错的,其在承担全部责任后有权向有过错的第三人追偿;若侵权人对损害发生也有过错的,其在承担全部责任后,有权就超出的责任份额向第三人追偿。

6. 最高人民法院《关于审理环境民事公益诉讼案件适用法律若干问题的解释》

由于大气、水等环境因素所具有的公共产品属性以及缺乏传统法意义上的直接受害人,导致这些污染环境、破坏生态行为超出了普通民事诉讼所能救济的范围。为应对这一挑战,《民事诉讼法》和《环境保护法》相继规定了民事公益诉讼制度,但由于相应的法律规定比较原则,对于起诉条件、管辖、责任类型以及诉讼费用负担等方面更是没有涉及,导致环境民事公益诉讼屡屡被挡在司法救济大门之外。为解决实践中制约环境民事公益诉讼开展的突出问题,规范审理程序,充分发挥环境民事公益诉讼制度的功能,最高人民法院《关于审理环境民事公益诉讼案件适用法律若干问题的解释》在 2014 年 12 月 8 日由最高人民法院审判委员会第 1631 次会议通过,根据 2020 年 12 月 23 日最高人民法院审判委员会第 1823 次会议通过的最高人民法院《关于修改〈最高人民法院关于人民法院民事调解工作若干问题的规定〉等十九件民事诉讼类司法解释的决定》修正。

该解释共 35 条,主要对环境民事公益诉讼案件中部分程序性问题进一步作出解释规定,除环境公益诉讼的原告主体资格这一核心问题外,民事责任承担方式、赔偿范围的相关内容因涉及侵权人的经济成本负担、社会声誉等,也是“两高”企业重点关注的内容。

关于民事责任承担方式,该解释第 18 条规定:“对污染环境、破坏生态,已经损害社会公共利益或者具有损害社会公共利益重大风险的行为,原告可以请求被告承担停止侵害、排除妨碍、消除危险、修复生态环境、赔偿损失、赔礼道歉等民事责任”。就修复生态环境而言,该解释第 20 条规定:“原告请求修复生态环境的,人民法院可以依法判决被告将生态环境修复到损害发生之前的状态和功能。无法完全修复的,可以准许采用替代性修复方式。人民法院可以在判决被告修复生态环境的同时,确定被告不履行修复义务时应承担的生态环境修复费用;也可以直接判决被告承担生态环境修复费用。生态环境修复费用包括制定、实施修复方案的费用，修复期间的监测、监管费用，以及修复完成后的验收费用、修复效果后评估费用等。”

关于赔偿范围，根据该解释第 19 条、第 21 条、第 22 条规定，包括原告为停止侵害、排除妨碍、消除危险采取合理预防、处置措施而发生的费用；生态环境受到损害至修复完成期间服务功能丧失导致的损失、生态环境功能永久性损害造成的损失；生态环境损害调查、鉴定评估等费用；清除污染以及防止损害的发生和扩大所支出的合理费用；合理的律师费以及为诉讼支出的其他合理费用等。

7. 最高人民法院《关于审理生态环境损害赔偿案件的若干规定（试行）》

生态环境损害赔偿制度是生态文明制度体系的重要组成部分。2015 年 4 月，《关于加快推进生态文明建设的意见》第 24 条提出要“健全生态保护补偿机制。科学界定生态保护者与受益者权利义务，加快形成生态损害者赔偿、受益者付费、保护者得到合理补偿的运行机制”。2015 年 9 月，《生态文明体制改革总体方案》第 39 条再次提出了“严格实行生态环境损害赔偿制度。强化生产者环境保护法律责任，大幅提高违法成本。健全环境损害赔偿方面的法律制度、评估方法和实施机制，对违反环保法律法规的，依法严惩重罚；对造成生态环境损害的，以损害程度等因素依法确定赔偿额度；对造成严重后果的，依法追究刑事责任”。2015 年 12 月，中共中央办公厅、国务院办公厅印发的《生态环境损害赔偿制度改革试点方案》，对生态环境损害赔偿制度改革作了全面安排部署，提出通过试点逐步明确生态环境损害赔偿范围、责任主体、索赔主体和损害赔偿解决途径，形成相应的鉴定评估管理与技术体系、资金保障及运行机制，探索建立生态环境损害的修复和赔偿制度。2017 年 12 月，中共中央办公厅、国务院办公厅印发的《生态环境损害赔偿制度改革方案》，决定自 2018 年 1 月 1 日起在全国试行生态环境损害赔偿制度，并要求到 2020 年，力争在全国范围内初步构建责任明确、途径畅通、技术规范、保障有力、赔偿到位、修复有效的生态环境损害赔偿制度；提出最高人民法院负责指导有关生态环境损害赔偿的审判工作，各地人民法院要探索完善赔偿诉讼规则。据此，最高人民法院《关于审理生态环境损害赔偿案件的若干规定（试行）》孕育而生，并由最高人民法院于 2019 年 6 月 5 日环境日当天施行。

最高人民法院《关于审理生态环境损害赔偿案件的若干规定（试行）》共 23 条，主要在以下几个方面作了规定：生态环境损害赔偿诉讼案件的受理条件、审理规则、损害赔偿责任体系、生态环境损害赔偿诉讼与环境民事公益诉讼的衔接规则、生态环境损害赔偿协议的司法确认规则、生态环境损害赔偿案件裁判的强制执行。

其中,生态环境损害赔偿责任体系中,该规定首次将“修复生态环境”作为生态环境损害赔偿责任方式,突出修复生态环境和赔偿生态环境服务功能损失在损害赔偿责任体系中的重要作用,明确了责任范围,根据生态环境是否能够修复对损害赔偿责任范围予以分类规定,明确生态环境能够修复时应当承担修复责任并赔偿生态环境服务功能损失,生态环境不能修复时应当赔偿生态环境功能永久性损害造成的损失,并明确将“修复效果后评估费用”纳入修复费用范围。该等规定对需承担生效裁判确定的生态环境修复责任的“两高”企业而言,具有重要意义。

8.《生态环境损害赔偿管理规定》

自 2017 年 12 月,中共中央办公厅、国务院办公厅印发《生态环境损害赔偿制度改革方案》决定自 2018 年 1 月 1 日起在全国试行生态环境损害赔偿制度以来,我国已初步构建起责任明确、途径畅通、技术规范、保障有力、赔偿到位、修复有效的生态环境损害赔偿制度。但针对生态环境损害赔偿实践工作中仍然存在一些影响制度深化和实施落地的重大问题,生态环境部联合最高人民法院、最高人民检察院、科学技术部、公安部、司法部、财政部、自然资源部、住房和城乡建设部、水利部、农业农村部、国家卫生健康委员会、国家市场监督管理总局、国家林业和草原局于 2022 年 4 月 26 日共同发布并实施《生态环境损害赔偿管理规定》。

该规定在生态环境损害赔偿制度方面,明确了各部门职责分工、压实地方党委和政府责任、规范赔偿工作程序;明确了生态环境损害赔偿范围、生态环境损害修复标准。

9.《关于推进生态环境损害赔偿制度改革若干具体问题的意见》

为推动《生态环境损害赔偿制度改革方案》落地见效,根据《生态环境损害赔偿制度改革方案》关于中央和国家有关部门负责指导有关业务工作的相关规定,2020 年 8 月 31 日,生态环境部会同最高人民法院、最高人民检察院、司法部、财政部、自然资源部、住房和城乡建设部、水利部、农业农村部、国家卫生健康委员会、国家林业和草原局等中央和国家机关联合印发了《关于推进生态环境损害赔偿制度改革若干具体问题的意见》。

2018 年 1 月 1 日以来，生态环境损害赔偿制度在全国试行，并取得了阶段性成果。为了解决实践中存在的案件线索排查难、损害调查启动慢、赔偿磋商效率低、鉴定评估成本高等问题，生态环境部会同最高人民法院、最高人民检察院及司法部等相关部委进行认真研究，咨询了相关领域专家学者的意见，专门赴地方开展调研，与有关一线工作人员进行座谈，经过反复修改完善，形成了目前的《关于推进生态环境损害赔偿制度改革若干具体问题的意见》。

《关于推进生态环境损害赔偿制度改革若干具体问题的意见》共 18 条，涵盖了具体负责工作的部门或机构、案件线索、索赔启动、损害调查、鉴定评估、赔偿磋商、司法确认、鼓励赔偿义务人积极担责、与公益诉讼的衔接、环境修复、资金管理、修复效果评估、公众参与、责任落实、经费保障、信息共享、奖惩规定以及业务指导等方面，并提出了具体的指导性意见。《关于推进生态环境损害赔偿制度改革若干具体问题的意见》将地方行之有效的改革经验进行了提炼，形成了可以推广的经验和规范，有助于细化行政机关开展索赔的规则，地方开展的生态环境损害赔偿改革工作也更具有可操作性。

第二节　相关企业面临的主要法律风险

高耗能、高碳排放企业生态环境侵权纠纷案件中，企业本身会面临一定的法律风险。除吊销营业执照等行政处罚外，人民法院应当根据被侵权人的诉讼请求以及具体案情，合理判定污染者承担停止侵害、排除妨碍、消除危险、恢复原状、赔礼道歉、赔偿损失等民事责任。在本章所讨论的两类案件——企业生态环境修复赔偿金交纳类案件、绿色技改赔偿抵扣类案件中，围绕赔偿金展开的交纳与抵扣申请，是企业可活动的重点，亦是风险分析的重点，主要法律风险有以下几个方面。

一、未获分期赔偿或延长赔偿准许，需一次性交纳生态环境侵权赔偿金

《法发〔2023〕5号》第11条规定："依法审理高耗能、高碳排放企业生态环境侵权纠纷案件。侵权人提出延长生态环境修复赔偿金交纳期限、分批赔偿申请，同时提供有效担保的，依法予以准许……"因环境类纠纷案件具有特殊性，被告并非仅损害了特定个体的利益，而是破坏了周遭生态环境系统，往往需要面对难以承担的巨额赔偿金。基于赔偿金数额较大通常难以一次性付清，国家提供上述方式给予企业一定时间宽裕，帮助企业减轻压力。

通常情况下，赔偿义务人可在法院审理过程中直接提出分期、延期交纳赔偿金的诉求。此外，在由赔偿权利人指定的相关部门机构调查结束并告知同级检察机关后，将会形成生态环境损害赔偿磋商告知书，送达赔偿义务人。此时，企业若有意向申请赔偿金的分期或延期交纳，需在原定的交纳期限内向相关部门机构或直接在后续与法院的司法确认过程中提交书面申请，申请中需阐明申请分期或延期的理由以及有效担保，理由如责任人主观过错程度、企业经营状况、赔偿能力等导致无法一次性清偿的影响因素，有效担保如财产抵押质押、第三人担保、保险公司担保或银行担保。

若企业不积极申请或未提供有效担保导致申请未成功，则需担负一次性清偿责任，将自身陷于极端财务压力之中，期限届满时未履行或未完全履行完毕，经过赔偿权利人及其指定部门机构向法院的申请，将被依法列入失信被执行人名单。

二、不适用绿色技改抵扣，需全额交纳生态环境侵权赔偿金

《法发〔2023〕5号》第11条规定，依法审理高耗能、高碳排放企业生态环境侵权纠纷案件……侵权人按照生效裁判要求，在合理期限内履行生态环境修复义务，申请支付清洁生产改造费用折抵生态环境受到损害至修复完成期间服务功能丧失导致损失的，依法予以准许，加强绿色低碳技改抵扣赔偿损失方式的推广适用。

据此，企业可通过申请技改费用抵扣赔偿金的方式，减少赔偿金交纳额度，但需关注法院对于抵扣条件的明确要求，并出示相关报告，申请所需的报告通常为技术改造效果评估意见和具有法定资质的中介机构出具的技术改造投入资金审计报告。抵扣的幅度方面，可以综合考虑环境侵权行为人违法性及环境损害后果的严重程度、技术改造的难易程度及示范效应等，原则上不超过其应承担的赔偿责任的50%。

2014年，江苏省高级人民法院在泰州市环保联合会与常隆公司、锦汇公司等环境污染责任纠纷案的二审判决[①]中积极运用了企业技改资金抵扣环境损害赔偿金的方式，但抵扣条件极其严苛，需出示相关评估证明以证实技改已达到真正实现明显降低环境风险的效果，且技改时间期限为一年之内，即若企业未在合理期限内履行生态环境修复义务、无法出具相关评估报告，或清洁生产改造效果和费用不能达到技改抵扣的标准，则不能成功申请绿色技改抵扣赔偿损失。

届时，若企业自身存在技术障碍致使技改无法在规定期限内完成，不仅会在技术改造上进行大量耗资，造成双重财务负担，技改期限届满后仍需面对未履行到位的法院判决，对企业名誉产生负面影响。

---

① 泰州市环保联合会与江苏常隆农化有限公司、泰兴锦汇化工有限公司等环境污染责任纠纷案，江苏省高级人民法院民事判决书，(2014)苏环公民终字第00001号。

第三节　高耗能、高碳排放企业生态环境侵权纠纷案例评析

一、濮阳市人民政府与聊城德丰化工有限公司生态环境损害赔偿纠纷案①

聊城德丰化工有限公司(以下简称德丰公司)作为化工生产企业,其采用补贴销售的方法将危险废物交给无处置资质的人员非法运输和处置,造成回木沟及金堤河严重污染,农作物大量死亡,生态环境遭受严重损害,应当承担生态环境损害赔偿责任。法院运用创新判决方式,判令由被告参与生态环境治理、技术改造、购买环境责任保险的费用在一定额度内折抵赔偿费用。案号:(2020)豫民终1217号。

【案件基本信息】

原告:濮阳市人民政府

被告:德丰公司

【基本案情】

被告德丰公司是生产三氯乙酰氯的化工企业,副产酸为盐酸。2017年12月至2018年3月,吴某勋、翟某花预谋后,租用白某廷的搅拌站,由吴某勋与徐某华、徐某超(均另案处理)联系,让李某兵驾驶豫ND1017危险品罐车,从德丰公司运输酸液到濮阳县庆祖镇大桑树村白某廷搅拌站共27车,每车装载约13吨。吴某勋、翟某花、白某廷、李某兵将4车废酸液直接排放到濮阳县回木沟,又将23车废酸液存放到白某廷搅拌站内的玻璃钢罐内,白某廷将其中6车废酸液与石沫进行搅拌中和后作为修路材料出售,吴某勋、翟某花、白某廷、李某兵将剩余17车废酸液排放到回木沟,致使回木沟

① 濮阳市人民政府与聊城德丰化工有限公司生态环境损害赔偿纠纷案,河南省高级人民法院民事判决书,(2020)豫民终1217号。

及金堤河岳辛庄段严重污染。濮阳县环境保护局委托濮阳天地人环保科技股份有限公司(以下简称天地公司)进行应急处置,应急处置费用1,389,000元。2019年11月9日,濮阳市人民政府与河南乾坤检测技术有限公司(以下简称乾坤公司)签订《技术咨询合同》,委托乾坤公司对"关于被告人吴某勋等四人污染环境一案"涉及的回木沟和金堤河损害进行价值评估,支付评估费80,000元。该公司出具涉"关于被告人吴某勋等四人污染环境一案"回木沟和金堤河损害价值评估报告确定回木沟和金堤河环境损害价值量化数额为4,047,394元。原告濮阳市人民政府先后于2020年1月8日、1月15日两次召开会议,与德丰公司就生态环境损害赔偿进行磋商,未达成一致意见。遂提起诉讼,请求法院判令德丰公司赔偿应急处置费用1,389,000元、环境损害赔偿费用4,047,394元、评估费用80,000元,共计5,516,394元。

【案件焦点】

濮阳市人民政府主张的应急处置费、环境损害费、评估费是否有事实和法律依据,确定的数额是否适当。

【法院裁判要旨】

本案的应急处置费,系案发后濮阳市人民政府为紧急处置生态损害险情,由濮阳县环境保护局委托天地人公司对污染水体进行无害化应急处置。天地人公司出具的濮阳市金堤河子岸段河水污染应急处置决算报告书,证实该公司接受濮阳县环境保护局委托,开展应急处置工作的过程及花费,天地人公司开具的河南增值税普通发票2张,显示购买方为濮阳县环境保护局,金额共计1,389,000元。根据最高人民法院《关于审理生态环境损害案件的若干规定(试行)》第19条规定,该费用实际支出人濮阳县环境保护局未提起诉讼的情况下,濮阳市人民政府要求德丰公司支付该项费用的诉讼请求应予支持。

本案的评估费,系濮阳市人民政府为开展生态环境损害磋商及诉讼,委托乾坤公司对案涉生态环境损害进行价值评估支出的费用。《技术咨询合同》及乾坤公司开具的河南增值税普通发票1张,证实本案评估费用为80,000元。

本案的环境损害费问题。乾坤公司对案涉生态环境损害出具了涉"关于被告人吴某勋等四人污染环境一案"回木沟和金堤河损害价值评估报告,该评估报告载明案涉的地表水环境不能通过修复或恢复工程完全恢复,采用虚拟治理成本法评估的系环境的永久性损害，不包括应急处置费用，确定回木沟和金堤河环境损害价值量化数额为4，047，394元。

综上所述，德丰公司作为长期从事化工产品生产企业，明知其生产过程中产生的副产酸具有高度危险性，不当处置极易造成环境污染，应对此尽高度审慎注意义务，转移过程应当办理报批，接受生态环境部门的监管，并按照国家法律、法规交由有处理资质的机构进行处置，避免对生态环境造成损害或者形成生态环境损害的重大风险。《环境保护法》第5条规定了保护优先、预防为主、综合治理、公众参与、损害担责的环境保护原则。生态环境损害纠纷应当注重采取有利于防治污染的司法政策，实现修复环境、预防污染的立法意图，使环境保护同经济建设、社会发展相协调，促进经济社会的可持续发展，满足人民群众对美好生态环境的需求。目前，化工企业产生大量副产危险化学品，这些副产危险化学品无序流转，造成了极高的环境污染风险，需要采取预防措施以避免污染再次发生。鉴于本案损害价值评估采用虚拟治理成本法，若德丰公司能够积极参与濮阳市域内生态环境治理，并汲取教训实施副产酸的循环利用、无害化处理，加大科技投入和技术改造，实现副产酸减量化、再利用和资源化，从源头预防副产酸污染环境，亦符合生态文明建设的最终要求，酌定该公司参与生态环境治理、技术改造、购买环境责任保险等事项的投入费用，可在本案环境损害费一定额度内按比例折抵。

【判决结果】

一审法院判决：

1. 德丰公司于本判决生效后30日内赔偿濮阳市人民政府应急处置费1，389，000元、评估费80，000元。

2. 德丰公司赔偿濮阳市人民政府环境损害赔偿费4，047，394元，于本判决生效后30日内支付该项费用的50%，即2，023，697元。

3. 本判决书生效之日起一年内，德丰公司为回木沟及金堤河流域生态环境污染预防之目的，征得濮阳市人民政府同意后，积极参与相关水域生态环境治理工程，其支出的费用经第三方机构审计后报濮阳市中级人民法院核准，可申请抵扣本判决第2项剩余的环境损害赔偿费2，023，697元，最高抵扣不超过该额度的50%。

4. 本判决书生效之日起一年内，德丰公司通过技术改造对生产过程中产生的副产酸进行降产、无害化处理，经第三方评估明显降低环境风险，且一年内没有因环境违法行为受到处罚的，其用于技术改造的费用可以凭山东省聊城市环保行政主管部门出具的企业环境守法情况证明、项目竣工环保验收意见和具有法定资质的中介机构出具的技术改造投入资金审计报告，向濮阳市中级人民法院申请抵扣本判决第2项剩余的环境损害赔偿费2,023,697元，最高抵扣不超过该额度的40%。

5. 本判决书生效之日起一年内，德丰公司用于购买环境污染责任险的保险费可向濮阳市中级人民法院申请抵扣本判决第2项剩余的环境损害赔偿费2,023,697元，最高抵扣不超过该额度的10%。

6. 本判决书生效届满一年时，上述第3项至第5项未能抵扣的环境损害赔偿费，德丰公司仍需履行，于届满之日起30日内支付。

7. 责令德丰公司在本判决生效后，建章立制，规范副产品销售及无害化处置，本判决书生效之日起一年内，每6个月向山东省聊城市环保行政主管部门报告其上述事项，并将报告事项报濮阳市中级人民法院备案审查，如不报告、备案，上述第3项至第5项费用将不予抵扣。

二审法院判决：驳回上诉，维持原判。

【律师评析】

该案系河南省首例由市地级人民政府作为原告提起的生态环境损害案件，德丰公司并非污染环境行为的直接实施者，但其将副产酸交由没有处置资质的主体非法处置，放任副产酸被非法处置严重污染环境的行为，与生态环境损害后果之间具有因果关系。法院基于保护优先、预防为主、综合治理、公众参与、损害担责的环境保护原则，遵循实现修复环境、预防污染的立法目的，判决德丰公司在限期内，通过技术改造对生产过程中产生的副产酸进行降产、无害化处理的，其用于技术改造的费用可以抵扣部分环境损害赔偿费。该判决深度践行了《法发〔2023〕5号》第11条关于“引导企业有序开展节能降碳技术改造。鼓励侵权人履行生态环境修复义务，加强绿色低碳技改抵扣赔偿损失方式的推广适用”的理念与意见。

该案的创新裁判方式，也引导了污染企业参与生态环境保护与治理，实现了法律效果、社会效果和政治效果的有机统一，为同类案件的审理树立了标杆，对破解“企业污染、百姓受害、政府埋单”难题具有重大的意义。

二、北京市朝阳区自然之友环境研究所与江苏大吉发电有限公司大气污染民事公益诉讼案[①]

江苏大吉发电有限公司(以下简称大吉公司)作为生活垃圾焚烧发电企业,应按照国家规定,自2016年1月1日起执行更为严格的新排放标准,但由于未及时开展焚烧炉技术改造工作,导致二氧化硫、氮氧化物、颗粒物等大气污染物一直不能实现达标排放,损害环境公共利益,应当承担侵权责任,且其因违反强制性排放标准未完成技术改造升级造成环境损害,故对其请求以停产技改、整体搬迁费用抵扣应予赔偿生态修复费用的主张未获法院支持。案号:(2020)苏民终158号。

【案件基本信息】

原告:北京市朝阳区自然之友环境研究所

被告:大吉公司

【基本案情】

本案中,大吉公司系盐城市区唯一的生活垃圾焚烧发电企业。按照国家规定,该公司垃圾焚烧发电项目自2016年1月1日起应执行更为严格的新排放标准,由于未及时开展焚烧炉技术改造工作,导致二氧化硫、氮氧化物、颗粒物等大气污染物一直不能实现达标排放。环保监管行政机关鉴于公司生产经营业务涉及重大社会公共利益,多次对其处以罚款的行政处罚,未实施停产整治等强制措施。北京市朝阳区自然之友环境研究所以该公司为被告,提起民事公益诉讼。请求法院判令:(1)大吉公司立即停止污染物超标排放给大气环境造成的侵害,并消除该行为给大气环境所造成的危险;(2)大吉公司支付自2017年1月19日起至其消除对大气环境造成危险并稳定达标排放期间因向大气排放污染物所产生的大气环境治理费用,用于大气环境保护,具体金额以环境损害评估意见为准;(3)大吉公司在国家级公开媒体向社会公众公开赔礼道歉;(4)本案诉讼费、律师费、鉴定费、专家

---

① 北京市朝阳区自然之友环境研究所与江苏大吉发电有限公司大气污染民事公益诉讼案,江苏省高级人民法院民事判决书,(2020)苏民终158号。

费等由大吉公司承担。

【案件焦点】

1. 是否存在致使大吉公司不能及时技术改造的客观原因，该原因能否产生减轻或免除大吉公司民事责任的法律后果。

2. 大吉公司停产技改、整体搬迁费用能否抵扣其应予赔偿的生态修复费用。

【法院裁判要旨】

1. 关于是否存在致使大吉公司不能及时技术改造的客观原因，该原因能否产生减轻或免除大吉公司民事责任的法律后果问题

法院认为，大吉公司提出减轻或者免除污染环境民事责任的诉讼主张，理由是其对超标排放主观上无过错，造成超标排放导致环境污染后果是由政府实施搬迁迟缓、未及时批准技改等第三人原因造成的，该理由并不成立：

第一，根据2015年《关于审理环境侵权责任纠纷案件适用法律若干问题的解释》第5条第3款“污染者以第三人的过错污染环境造成损害为由主张不承担责任或者减轻责任的，人民法院不予支持”的规定，是否存在政府未及时履职及其与本案大气污染损害后果的产生是否存在关联等问题不在本案审理范围。必须明确，污染环境后果即便与第三人因素相关，也是污染者与第三人之间的法律关系问题，并不能因此认定大吉公司的污染行为不具备违法性构成要件从而免除或者减轻责任。

第二，生态环境修复责任的成立，应当以行为具备违法性为构成要件。根据《关于审理环境民事公益诉讼案件适用法律若干问题的解释》第1条的规定，环境民事公益诉讼指向已经损害社会公共利益或者具有损害社会公共利益重大风险的污染环境、破坏生态的行为。2015年最高人民法院《关于审理环境侵权责任纠纷案件适用法律若干问题的解释》第1条规定，因污染环境造成损害，不论污染者有无过错，污染者应当承担侵权责任。该司法解释同时规定，污染者不承担责任或者减轻责任的情形，适用《海洋环境保护法》《水污染防治法》《大气污染防治法》等环境保护单行法的规定。《海洋环境保护法》《水污染防治法》《大气污染防治法》等环境保护法律尤其是其中的强制性规定，均以保护社会公共利益为目的制定。《民事诉讼法》规定的环境民事公益诉讼程序，与上述行政法立法目的相同。因此，当事人行为是否违反环境保护法律法规，应当是判断行为是否损害社会公共利益或者具有损害社会公共利益重大风险的主要依据，即应

成为生态修复责任成立的必备要件。

《侵权责任法》(已失效)第65条规定的环境侵权责任与本案所涉生态环境修复责任存在区别。由于环境污染对人身、财产造成损害的过程与后果具有间接性等特点,因而根据《侵权责任法》(已失效)规定,违法性与过错不成为判断行为人是否承担环境侵权责任的构成要件,法律保护的重点在于对受害人的救济。而生态环境修复责任中的损害过程不具有间接性,损害后果实质上是对公共利益的损害。任何企业或者个人的生产经营行为都可能对环境造成一定的不利影响。如果对损害公共环境利益行为的责任追究不以违法性作为要件,将使得企业无所适从,不利于激励守法经营者。

第三,大吉公司对超标排放行为存在过错,其行为具有违法性。2014控制标准给予已经投产的垃圾焚烧企业18个月即2016年1月执行新标准的过渡期,已经充分给予了现有生活垃圾焚烧企业进行技术改造的时间保障。而直至近一年后即2015年6月8日,大吉公司才向盐都区经济与信息化委员会提交关于生活垃圾焚烧炉烟气净化系统改造工程的立项报告。在此之前,大吉公司仅仅是与政府部门交涉搬迁问题,并未实质性启动技术改造程序。大吉公司也没有举出证据证明其实施技术改造存在不可克服的技术障碍和政策障碍,其完成技术改造有充足时间,而未完成技术改造是超标排放的直接原因。从大吉公司向政府部门发出的各类函件看,核心内容均围绕如何处理成本增加与防治污染之间的矛盾。作为生产企业,在面临上述矛盾时,不应当将企业经济利益置于保障公众健康等社会公共利益之上。大吉公司应当尽力采取各种合理措施防止超标排放,但大吉公司未能实现上述要求。

2. 关于大吉公司停产技改、整体搬迁费用能否抵扣其应予赔偿的生态修复费用问题

法院认为,大吉公司实施的停产技改、整体搬迁行为有效控制了环境污染风险,但前期超标排放的污染物所造成的生态环境损害并没有得到修复,大吉公司未对此环境损害进行过替代性修复或者支付大气环境治理费用于当地大气环境治理和改善,大吉公司应当依法承担环境侵权民事责任。在泰州常隆公司案中,法院判决相关当事人在承担民事责任的同时,允许其在满足特定条件情况下,将投入的部分技改资金抵扣环境损害赔偿资金。这种裁判执行方式的目的在于引导、鼓励、支持污染企业在没有法律强制性要求的情况下,自觉采取措施加大投

入,减少污染排放,降低环境风险,促进环境公共利益保障。但本案并不适用技改抵扣裁判执行方式。第一,在泰州常隆公司案中,抵扣条件是当事人技术改造投入实现循环利用,循环利用并不是法律对当事人的强制性要求,而是法律与政策鼓励的环境保护方式。该技改投入在实质上减少了本来不可避免的无害化处理社会总成本,这与将上述款项用于环境修复相比,效果在本质上是一致的。本案中,大吉公司技改投入是为了本企业大气污染物达到合规排放所必须支付的企业成本,因为合规排放是大吉公司不可违反的法定义务。第二,技改抵扣的裁判执行方式基于特定时期和特定背景条件。在特定时期,环境风险巨大的化工副产品交易市场供给远大于需求,全社会对化工副产品的无害化处置能力严重不足,技改抵扣的裁判执行方式是基于需要在该特定时期迅速降低长江水体环境总风险的考量。而大吉公司完成技术改造实现达标排放,系履行完毕数年前2014控制标准即给其设定的法律义务。大吉公司在法律有明确要求、自身并无不可逾越的政策和技术障碍的情况下,未在规定期间内及时采取有效措施控制和消除涉案垃圾焚烧发电项目大气污染物超标排放的状况,此时若适用技改抵扣的执行方式,无异于变相鼓励超标排放。

另外,关于北京市朝阳区自然之友环境研究所请求大吉公司承担二审律师费以及为诉讼支出的共计911,547.3元费用问题,法院经审核未发现上述费用存在明显不合理之处,根据《关于审理环境民事公益诉讼案件适用法律若干问题的解释》第22条规定,予以支持。

【判决结果】

一审法院判决:

1.大吉公司应当于本判决生效之日起3个月内赔偿大气环境治理费用5,561,511.93元,用于盐城市大气环境修复治理;因盐城市环保公益金专项账户尚未设立,以上款项暂行支付至江苏省盐城市中级人民法院执行款账户。

2.大吉公司就2017年1月19日至2018年7月31日向大气环境超标排放污染物的违法行为在江苏省级媒体上向社会公开赔礼道歉。

3.大吉公司应当于本判决生效之日起10日内支付北京市朝阳区自然之友环境研究所支出的补充鉴定费3万元、律师代理费18万元、差旅费19,097.50元,共计229,097.50元。

4.驳回北京市朝阳区自然之友环境研究所的其他诉讼请求。

二审法院判决：

1. 驳回上诉，维持原判。

2. 大吉公司应当于本判决生效之日起 10 日内支付北京市朝阳区自然之友环境研究所的律师代理费 9 万元、差旅费等 1547.3 元，合计 91,547.3 元。

【律师评析】

该案是不予支持技改相关费用抵扣赔偿金的特殊情形。长江流域产业结构升级责任重大，绿色发展潜力和势能巨大，推进生产技术更新升级、产业结构优化调整，是沿江流域政府和企业面临的重要课题。

企业开展生产经营以遵守国家环境保护规定为前提，应对标环境保护标准要求升级生产技术、改进经营方式。超标排污企业本身具有改进技术避免污染的义务，案涉企业由于开展技改工作不及时，已然造成大气污染损害后果，故无法用技改抵扣赔偿金，并理应承担相应赔偿责任。

此案审判过程中，法院意在提醒企业，并非有技改含量便可抵扣赔偿金，技改不完整、不合格、不及时，皆不可享受这项“双赢”政策。

三、重庆市人民检察院第五分院诉重庆瑜煌电力设备制造有限公司等环境污染民事公益诉讼案①

重庆瑜煌电力设备制造有限公司（以下简称瑜煌公司）、重庆顺泰铁塔制造有限公司（以下简称顺泰公司）作为制造企业，就其产生的危险废物具有污染防治的法定义务，两家公司各自将危险废物交由重庆市鹏展化工有限公司（以下简称鹏展公司）处置，鹏展公司将危险废物非法排放的系列行为属于共同侵权行为，应分别与瑜煌公司、顺泰公司承担连带责任。案号：（2020）渝民终 387 号。

【案件基本信息】

原告：重庆市人民检察院第五分院

被告：鹏展公司、瑜煌公司、顺泰公司

---

① 重庆市人民检察院第五分院诉重庆瑜煌电力设备制造有限公司等环境污染民事公益诉讼案，最高人民法院指导案例 204 号（2020 年）。

【基本案情】

鹏展公司、瑜煌公司、顺泰公司均无危险废物经营资质。2015 年 4 月 10 日，鹏展公司分别与瑜煌公司、顺泰公司签订合同，约定鹏展公司以 420 元/吨的价格向瑜煌公司、顺泰公司出售盐酸，由鹏展公司承担运费。前述价格包含销售盐酸的价格和鹏展公司将废盐酸运回进行处置的费用。2015 年 7 月开始，鹏展公司将废盐酸从瑜煌公司、顺泰公司运回后，将废盐酸直接非法排放。2015 年 7 月至 2016 年 3 月，鹏展公司非法排放废盐酸累计至少达 717.14 吨，造成跳蹬河受到污染。经评估，本次事件生态环境损害数额为 6,454,260 元，同时还产生事务性费用 25,100 元及鉴定费 5000 元。本次污染事件发生后，瑜煌公司和顺泰公司投入资金开展酸雾收集、助镀槽再生系统等多个方面的技术改造，环境保护水平有所提升。公益诉讼起诉人重庆市人民检察院第五分院认为鹏展公司、瑜煌公司和顺泰公司应承担本次环境污染事件造成的损失，遂向人民法院提起诉讼请求判决鹏展公司、瑜煌公司、顺泰公司承担生态环境损害赔偿金及鉴定费等共计 6,484,360 元，并向社会公众赔礼道歉。瑜煌公司和顺泰公司在二审中提出分期支付申请和对其技改费用予以抵扣请求。

【案件焦点】

瑜煌公司和顺泰公司用于技术改造的资金能否用以抵扣其应承担的生态环境损害赔偿金。

【法院裁判要旨】

在环境污染事件发生后或者在公益诉讼过程中甚至在判决执行过程中，企业如果已经实施或者将要实施环保技术改造，因此而产生的费用能否用以抵扣企业应承担的生态环境损害赔偿金，当前法律和司法解释没有明确规定。法院认为，环境公益诉讼作为环境保护法确立的重要诉讼制度，其诉讼目的不仅是追究环境侵权责任，更重要的是督促引导环境侵权人实施环境修复，鼓励企业走生态优先、绿色发展的道路，实现环境保护同经济建设和社会发展相协调。对技术改造费用能否用以抵扣应承担的生态环境损害赔偿金的问题，应秉持前述环境司法理念，对企业实施的环保技术改造的项目和目的加以区分，分类对待。具体而言，如果企业实施的环保技术改造的项目和目的仅满足其环境影响评价要求、达到排污许可证设定的污染物排放标准或者履行其他法定的强制性义务，那么对该部分技术改造费用应不予抵扣；如果企业在已完全履行法律对企业设定的强制性环境保护义务基础之上，通过使用清洁能源、采用更优技术、工艺或设备等方式，实现资源利用率更高、污染物排放量减少、废弃物综合利用率提升等效果，则该部分技术改造费用就应考虑予以适当抵扣。

瑜煌公司和顺泰公司在本次污染事件发生后，投入资金开展酸雾收集、助镀槽再生系统、焊接烟尘收集处理系统、废气监测、生化池及生活污水池等多个方面的技术改造，环境保护水平有所提升。瑜煌公司和顺泰公司目前已经开展的环保技术改造，有的属于履行法律规定的强制性义务，有的已超出了强制性义务的范畴。对于超出履行强制性义务范畴的技术改造所投入的资金，本可以抵扣其应承担的生态环境损害赔偿金。由于重庆市人民检察院第五分院在统计鹏展公司非法排放的危险废物数量时无法精确统计顺泰公司提供的危险废物数量，瑜煌公司与顺泰公司仅就 717.14 吨危险废物造成的生态环境损害承担赔偿责任，但实际上鹏展公司非法排放的危险废物并不止 717.14 吨。基于此，为更好地保护社会公共利益，对瑜煌公司和顺泰公司在本案二审前已经开展的环保技术改造所投入的资金，在本案中不予以抵扣。

瑜煌公司和顺泰公司在庭审后向法院表示，愿意继续进行技术改造，实现含锌废物和废盐酸的分离，延长盐酸的利用周期提高使用效率，减少废盐酸的产量，从而实现危险废物的减量化。《循环经济促进法》第 3 条规定："发展循环经济是国家经济社会发展的一项重大战略。"《环境保护法》第 40 条第 1 款规定："国家促进清洁生产和资源循环利用。企业应当优先使用清洁能源，采用资源利用率高、污染物排放量少的工艺、设备以及废弃物综合利用技术和污染物无害化处理技术，减少污染物的产生。"《环境保护法》第 36 条第 1 款规定："国家鼓励和引导公民、法人和其他组织使用有利于保护环境的产品和再生产品，减少废弃物的产生。"可以看出，企业在生产、流通和消费等过程中进行减量化、再利用、资源化活动，属于法律对企业的倡导性义务。由于对危险废物的减量化、再利用和资源化并非瑜煌公司、顺泰公司的强制性义务，同时，该技术改造对热镀锌酸洗的企业亦具有示范作用，从鼓励、引导企业主动投入资金实现危险废物的循环利用降低环境风险的角度，法院认为，可以对此部分投入的资金进行一定幅度的抵扣。最高人民法院《关于审理环境民事公益诉讼案件适用法律若干问题的解释》第 24 条规定："人民法院判决被告承担的生态环境修复费用、生态环境受到损害至恢复原状期间服务功能损失等款项，应当用于修复被损害的生态环境。其他环境民事公益诉讼中败诉原告所需承担的调查取证、专家咨询、检验、鉴定等必要费用，可以酌情从上述款项中支付。”本案中，由于河流具有自净能力，受到污染的水体现已无必要进行生态环境的修复。瑜煌公司和顺泰公司承诺实施的技术改造，有利于实现污染物的减量化、再利用和资源化，将有利于降低当地的环境风险。将瑜煌公司和顺泰公司已实际支付的环保技术改造费用用于抵扣其应承担的生态环境损害赔偿金，符合环境公益诉讼维护社会公共利益的目的。为支持企业绿色转型，鼓励瑜煌公司和顺泰公司投入更多的资金用于节能减排，法院将瑜煌公司和顺泰公司各自可以抵扣的上限设定为其应承担的生态环境损害赔偿金的 50%。若瑜煌公司和顺泰公司在本判决生效后开展技术改造，在相同产能的前提下明显减少危险废物的产生或降低资源的消耗，且未因环境违法行为受到处罚，其已支付的技术改造费用可以凭技术改造效果评估意见和具有法定资质的中介机构出具的技术改造投入资金审计报告，向人民法院申请抵扣。

在环境民事公益诉讼案件中，既要确保受损的生态环境得到及时有效修复，又要给予正确面对自身环境违法行为、愿意积极承担环境法律责任的企业继续进行合法生产经营的机会，实现保护生态环境与促进经济发展的平衡。新冠疫情期间，瑜煌公司和顺泰公司的生产经营受到一定影响，两家公司在案发后投入大量资金实施技术改造，且部分尚欠的技术改造费用已到清偿期，两家公司当前均出现一定程度的经营困难。《侵权责任法》（已失效）第 25 条规定，损害发生后赔偿费用应当一次性支付，一次性支付确有困难的可以分期支付，但应当提供相应的担保。在企业出现问题和困难的时候，人民法院应当发挥促发展、稳预期、保民生的司法功能，最大限度维持企业的持续经营能力，故法院依法对瑜煌公司和顺泰公司请求分期支付的意见予以采纳，准许其两年内分三期支付生态环境损害赔偿金，具体支付方式为瑜煌公司和顺泰公司在提供有效担保的前提下，首期支付赔偿金的 25%；第二期、第三期分别支付赔偿金的 25% 和 50%。

综上所述，瑜煌公司关于只应承担不超过 10% 的按份责任和顺泰公司关于不应承担责任的上诉理由不能成立。鉴于二审中出现的新情况，法院对瑜煌公司和顺泰公司分期支付赔偿金以及用今后技术改造产生的费用予以抵扣其应承担的赔偿金的申请予以准许。

【判决结果】

一审法院判决：

1. 被告鹏展公司赔偿因非法排放废盐酸产生的生态环境修复费用6,479,360元、技术咨询费5000元，合计6,484,360元，限本判决生效之日起10日内支付至法院指定的司法生态修复费专款账户。

2. 被告瑜煌公司和被告顺泰公司对本判决第1项确定的被告鹏展公司的赔偿款分别承担3,242,180元的连带清偿责任。

3. 被告鹏展公司、瑜煌公司和被告顺泰公司在本判决生效之日起30日内在重庆市市级以上媒体向社会公众赔礼道歉。宣判后，瑜煌公司和顺泰公司不服，提起上诉，并在二审中提出分期支付申请和对其技改费用予以抵扣请求。

二审法院判决：

1. 维持重庆市第五中级人民法院（2019）渝05民初0256号民事判决第1项、第3项。

2. 撤销重庆市第五中级人民法院（2019）渝05民初0256号民事判决第2项。

3. 瑜煌公司、顺泰公司对鹏展公司应承担的生态环境损害赔偿金分别承担3,242,180元的连带清偿责任，在向重庆市第五中级人民法院提供有效担保后，按照25%、25%及50%的比例分三期支付。具体支付时间为本判决生效之日起10日内各支付809,920元及技术咨询费2500元；2021年12月31日前各支付809,920元；2022年12月31日前各支付1,619,840元。技术咨询费在执行到位后10日内支付到重庆市人民检察院第五分院指定的账户。

4. 如果瑜煌公司、顺泰公司在本判决生效后实施技术改造，在相同产能的前提下明显减少危险废物的产生或降低资源的消耗，且未因环境违法行为受到处罚，其已支付的技术改造费用可以凭技术改造效果评估意见和具有法定资质的中介机构出具的技术改造投入资金审计报告，可在支付第三期款项时向人民法院申请抵扣。

【律师评析】

此案件虽不属于高能耗、高碳排导致的环境纠纷，但其在生态损害赔偿金分期支付申请和绿色技改抵扣赔偿金上的处理，有重要的、普适性的指导意义。

该案判决瑜煌公司、顺泰公司对鹏展公司在向法院提供有效担保的前提下，可以按照25%、25%及50%的比例分三期支付其应承担的生态环境损害赔偿金，并且如果瑜煌公司、顺泰公司在判决生效后实施技术改造，在相同产能的前提下明显减少危险废物的产生或降低资源的消耗，且未因环境违法行为受到处罚的，可在支付第三期款项时向人民法院申请抵扣。

该案的审理切实践行了《法发〔2023〕5号》中提出的分期支付和技改费用抵扣生态环境损害赔偿金的意见，且对于技改费用能否用以抵扣生态环境损害赔偿金、技改抵扣具体需要哪些条件的问题，也进一步予以明确：企业实施的环保技术改造，如果只是为达到环境影响评价要求、排污许可证设定的污染物排放标准或者履行其他生态环境保护法律法规规定的强制性义务而实施环保技术改造发生的费用，实际上是企业正常生产经营应当支付的环境成本，该部分费用不能用以抵扣其应当承担的环境损害赔偿责任。只有在企业已完全履行法律对其设定的强制性环境保护义务基础之上，投入资金进行技术改造，进一步减少污染物排放、降低环境风险、改善环境质量的，才能进行抵扣。

第四节　高耗能、高碳排放企业生态环境侵权纠纷风险防控建议

一、关注法律政策更新，远离“两高”纠纷

企业应提高自身对新法新规的敏感度，实时关注所涉内容与企业所在行业相关的法律法规。如针对“两高”可能涉及的行业，我国生态环境部于2021年5月30日发布的《关于加强高耗能、高排放建设项目生态环境源头防控的指导意见》中规定“两高”项目工作暂按煤电、石化、化工、钢铁、有色金属冶炼和建材六个行业类别规划开展，未来仍将持续填补。对于这类指导意见的颁布与国家对后续内容的补充，企业应当提高关注度，并及时跟进国家及地方发布的碳排放管理与监测计划、高耗能行业重点领域能效标杆水平和基准水平类文件中的“标杆水平”“基准水平”等硬性数据。避免因不知晓国家标准、企业内部监管数据标准老旧等可避免原因对环境造成非故意破坏，被莫名卷入环境纠纷案件，承担赔偿及环境修复责任。

二、加强企业内部管理，实时监控风险

开展企业内部管理层、基层工作者的“两高”意识教育。增强企业内部员工对相关法律法规的认知，提高工作中对环境指标问题的敏感度。布置企业内部相关部门做到实时、有效的“两高”数据监控，可根据山东《全省“两高”行业电子监管平台建设方案》，从省域级设计借鉴迁移、收缩精确至企业级设计，接入部门现有污染物排放、用电量等在线监测数据，开发在线监测系统，搭建监管平台，实现全天候、全过程、全周期动态监管，编辑系统预警提示。以确保“两高”数据“可监测”“可统计”，实现企业内部科学精准的管理水平，防止因疏于管理而对自然环境及企业自身利益造成不必要的严重损害。同时，也使企业有数据“可复核”“可验证”，透明的数据报告能够有效地阻断企业因涉嫌数据造假或者虚

假宣传而在法律上面临的被起诉的风险。

三、重视技术研发投资，降低赔偿风险

企业需重视自身生产技术研发，切忌急功近利、为了效益在技术研发上节省资金。保证有定期的、充足的资金持续投入技术研发，帮助企业更好地克服技术障碍，自觉降低环境风险，节能减排，按季度定期评估，控制生产过程中的环境污染，避免卷入生态环境侵权纠纷，以从根源上降低案发概率。管理层需有忧患意识，自觉升级优化企业内部生产方式，确保在被卷入纠纷的最坏情形下，企业的技改进度正常，并有能力往更深层次进行，确保能通过绿色技改最大限度地抵扣赔偿金，减少企业资金损失。

四、谨慎使用分期，自量还款能力

分期、延期的申请仅可帮助企业缓解"一次性"赔款压力，给予企业一定的喘息时间。由于利息存在，实际赔偿金金额是会增加企业成本负担的。在卷入"两高"纠纷案件后，若企业欲在审理中申请分期、延期交纳赔偿金，务必详细了解相关违约条款和分期、延期的利息条件，确保自身有足够的还款能力，警惕出现成功申请分期、延期后，仍无法按时足额交纳赔偿金的情况发生，以至于造成违约，导致更高额的罚款或法律诉讼。

五、技改实时监控，注重证据保留

在进行绿色低碳技术改造以折抵赔偿金时，理想状态下，企业应建立专项小组，紧盯技改进程，并保留充分的证据。一是企业对自身的技术改造进程需做到心中有数，以调整进度来保证最终技改能在期限内完成；二是绿色技改本身要求高、核查烦琐、合格难。如果无法提供充分证明，可能会被法院认为未能达到赔偿抵扣条件，使技术人员所做努力与投入的大量资金付之东流。对于本就处在赔偿金交纳时期的企业来说是难以挽回的损失。做足绿色技改证据的保留，以便在法院调查时，随时可证明技术改造的合规性和进程结果。

第九章

绿色金融纠纷案件

刘新海　刘晟东

本章作者：刘新海，北京盈科（上海）律师事务所高级合伙人律师、资产管理法律事务部主任，盈科全国碳中和法律专业委员会主任。
刘晟东，北京盈科（上海）律师事务所。

第一节　案件类型、案由分析及相关法律法规

一、绿色金融纠纷案件类型和案由综述

《法发〔2023〕5 号》第 12 条规定："依法审理绿色金融纠纷案件。审理清洁能源、节能环保、绿色交通、绿色建筑和碳减排技术等领域具有发展前景，但经营、资金周转暂遇困难的企业所涉金融借款合同纠纷案件，要充分考虑中国人民银行发布的碳减排支持工具、绿色专项再贷款、碳减排项目质押贷款等政策性开发性金融工具，促进金融机构为企业绿色低碳转型提供长期稳定融资支持，降低融资成本。审理绿色股权投资、绿色保险、绿色股票指数、绿色基金等纠纷案件，投资者以相关责任主体违反绿色金融管理规定或擅自改变资金绿色用途、致其遭受损失为由主张损害赔偿责任的，依法予以支持，有效保护投资者合法权益，鼓励更多资本和机构参与气候投融资。"

根据 2016 年中国人民银行、财政部等七部门发布的《绿色金融体系指导意见》，绿色金融是指为支持环境改善、应对气候变化和资源节约高效利用的经济活动，即对环保、节能、清洁能源、绿色交通、绿色建筑等领域的项目投融资、项目运营、风险管理等所提供的金融服务。《绿色金融体系指导意见》首次给出了绿色金融的"官方"定义，有助于绿色金融产品的界定，为通过"声誉效应"来激励绿色投资提供基础。这个定义包括以下几层意思：一是绿色金融的目的是支持有环境效益的项目，而环境效益包括支持环境改善、应对气候变化和资源高效利用；二是给出了绿色项目的主要类别，这对未来各种绿色金融产品（包括绿色信贷、绿色债券、绿色股票指数等）的界定和分类有重要的指导意义；三是明确了绿色金融包括支持绿色项目投融资、项目运营和风险管理的金融服务，说明绿色金融不仅包括贷款和证券发行等融资活动，也包括绿色保险等风险管理活动，还包括有多种功能的碳金融业务。明确界定绿色金融，并在此基础上对绿色金融产品贴标，有助于绿色企业和绿色投资者获得应有的"声誉效应"，并以此激励

更多的绿色投资。[①]

根据《法发〔2023〕5 号》,绿色金融体系是指通过绿色信贷、绿色债券、绿色股票指数和相关产品、绿色发展基金、绿色保险、碳金融等金融工具和相关政策支持经济向绿色化转型的制度安排。因此,从产品上看,绿色金融包含了绿色信贷、绿色债券、绿色股票指数、绿色发展基金、绿色保险、碳金融等业务类别。从主体上看,目前提供绿色金融工具的主体是银行、证券公司、保险、基金等金融机构。绿色金融的相关融资主体则主要是环保、节能、清洁能源、绿色交通、绿色建筑等领域的相关企业和机构。

从当前情况看,我国要实现"双碳"目标,离不开政策、技术的支撑,也离不开金融的支持和法律的保障,绿色金融作为实现碳中和的重要助推器,将带动数百万亿元的潜在投资,尤其是疫情 3 年来,很多企业面临经营困难,利润下滑,绿色转型动力不足的情况,更需要绿色金融的支持。但为了获得更多的低息绿色信贷的额度,也出现了不少"洗绿""漂绿"项目,导致了后续管理不足,配套激励不足,风险防范不足等情况,进而会出现越来越多的绿色金融纠纷案件。

二、绿色金融纠纷涉及的具体案件类型及对应的案由

最高人民法院在 2016 年曾发布《关于充分发挥审判职能作用为推进生态文明建设与绿色发展提供司法服务和保障的意见》,其中第 16 条便明确指出:依法审理绿色金融、生物多样性保护相关案件。深入研究绿色税收以及绿色信贷、绿色债券、绿色保险、绿色发展基金等涉及绿色金融发展的特殊法律问题,研究排污权、用能权、用水权等市场交易机制和规则,妥善审理相关案件,充分发挥金融手段及市场机制在实现绿色发展、减缓和适应气候变化中的重要作用。

2022 年 6 月 1 日,原中国银行保险监督管理委员会发布《银行业保险业绿色金融指引》,成为法院判断银行等金融机构是否"违反绿色金融管理规定"的重要根据,并据此判断是否需要承担民事赔偿责任、何种责任及多少责任。例如其中规定:银行保险机构应当加强授信和投资审批管理,根据客户面临的环境、社会和治理风险的性质和严重程度,确定合理的授信、投资权限和审批流程。对

---

① 参见马骏:《中国绿色金融体系雏形初现》,载《人民日报》2016 年 9 月 2 日。

在环境、社会和治理方面存在严重违法违规和重大风险的客户，应当严格限制对其授信和投资；银行保险机构应当加强信贷和投资资金拨付管理，将客户对环境、社会和治理风险的管理状况作为信贷和投资资金拨付的重要依据。在已授信和投资项目的设计、准备、施工、竣工、运营、关停等相关环节，合理设置环境、社会和治理风险评估关卡，对出现重大风险隐患的，可以按照合同约定中止直至终止资金拨付。

据此可知，绿色金融案件不仅包括了企业违法披露、未披露等的责任，也将金融机构未审查、未遵守绿色金融法律法规的责任纳入其中。国内目前绿色金融相关案件的审理与披露尚较少，但结合《法发〔2023〕5 号》《绿色金融体系指导意见》等相关规定，目前绿色金融类纠纷，主要有绿色金融合同和绿色侵权纠纷两大类案件类型。

（一）绿色金融合同类纠纷

绿色金融合同类纠纷，主要系绿色金融产品相关合同纠纷，例如，绿色债券合同纠纷、绿色贷款合同纠纷、绿色保险合同纠纷、绿色信托合同纠纷等。

如对于绿色债券合同纠纷，主要有债券的发行、认购、转让、回购、兑付等环节，可能涉及债券的效力、违约责任、债权转让、债权保护等问题。对于绿色贷款合同纠纷，主要有贷款的申请、审批、放款、还款、担保、追偿等环节，可能涉及贷款的效力、利息、罚息、担保责任、委托贷款、受托支付等问题。对于绿色保险合同纠纷，绿色保险通常有财产保险、责任保险、信用保险等形式。绿色保险主要有保险的投保、承保、理赔、赔偿等环节，可能涉及保险的效力、保险责任、保险金额确定、保险代位等问题。对于绿色信托合同纠纷，绿色信托通常有资产管理、资产证券化、资产处置等功能。绿色信托主要有信托的设立、管理、受益、终止等环节，可能涉及信托的效力、信托责任、信托财产、信托收益、信托风险等问题。

（二）绿色金融侵权类纠纷

关于绿色金融侵权类纠纷，例如，绿色金融机构因未尽到合理审查义务，为污染企业提供贷款、保险、信托等金融服务，导致环境污染或生态破坏，被要求承担连带责任或补充责任的；绿色金融机构因未尽到合规管理义务，未按照绿色金融业务规范执行，导致绿色金融产品或服务的质量、效果、风险等出现问题，侵害投资者或消费者的合法权益的。又如,绿色金融机构因未尽到社会责任,未充分考虑绿色金融业务对环境和社会的影响,导致绿色金融业务与国家生态文明建设目标、地方生态保护规划等发生冲突,而侵害了社会公众的合法权利等。

三、绿色金融纠纷涉及的法律法规

结合绿色金融的发展和历史沿革来看,目前国内与绿色金融相关的法律法规见表9-1①:

表9-1 绿色金融相关的法律法规

时间	部门	文件或事件	重点要点内容
2015年9月	中共中央、国务院	《生态文明体制改革总体方案》	首次提出绿色金融
2015年12月	中国人民银行	《绿色债券支持项目目录(2015年版)》	明确了绿色债券定义、分类、资金投向规范等
2015年12月	国家发展和改革委员会	《绿色债券发行指引》	提出绿色债券适用范围、重点支持领域,相关审核要求和优惠政策
2016年3月	上海证券交易所	《关于开展绿色公司债券试点的通知》	提供了上海证券交易所发债指引
2016年4月	深圳证券交易所	《关于开展绿色公司债券业务试点的通知》	提供了深圳证券交易所发债指引
2016年8月	中国人民银行、财政部等	《关于构建绿色金融体系的指导意见》	提出构建绿色金融体系重要意义;大力发展绿色信贷;推动证券市场支持绿色投资;设立绿色发展基金,通过政府和社会资本合作模式动员社会资本;发展绿色保险;完善环境权益交易市场、丰富融资工具;支持地方发展绿色金融;推动绿色金融国际合作;防范金融风险,强化组织落实等

① 参考《绿色金融:16大问题待解!》,载微信公众号"金融监管研究院"2023年5月4日,https://mp.weixin.qq.com/s/dn-pfau7WK9sZtYO7ixc9g。

续表

时间	部门	文件或事件	重点要点内容
2017 年 3 月	中国证监会	《关于支持绿色债券发展的指导意见》	鼓励金融机构投资绿色债券，提出编制绿色债券指数
2017 年 3 月	中国银行间市场交易商协会	《非金融企业绿色债务融资工具业务指引》	支持企业使用绿色债务融资工具
2017 年 6 月	中国人民银行、国家发展和改革委员会、财政部等	国务院批准设立广东省、浙江省、贵州省、江西省、新疆维吾尔自治区等五个绿色金融改革创新试验区，印发五个试验区总体方案	明确了广州市、湖州市、衢州市、贵安新区、赣江新区、哈密市、昌吉州、克拉玛依市等地开展绿色金融改革
2017 年 10 月	中国人民银行、中国证监会	《绿色债券评估认证行为指引(暂行)》	对绿色债券发行、评估进行指引
2018 年 2 月	中国人民银行	《关于加强绿色金融债券存续期监督管理有关事宜的通知》	加强对存续期绿色金融债券募集资金使用、信息披露，违规整改等问题的监督管理
2018 年 7 月	中国人民银行	《关于开展银行业存款类金融机构绿色信贷业绩评价的通知》	对银行的绿色信贷业务开展评价工作，后被 2021 年推出的新评价方案替代
2019 年 4 月	中国人民银行	《关于支持绿色金融改革创新试验区发行绿色债务融资工具的通知》	支持和鼓励在国务院批准设立的绿色金融改革创新试验区发行绿色债务融资工具
2021 年 4 月	中国人民银行、国家发展和改革委员会、中国证监会	《绿色债券支持项目目录(2021 年版)》	修订目录，三部门统一完善绿色债券标准
2021 年 7 月	中国人民银行	《银行业金融机构绿色金融评价方案》	建立定量、定性的评价指标体系，绿色贷款和绿色债券纳入评价范围，按季度开展评价工作，鼓励和督促银行业金融机构积极拓展绿色金融业务

续表

时间	部门	文件或事件	重点要点内容
2021 年 11 月	中国人民银行	中国人民银行社会碳减排支持工具	向 21 家金融机构推出 60% 的本金奖励,利率为 1.75%,最长 3 年的绿色货币政策工具,提出明确重点领域,碳减排贷款标准,效应测算、信息披露、操作流程等
2022 年 4 月	中国证监会	《碳金融产品》(JR/T 0244—2022)	在碳金融产品分类的基础上,制定了具体的碳金融产品实施要求
2022 年 6 月	原中国银行保险监督管理委员会	《银行业保险业绿色金融指引》	从组织管理、政策制度及能力建设、投融资流程管理、内控管理与信息披露、监督管理等方面提出要求,促进银行业保险业发展绿色金融
2022 年 7 月	绿色债券标准委员会	《中国绿色债券原则》	在国内初步统一的基础上建立与国际接轨的绿色债券标准
2022 年 8 月	中国人民银行等	《重庆市建设绿色金融改革创新试验区总体方案》	在重庆开展绿色金融改革
2023 年 2 月	最高人民法院	最高人民法院《关于完整准确全面贯彻新发展理念　为积极稳妥推进碳达峰碳中和提供司法服务的意见》	加快形成系统完备的绿色裁判规则体系,确保法律适用统一
2023 年 4 月	国家标准化管理委员会、国家发展和改革委员会、工业和信息化部、自然资源部、生态环境部、住房和城乡建设部、交通运输部、中国人民银行、中国气象局、国家能源局、国家林业和草原局	《碳达峰碳中和标准体系建设指南》	到 2025 年,制(修)订不少于 1000 项国家标准和行业标准(包括外文版本),实质性参与绿色低碳相关国际标准不少于 30 项

2016 年 8 月 31 日，中国人民银行会同财政部、国家发展和改革委员会等部门联合发布《绿色金融体系指导意见》。2018 年，中国人民银行按照“国内统一、国际接轨、清晰可执行”的原则，率先牵头成立全国金融标准化技术委员会绿色金融标准工作组。2021 年，中国人民银行出台的《银行业金融机构绿色金融评价方案》将银行业金融机构“绿色金融业务”限定为各项符合“绿色金融标准”及相关规定的业务，包括绿色贷款、绿色证券、绿色股权投资、绿色租赁、绿色信托、绿色理财等。2021 年 7 月，中国人民银行发布首批两项绿色金融标准《金融机构环境信息披露指南》《环境权益融资工具》。截至 2023 年，陆续有原中国银行保险监督管理委员会《关于印发银行业保险业绿色金融指引的通知》（2022 年 6 月）、中国人民银行《关于支持绿色金融改革创新试验区发行绿色债务融资工具的通知》（2019 年 4 月）、中国人民银行《关于加强绿色金融债券存续期监督管理有关事宜的通知》（2018 年）等规定出台。

其中，《金融机构环境信息披露指南》明确覆盖商业银行、资管机构、信托公司、保险公司四类机构，旨在规范金融机构环境信息披露工作，引导金融资源更加精准向绿色、低碳领域配置，助力金融机构和利益相关方识别、量化、管理环境相关金融风险；《环境权益融资工具》则明确了环境权益融资工具的分类、实施主体、融资标的、价值评估、风险控制等总体要求，以及环境权益回购、借贷、抵质押贷款等典型实施流程，为企业和金融机构规范开展环境权益融资活动提供了指引。

2021 年 3 月 1 日，全国首部绿色金融法规《深圳经济特区绿色金融条例》正式实施。金融机构违反绿色金融法规的，将面临非常严厉的行政罚款等行政责任。例如其中规定：金融机构违反本条例，未对投资项目开展绿色投资评估的，由市地方金融监管部门责令限期改正，处 5 万元以上 20 万元以下罚款；项目发生应当处警告以外行政处罚的生态环境损害事件的，按照提供贷款或者投资金额的 1% 以上 10% 以下处以罚款。

2022 年 4 月，中国证监会发布《碳金融产品》行业标准，为国内碳金融产品提出了分类依据以及实施要求，同时，这也是金融监管机构在绿色金融标准体系建设领域的又一重要实践。除此之外，在环境、社会和公司治理（ESG）评价、碳核算等多个重点领域我国已实现 15 项标准进入立项或征求意见环节，部分标准在绿色金融改革创新试验区已率先试用。通过以规则“引导绿”而非“统计绿”

的方式，为市场规范发展提供了标准指引，有效促进了绿色金融规范发展。

2023 年 2 月，最高人民法院发布了《法发〔2023〕5 号》。其中提到，要统筹国内法治与涉外法治，落实《世界环境司法大会昆明宣言》，秉持公平、共同但有区别的责任及各自能力原则，依法审理节能减排、低碳技术、碳交易、绿色金融等相关案件，促进气候变化减缓和适应。《法发〔2023〕5 号》进一步要求发挥人民法院审判职能作用，为绿色金融提供司法保障。

第二节　相关企业或金融机构在绿色金融活动中面临的主要法律风险

一、金融机构取得企业信息披露数据的法律风险

目前,企业对环保和节能的认识取得了很大进步,但是对绿色金融推进的认识还明显不够。部分企业经营困难,利润下滑,绿色转型的动力不足。虽然企业争取优惠贷款时,为了包装项目的需要,配合披露的意愿较高,但企业获取贷款后,披露环保信息的意愿就会降低。绿色项目特别是转型项目客观上也要求较高、难度较大,导致企业不愿意投入人力、物力去提升披露能力。这将可能在争取优惠贷款时,引发企业环保信息来源合法性、准确性法律风险,以及后续金融机构进行跟踪,而企业未再主动披露环保信息时引发纠纷的法律风险①。

二、因各企业信息披露的机制、能力不足衍生的法律风险

绿色金融对企业信息披露的要求比较高,尤其是碳排放的核算能力(碳排放总量,碳排放强度等),但是一般的企业不具备条件,导致金融机构无法根据不同企业类别、不同营运情况,科学设置风险预警阈值,构建完备的绿色信贷风控预警体系,提高绿色信贷资产质量。在这种情况下,金融机构如果为了业绩考虑或一味追求发展、推出新式绿色金融产品,将可能存在与金融机构相关的信息披露完整性、公平性、内部审批合规性等相关的隐藏法律风险,在未来导致金融机构自身承担相应责任。

---

① 参考《绿色金融:16 大问题待解!》,载微信公众号"金融监管研究院"2023 年 5 月 4 日,https://mp.weixin.qq.com/s/dn-pfau7WK9sZtYO7ixc9g。

三、“漂绿”问题相关法律风险

依据国际环保机构绿色和平与中华环保联合会共同发布的《中国资产管理机构气候表现研究报告(2022)》,15 家头部资产管理机构的气候表现均未达到及格水平,且其中仅有两成可持续主题的基金产品名副其实,可持续投资产品整体在信息披露方面透明度很低。2022 年 6 月,原中国银行保险监督管理委员会发布的《银行业保险业绿色金融指引》要求银行保险机构对在环境、社会和治理方面存在严重违法违规和重大风险的客户,应当严格限制对其授信和投资。据此,上市公司的“漂绿”行为会严重影响公司的发展和经营。

第三节　绿色金融纠纷案例评析

一、福建省绿家园环境友好中心与湖北襄大农牧集团股份有限公司等赔偿案①

湖北省高级人民法院印发《关于2022年度全省法院"精品案件""优秀裁判文书"评选结果的通报》,武汉海事法院审结的(2019)鄂72民初915号案件,荣获全省法院优秀裁判文书一等奖。

【案件基本信息】

原告:福建省绿家园环境友好中心(以下简称福建绿家园)

被告:湖北襄大农牧集团股份有限公司(以下简称襄大公司)、中国农业银行股份有限公司宜城市支行(以下简称农行宜城支行)、湖北宜城农村商业银行股份有限公司(以下简称宜城农商行)

支持起诉人:中国政法大学环境资源法研究和服务中心(以下简称政法大学服务中心)

【基本案情】

福建绿家园系于2006年11月7日在福建省民政厅登记成立的非营利性社会服务活动的社会组织,宗旨是遵守宪法、法律、法规和国家政策,遵守社会道德风尚,普及公民环境保护意识,保护生态环境和生态平衡,倡导绿色消费,促进社会、环境、生态、经济和谐的可持续发展。福建绿家园声明诉讼前5年内未因从事业务活动违反法律、法规的规定,受过行政、刑事处罚。

襄大公司于2001年2月16日注册成立,经营范围包括水产、牲畜及家禽饲料制造销售;畜禽养殖;粮食及副产品收购;生猪、禽屠宰;冷鲜肉及冷

---

① 参考《【优秀裁判文书】(2019)鄂72民初915号民事判决书》,载微信公众号"武汉海事法院"2023年1月17日,https://mp.weixin.qq.com/s/4RnAtZRvQunYRNCTLnlYNA。

冻（藏）肉产品加工、销售、存储；仓库及设备租赁业务；货物进出口（法律、行政法规禁止的项目除外；法律、行政法规限制的项目取得许可后方可经营）；农产品批发市场、农贸市场经营管理及柜台出租。

2015年6月9日，宜城环保局向襄大公司作出责令改正违法行为决定书（宜环法〔2015〕306号），记载：该局于2015年4月29日接到群众投诉反映襄大公司板桥东湾种猪场废水污染问题，2015年5月8日，该局监察人员进行了调查并现场取样，2015年5月18日监测报告数据显示悬浮物207毫克/升、CODcr459毫克/升，超过国家规定的污水综合排放标准，襄大公司违反《畜禽规模养殖污染防治条例》第20条之规定，责令襄大公司在2015年10月30日前完成治理达标排放。2021年10月21日，宜城环保局出具“关于宜环法〔2015〕306号责令改正违法行为决定书的有关情况说明”，记载：该局向襄大公司下达责令改正违法行为决定书后，襄大公司立行立改，及时对东湾原种猪场污水处理系统进行完善和整改，加强对运行全过程管理，并向该局提供了武汉楚江环保有限公司2015年6月22日出具的检测报告，襄大公司处理后废水悬浮物、CODcr达到国家规定的污水综合排放标准。鉴于该猪场环保问题及时得到整改，故未对其进行处罚。

2021年9月2日，钧正鉴定所接受福建绿家园委托，出具司法鉴定意见书，记载：(1)2015年5月，宜城环保局监察人员对种猪场进行了调查和现场取样，种猪场废水处理设施处于正常运行状态，但是没有按照环境影响评价报告书的要求对处理后出水进行农田或山林消纳，而是通过一根200米长的管道将出水排放。该长度不足以将出水引至消纳农田，因此，出水属于外排性质。出水与山上流下来的泉水混合，通过两道水坝，进入莺河二库，最终进入汉江。根据2018年9月项目竣工环境保护验收监测报告可知，处理出水能够达到排放标准。此后，襄大公司将管道长度延伸至3200米，与山林灌溉完全配套，处理后出水不再外排。(2)根据竣工验收监测报告可知，处理出水达到了《畜禽养殖业污染物排放标准》（GB 18596—2001）和《农田灌溉水质标准》（GB 5084—2005）旱作物标准，但不能外排，必须山林消纳。项目在2018年9月之前大部分污水没有农田或山林消纳，而是直接外排。外排废水必须满足《污水综合排放标准》（GB 8978—1996），按照环评要求，最终接纳水体属于Ⅱ类水体，污水排放必须执行一级标准。该标准与2015年5月18日下达责令改正违法行为决定书的监测结果以及2018年6月28日竣工验收监测结果相比，可以明显看出，竣工验收之前，废水处理后水质极差，CODcr和SS（废水悬浮物）严重超标，即使是竣工验收之后，BOD_5也超过外排标准。（3）襄大公司板桥东湾原种猪场从2013年开始建设，截至验收期间，一直都没有按照环评批复的要求妥善处理废水，未消纳还田，又将废水引至外面的沟渠，通过灌注的形式任其漫流，继而污染莺河二库和汉江水质，严重污染生态环境，没有保护好生态红线，属于违法行为。根据责令改正违法行为决定书可知，外排废水达不到《污水综合排放标准》（GB 8978—1996）一级标准，超标排放废水会造成地表水体污染。（4）类比《猪场的耗水量与粪便排量》（环境技术论坛）一文的饮水量、冲洗水量计算，2013年1月1日至2018年8月10日，生活用水量为60,221.20吨，总用水量为235,474.278吨。（5）猪尿产生量对比《第一次全国污染源普查　畜禽养殖业源产排污系数手册》中关于不同类型猪只"中南地区畜禽养殖场产污系数"，2013年1月1日至2018年8月10日猪尿、冲洗废水总量为85,704.80吨。生活污水排污系数取80%计，项目生活污水产生量为48,176.96吨，总排水量为133,881.76吨。其中，2015年6月8日至2016年6月7日排水量为18,450.79吨，2016年12月14日至2018年8月10日排水量为42,823.41吨。（6）根据《突发环境事件应急处置阶段环境损害评估推荐方法》（环办〔2014〕118号）附表F－1，通过虚拟治理成本法确定生态环境损害数额的原则，襄大公司板桥东湾原种猪场非法排放废水直接进入Ⅲ类地表水，则地表水环境损害数额是虚拟治理成本的4.5～6倍，项目非法外排废水时污水处理设施正常运行，只是处理后出水超标，取值4.5倍。污水治理成本参照湖北省宜城市污水处理厂、湖北省宜城经济开发区污水处理厂、江西省南昌市青山湖污水处理厂处理废水达到标准基线标准值成本计算，即3元/吨。2013年1月1日至2018年3月31日共计1916天，外排污水量为106,321.13吨，处理成本按照3元/吨，地表水环境损害数额是虚拟治理成本的4.5倍，损害数额为1,435,335.255元。2018年4月1日至8月10日，污水排放管道达到1400米，可以将污水基本上引至山林灌溉，污水不属于外排状态，无环境损害。2015年6月8日至2016年6月7日外排污水量为15,814.96吨，处理成本为47,444.88元，地表水环境损害数额是虚拟治理成本的4.5倍,损害数额为213,501.96元。2016年12月14日至2018年3月31日外排污水量为27,778.93吨,处理成本按照83,336.79元,地表水环境损害数额是虚拟治理成本的4.5倍,损害数额为375,015.56元。

2021年10月30日,钧正鉴定所出具司法鉴定补充意见书,根据襄大公司板桥东湾原种猪场历年人员信息,重新计算了生活污水排放量以及损害数额,2015年6月8日至2016年6月7日外排污水量为18,224.29吨,污水处理成本为54,672.86元,损害数额为322,570元;2016年12月14日至2018年3月31日外排污水量为33,323.39吨,污水处理成本为99,970.17元,损害数额为589,824元。

2015年6月8日,农行宜城支行与襄大公司签订《流动资金借款合同》,约定襄大公司向农行宜城支行借款2900万元用于购买原材料,借款期限自2015年6月8日至2016年6月7日。2015年6月10日,农行宜城支行按照襄大公司的通知向宜城市国祥兴农有限公司支付2300万元用于购买原材料,向湖北楚皇城粮油食品有限公司支付600万元用于购买原材料。

2016年1月5日,宜城农商行作为牵头行与襄大公司签订《流动资金社团(银团)借款合同》,约定襄大公司向宜城农商行等银行借款29,000万元,其中宜城农商行承贷金额为5000万元,用途为流动资金周转,本合同项下借款可循环使用,使用期限自本合同生效之日起至2019年1月4日止,2016年至2018年,宜城农商行按照襄大公司提款申请向襄大公司指示交易方支付货款。

福建绿家园提出以下诉讼请求:(1)判令襄大公司赔偿2013年1月1日至2018年8月10日地表水环境损害1,424,051元,该款支付至法院指定账户,用于湖北省襄阳市汉江流域水生态环境治理或者生态环境保护宣传教育活动;(2)判令农行宜城支行对襄大公司2015年6月8日至2016年6月7日地表水环境损害322,570元承担连带赔偿责任;(3)判令宜城农商行对襄大公司2016年12月14日至2018年8月10日地表水环境损害589,824元承担连带赔偿责任;(4)判令襄大公司、农行宜城支行、宜城农商行通过湖北省襄阳市人民政府门户网站、襄阳电视台、《襄阳日报》向全市人民群众承认错误、赔礼道歉;(5)判令襄大公司、农行宜城支行、宜城农商行赔偿福建绿家园诉讼支出生态环境损害鉴定评估费12万元、律师代理费71,766.76元、差旅费11,885.45元和政法大学服务中心差旅费2689元，款项支付至福建绿家园指定账户；(6)判令襄大公司、农行宜城支行、宜城农商行承担本案诉讼费用。

【案件焦点】

1. 襄大公司是否实施了污染环境行为，是否造成环境损害。

2. 襄大公司是否应当承担赔礼道歉、赔偿损失的民事责任及损失金额如何认定。

3. 农行宜城支行、宜城农商行是否应当承担环境损害赔偿责任。

4. 本案诉讼相关费用的负担如何分配。

【法院裁判要旨】

1. 襄大公司是否实施了污染环境行为，是否造成环境损害

襄阳环保局作出的襄大公司板桥东湾原种猪场项目环境影响报告书的批复要求项目外排废水浓度低于《畜禽养殖业污染物排放标准》(GB 18596—2001)的限值，外排废水满足《农田灌溉水质标准》(GB 5084—2005)旱作物标准要求后，用于周边农灌，不得排入地表水体和地下。2014年9月3日，襄大公司自行采集废水样品检测结果显示处理后悬浮物超出《畜禽养殖业污染物排放标准》(GB 18596—2001)的限值。2015年5月8日，宜城环保局监测人员现场取样检测结果显示悬浮物、CODcr超出《畜禽养殖业污染物排放标准》(GB 18596—2001)的限值。2015年6月15日，襄大公司送样经检测符合环评批复要求。在无相反证据情况下，法院认定自2014年9月3日至2015年6月14日，襄大公司养殖废水不符合环评批复要求，依法不能对外排放。在此期间，襄大公司养殖废水通过管道用于山林灌溉，违规排放超标废水必然会对自然环境生态功能造成影响，对环境造成损害。

关于襄大公司2014年9月3日之前和2015年6月14日之后养殖废水是否污染环境。宜城环保局出具的多份书面材料中表明襄大公司认真落实环保“三同时”制度，环保设施运行正常，将原环评报告设计的灌溉下游农田变更为灌溉山林，不排入环境，使猪场养殖更加环保，养殖废水得到了全面综合利用。在本案中，没有证据证明襄大公司自2013年1月1日至2014年9月2日、自2015年6月15日至2018年8月10日实施了污染环境行为，福建绿家园诉请襄大公司

对此期间地表水环境损害承担赔偿责任没有事实依据,法院依法予以驳回。

2. 襄大公司是否应当承担赔礼道歉、赔偿损失的民事责任及损失金额如何认定

《民法典》第 1235 条规定:"违反国家规定造成生态环境损害的,国家规定的机关或者法律规定的组织有权请求侵权人赔偿下列损失和费用:(一)生态环境受到损害至修复完成期间服务功能丧失导致的损失;(二)生态环境功能永久性损害造成的损失;(三)生态环境损害调查、鉴定评估等费用;(四)清除污染、修复生态环境费用;(五)防止损害的发生和扩大所支出的合理费用。"《环境民事公益诉讼司法解释》第 18 条规定:"对污染环境、破坏生态,已经损害社会公共利益或者具有损害社会公共利益重大风险的行为,原告可以请求被告承担停止侵害、排除妨碍、消除危险、修复生态环境、赔偿损失、赔礼道歉等民事责任。"襄大公司排放超标养殖废水对当地生态环境造成破坏,影响了社会公众享有美好生态环境的精神权益,造成公众精神利益损失,应当承担赔礼道歉、赔偿生态环境损失的责任。福建绿家园诉请襄大公司通过湖北省襄阳市主流媒体向公众赔礼道歉于法有据,法院予以支持。

关于襄大公司应当承担的生态环境损失数额。本案符合适用虚拟治理成本法计算生态环境损失数额的情形。

襄大公司板桥东湾原种猪场项目环境影响报告书分析项目废水主要为猪尿、猪舍冲洗废水、生活污水。猪尿产生量:根据类比数据,存栏猪全群日平均产尿量为 3 升。猪舍冲洗废水量按照冲洗水量 10% 的经验损耗计算,平均每头猪需要冲洗水为 9 升/次。生活污水按照生活用水 80% 计算,生活用水 150 升/人 · 天。2014 年 9 月 3 日至 2015 年 6 月 14 日,猪尿产生量 7186. 43 吨,猪舍冲洗废水 15, 936. 39 吨,生活污水 1736. 44 吨,合计 24, 859. 26 吨。钧正鉴定所鉴定意见书中废水计算方式与上述计算方式不一致,法院认为上述环境影响报告书中的废水计算方式经专家评审、环保部门审批,更能反映本案实际,依法予以采信。

襄大公司板桥东湾原种猪场日处理 1000 吨污水处理设施于 2013 年 6 月 26 日调试完毕,于 2013 年 8 月 6 日通过竣工单项验收。宜城环保局在"关于襄大农牧有限公司板桥东湾原种猪场有关环保工作情况的说明"中称该猪场自建设以来,一直严格落实环保要求,环保设施运行正常,环境保护工作也比较规范。

法院参照襄大公司所在地宜城市污水处理费2元/吨作为襄大公司排放污染物单位治理成本。襄大公司板桥东湾原种猪场最近地表水体汉江环境功能区类别为Ⅲ类，环境功能敏感系数为5，结合案涉废水危害系数和超标程度，法院确定生态环境损失赔偿数额为248,592.60元(24,859.26吨×2元/吨×5)。

3. 农行宜城支行、宜城农商行是否应当承担环境损害赔偿责任

农行宜城支行、宜城农商行均系依法设立的吸收公众存款、发放贷款、办理结算等业务的金融机构，向襄大公司发放贷款是其正常经营活动，借贷活动应当遵循平等、自愿、公平和诚实信用原则。贷款人依约向襄大公司发放贷款，襄大公司独立自主开展经营活动。农行宜城支行与襄大公司签订《流动资金借款合同》在宜城环保局对襄大公司作出责令改正违法行为决定书之前，宜城农商行作为牵头行与襄大公司签订《流动资金社团(银团)借款合同》时，襄大公司案涉猪场环保问题已经得到整改，未被处罚，农行宜城支行、宜城农商行难以审查发现襄大公司存在环境违法行为。本案无证据表明农行宜城支行、宜城农商行在发放贷款时应当知晓襄大公司存在环境违法行为，本案事实无法认定农行宜城支行、宜城农商行与襄大公司存在共同侵权的意思联络。同时，农行宜城支行、宜城农商行发放贷款与襄大公司环境侵权及侵权损害后果之间没有直接因果关系。农行宜城支行、宜城农商行与襄大公司之间不符合共同侵权的构成要件，不构成共同侵权。

《民法总则》(已失效)第176条规定："民事主体依照法律规定和当事人约定，履行民事义务，承担民事责任。"福建绿家园主张农行宜城支行、宜城农商行违反中国人民银行制定的《贷款通则》的规定，应当承担相应的民事责任没有法律依据，法院不予支持。尽管如此，农行宜城支行和宜城农商行应当通过本案提高思想认识，有效开展绿色信贷，发挥银行业金融机构在促进经济社会全面、协调、可持续发展中的作用。

4. 本案诉讼相关费用的负担如何分配

《环境民事公益诉讼司法解释》第22条规定："原告请求被告承担检验、鉴定费用，合理的律师费以及为诉讼支出的其他合理费用的，人民法院可以依法予以支持。"襄大公司污染环境、破坏生态的行为理应接受社会公众的监督，福建绿家园作为非营利性社会组织提起环境民事公益诉讼应当得到肯定，政法大学服务中心支持福建绿家园诉讼也是出于保护环境的初心，福建绿家园和政法大

学服务中心因此支出的合理费用应当由襄大公司予以承担。综合考虑本案诉讼的公益性质、福建绿家园提出的诉讼主张、福建绿家园和政法大学服务中心诉讼能力及其在本案中的实际工作量与实际支出等因素,法院判令襄大公司承担福建绿家园实际支出的差旅费等费用 6341.35 元,并酌定襄大公司承担福建绿家园律师代理费 6 万元和因本案诉讼委托钧正鉴定所出具鉴定意见所支出的费用 6 万元、政法大学服务中心差旅费 1000 元。

【判决结果】

1. 被告襄大公司于本判决生效之日起 10 日内通过湖北省襄阳市主流媒体公开向公众赔礼道歉(具体媒体和赔礼道歉内容应经法院审定,如未履行上述义务,则由法院选择媒体刊登判决主要内容,所需费用由被告襄大公司负担)。

2. 被告襄大公司于本判决生效之日起 30 日内赔偿生态环境损失费用 248,592.60 元,支付至湖北财政专户。

3. 被告襄大公司于本判决生效之日起 10 日内向原告福建绿家园支付律师代理费 6 万元、差旅费等费用 6341.35 元和因本案诉讼委托钧正鉴定所出具鉴定意见所支出的费用 6 万元,合计 126,341.35 元。

4. 被告襄大公司于本判决生效之日起 10 日内向支持起诉人政法大学服务中心支付差旅费 1000 元。

5. 驳回原告福建绿家园的其他诉讼请求。

案件受理费 19,473 元,由原告福建绿家园负担 14,983 元,被告襄大公司负担 4490 元。

【律师评析】

该案中,福建绿家园诉襄大公司、农行宜城支行、宜城农商行,要求襄大公司停止污染环境,赔偿损害,农行宜城支行和宜城农商行对该赔偿承担连带责任,并要求三被告公开道歉。

该案件属于环境污染民事公益诉讼,该案的争议焦点之一在于:农行宜城支行、宜城农商行是否应当承担环境侵权损害赔偿责任。福建绿家园认为:农行宜城支行、宜城农商行违反审慎经营规则,未尽环保合规审查义务,违反对环境和社会表现不合规的客户,应当不予授信的规定,向襄大公司发放流动资金贷款,支持襄大公司违法生产,造成环境污染,存在共同的意思联络,系间接故意,构成共同侵权,依法应当承担连带责任。

污染环境、破坏生态应当承担民事赔偿责任，但商业银行在向环境污染企业提供金融服务活动时是否应当承担相应的法律责任，现行法律没有明确规定，社会各界认识不一、争议较大。商业银行通常没有直接参与企业的环境污染行为，但其金融活动可能会对环境污染后果产生一定影响。厘清企业环境污染行为和商业银行金融服务行为之间的关系、判定两者之间的责任既需要深厚的法学理论功底，也考验着审理者的裁判智慧。如果商业银行责任条件过松，不利于生态环境的保护；如果责任条件过严，又会影响市场主体的正常经营活动甚至可能对营商环境造成不利影响。不能简单认定商业银行金融活动与环境污染行为之间是否存在因果关系或者是否应当承担环境损害赔偿责任，否则个案的环境风险极有可能演化为系统性的金融风险。

该案中，法院从客观实际出发，查清企业环境污染行为发生的时间段，认为银行与公司签订《流动资金借款合同》在环保局对公司作出责令改正违法行为决定书之前，银行作为牵头行与公司签订《流动资金社团（银团）借款合同》时，公司案涉猪场环保问题已经得到整改，未被处罚，银行难以审查发现襄大公司存在环境违法行为。同时，该案无证据表明银行在发放贷款时应当知晓公司存在环境违法行为，该案事实无法认定银行与公司存在共同侵权的意思联络。认定商业银行与环境污染企业不存在共同侵权的意思联络，金融服务行为与环境侵权及侵权损害后果之间没有直接因果关系，判决商业银行不承担环境污染民事赔偿责任。但法院仍强调："尽管如此，农行宜城支行和宜城农商行应当通过本案提高思想认识，有效开展绿色信贷，发挥银行业金融机构在促进经济社会全面、协调、可持续发展中的作用。"

该案虽然没有判决商业银行承担环境污染民事赔偿责任，但却为银行业金融机构重视环境与社会风险管理敲响了警钟。在中国人民银行等部门制定的行政规章和规范性文件中，商业银行的金融服务行为需要满足诸多绿色信贷的要求。该案的审结，填补了司法实践的空白，有利于促进完善健全源头预防、过程控制、损害赔偿、责任追究的生态环境保护体系建设。

二、绿色金融项目案例——国家开发银行与生态环境部创新"三统筹"融资模式

【项目背景】①

徐州是全国典型的老工业基地和资源型城市，随着城市工业的快速发展，危险废物、建筑垃圾、大件及园林垃圾、污水污泥急剧产生，对徐州的地表水、地下水、大气等环境构成严重威胁，徐州面临着巨大的环境保护压力。

为解决生态环境问题，提高资源循环利用效率，2018 年，徐州市开始谋划建设循环经济产业园。该产业园位于铜山区大彭镇，起步区规划面积 2365 亩，总投资约 60 亿元，涉及生活垃圾焚烧发电、餐厨垃圾处理、污水处理、危险废物处置、饱和废活性炭再生利用、建筑垃圾处置等 11 个环保项目，以及宣教基地、基础设施建设、影响区村庄搬迁安置等工程。

该产业园项目整体投资较大，各项目"小而散、公益性强"，面临融资难的困境：一方面，配套基础设施建设自身收益水平较低，居民搬迁安置无收益，若以基础设施建设或影响区村庄搬迁安置项目单独申请贷款，均不满足金融机构融资评审要求；另一方面，虽然环保项目收益能力相对较强，均可单独融资，但必须完成起步区基础配套设施及影响区村庄搬迁安置，才能为环保项目建设运营创造前提。

【项目内容】

基于上述情况，国家开发银行充分发挥融资融智作用，与生态环境部共同谋划、先期参与徐州"无废城市"方案设计，在不增加徐州政府债务、不依托财政兜底前提下，推动"政府引领、企业主导、市场化运作、专业化运营"的机制建设，构建"环保产业 + 公共服务配套"一体化实施方案，按照"产业系统规划、资源充分整合、园区分步建设、收益整体平衡"原则，创新性提出统筹建设内容、统筹还款来源、统筹增信方式的"三统筹"融资模式，探索出具有借鉴意义、可复制的生态环保领域融资新模式。最终，经国家开发银行总行授信批准，循环经济产业园项

---

① 参见李琪：《【杂志微阅读】绿色金融助力生态环境修复——中国银行业绿色低碳金融产品创新系列典型案例》，载微信公众号"中国银行业杂志"2022 年 4 月 19 日，https://mp.weixin.qq.com/s/o3ANBmkBma0JTVCSi-1hxg。

目获授信贷款约45.5亿元,期限20年,解决了产业园起步区建设资金需求。

该项目具体融资模式为,由新盛集团子公司新盛绿源公司作为投资建设、运营管理主体,负责统筹融资、建设、运营、还款;每个环保子项由入园企业进行专业化经营;建立扎实有效的资金归集机制,通过现金流控制,将项目收益统一归集至新盛绿源公司,保障项目还款,新盛集团作为股东承担部分差额补足偿债义务。

【项目亮点】

本项目采用"三统筹"融资模式,具体如下:

1.统筹建设内容。突破传统贷款项目不得与不相关其他项目建设内容捆绑申请的限制,即污水处理、建筑垃圾处理等环保项目、园区基础设施建设项目与影响区居民搬迁安置项目之间,无直接关联性,在融资方案设计中,将上述互相独立的板块、项目以起步区建设的名义整合作为一个整体,推进贷款评审工作。

2.统筹还款来源。污水处理、综合材料处置、建筑垃圾处置等环保项目自身具有较好收入现金流,符合银行贷款评审政策,但园区基础设施建设项目及影响区居民搬迁安置项目现金流较弱,难以满足银行贷款评审政策。因此,将上述项目以起步区建设的名义整体打包后,各子板块的现金流汇总成为起步区建设项目的整体收入,并作为贷款的第一还款来源,同时以母公司新盛集团的综合现金流作为有效补充,突破传统贷款中项目自身收入必须覆盖贷款本息的限制,使得打包后的项目在收入能力上符合贷款评审要求。

3.统筹增信方式。在本次纳入贷款范畴的三个板块实施内容中,仅环保产业项目具有可抵押的土地或房产,符合贷款评审合规性要求;园区基础设施建设具有较少量可供抵押的土地及房产,影响区居民搬迁安置项目无可供抵押的土地或房产资源,均不满足贷款评审合规性要求。在贷款方案设计中,将三个板块涉及的所有土地、房产、机器设备统一作为抵押物向国家开发银行提供贷款抵押,并增加母公司新盛集团担保,使得项目整体具有自我抵押增信的能力,同时增加了新盛集团AAA级信用评级的担保增信,满足贷款评审增信要求,突破项目自身资产评估抵押价值必须覆盖贷款本息的限制。

【律师评析】

我国环境治理任务繁重,环保投资需求巨大。党的十八届五中全会提出全面建成小康社会新的目标要求,环保目标就是要实现"生态环境质量总体改善”，污染物排放总量大幅减少，抓紧补齐生态环境突出短板。“十三五”时期，国家以改善环境质量为核心，提出打好大气、水、土壤污染防治“三大战役”。国务院颁布的《大气污染防治行动计划》《水污染防治行动计划》《土壤污染防治行动计划》，提出了环境改善的具体指标。

近年来，中央财政在生态保护方面的公共支出稳步增长，但要弥补过去因经济高速发展而造成的生态欠账，仍存在较大资金缺口。在我国经济增长预期放缓之际，若仅通过大幅增加公共支出来实现生态保护方面的各项目标，将变得越发困难。必须通过创新绿色金融政策体系，吸引社会资本参与生态保护修复。

与此同时，中国银行业金融机构加大绿色金融产品和服务创新力度，创新统筹融资模式、政府和社会资本合作（PPP）模式、开发性贷款、绿色信贷等融资方式，为生态修复的深入推进开辟了新的有效途径。国家开发银行与生态环境部的“三统筹”融资模式，为其他类似项目提供了“化零为整”的创新思路，在绿色生态环保领域融资起到了示范作用。

第四节 绿色金融纠纷风险防控建议

一、各金融机构应当落实内部绿色金融管理制度，提升绿色金融的专业能力和水平

2018 年前后，此时我国绿色金融政策刚刚起步，时至今日，我国绿色金融已经得到了一定的发展，虽然尚未完全成熟，但是，我们需要注意的是近些年新的文件中对金融机构的要求愈渐严苛。

在法律法规、司法解释层面，2023 年 2 月 16 日，最高人民法院发布的《法发〔2023〕5 号》，将会是法院裁判银行等金融机构承担环保侵权民事赔偿责任的重要依据。其第 12 条第 3 句要求："审理绿色股权投资、绿色保险、绿色股票指数、绿色基金等纠纷案件，投资者以相关责任主体违反绿色金融管理规定或擅自改变资金绿色用途、致其遭受损失为由主张损害赔偿责任的，依法予以支持，有效保护投资者合法权益，鼓励更多资本和机构参与气候投融资。"

在 2022 年 6 月 1 日，原中国银行保险监督管理委员会发布的《银行业保险业绿色金融指引》（银保监发〔2022〕15 号）第 20 条明确提出："银行保险机构应当加强授信和投资审批管理，根据客户面临的环境、社会和治理风险的性质和严重程度，确定合理的授信、投资权限和审批流程。对在环境、社会和治理方面存在严重违法违规和重大风险的客户，应当严格限制对其授信和投资。"第 22 条要求银行应当"加强信贷和投资资金拨付管理，将客户对环境、社会和治理风险的管理状况作为信贷和投资资金拨付的重要依据。在已授信和投资项目的设计、准备、施工、竣工、运营、关停等相关环节，合理设置环境、社会和治理风险评估关卡，对出现重大风险隐患的，可以按照合同约定中止直至终止资金拨付"。这将成为法院判断银行等金融机构是否"违反绿色金融管理规定"的重要根据。

关于罚款，全国首部绿色金融法规《深圳经济特区绿色金融条例》第 66 条规定："金融机构违反本条例第三十二条至第三十五条的规定，未对投资项目开

展绿色投资评估的，由市地方金融监管部门责令限期改正，处五万元以上二十万元以下罚款；项目发生应当处警告以外行政处罚的生态环境损害事件的，按照提供贷款或者投资金额的百分之一以上百分之十以下处以罚款。”金融机构违反绿色金融法规的，将面临非常严厉的行政罚款等行政责任。

从上述法律法规中可以看出，金融机构不可一味追求推动绿色金融创新和能力建设，开发多样化的绿色金融产品和服务，满足不同类型和层次的绿色金融需求，而忽视各个程序、步骤中存在的隐藏风险。金融机构在目前鼓励绿色金融的大环境下，仍应严格执行审批流程、评估程序等，落实内部绿色金融管理制度，提升绿色金融的专业能力和水平。

二、金融机构和企业应重视并预防“漂绿”风险

为进一步促进 ESG 投资的发展，相关部门和监管机构正在陆续出台法规和政策预防“漂绿”风险，对 ESG 信息披露的要求将逐步提高趋向强制性披露监管力度相应地不断加强，从而为投资者和公司营造良好的投资环境。

在实践中，企业应当避免通过“漂绿”手段获得绿色贷款。无论企业是“有意”，还是“无心”，从意识层面认知“漂绿”、规避“漂绿”风险，都必须要提上企业的日程。虽然“漂绿”能够带来短期内的好处和利益，但从长期来看带来的只有更大的风险。企业应考虑在 ESG 报告等对外公开内容中，准确、真实地进行声明、不要隐藏重要信息，并为声明提供有力的证据。金融机构也可以加大对企业相关信息披露的要求，对客户及其项目的 ESG 风险进行分类管理和动态监控，运用科技工具和第三方服务提高风险评估的专业性和客观性，提高申请绿色金融的客户自身的透明度和可信度，将风险评估结果作为业务决策和风险定价的重要依据。

三、金融机构应优化绿色金融产品相关的全周期业务流程

金融机构在操作流程和风险控制措施方面还需加强贷前尽职调查，优化贷后管理。金融机构可以识别和评估项目风险，合理确定贷款金额、贷款期限和还款计划，同时可以督导银行机构加强资金流向监管，监督贷款按规定用途使用，

防止利用绿色信贷政策套取资金。金融机构还可以定期开展绿色评估，积极开展气候环境风险压力测试，研究在碳减排极端政策环境下对银行信贷资产风险的影响，精准开展贷后风险防控，以合理合规的方式在绿色金融产品全周期中积极贯彻履行金融机构的社会责任，为发展绿色金融、实现可持续发展、实现我国“双碳”目标贡献力量、提供支持。

第十章

煤炭资源整合和电力结构调整纠纷案件

李鲜华　周冬云

本章作者：李鲜华，北京市盈科（广州）律师事务所高级合伙人律师、管委会委员，盈科全国碳中和法律专业委员会副主任。

周冬云，北京市盈科（广州）律师事务所律师。

第一节　案件类型、案由分析及相关法律法规

一、煤炭资源整合和电力结构调整纠纷案件类型和案由综述

煤炭是我国主体能源，其具备成本效益高、稳定和用途广泛的优势。然而，近年来受到经济增速放缓、能源结构调整等因素影响，煤炭供求关系严重失衡，煤炭企业效益降低，安全生产隐患加大，不利于经济发展、职工就业和社会稳定。[①] 为推进结构性改革、抓好去产能任务的决策部署，在 2016 年 12 月，国家发展和改革委员会、国家能源局发布《煤炭工业发展"十三五"规划》，支持优势煤炭企业兼并重组，提高产业集中度，推进煤炭资源整合；2022 年 9 月，国家能源局发布《能源碳达峰碳中和标准化提升行动计划》，推动建立并完善以光伏、风电为主的可再生能源标准体系，促进电源结构调整，研究建立支撑新型电力系统建设的标准体系；在 2023 年 3 月，时任国务院总理李克强在第十四届全国人民代表大会第一次会议的政府工作报告中强调要增加煤炭先进产能，加大对发电供热企业支持力度，保证能源的正常供应。

在煤炭产业调整过程中，中共中央、国务院先后发布了《关于完整准确全面贯彻新发展理念做好碳达峰碳中和工作的意见》和《2030 年前碳达峰行动方案》，提出将建立起碳达峰碳中和"1 + N"政策体系，扭转二氧化碳排放快速增长的态势，以期实现碳达峰碳中和的目标，努力兑现构建人类命运共同体的大国承诺。随着"双碳"目标的推进，最高人民法院综合相关机构、专家学者以及法官的意见，出台了《法发〔2023〕5 号》，《法发〔2023〕5 号》第 13 条明确："审理涉煤炭资源整合案件，被兼并中小煤矿主张兼并煤炭企业与其新设目标公司共同承担矿业权转让债务清偿责任等的，要结合煤炭资源整合政策，合同签订主体、具体内容以及履行情况，依法保护中小煤矿合法权益，推动高碳排放企业低碳公正

---

① 参见国务院《关于煤炭行业化解过剩产能实现脱困发展的意见》。

转型。审理煤炭中长期合同纠纷案件，坚守契约精神，依法推动完善煤炭生产企业与发电供热企业长协机制，并严格落实……”

二、煤炭资源整合和电力结构调整纠纷涉及的具体案件类型及对应的案由

司法实践中，煤炭资源整合和电力结构调整纠纷涉案件主要涉及民事诉讼、行政诉讼、刑事案件。

由于煤炭资源整合将导致煤炭企业通过吸收兼并、收购控股、新设重组等方式完成企业业务转型，因此，在民事领域内，围绕前述法律关系存在的纠纷以合同纠纷为主。主要包括合同效力纠纷、合同主体责任承担纠纷、合同履行纠纷、违约责任纠纷。其中，在司法实践中，合同主体责任承担纠纷围绕小型煤炭企业、大型煤炭企业以及约定新设公司的主体责任划分；合同履行纠纷主要涉及煤炭资源产权变动中相关主体是否依法履行报批义务、合同各方当事人的法定义务等。在煤炭资源整合过程中，煤炭供需双方之间依照市场化机制，往往倾向于签订煤炭中长期合同，该合同涉及的煤炭企业、发电供热企业以及运输企业之间的合同纠纷也是常见民事纠纷。此外，在电力结构调整过程中，因各地政府对于政策的解读以及各地煤矿企业发展状况不同，各地据此出台的相关节能减排政策，对于煤炭企业关停标准等也均有所差异。因此，对于无法适应节能减排政策需求的部分燃煤发电企业，在其退出市场时，未妥善处理债权债务损害债权人和职工利益引发的纠纷也不容忽略。此外，对于部分享受补偿电量的煤炭企业违反相关规定，将补偿的电量用于交易所产生的纠纷占比也较大。

在行政诉讼领域内，相关纠纷的争议焦点主要为行政主体作出的行政处罚是否符合法律规定以及行政主体与行政相对人之间的协议是否属于行政协议、行政主体是否违反了行政协议等。

在刑法领域内，在政策性关停的矿区范围内进行工程性采挖，或违反矿产资源法的规定，未取得采矿许可证擅自采矿，或被吊销采矿证后仍擅自进入国家规划矿区、对国民经济具有重要价值的矿区和他人矿区范围采矿的，应当以非法采矿罪追究其刑事责任。

三、煤炭资源整合和电力结构调整纠纷案件涉及的法律法规

由于煤炭资源整合和电力结构调整纠纷案件主要涉及民事诉讼及行政诉讼,因此,涉及的法律法规主要为《民法典》《煤炭法》《行政处罚法》等民事法典、民事及行政法单行法律法规和规范性文件;《刑法》,最高人民法院、最高人民检察院《关于办理非法采矿、破坏性采矿刑事案件适用法律若干问题的解释》等刑事法律法规及司法解释。

(一)煤炭资源整合和电力结构调整法律法规

1.《民法典》

2021 年 4 月,习近平总书记在中共中央政治局第二十九次集体学习时强调,“十四五”时期,我国生态文明建设进入以降碳为重点战略方向、促进经济社会发展全面绿色转型的关键时期。“双碳”目标的核心内容是减少碳排放,亦符合《民法典》第 9 条绿色原则所确立的价值取向。《民法典》绿色原则及环境污染和生态破坏侵权责任的确立,是煤炭资源整合和电力结构调整领域内各单行法、地方性法规、相关政策的指导性法律。

2.《煤炭法》(2016 修正)

《煤炭法》是煤炭资源整合和电力结构调整主要依据的单行法,其在第 1 条明确:合理开发利用和保护煤炭资源,规范煤炭生产、经营活动,促进和保障煤炭行业的发展。同时,第 16 条确定:煤炭生产开发规划应当根据国民经济和社会发展的需要制定,并纳入国民经济和社会发展计划。第 19 条进一步确定了煤炭开发与环境治理、环境保护的关系。依据《煤炭法》规定:煤矿建设应当坚持煤炭开发与环境治理同步进行。煤矿建设项目的环境保护设施必须与主体工程同时设计、同时施工、同时验收、同时投入使用。

3. 国务院办公厅《关于促进煤炭行业平稳运行的意见》

为促进煤炭行业平稳运行和持续健康发展,国务院办公厅于 2013 年 11 月 18 日发布《关于促进煤炭行业平稳运行的意见》,明确“坚决遏制煤炭产量无序增长”的重要目标,严格新建煤矿准入标准,停止核准新建低于 30 万吨/年的煤矿、低于 90 万吨/年的煤与瓦斯突出矿井,逐步淘汰 9 万吨/年及以下煤矿,逐步

完成煤炭资源整合。该意见指出，在煤炭资源整合过程中，应有效整合资源，鼓励煤炭企业兼并重组，以大型企业为主体，在大型煤炭基地内有序建设大型现代化煤矿，促进煤炭集约化生产。

同时，该意见提及，通过引导煤炭企业加强市场供需分析，优化生产布局，科学确定采掘关系，依法有序组织生产，严禁私采乱挖和超层越界开采；加强煤矿补充地质勘探和资源储备，摸清老矿区外围资源储量，延长矿区服务年限。根据《刑法》第343条以及最高人民法院、最高人民检察院《关于办理非法采矿、破坏性采矿刑事案件适用法律若干问题的解释》的相关规定，违反《矿产资源法》的规定，未取得采矿许可证擅自采矿，擅自进入国家规划矿区、对国民经济具有重要价值的矿区和他人矿区范围采矿，或者擅自开采国家规定实行保护性开采的特定矿种的，应被认定为非法采矿罪。

对于不符合市场、环境目标的煤矿企业，应建立完善退出机制，对资不抵债且扭亏无望的煤矿，要依法及时关闭破产。支持煤炭企业发展矿区循环经济，加快建设一批煤电一体化项目。研究出台有效措施，推动煤炭企业与用户签订中长期煤炭合同。加强煤炭行业与制造业规划及生产运行的配套衔接，促进煤炭供给侧与需求侧协调均衡发展。

4. 国务院《关于煤炭行业化解过剩产能实现脱困发展的意见》

煤炭作为我国主体能源，为推进结构性改革、抓好去产能任务，国务院于2016年2月1日发布《关于煤炭行业化解过剩产能实现脱困发展的意见》，该意见明确了煤炭资源整合和电力结构调整应贯彻“创新、协调、绿色、开放、共享”的发展理念，着眼于推动煤炭行业供给侧结构性改革，积极稳妥化解过剩产能与结构调整、转型升级相结合，实现煤炭行业扭亏脱困升级和健康发展”。

在煤炭资源整合和电力结构调整过程中，该意见进一步明确了煤炭行业结构调整与煤炭行业转型应采用整体推进与重点突破相结合的模式，重点是产煤省份和工作基础较好的地区率先突破，为整体推进探索有益经验。以做好职工安置为重点，挖掘企业内部潜力，做好转岗分流工作，落实好各项就业和社会保障政策，保障职工合法权益，处理好企业资产与债务。基于此，推进企业改革重组是煤炭资源整合过程中的主要任务，该意见提出：稳妥推动具备条件的国有煤炭企业发展混合所有制经济，完善现代企业制度，提高国有资本配置和运行效率。鼓励大型煤炭企业兼并重组中小型企业，培育一批大型煤炭企业集团，进一步提高安全、环保、能耗、工艺等办矿标准和生产水平。

此外,该意见强调了在煤炭行业转型过程中,应做好职工安置,坚持企业主体作用与社会保障相结合,细化措施方案,落实保障政策,维护职工合法权益。同时,对于需要退出市场的中小型煤炭企业,鼓励运用市场化手段妥善处置企业债务和银行不良资产,落实金融机构呆账核销的财税政策,完善金融机构加大抵债资产处置力度的财税支持政策,并支持社会资本参与企业并购重组,鼓励保险资金等长期资金创新产品和投资方式,参与企业并购重组,拓展并购资金来源。

5.《煤炭矿区总体规划管理暂行规定》

2012 年 6 月 13 日,为规范煤炭资源勘查开发秩序,保护和合理开发利用煤炭资源,国家发展和改革委员会颁布《煤炭矿区总体规划管理暂行规定》,确立了煤炭资源开发必须编制矿区总体规划的基本管理办法,并规定了关于规划审批的相关程序及审批部门。

(二)地方性法规、规范性文件及相关政策

1.《乌海市关于落实自治区促进煤炭工业高质量发展意见的实施方案》

2021 年 9 月 13 日,中共乌海市委员会、乌海市人民政府发布《乌海市关于落实自治区促进煤炭工业高质量发展意见的实施方案》明确推动煤炭工业高质量发展、深化煤炭供给侧结构性改革需要围绕推进煤炭清洁高效开发利用,提升产业链现代化水平展开。该方案提出加快推动煤矿绿色发展、推动煤炭清洁高效利用。

为保障煤炭工业高质量发展,该方案提出了加强组织领导、优化发展环境、建立考评机制三项保障措施。考评机制要求严格落实自治区关于智能化矿井、煤矿优质产能、煤矿关闭退出、资源综合利用、绿色矿山建设、煤炭产品质量等方面的管理规范。

2.《六盘水市推动煤炭产业结构战略性调整实施方案》

2023 年 4 月 7 日,中共六盘水市委办公室、六盘水市人民政府就深入贯彻落实国务院《关于支持贵州在新时代西部大开发上闯新路的意见》(国发〔2022〕2 号)和贵州省人民政府《关于印发贵州省推动煤炭产业结构战略性调整实施方案的通知》(黔府发〔2022〕16 号)制定相应方案,确定六盘水市在煤炭资源整合和电力结构调整过程中的重点任务是提升煤炭产业集中度。加快优化调整煤炭

产业开发布局，支持国有企业、大型企业加大煤炭资源开发力度，并通过严格煤矿项目准入、破解涉法涉诉难题、强化煤炭人才供给等方式推进行业转型及行业优化。

3.《大同市煤炭资源保护办法》(2019 修正)

为保护和合理开发利用煤炭资源，充分发挥大同市煤炭资源优势，大同市人民代表大会及其常务委员会结合本市实际，制定《大同市煤炭资源保护办法》(2019 修正)，明确开发利用煤炭资源，应当保护生态环境，防止污染，防止地质灾害和其他公害，将环境保护作为煤炭开发利用的重要标准。

4.《山西省煤炭清洁高效利用促进条例》

《山西省煤炭清洁高效利用促进条例》明确煤炭清洁高效利用的目标为保障实现碳达峰碳中和目标，全方位推动高质量发展。同时，该条例进一步明确了煤炭清洁高效利用是指在煤炭生产、加工、运输、利用和转化过程中，降低能源消耗，控制和减少污染物和温室气体排放，提高煤炭利用效率的活动。在推动产能转型、煤炭资源调整过程中，省人民政府、设区的市人民政府应当编制煤炭清洁高效利用规划，明确工作目标、重点任务和保障措施，与国土空间规划、生态环境保护规划等相衔接，县(市、区)人民政府应当根据煤炭清洁高效利用规划，结合本地实际编制煤炭清洁高效利用计划，并组织实施。

5.《贵州省煤炭工业淘汰落后产能加快转型升级工作领导小组办公室公告》(2022 年第 2 号)

在推动煤炭资源整合和电力结构调整过程中，贵州省煤炭工业淘汰落后产能加快转型升级工作领导小组办公室、贵州省能源局提出对于布局不合理和不符合国家产业政策的煤矿，经审查应组织关闭。在组织关闭落后煤矿企业时，应妥善处理好各方利益关系，保持社会稳定，并明确各级人力资源和社会保障部门要指导煤矿企业做好涉及职工的分流安置工作。

6.《吉林省煤炭消费总量控制“十四五”规划》

随着碳达峰碳中和目标的提出，采取有实效的煤炭消费控制措施，严格合理控制煤炭消费增长，多渠道促进煤炭消费减量替代，推动煤炭和新能源优化组合，是“十四五”煤炭消费总量控制的关键任务。为实现前述目标，《吉林省煤炭消费总量控制“十四五”规划》提出统筹经济发展与煤炭消费总量控制相协调，将低碳绿色发展作为新常态下经济提质、能源增效的重要动力，立足全省产业基础与优势，构建优势互补、结构合理的战略性新兴产业增长引擎，以产业结构调整带动能源结构调整，支持绿色技术创新，推动传统产业绿色化升级，加快推进传统产业节能降耗的发展任务。

7.《全市生产煤矿与建设煤矿“结对共建”助推煤炭行业高质量发展实施方案》

为推进煤炭行业高质量发展，双鸭山市煤炭生产安全管理局鼓励有条件的生产煤矿在力所能及、平等自愿的前提下自行与建设煤矿“结对共建”，共同助推煤炭行业高质量发展，确保能源稳定供应，帮助建设煤矿，解决某一方面或某一项实际困难。在帮扶过程中，该方案提出以互惠互利为基本原则，在合法合规和遵守市场机制的前提下，生产煤矿以购买矿权、融资入股、资金拆借和设备租赁等方式给予建设煤矿支持，帮助建设煤矿走出资金短缺困境，推动建设煤矿早日进入联合试运转阶段。

8.《刑法》

《刑法》第 343 条对非法采矿罪定罪量刑进行了明确规定。明确：违反《矿产资源法》的规定，未取得采矿许可证擅自采矿，擅自进入国家规划矿区、对国民经济具有重要价值的矿区和他人矿区范围采矿，或者擅自开采国家规定实行保护性开采的特定矿种，情节严重的，处 3 年以下有期徒刑、拘役或者管制，并处或者单处罚金；情节特别严重的，处 3 年以上 7 年以下有期徒刑，并处罚金。违反《矿产资源法》的规定，采取破坏性的开采方法开采矿产资源，造成矿产资源严重破坏的，处 5 年以下有期徒刑或者拘役，并处罚金。

9. 最高人民法院、最高人民检察院《关于办理非法采矿、破坏性采矿刑事案件适用法律若干问题的解释》

矿产资源属于不可再生资源，处于持续递减的消耗之中。非法采矿、破坏性采矿行为对矿产资源的破坏具有不可逆性，中共中央、国务院《生态文明体制改革总体方案》提出：“严格实行生态环境损害赔偿制度。强化生产者环境保护法律责任，大幅度提高违法成本。”“对造成生态环境损害的，以损害程度等因素依法确定赔偿额度；对造成严重后果的，依法追究刑事责任。”基于此，为从严惩治矿产资源犯罪、加强对生态环境的保护，最高人民法院、最高人民检察院发布《关于办理非法采矿、破坏性采矿刑事案件适用法律若干问题的解释》，自 2016 年 12 月 1 日起施行。该解释进一步明确了《刑法》第 343 条规定非法采矿罪、破坏性采矿罪前提“违反矿产资源法的规定”的含义，对未取得采矿许可证的具体作了明确。考虑实践中矿山企业在被责令停产停业期间仍然擅自采矿的情况较为普遍，因此，最高人民法院、最高人民检察院《关于办理非法采矿、破坏性采矿刑事案件适用法律若干问题的解释》第 8 条第 1 款规定：在采矿许可证被依法暂扣期间擅自开采的，视为《刑法》第 343 条第 1 款规定的“未取得采矿许可证擅自采矿”。

第二节　相关企业面临的主要法律风险

一、煤炭资源整合和电力结构调整民事法律风险

煤炭资源整合和电力结构调整依赖于中央及各地区依据"双碳"目标,结合各地能源特点及经济发展情况,推进并落地相关政策。因此,因资源整合或电力结构调整引发的企业兼并重组过程中的法律风险主要是民事法律风险。此外,依赖煤炭中长期合同的煤炭生产企业和发电供热企业,因政策变化而导致的部分煤炭交易合同不符合政策规定,因而导致购买煤炭方的价款损失、煤炭供应方煤炭延迟交付引发的违约责任也是煤炭资源整合和电力结构纠纷中常见的民事法律风险。同样,因相关煤炭资源整合政策的出台,致使部分煤炭企业被迫退出市场过程中,企业债务无法清偿以及员工安置问题也是常见的民事法律风险。

(一)煤矿企业兼并重组的民事法律风险

1. 订立显失公平兼并重组合同的法律风险。根据现有煤矿企业兼并重组的政策,未达到政策标准及环境标准的中小型煤矿只能选择关闭或整合,且因现有政策存在"不整合就关闭"的强制性规定,大量中小型煤矿倾向于与具有兼并资格及能力的煤矿进行整合。基于此,存在订立兼并重组合同时相关收购程序不规范,或以不合理或显失公平价格进行收购的情形。

2. 煤矿产权不清的法律风险。实践中,有的煤矿名为集体企业,实为个人所有;有的集体所有的煤矿,其资产中又含有国有资产;有的煤矿名为民营企业,实为承包村集体的集体企业。因此,在兼并收购过程中,存在因煤矿产权不清晰导致后续办理采矿许可证存在法律障碍。

3. 燃煤发电企业在退出市场前,一般需要处理企业的债权和债务,就债权而言,由于其债务人同样处于企业转型的阵痛期,因而无法及时收回债权是相关企业不得不面临的风险。就债务而言,由于企业本身经济效益欠佳,以企业现有资

产本就无法清偿全部债务,若未能及时安抚债务人的情绪,妥善处理债务清偿的时机,那么可能会出现债权人短时间内集中要求清偿债务的现象,进而导致纠纷或诉讼的爆发。此外,如果燃煤发电企业在退出市场时未能及时保障职工债权的实现和安置职工,还会引发劳动争议,若未妥善处理甚至会影响产业政策的落实和社会的稳定。

(二)煤炭生产企业订立煤炭中长期合同的民事法律风险

为保障发电供热用煤可以得到稳定可靠供应,实践中煤炭生产企业往往选择签订煤炭中长期合同。但是,以中国煤炭运销协会、中国煤炭工业协会发布的《关于做好2022年煤炭中长期合同签订履约专项核查工作的通知》为例,该文件不仅对煤价的合理区间以及合同应当明确约定的要素等多方面作出规定,还明令禁止捆绑销售等不公平条款和"阴阳合同"等不规范的合同,以期促进合同价格机制的落实和规范合同签订的情况。基于此,在煤炭中长期合同中,双方约定由煤炭生产企业先行交付煤炭,发电供热企业在接收检验无误后再支付价款,因此,若煤炭价格处于高位,发电供热企业在接收煤炭后并未及时支付价款,待煤价处于低位时按低位价格进行结算并支付价款,将导致煤炭生产企业将面临较大的价款损失风险。

二、煤炭资源整合和电力结构调整行政法律风险

(一)落后煤炭企业受到行政处罚的法律风险

遏制煤炭产量无序增长是推进煤炭资源整合规划的重要组成部分,因而需要加快淘汰煤炭行业落后产能。煤炭企业必须严格按照核准的煤矿建设规模和生产能力组织建设和生产,严禁违规建设和超能力生产。通过建立煤矿产能登记及公告制度、提高超能力生产处罚标准、加大处罚力度、定期公布处罚结果等措施,有效整合资源,鼓励煤炭企业兼并重组,以大型企业为主体,在大型煤炭基地内有序建设大型现代化煤矿,促进煤炭行业走集约化生产之路。

基于此,部分产能落后的煤炭企业在未能充分了解最新的法律法规以及煤炭产业政策的情况下,导致不能及时完善安全生产条件和煤矿建设规模以符合

最新的要求,在行政部门检查时被责令停产停业;也有部分产能落后的煤炭企业对存在的重大隐患拒不整改、或整改后仍不符合安全生产条件擅自复产,在行政部门再次检查时被责令关闭。

(二)煤炭企业生产销售劣质煤受到行政处罚的法律风险

在煤炭资源整合和电力结构调整过程中,多地出台严格限制劣质煤使用的相关政策及行政处罚的规定。国务院《关于煤炭行业化解过剩产能实现脱困发展的意见》明确规定:完善煤炭产业发展规划,停止核准高硫高灰煤项目,依法依规引导已核准的项目暂缓建设、正在建设的项目压缩规模、已投产的项目限制产量。落实商品煤质量管理有关规定,加大对京津冀、长三角、珠三角等地区销售使用劣质散煤情况的检查力度。按照有关规定继续限制劣质煤进口。根据《煤炭法》第 59 条的规定,相关行政部门除将责令停止销售外,还将没收违法所得,并处违法所得 1 倍以上 5 倍以下的罚款。

三、煤炭资源整合和电力结构调整刑事法律风险

在各地对煤炭资源整合和电力结构调整过程中,吊销、暂扣采矿许可证、政策性关停矿区以及对煤矿企业责令停产停业是常用的行政措施。实践中,一些煤矿企业在被责令停产停业期间,或者被吊销采矿许可证后,仍进行采矿。按照国务院《关于煤炭行业化解过剩产能实现脱困发展的意见》以及各地关于煤炭资源整合和电力结构调整的相关规定,往往对需要关闭的煤炭企业、煤矿的名单进行公示,并注销相关许可证或者到期不延续。

根据《矿产资源法》对于对矿产资源的勘查、开发和利用的规定,非法采矿行为侵害了国家对保护矿产资源的各项管理制度,妨害了国家对于矿产资源的合理利用。同时,《民法典》第 224 条规定了国家对矿产资源依法享有占有、使用、收益和处分的权利,因此,未取得采矿许可证非法采矿的行为,具有“盗采”或公然窃取矿产资源进而造成资源破坏的性质。根据《刑法》及相关司法解释的规定,上述违法行为人有被追究刑事责任的法律风险。

第三节　煤炭资源整合和电力结构调整纠纷案例评析

一、山西省国新能源发展集团长治煤炭有限公司与长治市融利能源有限公司、山西晋煤集团阳城晋圣诚南煤业有限公司等民间借贷纠纷案

【案件基本信息】

原告:山西省国新能源发展集团长治煤炭有限公司(以下简称国新长治公司)

被告:长治市融利能源有限公司(以下简称融利公司)、山西晋煤集团阳城晋圣诚南煤业有限公司(以下简称晋圣诚南公司)、山西长治经坊镇里煤业有限公司(以下简称经坊镇里煤业)

案号:(2015)晋民初字第44号

【基本案情】

镇里煤矿作为甲方、原告国新长治公司作为乙方、岭南煤业(签约时未成立但之后成立)作为担保方、融利公司作为甲方股东,签订《合作协议书》,约定:国新长治公司向镇里煤矿提供预付款,镇里煤矿以低于市场价格向原告提供煤炭,同时向国新长治公司支付一定的资金占用费,合作期限为3年。由岭南煤业提供连带责任担保。高某生、申某军、李某明、毋某军分别作为镇里煤矿、国新长治公司、岭南煤业、融利公司的法定代表人在"法定代表人或授权代表"处签字,案外人陈某斗也在协议上签字。在《合作协议书》生效后,原告国新长治公司向陈某斗支付了相应的预付款,但镇里煤矿一直未履行合同义务。

2010年2月1日,根据山西省政府的煤炭资源整合部署,由山西煤炭进出口集团作为整合主体,对镇里煤矿进行煤炭资源整合,山西煤炭进出口集团子公司山西省长治经坊煤业有限公司与融利公司签署《资产重组协

议》，约定双方共同投资设立新公司“山西省长治经坊镇里煤业有限公司”（被告经坊镇里煤业），双方均以货币方式出资，由新公司经坊镇里煤业收购镇里煤矿全部资产（包括采矿权）。由于新公司尚未成立，转让价款由山西省长治经坊煤业有限公司代为支付。新公司成立前原有的社会责任仍由融利公司承担，并约定山西省长治经坊煤业有限公司在协议签订后，先支付9863万元，剩余转让价款双方另行协商处理。

2011年4月，岭南煤业、山西晋煤集团晋圣矿业投资有限公司、晋圣诚南公司、昂生集团、阳城县东冶镇企业服务中心签订《资产转让协议》《资源价款补偿协议》，约定了晋圣诚南公司以资产收购的方式对岭南煤业兼并重组，收购价款由山西晋煤集团晋圣矿业投资有限公司代晋圣诚南公司支付，并且收购款已经全部支付完毕。

【案件焦点】

1. 融利公司是否应向国新长治公司承担债务清偿责任。
2. 晋圣诚南公司是否应承担连带清偿责任。
3. 经坊镇里煤业是否应承担债务清偿责任。

【法院裁判要旨】

针对“融利公司是否应向国新长治公司承担债务清偿责任”的问题，法院在查明相关事实后认为，没有证据表明陈某斗为镇里煤矿的负责人，也没有证据证明镇里煤矿或其股东融利公司授权陈某斗经营管理煤矿，故陈某斗无权代表镇里煤矿收取涉案款项，且该笔款项并未用于镇里煤矿而是被陈某斗个人收取并使用，原告国新长治公司仅是向陈某斗支付了相应的预付款，并未向镇里煤矿履行合同义务，因而镇里煤矿也无须履行合同义务，且融利公司作为镇里煤矿的原股东也从未认可案涉债务为自己的债务。据此，融利公司无须向国新长治公司承担债务清偿责任。

针对“晋圣诚南公司是否应承担连带清偿责任”的问题，法院在查明相关事实后认为，为《合作协议书》约定的事项提供连带责任保证的主体是阳城岭南煤业有限公司，但在协议签订时，岭南煤业尚未成立，在协议书上盖章的是“山西阳城岭南煤业有限公司（筹建处）”，即使岭南煤业应根据协议约定承担保证责任，但因主合同的债务人不承担清偿责任，其保证责任自然相应免除，且晋圣诚南公司与未成立的岭南煤业系两个独立的主体，晋圣诚南公司以资产收购形式对岭南煤业兼并重组，并已经支付完全部收购价款，故二者并无前后承继关系。

据此，晋圣诚南公司无须承担连带清偿责任。

针对“经坊镇里煤业是否应承担债务清偿责任”的问题，法院在查明相关事实后认为，经坊镇里煤业是山西省长治经坊煤业有限公司与融利公司共同以货币出资设立的公司，并通过资产收购的方式有偿取得镇里煤业的矿产资源及其他资产，并非镇里煤矿与山西省长治经坊镇里煤业有限公司的合并新设，且经坊镇里煤业的设立不属于最高人民法院《关于审理与企业改制相关民事纠纷案件若干问题的规定》第 6 条规定的情形①，故其对镇里煤矿的债务不应承担清偿责任，且案涉债务亦不属于镇里煤矿的债务。据此，经坊镇里煤业不应承担债务清偿责任。

【判决结果】

1. 驳回国新长治公司的诉讼请求。

2. 案件受理费 651，735 元，由国新长治公司负担。

【律师评析】

本案纠纷产生于国家推进煤炭资源整合这一大背景之下，各地煤炭企业为配合地方政府煤炭资源整合的总体部署，大型煤炭企业通过收购资产、协议合并以及承担债务等方式对小型煤炭企业实行兼并重组，实现煤炭资源整合，提升煤炭产业集中度，促进煤炭产业清洁高效发展。然而，由于煤炭资源产权兼具较高的经济价值和社会价值，往往需要多方主体参与和协同，导致法律关系错综复杂，权利义务混乱，极易出现纠纷。

该案审结于 2018 年 10 月，但是山西省高级人民法院的裁判思路与《法发〔2023〕5 号》关于煤炭资源整合案件中的裁判重点高度契合，依法保护中小煤矿及其相关法律主体的合法权益，极大推动高碳排放企业低碳转型，具体内容如下：

首先，充分理解并落实煤炭资源整合政策，尽可能维护因此所产生的法律关系的稳定。

---

① 最高人民法院《关于审理与企业改制相关民事纠纷案件若干问题的规定》第 6 条规定：企业以其部分财产和相应债务与他人组建新公司，对所转移的债务债权人认可的，由新组建的公司承担民事责任；对所转移的债务未通知债权人或者虽通知债权人，而债权人不予认可的，由原企业承担民事责任。原企业无力偿还债务，债权人就此向新设公司主张债权的，新设公司在所接收的财产范围内与原企业承担连带民事责任。

其次，厘清合同签订主体，查明不同主体之间的法律关系。本案中，法院厘清《合作协议书》等合同的签订主体，发现《合作协议书》的签订主体较为特殊，为山西阳城岭南煤业有限公司（筹建处），并查明晋圣诚南公司与岭南煤业二者系两个独立法人，无前后承继关系。

再次，分析合同具体内容，确定不同合同主体的权利、义务和责任。本案中，法院分析案涉合同的具体内容，确定融利公司、岭南煤业、经坊镇里煤业之间各自的权利、义务和责任。

最后，查明合同履行情况，确定有无违约责任。本案中，法院查明原告并未实际履行合同义务，自然请求《合作协议书》的合同相对方镇里煤矿和担保方岭南煤业及其相关法律主体承担债务清偿责任于法无据。

二、大唐淮北发电厂与安徽恒强投资有限公司买卖合同纠纷案

【案件基本信息】

原告（被上诉人）：安徽恒强投资有限公司（以下简称恒强公司）

被告（上诉人）：大唐淮北发电厂（以下简称淮北发电厂）

案号：（2019）皖06民终569号

【基本案情】

2017年3月14日起，出卖人恒强公司（甲方）与买受人淮北发电厂（乙方）签订了《2017年度煤炭购销合同》（长协合同），约定煤炭全年购销总量80万吨，本合同执行期自2017年3月1日始，至2017年12月31日止。本合同执行期内，月度数量按照计划安排，如需调整，发货人、乙方以函件、协议等书面形式进行确认。甲方按照本月双方约定的供应数量提供100元/吨的履约保证金至乙方指定账户，如甲方当月不能兑现供应量，则乙方有权按实际月供应量和计划供应量的差值每吨扣除100元/吨的保证金。恒强公司于2017年3月17日向淮北发电厂支付履约保证金100万元。

2017年10月、11月、12月，出卖人恒强公司与买受人淮北发电厂签订的3份《煤炭买卖合同》（月度合同），约定的月度供煤数量均为2.7万吨。2017年10月、11月、12月，恒强公司依据上述合同向淮北发电厂供应煤炭分别为25,941.9吨、16,806.65吨、37,323.5吨（12月为12月24日以前的

供应量)。

2017年12月25日,出卖人恒强公司与买受人淮北发电厂另签订了1份《煤炭买卖合同》,约定的供煤数量为3万吨,执行日期自2017年12月25日至2017年12月31日。2017年12月25日至2017年12月31日,恒强公司向淮北发电厂供应煤炭19,268.05吨。

2017年3月17日至2017年12月31日,恒强公司累计向淮北发电厂供应了711,143.52吨、总价值392,608,266.86元的煤炭,并向淮北发电厂出具了全部增值税发票。淮北发电厂尚欠恒强公司货款82.7万元没有支付,亦未返还100万元保证金。

【案件焦点】

恒强公司是否已经全面履行合同义务。

【法院裁判要旨】

关于"恒强公司是否已经全面履行合同义务"的问题。一审法院认为,首先,淮北发电厂与恒强公司签订的合同没有关于平台服务费的约定。其次,大唐燃料电子采购平台由大唐电力燃料有限公司提供,淮北发电厂和大唐电力燃料有限公司虽然系关联企业,但大唐电力燃料有限公司是独立法人,依法独立享有民事权利和承担民事义务,如与恒强公司因电子采购平台服务费发生纠纷,其可作为民事主体提起诉讼,淮北发电厂无权向恒强公司主张服务费,更不能以此为由拒不支付货款。二审法院认为,根据涉案合同内容,恒强公司支付的履约保证金100万元是对每月供应煤炭的数量是否符合合同约定所作的保证,虽然2017年11月恒强公司供应的煤炭未达到双方约定的数量,但淮北发电厂未提出异议,亦未在结算货款时对履约保证金100万元作出处理,同时在签订2017年12月的煤炭买卖合同时,也未让恒强公司另行缴纳履约保证金,淮北发电厂的上述行为表明对11月供货差额由恒强公司在12月补足是予以认可的,故一审法院判决淮北发电厂返还恒强公司保证金100万元并无不当。

【判决结果】

一审判决:

1.被告淮北发电厂于本判决生效之日起15日内返还保证金100万元,给付原告恒强公司货款82.7万元及逾期利息(利息以182.7万元为基数,按年利率6%自2018年2月1日起计算至欠款付清之日止)。

2. 驳回原告恒强公司的其他诉讼请求。

如果未按本判决指定的期间履行给付金钱义务，应当依照 2017 年《民事诉讼法》第 253 条之规定，加倍支付迟延履行期间的债务利息。

案件受理费 21，818 元，由原告恒强公司负担 102 元，被告淮北发电厂负担 21，716 元。

二审判决：

驳回上诉，维持原判。

二审案件受理费 21，818 元，由淮北发电厂负担。

【律师评析】

本案是典型的煤炭中长期合同纠纷，煤炭生产企业迟延交付部分煤炭，发电供热企业拒绝支付价款，此类纠纷不仅不利于煤炭生产企业与发电供热企业长协机制的稳定和完善，还可能会影响企业正常的生产经营和老百姓的日常生活。

该案审结于 2019 年 7 月，但是安徽省淮北市中级人民法院所把握的裁判重点与《法发〔2023〕5 号》中关于煤炭中长期合同纠纷案件的审判指导不谋而合，那就是坚守契约精神，兼顾各方利益，依法推动完善煤炭生产企业与发电供热企业长协机制，并严格落实，具体内容如下：

第一，全面审查合同义务履行情况，认定守约方和违约方。本案中，法院并未根据恒强公司某一个月未依约交付足够数量煤炭的事实就认定其存在违约，而是综合考察了恒强公司在下一个月补足交付上一个月的煤炭供货差额；同时法院也并未将合同书面约定作为裁判唯一依据，而是综合考察了双方的履行义务以及接受义务的情况，即淮北发电厂接收了恒强公司补足交付的煤炭且无异议，探求双方的意思表示，最终确定双方合同义务履行情况，认定守约方和违约方。

第二，合理确定违约责任，保护和补偿守约方，惩罚和规制违约方。在本案中，法院最终判决违约方淮北发电厂支付货款及逾期利息和返还保证金，保护守约方的利益，惩罚违约方，鼓励契约精神。

三、郑州裕中能源有限责任公司与太康天利热电生化有限公司买卖合同纠纷案

【案件基本信息】

原告:太康天利热电生化有限公司(以下简称天利公司)

被告:郑州裕中能源有限责任公司(以下简称裕中公司)

案号:(2013)太民初字1421号

【基本案情】

原告天利公司诉称,根据国家的节能减排政策,原告关闭了小火电机组并获得河南省发展和改革委员会批准的2010年度的补偿电量用于交易。经河南省发展和改革委员会批准,原、被告于2010年4月1日签订《发电量计划指标交易协议》,约定原告将2010年度的4050万千瓦时的补偿电量交易给被告,在原告开具发票后7个工作日内,被告不能付款时,应向原告支付每日10‰的违约金。合同签订后,原告依约履行了全部义务,而被告完全不履行合同义务,构成严重违约。2011年3月10日,原告无奈向周口市中级人民法院提起诉讼,要求被告支付2010年4~8月1957万千瓦时的电量交易款1,882,634元并承担从2010年10月10日起至2011年1月11日止的违约金。本案经周口市中级人民法院、河南省高级人民法院审理,河南省高级人民法院于2013年6月20日判决被告支付交易款并按银行同期贷款利率的4倍支付从2010年10月10日起至2011年1月11日止的违约金。对2011年1月12日以后的违约金,原告亦每年多次与被告协商催要,被告一直不愿支付。请求法院依法判令被告支付从2011年1月12日起至2013年7月30日止的违约金1,223,982元(以1,882,462.09元为本金基数,按中国人民银行同期贷款利率的4倍计算)。

被告裕中公司辩称,天利公司的营业执照于2008年被吊销,其不具有本案诉讼主体资格;河南省高级人民法院已对原、被告之间的纠纷作出终审判决,被告已按该判决于2013年7月29日履行完毕。原告再次起诉违反《民事诉讼法》"一事不再理"的原则,其起诉应予驳回;因原告邮寄的发票票面金额与实际结算金额不符,被告无法入账,双方多次协商未果后,被告

将发票退回。根据双方协议,被告收到符合约定的发票后付款是附条件的约定,不是合同的附随义务,故被告无违约事实,而原告在此过程中过错明显;天利公司主张巨额违约金,其应举证证明存在巨大损失,且违约金不能超过造成损失的30%。河南省高级人民法院虽认定原告的损失应较为严重,但其推测是错误的。故天利公司再次起诉要求巨额违约金无事实和法律依据。

【案件焦点】

裕中公司是否违反合同约定。

【法院裁判要旨】

关于“裕中公司是否违反合同约定”的问题,法院认为,国家为节能减排,加快电力结构调整,关停了一批小火电机组企业,并将原应由小火电机组发电电量的额度进行补偿,该补偿电量可以交易给高效大机组企业,并可从中获得一定的经济补偿,用于安置职工。本案中,天利公司符合国家关停小火电机组要求,经河南省发展和改革委员会批准,其将补偿电量交易给了裕中公司,签订有交易合同,该合同是双方的真实意思表示,且符合国家政策规定,为有效合同,应当受法律保护。该合同载明,天利公司将2010年度的补偿电量4050万千瓦时交易给了裕中公司,根据河南省电力公司下达的发电指标数据,裕中公司在2010年4~8月增发天利公司的发电量为1956.8213万千瓦时,协议约定交易电价为0.0962元/千瓦时,价款应为1,882,462.09元,天利公司请求支付的价款为1,882,634元,相差171.91元,故应以1,882,462.09元计算发电指标转让款,该笔款项裕中公司应当支付。裕中公司答辩称,因煤价上涨,利润减少不应按合同约定支付价款的理由不能成立,双方在合同中约定,“当燃料价格波动过大,造成违背利益共享的原则时,双方确定补偿电价,争议过大不能达成一致的,按合同执行”,虽然双方就电价款曾协商过,但并未形成合意,仍应按合同约定继续执行。因此,在裕中公司于2010年9月收到天利公司的发票后,即应在7个工作日内支付该款,裕中公司至今未付款,天利公司已经按约定全面履行了自己的义务,而裕中公司未按约定履行合同义务,已经构成违约,依法应当承担相应的违约责任。

【判决结果】

1. 被告裕中公司于本判决生效之日起10日内向原告天利公司支付违约金

(从2011年1月12日起至2013年7月29日止,以1,882,462.09元为本金,按中国人民银行同期贷款利率的4倍计算)。

2. 驳回原告的其他诉讼请求。

如果未按本判决指定的期间履行给付金钱义务,应当依照2012年《民事诉讼法》第253条的规定,加倍支付迟延履行期间的债务利息。

案件受理费15,815元,由裕中公司负担15,000元,天利公司负担815元。

【律师评析】

本案是典型的电源结构调整纠纷案件,在国家推进电源结构调整的进程中,由于小型煤炭企业处于转型期,有的选择创新发展转型,有的选择缩小生产规模,也有的选择退出市场,因而企业及其职工的合法权益容易受到多方主体的侵害。

本案于2013年12月审结,但是太康县人民法院在审理中,已经突出了维护企业和员工的合法权益,防范社会风险,有序推进国家能源结构清洁高效转型的思想。具体内容为:本案中,结合地方政府为促进电源调整结构而出台的补偿政策、交易合同约定以及交易各方合同履行情况,维护处于经济弱势地位的小型煤炭企业及其职工的合法权益,维护社会稳定,增强社会各方积极配合国家电源调整结构部署与调整的信心与决心。

第四节　煤炭资源整合和电力结构调整纠纷风险防控建议

一、高度重视“双碳”目标，审慎制定企业发展战略

首先，煤炭企业应充分了解国家产业政策要求，及时调整生产经营。为实现我国“双碳”目标，促进高碳排放企业低碳转型，煤炭企业应当实时关注国家和地方政府出台的最新的法律法规和地方政策，及时完善安全生产条件和调整煤矿建设规模，配合我国产业政策的落实，促进我国煤炭行业高质量发展。

其次，审慎确定企业未来方向。我国现已经提出构建清洁低碳安全高效能源体系的要求，而电源结构调整又是极其重要的组成部分。我国推进电源结构调整势必将赋存条件差、环境污染重、长期亏损的煤矿产能逐步有序退出市场，而存在这些问题的煤炭企业在充分了解煤炭产业政策后，结合自身情况审慎选择或创新发展转型、或逐步或立即退出市场。

最后，结合未来方向制定企业发展规划。选择创新发展转型的煤炭企业应当积极开展科技创新，引入先进技术，提高煤炭资源利用效率，降低环境污染，促进碳达峰行动实施；选择逐步退出市场的企业应当积极寻求合作或被吸收兼并，充分争取政策优惠，必要时可以请求与地方政府签订行政协议，规范双方的权利义务；选择退出市场的企业妥善处理好企业资产、债权和债务，加强与员工的沟通协商，制定合理的员工再就业方案，及时足额清偿职工债权，兼顾各方利益，防范债权债务纠纷和劳动争议案件的爆发。

二、建立合同履约机制，促进煤炭中长期合同模式

由于煤炭中长期合同具有履约周期长、缔约主体多以及违约后果影响大的特点，因此需要谨慎选择签约对象，在签约前开展充分的背景调查、尽职调查、搭

建合理交易结构以降低违约风险。据此,相关企业可以在拟定合同前查询国家公共信用信息中心的合同签订履约信用记录、中国裁判文书网和国家发展和改革委员会所发布的典型案例,选择与信用良好的企业进行合作,若相关企业存在违约历史,可以在合同中要求其支付部分价款、提供担保或明确约定违约责任,督促各方坚守契约精神,维护煤炭生产企业与发电供热企业长协机制的稳定。

由于煤炭资源产权兼具经济价值和社会价值,小型煤炭企业在煤炭资源产权交易合同中应当明确煤炭资源产权的受让方以及转让款支付的责任主体,必要时要求第三方为转让价款的支付承担保证责任,以期保障自身合法权益,实现高碳排放企业低碳公正转型;而大型煤炭企业则可以在合同中明确约定小型煤炭企业未及时履行报批义务应承担的违约责任,保障煤炭资源产权及时转让,以期促进煤炭资源高效利用,维护自身经济利益。

因煤价波动可能会影响补偿电量交易合同当事人的履约行为,据此,双方当事人可以事先在合同中约定煤价波动对合同履行产生的后果,例如,在煤价波动的某个区间内应当重新协商补偿或者以某一时间点的煤价为准,由此来降低煤价波动对合同履行的影响,提高双方当事人对对方履行合同的预期。此外,双方当事人也可以在合同中约定定金或违约金,以督促双方积极履行合同。

三、退出市场的中小型煤矿企业妥善处理债权债务,防范社会风险

针对退出市场的煤炭企业,应当以做好职工安置为工作重点,深度挖掘企业内部潜力,做好转岗分流工作,落实好各项就业和社会保障政策,保障职工合法权益,维护社会稳定。一方面,法院在审理煤炭企业破产案件时,应当依法准确认定破产费用或共益债务,并按照《企业破产法》的规定按顺序清偿破产费用、共益债务和职工债权等,在处理债权和债务时不仅要注重维护企业及其债权人的利益,更要优先考虑职工合法权益的保障,避免因债权清偿不公而引发劳动争议纠纷,兼具维护煤炭产业稳定和社会稳定,促进碳达峰行动平稳有序实施。另一方面,对于有重整价值的企业,法院应当依法启动破产重整程序,法院应依法启动破产重整挽救制度,引导企业转型升级或逐步退出市场。当燃煤发电企业出现经营困难时,应当根据《企业破产法》的相关规定,综合企业自身状况、当地产业政策、其他煤炭企业兼并意愿、债权人的利益诉求以及企业职工权益保障来

决定进入破产重整、和解或清算程序。

四、煤炭企业应编制应急预案，降低违约损失

在煤炭中长期合同履行过程中，由于煤炭交付义务的履行极易受到煤炭价格波动和极端天气的影响，因而违约迟延交付、违约不交付的现象并不少见。据此，煤炭生产企业和运输企业均应及时履行通知义务，及时告知对方迟延交付的原因和预期交付的时间，以期降低因煤炭交付不及时或不能给发电供热企业带来的生产影响，避免引起社会民生事件的发生。此外，发电供热企业还应当编制相应的应急预案，例如，调配其他产地煤炭资源、做好煤炭应急储备和变换运输方式等预案，最大限度降低违约造成的营业损失、经济损失和社会影响，依法推动和完善煤炭生产企业与发电供热企业长协机制。

第十一章

油气资源矿业权纠纷案件

徐 莉 冯 磊

本章作者：徐莉，北京市盈科（郑州）律师事务所律师、环境资源与能源法律事务部主任。
冯磊，北京市盈科（郑州）律师事务所。

第一节　案件类型、案由分析及相关法律法规

一、案件类型

油气专家表示，预计到2050年，石油和天然气仍将占据全球一次能源消费的半壁江山，是能源安全供应的“压舱石”。我国原油对外依存度达到70%，天然气对外依存度超过40%。我国经济长期向好，能源需求持续增长，但新能源短时间内还不能替代传统的油气能源，因此稳油增气、提升油气资源供给能力依然是筑牢能源安全底线的基础。

在中央“深入推进能源革命”“加大油气资源勘探开发和增储上产力度”决策部署的大背景下，最高人民法院出台了《法发〔2023〕5号》，其中第14条规定：“依法审理油气资源开发纠纷案件。审理油气资源矿业权转让合同纠纷案件，依法确认合同中履行报批义务等条款的效力。负有报批义务的一方当事人未按照合同约定或者法律、行政法规规定办理申请批准等手续，合同相对方请求其履行报批义务的，依法予以支持，推动油气企业尽快释放产能。预约合同生效后，一方当事人不履行预约合同约定的订立委托、合作勘探开发油气资源本约合同义务，对方请求其承担违约损害赔偿责任的，依法予以支持。依法惩处涉能源资源非法采矿、破坏性采矿等犯罪行为，保障国家能源供应安全。”

2023年2月17日，最高人民法院在《法发〔2023〕5号》新闻发布会中答记者提问环节中提到，《法发〔2023〕5号》第四部分内容重点是依法助推构建清洁低碳安全高效能源体系。按照立足我国能源资源禀赋，坚持先立后破的原则要求，审理煤炭、油气资源开发等传统能源利用案件，以及电源结构调整案件，要尊重契约精神，推动油气资源规模化开发，依法保障国家能源供应安全，推动高碳排放企业低碳公正转型。

为了把能源饭碗牢牢地端在自己手里，国家能源局于2023年4月6日发布《2023年能源工作指导意见》（以下简称《能源工作指导意见》），《能源工作指导

意见》提出三个主要的目标指引,其中"供应保障能力持续增强"居于首位。

2023 年 7 月 19 日,国家能源局组织召开 2023 年大力提升油气勘探开发力度工作推进会,要求全国能源系统和油气行业,坚定不移加大油气增储上产,坚决保障我国油气核心需求。

2023 年 7 月 17 日至 18 日召开的全国生态环境保护大会上,中共中央总书记、国家主席、中央军委主席习近平讲话强调,构建清洁低碳安全高效的能源体系,提升国家油气安全保障能力。

油、气作为矿产资源关系国家经济社会发展的全局性、战略性问题。2021 年 11 月,中共中央政治局召开会议审议《国家安全战略(2021—2025 年)》时提出,"要确保能源矿产安全"。矿产资源的不可再生性决定了开采矿产资源必须合理开采和综合、高效利用。

矿产资源是经济社会发展的重要物质基础,对矿产资源开采实行国家许可制度,是确保合理开发利用矿产资源,优化资源配置的重要举措,也是对矿产资源开发利用进行全过程控制,将环境代价减小到最低限度,有效保护矿区生态环境的根本保证。因此国家对矿产资源加强管理,对全国矿产资源进行统一规划、合理布局。《矿产资源法》对采矿主体进行资格审查,颁发采矿许可证,授予采矿权,合法获得的采矿权受到法律的保护;对采矿主体进行全面的技术监督,防止破坏性采矿行为的发生。

矿产资源坚持保护优先。2019 年 4 月,中共中央办公厅、国务院办公厅印发《关于统筹推进自然资源资产产权制度改革的指导意见》(中办发〔2019〕25 号)提出"更好发挥产权制度在生态文明建设中的激励约束作用"。《环境保护法》第 5 条规定,环境保护"坚持保护优先、损害担责"的原则。

2022 年 7 月 1 日,最高人民法院印发《关于充分发挥环境资源审判职能作用 依法惩处盗采矿产资源犯罪的意见》(法发〔2022〕19 号),要求"完善环境资源审判刑事、民事、行政审判职能'三合一'体制,综合运用刑事、民事、行政法律手段惩治盗采矿产资源犯罪,形成组合拳"。在宏观经济层面,其矿产资源的生产、流通特别是开采秩序就成为重要的经济法益,并为刑法所保护,破坏性采矿罪侵犯了对矿产资源计划开采、合理开采的保护。

二、涉及油气资源矿业权纠纷案件的类型及相关案由

司法实践中,油气资源矿业权纠纷案件主要涉及的案件类型不仅有民事案件、行政案件,还有刑事案件及公益案件。其中,矿业权民事纠纷的类型极其复杂,依据最高人民法院《关于修改〈民事案件案由规定〉的决定》(法〔2020〕346号)的规定,探矿权纠纷属于物权纠纷中的用益物权纠纷,主要案由包括探矿权纠纷、采矿权纠纷、探矿权(采矿权)抵押权纠纷以及合同、准合同纠纷中的探矿权转让合同纠纷、采矿权转让合同纠纷。

辽宁省高级人民法院出台的《关于环境资源案件类型等有关问题的意见》,将资源开发利用类案件定义为,指在土地、矿产等各类自然资源开发利用过程中产生的,与生态环境保护修复密切相关的刑事、民事、行政以及公益案件,并参考民事案由将资源开发涉及的环境资源案件分为探矿权纠纷、采矿权纠纷、抵押权纠纷(探矿权和采矿权抵押权纠纷)、探矿权转让合同纠纷、采矿权转让合同纠纷、中外合作勘探开发自然资源合同纠纷等类型。

行政诉讼案件中,采矿权人和自然资源主管部门之间,可能因采矿权出让合同的履行问题产生行政协议纠纷。在行政机关整治非法采矿中,产生了大量行政公益诉讼案,比如一些超出批准范围非法采矿案,存在未依法责令企业赔偿矿产资源损失、未依法核算企业违法所得、未督促企业依法恢复和治理地质生态环境的情形,有降低罚款幅度情形,导致国家罚没款损失、矿山地质环境未予修复,行政机关对超出批准范围采矿破坏生态的违法行为不全面履行监管职责的,检察机关可以通过行政公益诉讼督促行政机关整改,弥补矿产资源保护的行政监管漏洞。还有一些涉及采矿权人逾期申请采矿权延续的,以及扩大矿区范围、变更开采主矿种、采矿权转让等不符合法定条件的,自然资源主管部门不予批准;对采矿权人越界开采,采矿许可证到期后继续开采的,面临被自然资源主管部门处以罚款、吊销采矿许可证、没收违法所得等行政处罚而产生的行政处罚及诉讼。

从各地出现的刑事犯罪案件来看,企业在油气开发中最常触犯的是“非法采矿罪”“破坏性采矿罪”。实践中,非法采矿通常表现为无证开采(包括无证和采矿证到期后未展期)、越界开采、擅自开采保护性矿种等几种情形。构成非法

采矿罪,情节严重的,处3年以下有期徒刑、拘役或者管制,并处或者单处罚金;情节特别严重的,处3年以上7年以下有期徒刑,并处罚金。单位犯罪的,实行"双罚制",即对单位判处罚金,并对其直接负责的主管人员和其他直接责任人员判处刑罚。除非法采矿罪外,也可能触犯其他破坏环境资源保护类的罪——破坏性采矿罪。

三、油气资源矿业权纠纷案件有关的法律法规、司法解释及规范性文件

(一)民事方面有关油气矿业权纠纷的法律法规、司法解释及规范性文件

探矿权转让主要涉及的法律法规:《矿产资源法》《探矿权采矿权转让管理办法》《矿产资源勘查区块登记管理办法》《关于进一步规范矿产资源勘查审批登记管理的通知》《关于推进矿产资源管理改革若干事项的意见(试行)》。

1.《矿产资源法》第6条第1款第1项规定:"除按下列规定可以转让外,探矿权、采矿权不得转让:(一)探矿权人有权在划定的勘查作业区内进行规定的勘查作业,有权优先取得勘查作业区内矿产资源的采矿权。探矿权人在完成规定的最低勘查投入后,经依法批准,可以将探矿权转让他人。"《矿产资源法》规定了探矿权在一定条件下可以转让,同时在一定程度上也限定探矿权的转让。

2.《探矿权采矿权转让管理办法》对探矿权的转让条件进行了详细的规定,如第3条第1项规定:"除按照下列规定可以转让外,探矿权、采矿权不得转让:(一)探矿权人有权在划定的勘查作业区内进行规定的勘查作业,有权优先取得勘查作业区内矿产资源的采矿权。探矿权人在完成规定的最低勘查投入后,经依法批准,可以将探矿权转让他人。"如第5条规定:"转让探矿权,应当具备下列条件:(一)自颁发勘查许可证之日起满2年,或者在勘查作业区内发现可供进一步勘查或者开采的矿产资源;(二)完成规定的最低勘查投入;(三)探矿权属无争议;(四)按照国家有关规定已经缴纳探矿权使用费、探矿权价款;(五)国务院地质矿产主管部门规定的其他条件。""最低勘查投入"的要求从一定程度上限制了市场主体取得探矿权后不进行开发,而进行倒卖矿权赚取快钱扰乱矿产市场的行为的发生。

3.2017 年 12 月 14 日,原国土资源部《关于进一步规范矿产资源勘查审批登记管理的通知》第 14 条规定:以申请在先、招标、拍卖、挂牌方式取得的非油气探矿权申请变更主体,应当持有探矿权满 2 年,或者持有探矿权满 1 年且提交经资源储量评审备案的普查及以上地质报告。以协议方式取得的非油气探矿权申请变更主体,应当持有探矿权满 10 年;未满 10 年的,按协议出让探矿权的要件要求及程序办理。

从以上规定可以看到探矿权转让均做了不同程度的限制。

4.《矿产资源勘查区块登记管理办法》第 22 条规定,有下列情形之一的,探矿权人应当在勘查许可证有效期内,向登记管理机关申请变更登记:(1)扩大或者缩小勘查区块范围的;(2)改变勘查工作对象的;(3)经依法批准转让探矿权的;(4)探矿权人改变名称或者地址的。以上办法规定了转让探矿权的条件。

5.2019 年 12 月 31 日,自然资源部下发《关于推进矿产资源管理改革若干事项的意见(试行)》,严格控制矿业权协议出让,规定了协议出让的情形,“稀土、放射性矿产勘查开采项目或国务院批准的重点建设项目,自然资源主管部门可以协议方式向特定主体出让矿业权。基于矿山安全生产和资源合理开发利用等考虑,已设采矿权深部或上部的同类矿产(《矿产资源分类细目》的类别,普通建筑用砂石土类矿产除外),需要利用原有生产系统进一步勘查开采矿产资源的,可以协议方式向同一主体出让探矿权、采矿权。协议出让矿业权,必须实行价格评估、结果公示,矿业权出让收益由自然资源主管部门根据评估价值、市场基准价确定”。矿产资源相对较多的省份,如山西、陕西、内蒙古、贵州、新疆等地也有相关规定。

(二)刑事方面有关油气矿业权纠纷的法律法规、司法解释及规范性文件

1.《刑法》第 343 条规定,未取得采矿许可证擅自采矿的,擅自进入国家规划矿区、对国民经济具有重要价值的矿区和他人矿区范围采矿的,擅自开采国家规定实行保护性开采的特定矿种,经责令停止开采后拒不停止开采,造成矿产资源破坏的,处 3 年以下有期徒刑、拘役或者管制,并处或者单处罚金;造成矿产资源严重破坏的,处 3 年以上 7 年以下有期徒刑,并处罚金。

违反《矿产资源法》的规定,采取破坏性的开采方法开采矿产资源,造成矿

产资源严重破坏的,处5年以下有期徒刑或者拘役,并处罚金。

2. 最高人民法院、最高人民检察院《关于办理非法采矿、破坏性采矿刑事案件适用法律若干问题的解释》(法释〔2016〕25号),主要是根据《刑法》《刑事诉讼法》的有关规定,就办理此类刑事案件适用法律的若干问题解释,对《刑法》非法采矿罪、破坏性采矿罪两个罪名中涉及的"违反矿产资源法的规定"、"未取得采矿许可证"、"情节严重"、"情节特别严重"和非法开采的矿产品价值认定进行解释和说明。

3. 最高人民检察院、公安部《关于印发〈最高人民检察院、公安部关于公安机关管辖的刑事案件立案追诉标准的规定(一)〉的通知》(公通字〔2008〕36号,以下简称《刑事案件立案追诉标准的规定(一)》)第68条规定,违反矿产资源法的规定,未取得采矿许可证擅自采矿的,或者擅自进入国家规划矿区、对国民经济具有重要价值的矿区和他人矿区范围采矿的,或者擅自开采国家规定实行保护性开采的特定矿种,经责令停止开采后拒不停止开采,造成矿产资源破坏的价值数额在5万元至10万元以上的,应予立案追诉。

《刑事案件立案追诉标准的规定(一)》主要规定了"未取得采矿许可证擅自采矿""采取破坏性的开采方法开采矿产资源"等行为的认定标准,明确了立案追诉的条件。

(三)行政方面有关油气矿业权纠纷的法律法规、司法解释及规范性文件

1.《矿产资源勘查区块登记管理办法》第26条规定,未取得勘查许可证擅自进行勘查工作的,超越批准的勘查区块范围进行勘查工作的,由县级以上人民政府负责地质矿产管理工作的部门按照国务院地质矿产主管部门规定的权限,责令停止违法行为,予以警告,可以并处10万元以下的罚款。第27条规定,违反本办法规定,未经批准,擅自进行滚动勘探开发、边探边采或者试采的,由县级以上人民政府负责地质矿产管理工作的部门按照国务院地质矿产主管部门规定的权限,责令停止违法行为,予以警告,没收违法所得,可以并处10万元以下的罚款。第28条规定,擅自印制或者伪造、冒用勘查许可证的,由县级以上人民政府负责地质矿产管理工作的部门按照国务院地质矿产主管部门规定的权限,没收违法所得,可以并处10万元以下的罚款;构成犯罪的,依法追究刑事责任。第

29 条规定,违反本办法规定,有下列行为之一的,由县级以上人民政府负责地质矿产管理工作的部门按照国务院地质矿产主管部门规定的权限,责令限期改正;逾期不改正的,处 5 万元以下的罚款;情节严重的,原发证机关可以吊销勘查许可证:(1)不按照本办法的规定备案、报告有关情况、拒绝接受监督检查或者弄虚作假的;(2)未完成最低勘查投入的;(3)已经领取勘查许可证的勘查项目,满 6 个月未开始施工,或者施工后无故停止勘查工作满 6 个月的。第 30 条规定,不办理勘查许可证变更登记或者注销登记手续的,由登记管理机关责令限期改正;逾期不改正的,由原发证机关吊销勘查许可证。

2.《矿产资源补偿费征收管理规定》第 5 条规定,矿产资源补偿费按照下列方式计算:征收矿产资源补偿费金额 = 矿产品销售收入 × 补偿费费率 × 开采回采率系数 = 核定开采回采率/实际开采回采率。核定开采回采率,以按照国家有关规定经批准的矿山设计为准;按照国家有关规定,只要求有开采方案,不要求有矿山设计的矿山企业,其开采回采率由县级以上地方人民政府负责地质矿产管理工作的部门会同同级有关部门核定。第 14 条规定,采矿权人在规定期限内未足额缴纳矿产资源补偿费的,由征收机关责令限期缴纳,并从滞纳之日起按日加收滞纳补偿费 2‰的滞纳金。采矿权人未按照前款规定缴纳矿产资源补偿费和滞纳金的,由征收机关处以应当缴纳的矿产资源补偿费 3 倍以下的罚款;情节严重的,由采矿许可证颁发机关吊销其采矿许可证。

3.《矿产资源法实施细则》第 42 条第 1 项规定,依照《矿产资源法》第 39 条、第 40 条、第 42 条、第 43 条、第 44 条规定处以罚款的,分别按照下列规定执行:(1)未取得采矿许可证擅自采矿的,擅自进入国家规划矿区、对国民经济具有重要价值的矿区和他人矿区范围采矿的,擅自开采国家规定实行保护性开采的特定矿种的,处以违法所得 50% 以下的罚款。

第二节　企业在矿业权转让、开发中面临的主要法律风险

《矿产资源法》取消了对矿业权转让的限制，除了采矿权转让合同签署后，报批义务人未按约积极履行报批义务外，在探矿权转让中也存在以下风险。

一、矿业权转让合同被法院认定为无效合同的法律风险

因转让方未取得采矿许可证或采矿权到期未延续或仅持有矿产资源勘查许可证，法院对该类案件的裁判规则，除要求当事人按照各自的过错对交易过程中损失承担责任外，涉及违法开采国家矿产资源的，还将没收违法所得。

司法实践中也存在，因受让方不具有相应资质，而导致转让合同无效。河南省高级人民法院认定双方签订的探矿权转让合同无效的原因在于，依据《矿产资源勘查区块登记管理办法》《探矿权采矿权转让管理办法》的有关规定，探矿权转让应依法经过有权机关的审批，探矿权受让人应具备勘察资质，而受让方并不具备勘查资质，签订的转让合同也未经有权部门审批，双方规避法律私自转让探矿权的行为，损害国家利益，违反了法律、行政法规的强制性规定。最高人民法院（2016）最高法民申 2643 号民事裁定书认为，“名为承包，实为采矿权转让”的合同违反法律效力性强制性规定无效。

二、以股权转让等形式来规避矿业权转让审批手续，应缴纳高额税费的法律风险

若通过股权转让方式转让矿业权，税务机关可能会将转让事项认定为资产转让，从而对转让行为进行核查并补缴相关税费。这样会给转让当事人，尤其是受让人带来很大的税务风险。

2019 年 12 月 17 日，自然资源部发布了《矿产资源法（修订草案）（征求意见稿）》，第 29 条规定，“矿业权人可以依法转让、出租、抵押矿业权。矿业权人以股权转让等形式变更矿业权实际控制人的，视为矿业权转让，应当办理登记手续。矿业权转让时，矿业权出让合同约定的权利义务随之转移”。

三、探矿权无法办理过户的风险

采矿权转让合同属于经政府主管部门批准后才生效的合同。实践中存在，受让方与转让方签署了《探矿权转让合同》，但因为存在采矿权位于自然保护区、风景名胜区、重点生态功能区、生态环境敏感区和脆弱区等禁止开采区，或者属于即将被国家整合或政策性关停采矿权，自然资源主管部门未批准采矿权转让，从而无法完成采矿权转让的变更登记手续。比如，在(2020)鲁民再581 号案件中，法院依据最高人民法院《关于审理矿业权纠纷案件适用法律若干问题的解释》（法释〔2017〕12 号）第 18 条“当事人约定在自然保护区、风景名胜区、重点生态功能区、生态环境敏感区和脆弱区等区域内勘查开采矿产资源，违反法律、行政法规的强制性规定或者损害环境公共利益的，人民法院应依法认定合同无效”之规定，因涉案当事人约定在自然保护区内勘查开采或转让矿业权，《探矿权转让合同》违反了《自然保护区条例》中的效力性强制性规定，应依法确认合同无效。

四、非法采矿、破坏性采矿的行政责任

《矿产资源法》第 39 条、第 40 条均涉及“责令赔偿损失”。当出现《矿产资源法》第 39 条规定的情形时，国土资源管理部门对非法采矿者既要责令停止开采，也要责令赔偿损失。赔偿数额的计算，目前没有明确的法律依据，一直是矿产资源执法面临的难题，对非法采矿行为“责令赔偿损失”是行政机关在行政执法中，依据《矿产资源法》规定，对行政相对人作出的具体行政行为，赔偿损失是无证采矿、越界开采者应承担的法律责任。如果无证采矿或越界采矿行为发生在未设定采矿权区域，侵害的是矿产资源国家所有权，赔偿数额应按违法采出的矿产资源（扣除没收矿产品）价值计算。如果非法采矿当事人进入他人矿权范

围内非法采矿，侵犯了采矿权人的合法权利，非法采矿当事人应当承担侵权责任，采矿权人也可以要求非法采矿当事人赔偿损失。

五、因非法采矿造成生态破坏，采矿人应承担生态修复的侵权责任

整治矿山私挖乱采行为，只靠行政处罚还不够。行政处罚仅意味着涉事企业承担行政责任，并不代表其可以不负生态环境损害赔偿这一民事责任。

因非法采矿造成生态破坏，采矿人应承担生态修复的侵权责任。根据最高人民法院《关于适用〈中华人民共和国刑事诉讼法〉的解释》（法释〔2021〕1 号）第 179 条第 1 款规定，国家财产、集体财产遭受损失，受损失的单位未提起附带民事诉讼，人民检察院在提起公诉时提起附带民事诉讼的，人民法院应当受理。如果涉事企业在接受行政处罚外，还要进行生态环境损害赔偿与生态修复，有关违法成本将大大提高。为进一步增强制度刚性，建立健全行政处罚与生态环境损害赔偿联动机制非常有必要。比如，对破坏生态环境的违法单位和个人，由行政机关责令其修复受损生态，检察机关提起公益诉讼请求惩罚性赔偿，将有效起到惩治、震慑和遏制作用。

2020 年江苏省南京市中级人民法院出现相关生态责任的判例①，关于被告王某林是否应当对其行为造成的生态环境损害后果承担赔偿责任是本案的争议焦点之一，法院认为：非法采矿对生态资源造成复合性危害，在长江沿岸非法露天采矿，不仅造成国家矿产资源损失，还必然造成开采区域生态环境破坏及生态要素损失。被告王某林违反《矿产资源法》的规定，未取得采矿许可证即实施非法采矿行为，造成生态环境的破坏，主观存在过错，非法采矿行为与生态环境损害之间具有因果关系，应当依照《侵权责任法》（已失效）第 6 条之规定，对其行为造成的生态环境损害后果承担赔偿责任。

关于王某林非法采矿造成的生态资源损失如何认定，法院认为：(1) 非法采矿必将使被开采区域的植被遭到严重破坏，受损山体的修复及自然林地的恢复均需要合理周期，即较长时间才能重新恢复林地的生态服务功能水平，以第三方的评估报告出具的 20 年生长年限的林地作为参照计算具有一定合理性。

---

① 参见（2020）苏 01 民初 798 号。

(2)鸟类生态价值损失计算。对非法采矿行为造成的平衡性和生物多样性的破坏等方面对鸟类传播种子损失作出了详细解释,解释科学合理,故对非法采矿造成鸟类生态价值损失予以认定。(3)哺乳动物栖息地服务价值损失客观存在。虽然因客观因素无法量化栖息地生态环境损害价值,但非法采矿行为造成山体破坏和植被毁坏,导致哺乳动物过境受到严重影响,哺乳动物栖息地服务价值损失客观存在。结合案涉非法采矿区域位于矿坑宕口及林场路口的实际情况,综合考虑上述区域植被覆盖率以及人类活动影响造成两区域内哺乳动物的种类和数量较少等客观因素,公益诉讼起诉人主张按照其他生态环境损失1,874,368元的1%计算哺乳动物栖息地服务价值损失具有一定的合理性。

行为人实施无证开采行为不仅可能会构成非法采矿罪,承担刑事责任,在造成生态环境破坏、检察院会提起刑事附带民事公益诉讼的情况下,还须承担民事侵权责任,赔偿修复生态环境等费用和损失。行为人主动履行民事责任后可作为刑事处罚酌情从轻情节。

根据2015年中共中央办公厅、国务院办公厅印发的《党政领导干部生态环境损害责任追究办法(试行)》,地方各级党委和政府对本地区生态环境和资源保护负总责,党委和政府主要领导成员承担主要责任,其他有关领导成员在职责范围内承担相应责任。该办法共规定了25种追责情形和4类责任主体,突出党政同责、终身追责,同时规定了监管工作部门、纪检监察机构、组织人事部门的协作联动机制,以完整的追责链条确保对生态环境损害行为“零容忍”。

2022年江西省在全国率先出台《江西省矿山生态修复与利用条例》,第9条明确了矿山生态修复责任,“按照谁破坏、谁治理的原则,由采矿权人承担矿山生态修复责任,其矿山生态修复责任不因采矿权终止而免除;未取得采矿许可证擅自采矿的或者超越批准的矿区范围采矿的,非法开采行为人除依法承担相应法律责任外,还应当承担生态修复责任。由于历史原因无法确定修复责任人或者责任人灭失的矿山、政策性关闭时确定由政府修复的矿山(以下统称历史遗留矿山),由县级以上人民政府承担修复责任并组织实施”。从而解决矿山生态环境问题,将“生态包袱”转化为绿色财富。

2023年河南省出台了《河南省露天矿山综合治理和生态修复条例》,要求明确生态修复主体,建立露天矿山生态修复标准体系,提高生态修复标准和质量;加强矿山生态修复基金提取和使用,规范中央转移支付支持的生态修复资金管理,吸纳社会资本参与历史遗留矿山生态修复,缓解矿山生态修复资金不足。

六、非法采矿、破坏性采矿的刑事责任

对于非法开采或者破坏性开采石油、天然气资源行为,最高人民法院、最高人民检察院《关于办理盗窃油气、破坏油气设备等刑事案件具体应用法律若干问题的解释》(法释〔2007〕3 号)第 6 条规定,“违反矿产资源法的规定,非法开采或者破坏性开采石油、天然气资源的,依照刑法第三百四十三条以及《最高人民法院关于审理非法采矿、破坏性采矿刑事案件具体应用法律若干问题的解释》①的规定追究刑事责任”。

(一)非法采矿罪

根据《刑法》第 343 条第 1 款规定,非法采矿是指违反《矿产资源法》的规定,未取得采矿许可证擅自采矿,擅自进入国家规划矿区、对国民经济具有重要价值的矿区和他人矿区范围采矿,或者擅自开采国家规定实行保护性开采的特定矿种,情节严重的行为。

根据最高人民法院、最高人民检察院《关于办理非法采矿、破坏性采矿刑事案件适用法律若干问题的解释》之规定,“违反矿产资源法的规定”主要是指违反《矿产资源法》《水法》等法律、行政法规有关矿产资源开发、利用、保护和管理的规定。

“非法开采矿产资源”主要表现为无证开采、越界开采、以探代采、超期开采等,违法形式多样。“未取得采矿许可证”,是指未取得国务院、省、自治区、直辖市人民政府授权的有关主管部门颁发的采矿许可证(为特许许可)而开采矿产资源的行为,具体是指:无许可证的;许可证被注销、吊销、撤销的;超越许可证规定的矿区范围或者开采范围的;超出许可证规定的矿种的(共生、伴生矿种除外);其他未取得许可证的情形。现实中,未取得采矿许可证擅自进入关停的矿区盗采矿的,也属于非法采矿行为。

---

① 自 2016 年 12 月 1 日最高人民法院、最高人民检察院《关于办理非法采矿、破坏性采矿刑事案件适用法律若干问题的解释》施行后,本解释废止。

此罪名为情节犯，“情节严重”是指：开采的矿产品价值或者造成矿产资源破坏的价值在10万元至30万元以上的；在国家规划矿区、对国民经济具有重要价值的矿区采矿，开采国家规定实行保护性开采的特定矿种，或者在禁采区、禁采期内采矿，开采的矿产品价值或者造成矿产资源破坏的价值在5万元至15万元以上的；2年内曾因非法采矿受过两次以上行政处罚，又实施非法采矿行为的；造成生态环境严重损害的；其他情节严重的情形。“情节特别严重”是指：数额达到情节严重数额标准5倍以上的；造成生态环境特别严重损害的；其他情节特别严重的情形。

（二）破坏性采矿罪

《刑法》第343条第2款规定：违反《矿产资源法》的规定，采取破坏性的开采方法开采矿产资源，造成矿产资源严重破坏的，处5年以下有期徒刑或者拘役，并处罚金。

根据最高人民法院《关于审理非法采矿、破坏性采矿刑事案件具体应用法律若干问题的解释》第4条，最高人民检察院、公安部《关于公安机关管辖的刑事案件立案追诉标准的规定（一）》第69条以及《刑法》第343条第2款之规定，采取破坏性的开采方法开采矿产资源，是指行为人违反《矿产资源法》的规定开采矿产资源，并造成矿产资源严重破坏的行为；违反矿产资源法规定具体包括如下：

违反《矿产资源法》《矿业权出让转让管理暂行规定》《矿产资源勘查区块登记管理办法》《煤炭法》法律、行政法规、规范性文件有关矿产资源开发、利用、保护和管理的规定。

违反地质矿产主管部门审查批准的矿产资源开发利用方案；根据《矿产资源法》的相关规定，“合理的开采方法”，是指生产安全、采矿强度高、矿产损失和贫化率低，矿产资源利用率好及经济效益高的开采方法。“选矿工艺”，是指用物理或化学方法，将矿物原料中的有用成分、无用矿物或有害矿物分开，或将多种有用成分分离开的工艺过程。如果开采顺序、开采方法和选矿工艺不当，将造成矿产资源的浪费和损失。采取破坏性的开采方法开采矿产资源，是指违反矿产资源法的规定，使用不合理的开采顺序、开采方法和选矿工艺，致使矿产资源的开采回采率、采矿贫化率和选矿回收率达不到设计要求。

司法机关对案件所涉的有关专门性问题难以确定的,可以根据省级以上人民政府国土资源主管部门就造成矿产资源破坏的价值、是否属于破坏性开采方法出具的报告为主,再结合其他证据做出认定。

破坏性开采构成犯罪,还需要具备造成矿产资源严重破坏的结果。根据最高人民检察院、公安部《关于公安机关管辖的刑事案件立案追诉标准的规定(一)》第69条第1款之规定,采取破坏性的开采方法开采矿产资源,造成矿产资源严重破坏,价值在30万元至50万元以上的,应予立案追诉。根据最高人民法院、最高人民检察院《关于办理非法采矿、破坏性采矿刑事案件适用法律若干问题的解释》第6条之规定,造成矿产资源破坏的价值在50万元至100万元以上,或者造成国家规划矿区、对国民经济具有重要价值的矿区和国家规定实行保护性开采的特定矿种资源破坏的价值在25万元至50万元以上的,应当认定为《刑法》第343条第2款规定的"造成矿产资源严重破坏"。

第三节　油气资源矿业权纠纷案例评析

一、塔什库尔干县兴祚矿业开发有限责任公司与叶城县兴祚矿业开发有限责任公司采矿权转让合同纠纷案[1]

塔什库尔干县兴祚矿业开发有限责任公司(以下简称塔县矿业公司)以叶城县兴祚矿业开发有限责任公司(以下简称叶城矿业公司)怠于履行合同生效的法定义务为由提起诉讼,请求法院确认双方之间签订的采矿权转让合同无效,叶城矿业公司应承担返还采矿权转让费的义务。

【案件基本信息】

再审申请人(一审原告,二审上诉人):塔县矿业公司

被申请人(一审被告,二审被上诉人):叶城矿业公司

【基本案情】

叶城矿业公司、塔县矿业公司成立时原始股东均为范某江、王某兵、艾某江·买买提3人。

1. 2011年2月21日,叶城矿业公司通过出让方式取得新疆塔什库尔干县克孜里亚尔特东玉石矿的采矿权,并办理了采矿权许可证。

2. 2013年9月6日,塔县矿业公司原3名股东范某江、王某兵、艾某江·买买提与李某庆签订《股份转让协议》,约定3人将其享有的塔县矿业公司100%的股权转让给受让方李某庆,并约定出让方将叶城矿业公司名下的采矿证原件一并移交给受让方。

3. 2013年9月8日,叶城矿业公司出具证明,内容为,叶城矿业公司经董事会决议通过,将其名下的采矿证,从2013年9月10日开始全部移交塔县矿业公司新法人李某庆,所有权归属塔县矿业公司。

---

① 参见(2017)最高法民申344号。

4.2013 年 9 月 10 日,塔县矿业公司在工商局办理了变更登记,法定代表人由范某江变更为李某庆。

5.此后,范某江、王某兵、艾某江·买买提(甲方)又与李某庆(乙方)签订《补充协议》,约定除转让合同外,由乙方向甲方支付矿山的修路款 1080 万元;2013 年 9 月 11 日,李某庆转账 1000 万元。

另查明,涉案采矿权许可证原件移交后,双方未在有关部门办理采矿权转让手续,现采矿许可证中载明的采矿权人仍为叶城矿业公司。

后双方因采矿权事宜产生纠纷,塔县矿业公司起诉至新疆维吾尔自治区喀什地区中级人民法院,诉请确认双方之间签订的采矿权转让合同无效并请求叶城矿业公司返还塔县矿业公司 1080 万元及利息,新疆维吾尔自治区喀什地区中级人民法院经审理后驳回了塔县矿业公司的诉讼请求。塔县矿业公司不服一审判决,向新疆维吾尔自治区高级人民法院提起上诉,新疆维吾尔自治区高级人民法院审理后驳回上诉,维持原判。后塔县矿业公司又向最高人民法院申请再审,最高人民法院经审查后,驳回了塔县矿业公司的再审申请。

【案件焦点】

本案争议焦点是双方采矿权转让部分合同是否有效。

【法院裁判要旨】

二审法院认为,原审法院依据《矿产资源法》及《探矿权采矿权转让管理办法》的相关规定认定塔县矿业公司与叶城矿业公司之间的涉案采矿权转让合同属已成立未生效合同,并无不当。塔县矿业公司上诉称依据上述法律行政法规的规定应认定涉案采矿权转让合同无效系对法律的理解有误。《探矿权采矿权转让管理办法》第 8 条规定,"探矿权人或者采矿权人在申请转让探矿权或者采矿权时,应当向审批管理机关提交下列资料:(一)转让申请书;(二)转让人与受让人签订的转让合同;(三)受让人资质条件的证明文件;(四)转让人具备本办法第五条或者第六条规定的转让条件的证明;(五)矿产资源勘查或者开采情况的报告;(六)审批管理机关要求提交的其他有关资料。国有矿山企业转让采矿权时,还应当提交有关主管部门同意转让采矿权的批准文件"。由此可见,办理采矿权转让的申请主体应为叶城矿业公司。上述规定系行政主管部门对办理转让采矿权手续过程中采矿权人的行政管理要求,采矿权人未履行该义务并不必然导致合同无效的法律后果,且本案双方当事人未明确约定何时办理采矿权转让手续，故塔县矿业公司上诉称叶城矿业公司怠于履行该义务导致合同失效缺乏事实及法律依据，亦不能成立。

最高人民法院认为，《矿产资源法》《探矿权采矿权转让管理办法》等关于矿业权转让条件的规定是行政主管部门基于监管需要，为维护矿产资源开发利用秩序而对矿业权流转进行审批监管的依据，不属于效力性强制性规定，违反该规定并不必然导致合同无效。

【判决结果】

驳回塔县矿业公司的诉讼请求。

【律师评析】

《探矿权采矿权转让管理办法》第 10 条规定：申请转让探矿权、采矿权，批准转让的，转让合同自批准之日起生效。根据该办法，矿业权转让合同属于需经审批方生效的合同。最高人民法院《关于审理矿业权纠纷案件适用法律若干问题的解释》（法释〔2017〕12 号，2020 年修正，以下简称《矿业权纠纷解释》）第 6 条规定，“矿业权转让合同自依法成立之日起具有法律约束力”“当事人仅以矿业权转让申请未经国土资源主管部门批准为由请求确认转让合同无效的，人民法院不予支持”。

《矿业权纠纷解释》第 6 条是否改变了《探矿权采矿权转让管理办法》关于矿业权转让合同经审批后才生效的规定？对《矿业权纠纷解释》第 6 条的字条眼上理解，转让合同是“自成立之日起具有法律约束力”，与该司法解释中其他情形下的合同效力规定所用的“自成立之日起生效”的表述相比，很明显第 6 条是与《探矿权采矿权转让管理办法》的规定保持一致，这里的“具有法律约束力”很显然不能理解为“生效”。

《民法典》第 502 条第 1 款规定，依法成立的合同，自成立时生效，但是法律另有规定或者当事人另有约定的除外。

《探矿权采矿权转让管理办法》第 4 条第 2 款规定：“国务院地质矿产主管部门负责由其审批发证的探矿权、采矿权转让的审批。”第 10 条规定：“申请转让探矿权、采矿权的，审批管理机关应当自收到转让申请之日起 40 日内，作出准予转让或者不准转让的决定，并通知转让人和受让人。准予转让的，转让人和受让人应当自收到批准转让通知之日起 60 日内，到原发证机关办理变更登记手续；受让人按照国家规定缴纳有关费用后，领取勘查许可证或者采矿许可证，成为探矿权人或者采矿权人。批准转让的，转让合同自批准之日起生效。不准转让的，审批管理机关应当说明理由。”

根据上述法律规定，签订矿业权转让合同后，矿业权转让申请依法获得批准前，依法成立的转让合同尽管不能直接被认定为“完全生效”，但可以认定对当事人产生了法律约束力。

随着2019年《全国法院民商事审判工作会议纪要》及《民法典》的发布和施行，司法实践中对于行政审批对合同效力影响裁判观点归于统一。探矿权转让合同以自然资源主管部门审核批准为生效要件，是防止矿业权移转给缺乏资质的受让人，避免自然资源浪费，降低乃至减少矿难发生所必要。探矿权、采矿权转让合同仍然是自批准之日起生效。对于未经批准合同的法律性质，即具有一定法律约束力的未生效合同。

探矿权为用益物权，依据《民法典》第215条的规定，“未办理物权登记的，不影响合同效力”。法理上，以行政审批作为合同生效的前提，属于该条规定的“合同效力与物权变动相区分原则”的例外。在其他案件中，法院认为，探矿权转让合同系行政机关履行行政审批手续后生效的合同，对于矿权受让人的资格审查，属行政机关的审批权力，非法院职权范围。对于矿权受让人的资格审查，属审批管理机关的审批权力，受让人是否符合采矿权受让人条件、矿权转让合同能否经相关部门批准，并非法院审理范围，因该合同尚未经审批管理机关批准，因此认定该合同依法成立，但尚未生效。矿业权转让合同以自然资源主管部门审核批准为生效要件，是防止矿业权移转给缺乏资质的受让人，避免自然资源浪费，降低乃至减少矿难发生所必要。即使在行政管理体制改革、简政放权的背景下，仍应予以尊重。其效力不受转让合同未经审批的影响。

本案的意义在于正确认定采矿权转让合同的效力状态，有效防范当事人的道德风险。

需特别指出的是，最高人民法院在2021年1月1日施行的《矿业权纠纷解释》第6条也明确了上述原则，即矿业权转让合同自依法成立之日起具有法律约束力，当事人仅以矿业权转让申请未经自然资源主管部门批准为由请求确认转让合同无效的，人民法院不予支持。

我国现行法律法规中关于矿业权转让的相关规定是行政主管部门基于行政管理的需要，并非对合同效力作出评价的依据，不属于效力性强制性规定，当事人未按采矿权转让合同约定报经主管部门批准的，并不必然导致合同无效，成立未生效的合同对双方当事人有相应法律拘束力，当事人可以基于合同约定要求对方报请主管部门批准。因此，在矿业权转让合同未获批准之前，当事人应当积极按照合同约定履行相应义务，尤其是作为矿业权受让方来说，如转让方未及时报请主管部门审批，应积极督促对方履行相应义务，以维护自身的合法权益。矿产资源是人类生存和经济社会可持续发展的重要物质基础。采矿权的转让审批，是国家规范采矿权有序流转，实现矿产资源科学保护、合理开发的重要制度。采矿权转让未经审批的，转让合同尚未发生法律效力。二审法院在审理该案过程中严格依照法律规定，认定转让合同因未经审批而未生效，并判令双方按照各自义务办理采矿权转让报批手续，积极促使合同生效，该判决的意义在于正确认定采矿权转让合同的效力状态，有效防范当事人的道德风险，维护了采矿权市场交易秩序，也符合鼓励交易、保持商事交易稳定性的原则。

探矿权转让合同还涉及采矿权转让合同签署后，未经批准的合同是否影响报批义务条款的效力及若对方不履行报批义务，应当诉请其承担缔约过失责任还是违约责任等问题。

采矿权转让合同未经批准是否影响报批义务条款的效力？《全国法院民商事审判工作会议纪要》第38条规定，须经行政机关批准生效的合同，对报批义务及未履行报批义务的违约责任等相关内容作出专门约定的，该约定独立生效。《民法典》在第502条第2款中规定：未办理批准等手续影响合同生效的，不影响合同中履行报批等义务条款以及相关条款的效力。最高人民法院2017年12月26日发布的123号指导案例中，裁判理由中提及："鉴于转让合同因未经批准而未生效的，不影响合同中关于履行报批义务的条款的效力。"因此，依照现行法律的规定，报批义务是可以独立于合同生效的。同时法院可以判决义务人积极履行报批义务。

依据最高人民法院公布环境资源审判典型案例，王某龙与刘某波采矿权转让合同纠纷案中①，河北省高级人民法院认为，双方所签矿山转让合同已成立，但属于依照法律规定应到相关部门办理批准手续才能生效的合同。对于按照法律、行政法规的规定须经批准或者登记才能生效的合同，双方当事人均应积极履

① 参见(2011)民申字第512号。

行各自的义务，促使合同生效，以维护交易各方的合法权益。采矿权转让未经审批的，转让合同尚未发生法律效力，法院可判令双方按照各自义务办理采矿权转让报批手续。

报批义务人应当按约积极履行报批义务，否则法院可以根据案件的具体情况和相对人的请求，判决相对人自己办理报批手续。报批义务人对由此产生的费用和给相对人造成的实际损失，还应当承担损害赔偿责任。此时的矿业权转让合同只是不能产生物权变动的结果，但转让行为经批准后，合同完全生效，受让人据此可办理矿业权的变更登记，完成整个交易行为。

还有一个问题，若对方不履行报批义务，应当诉请其承担缔约过失责任还是违约责任？一种观点认为，报批义务在性质上属于先合同义务。报批义务人怠于履行报批义务的行为认定为“其他违背诚实信用原则的行为”；而另一种观点认为，报批义务也属于合同义务，而且可以独立诉请履行，以使债权人的给付利益获得最大可能的满足①。主流观点偏向于后一种，即认为报批义务属于合同义务，如果双方对报批义务约定了违约责任，守约方有权请求对方承担该特别约定项下的违约责任。但由于合同尚未生效，守约方不得请求对方实际履行报批义务或者承担特别约定外的其他违约责任。事实上，该内容在《矿业权纠纷解释》第 7 条认定为是一种合同义务，不履行该合同义务，即是违约行为。同时，最高人民法院为防止履约人消极履行报批义务，赋予受让人代为报批的权利。

矿业权转让合同依法成立后即具有法律约束力，受让人有权依合同约定请求转让人履行报批义务。报批义务是促成矿业权转让合同完全生效并得以继续履行的基础，转让人无正当理由拒不履行报批义务的，必将导致转让矿业权的合同目的不能实现，受让人依据《民法典》第 563 条规定享有合同解除权。转让合同因拒不履行报批义务而解除的，原则上应适用《民法典》第 566 条规定，受让人有权请求转让人返还已付转让款及利息、赔偿损失。就此种情形下损失赔偿的性质及范围而言，因报批义务既是转让人应承担的法定义务，也是合同义务的重要组成部分，转让人无正当理由拒不履行该义务，应承担相应的违约责任，而非一般的缔约过失责任。

---

① https://mp.weixin.qq.com/s/LbgBAcr9Ozg4fSsCttG24g，最后访问日期：2023 年 9 月 19 日。

二、中国石油天然气股份有限公司长庆油田分公司第一采气厂与延安兰天油田服务有限公司侵权责任纠纷案①

中国石油天然气股份有限公司长庆油田分公司第一采气厂因延安兰天油田服务有限公司在其采矿权范围内开采天然气,侵犯其采矿权向法院起诉。

【基本案情】

2007 年中国石油天然气股份有限公司取得采矿许可证,2012 年中国石油天然气股份有限公司授予中国石油天然气股份有限公司长庆油田分公司及其下属单位代表该公司行使在长庆油田所辖勘查工作区和开采区内的探矿权、采矿权。中国石油天然气股份有限公司长庆油田分公司第一采气厂施工期间,依据第三方提供的横 50 - 2 井井口坐标测量成果报告显示结果发现原国土资源主管部门向其发放的采矿许可证与延安兰天油田服务有限公司采矿许可证矿区审批范围存在重复,中国石油天然气股份有限公司长庆油田分公司第一采气厂于是提起民事侵权诉讼,请求判令被告立即停止钻井行为,立即撤离从事钻井施工的全部人员和设备;恢复原状,填平已钻气井并恢复周边环境;赔偿原告损失。

【案件焦点】

本案争议焦点在于,因越界勘查开采矿产资源引发的侵权责任纠纷是否应由法院审理。

【法院裁判要旨】

《矿业权纠纷解释》第 19 条规定:因越界勘查开采矿产资源引发的侵权责任纠纷,涉及自然资源主管部门批准的勘查开采范围重复或者界限不清的,人民法院应告知当事人先向自然资源主管部门申请解决。中国石油天然气股份有限公司长庆油田分公司第一采气厂提供的采矿许可证矿区范围拐点坐标及陕西爱科测绘有限公司横 50 - 2 井井口坐标测量成果报告显示,涉案井位属于其许可范围内,延安兰天油田服务有限公司提交了“横山县开发区利用石油天然气(2016)第 7 号办理审批通知书”,通知书内容显示涉案井位亦经过政府主管部

---

① 参见(2018)陕民再 83 号。

门的审批。因双方均证明己方拥有合法钻井开采的资质,在原、被告均有合法审批手续的情况下,法院民事审判并不能确定是否存在侵权行为,本案双方当事人的争议在于矿权范围,而矿权范围因行政机关审批时存在争议,故当事人只能向主管部门申请解决。

【判决结果】

一审、二审法院审查后均裁定驳回起诉。后本案经陕西省高级人民法院再审审查后裁定提审,陕西高级人民法院审理后裁定:(1)撤销一审及二审裁定;(2)指令横山区人民法院对本案进行审理。横山区人民法院审理后认为,现双方均持有国土资源部门的许可或审批手续,且双方的审批范围重复,故中国石油天然气股份有限公司长庆油田分公司第一采气厂应当向国土资源部门申请解决。最终,法院裁定驳回了中国石油天然气股份有限公司长庆油田分公司第一采气厂的起诉。

【律师评析】

矿产资源越界开采包括横向的平面越界和纵向的高深越界。越界开采矿产资源系矿业公司面临的重大合规风险之一。如果存在相邻采矿权,越界开采行为可能同时构成民事侵权行为、行政违法行为以及刑事犯罪行为。因越界开采而引发的侵权责任纠纷由人民法院立案审理,但是,根据我国《矿产资源法》和《矿业权纠纷解释》等规定,因越界勘查、开采矿产资源引发的侵权责任纠纷,涉及自然资源主管部门批准的勘查开采范围重复或者界限不清,属于行政许可的范畴,当事人应由自然资源主管部门先行处理,当事人对处理决定不服的,可申请行政复议或提起诉讼。此外,自然资源主管部门自行发现越界开采行为的,可先行调查处理,根据调查结果可依法作出行政处罚或移送公安机关以涉嫌非法采矿罪进行刑事侦查。

第四节　油气资源矿业权纠纷风险防控建议

近年来矿产资源行业的监管环境日趋严格和规范，探矿权取得、转让等环节受到法律法规的严格约束和限制；探矿中违法行为将面临追究行政责任乃至刑事责任的情况，探矿权管理工作面临新形势、新挑战。矿业企业探矿过程中的违法违规现象时有发生，探矿过程中的违法违规行为成为探矿权管理中的重要合规风险点，是企业持续稳定健康发展的重大隐患。有的企业未在法律规定的期限内办理探矿权延续、探矿权保留等手续；有的企业探矿过程中擅自进行采矿；有的企业未取得勘查许可证擅自进行勘查，或者超越勘查许可证规定的范围实施勘查。

一、应及时办理采矿证

在采矿许可证到期前，相关企业应及时办理采矿许可证延续，并向自然资源部门提交全部的延续材料。在自然资源主管部门未予以延续的情况下，企业及时提起诉讼，通过法律途径维护自身合法权益。在受让矿业权时，企业务必自行进行或委托引入三方机构就出让方或转让方矿区是否矿业权权属及是否存在越界行为进行专项尽职调查，并要求其作出充分的陈述和保证，并约定具体的违约责任。

二、做好尽职调查，核查矿业权权属情况并核实交易对手的资质

在矿业权转让前，企业应当核实转让方持有的采矿许可证权属情况，并到自然资源主管部门公示系统核查该采矿许可证记载信息是否属实。若转让方不具有采矿权的，应终止该转让行为，或在转让方取得采矿权之后再进行交易，从而避免采矿权转让合同被认定为无效合同的风险。同时企业要审查探矿权受让人

应具备的资质,如果受让方并不具备相应资质,也有可能导致探矿权转让无效。

三、取得采矿许可证后,注意不要越界开采

越界开采矿产资源是矿业企业面临的最为严厉且高发的合规风险之一。取得采矿许可证后,企业应严格按照载明的矿种进行开采,及时根据采矿许可证上的坐标对矿区范围进行立桩明确,开采深度高度亦需要时刻关注。遇到越界到相邻矿区时,务必停止开采作业,与相邻矿区协商处理。若发现存在矿业权重叠时,矿业企业需要矿业权主管机关明确具体的矿区范围,注意开采范围、深度及高度,以免造成越界开采。

四、应对矿业权管理中各环节进行系统风险梳理

企业应对矿业权取得、延续、保留、转让等各个环节进行风险识别,开展探矿权合规管理评估,定期对合规工作的有效性进行分析,针对重大、多发的合规风险和违规问题,通过健全制度机制、优化业务流程等方式,及时改进探矿权合规工作。

第十二章

可再生能源发展纠纷案件

姜淳云

本章作者：姜淳云，北京市盈科（济南）律师事务所律师，盈科全国ESG与企业合规法律专业委员会副秘书长。

第一节　案件类型、案由分析及相关法律法规

《法发〔2023〕5号》第15条规定：依法审理可再生能源发展纠纷案件。审理清洁能源建设项目环境影响评价案件，要按照能源项目建设用地分类指导政策和国土空间规划要求，依法妥善处理好沙漠、戈壁、荒漠生态环境保护和大型风电、光伏发电基地等建设用地需求之间的关系，助力形成清洁低碳安全高效能源供应体系。依法推动行政机关主动公开涉及公众生态环境利益调整、需要公众广泛知晓或者公众参与决策的重大建设项目批准和实施情况、环境保护监督检查情况等政府信息。依法引导和推动电力企业重视促进碳减排和保护生态环境的社会责任，加大设备资金投入，提升电力系统对可再生能源电力的消纳能力。审理电网企业涉可再生能源发电并网、运行服务和涉分布式光伏发电并网运行纠纷案件，依法推动能源高效、清洁利用。

《法发〔2023〕5号》第15条详细阐述了在审理可再生能源发展纠纷案件、清洁能源建设项目环境影响评价案件以及电网企业涉可再生能源发电并网、运行服务和涉分布式光伏发电并网运行纠纷案件时，应如何依法进行，以推动碳达峰碳中和的目标。

首先，该条款强调了在审理清洁能源建设项目环境影响评价案件时，应按照能源项目建设用地分类指导政策和国土空间规划要求，妥善处理好沙漠、戈壁、荒漠生态环境保护和大型风电、光伏发电基地等建设用地需求之间的关系。这一点对于确保清洁能源项目的可持续性至关重要，同时也体现了对生态环境保护的重视。司法机关在审理此类案件时，应充分考虑到环境保护和能源需求之间的平衡，从而确保能源项目的发展不会对环境造成过大的压力。

其次，该条款要求行政机关主动公开涉及公众生态环境利益调整、需要公众广泛知晓或者公众参与决策的重大建设项目批准和实施情况、环境保护监督检查情况等政府信息。这一要求体现了政府公开透明的原则，有利于提高公众对环保问题的关注度和参与度，同时也有利于提高行政机关的监督效果。

再次,该条款强调了电力企业应重视促进碳减排和保护生态环境的社会责任,加大设备资金投入,提升电力系统对可再生能源电力的消纳能力。这一点对于推动我国能源结构的转型升级,实现碳达峰碳中和的目标具有重要意义。

最后,该条款规定了在审理电网企业涉可再生能源发电并网、运行服务和涉分布式光伏发电并网运行纠纷案件时,应依法推动能源高效、清洁利用。这一规定旨在解决可再生能源并网运行中可能出现的问题,保障可再生能源的有效利用,推动能源产业的可持续发展。

总体来说,这一条款的制定对于推动我国清洁能源的发展,实现碳达峰碳中和的目标具有重要的指导意义。笔者认为,我们应当积极响应这一条款的要求,加强对清洁能源项目的审理,提高公众对环保问题的关注度,推动电力企业履行社会责任,保障可再生能源的有效利用,从而推动我国能源产业的可持续发展。

一、可再生能源发展纠纷案件类型及案由

根据最高人民法院发布的意见,在可再生能源发展纠纷中,主要涉及以下几类案件。

1. 清洁能源建设项目环境影响评价案件:这类案件主要涉及能源项目建设用地的分类指导政策和国土空间规划要求,以及如何在保护沙漠、戈壁、荒漠等生态环境和满足大型风电、光伏发电基地等建设用地需求之间取得平衡。

2. 电力企业促进碳减排和保护生态环境的社会责任案件:这类案件主要涉及电力企业是否重视并履行其促进碳减排和保护生态环境的社会责任,是否加大设备资金投入,以提升电力系统对可再生能源电力的消纳能力。

3. 可再生能源发电并网、运行服务纠纷案件:这类案件主要涉及电网企业是否按照法定程序和标准接入可再生能源发电设备,是否提供了符合规定的运行服务。

4. 分布式光伏发电并网运行纠纷案件:这类案件主要涉及分布式光伏发电设备的接入、运行和维护等问题。

5. 行政机关公开政府信息案件:这类案件主要涉及行政机关是否主动公开涉及公众生态环境利益调整、需要公众广泛知晓或者公众参与决策的重大建设项目批准和实施情况、环境保护监督检查情况等政府信息。

二、可再生能源发展纠纷案件案由分析

1. 清洁能源建设项目环境影响评价案件：立案案由可能是“环境侵权纠纷”。

常见情况：如果建设企业在进行清洁能源建设项目时，没有按照环保法律法规进行环境影响评价，或者评价结果存在问题，造成环境污染或破坏，那么就构成了环境侵权行为。

2. 电力企业促进碳减排和保护生态环境的社会责任案件：立案案由可能是“环保公益诉讼案件”。

常见情况：电力企业作为能源行业的重要组成部分，应当积极承担环保和碳减排的社会责任，如果企业未能履行这些责任，可能会对环境和社会造成严重影响，构成了环保公益诉讼的立案条件。

3. 可再生能源发电并网、运行服务纠纷案件：因涉及大多为 EPC 总承包合同，因此，立案案由可能是建设工程合同纠纷、建设工程施工合同纠纷、承揽合同纠纷、买卖合同纠纷、合同纠纷。

常见情况：可再生能源项目施工，EPC 总承包合同。

在司法实践中，EPC 总承包合同的性质有所争议。以下就其中的五种可能性进行阐述：

（1）建设工程合同纠纷。

《民法典》第 788 条规定：“建设工程合同是承包人进行工程建设，发包人支付价款的合同。建设工程合同包括工程勘察、设计、施工合同。”

（2）建设工程施工合同纠纷。

分布式光伏发电并网项目涉案合同往往既包括土建部分，也包括安装部分，且两部分不可分离，因此在司法实践中案件案由定为建设工程施工合同纠纷。

（3）承揽合同纠纷。

《民法典》第 770 条第 1 款规定：“承揽合同是承揽人按照定作人的要求完成工作，交付工作成果，定作人支付报酬的合同。”

（4）买卖合同纠纷。

新能源项目投资建设中设备采购所占的费用比例较高，通常会达到整个新

能源项目造价的80%以上,在司法实践中,一方有时仅依据《买卖合同》向另一方主张权利。

(5)合同纠纷。

因新能源项目签订合同所含内容通常包括设计、采购、施工,个别法院认为无论定性为建设工程施工合同还是承揽合同均不准确,最终按无名合同处理纠纷。

4.分布式光伏发电并网运行纠纷案件:分布式光伏发电并网运行纠纷案件立案案由可能是建设工程合同纠纷、建设工程施工合同纠纷、承揽合同纠纷、买卖合同纠纷、合同纠纷、租赁合同。

常见情况:分布式光伏发电项目施工EPC总承包合同、屋顶光伏项目租赁合同。

5.行政机关公开政府信息案件:立案案由可能是"行政诉讼"。

常见情况:如果行政机关未按照法律法规公开政府信息,或者公开的信息存在问题,那么就构成了行政不作为或者行政违法行为,可以依法提起行政诉讼。

三、可再生能源发展纠纷每类案件涉及的法律法规

1.清洁能源建设项目环境影响评价案件涉及的法律法规

(1)《环境影响评价法》:该法规定了环境影响评价的基本原则、程序和要求。在可再生能源发展纠纷案件中,该法律的重要性主要体现在对环境影响评价的必要性和重要性的确认,以及对环境影响评价的具体程序和要求的规定。此外,该法还规定了环境影响评价不合格的项目不得启动,这对于保护环境,避免因项目建设导致的环境纠纷具有重要意义。

(2)《环境保护法》:该法对环境保护工作进行了全面的规定。在可再生能源发展纠纷案件中,《环境保护法》的作用主要体现在对环境保护的基本要求的规定,以及对违反环保法规的行为的处罚规定。这对于规范可再生能源项目的开发,防止因项目开发导致的环境污染和破坏具有重要作用。

(3)《建设项目环境保护管理条例》:该条例对建设项目的环境保护管理进行了详细的规定,其中包括环境影响评价的程序和要求。在可再生能源发展纠纷案件中,该条例的重要性主要体现在对建设项目环境保护管理的具体规定,这

对于规范可再生能源项目的开发、保护环境、避免环境纠纷具有重要作用。

2. 电力企业促进碳减排和保护生态环境的社会责任案件涉及的主要法律法规

(1)《环境保护法》:该法律强调了企业在生产经营活动中应当遵守环保法规,实施清洁生产,减少污染排放,保护环境。在可再生能源发展纠纷案件中,该法律对于规范企业行为,确保其在开发可再生能源过程中遵守环保法规,防止对环境造成不良影响具有重要的指导作用。

(2)《大气污染防治法》:该法律规定了企业在生产经营活动中应当采取有效措施,减少大气污染物排放,改善空气质量。在可再生能源发展纠纷案件中,此法律对于规范企业行为,确保其在开发可再生能源过程中采取有效措施,减少大气污染物排放,保护空气质量具有重要的指导作用。

(3)《节约能源法》:该法律规定了企业应当提高能源利用效率,降低能源消耗。在可再生能源发展纠纷案件中,该法律对于推动企业在开发可再生能源过程中提高能源利用效率,降低能源消耗具有重要的推动作用。

(4)《可再生能源法》:该法律规定了企业应当开发和利用可再生能源,提高能源结构的清洁程度。在可再生能源发展纠纷案件中,该法律对于推动企业开发和利用可再生能源,提高能源结构的清洁程度具有重要的推动作用。

3. 可再生能源发电并网、运行服务纠纷案件涉及的主要法律法规

(1)《可再生能源法》:这部法律是我国可再生能源发展的基本法,对可再生能源的开发、利用、管理和保护进行了全面规定。在可再生能源发电并网、运行服务纠纷案件中,该法的相关规定可以作为判断企业行为是否合法的依据,比如是否按照规定进行了并网接入,是否支付了并网接入费用等。

(2)《电力法》:这部法律是我国电力行业的基本法,对电力系统的运行、电力市场的管理等进行了全面规定。在可再生能源发电并网、运行服务纠纷案件中,该法的相关规定可以作为判断企业行为是否合法的依据,比如是否按照规定进行了电力交易,是否按照规定进行了电力并网等。

4. 分布式光伏发电并网运行纠纷案件涉及的主要法律法规

(1)《招标投标法》:这部法律对新能源项目的招投标程序进行了规定,旨在保证公平竞争和公正交易。在分布式光伏发电并网运行纠纷案件中,如果存在未经合法招投标程序就进行项目建设的情况,那么涉案企业可能涉嫌违反《招

标投标法》。

(2)《可再生能源法》:这部法律对可再生能源的开发、利用、管理和保护等方面进行了全面规定,包括光伏发电并网的相关规定。在分布式光伏发电并网运行纠纷案件中,如果存在并网接入、运行管理等方面的问题,那么涉案企业可能涉嫌违反《可再生能源法》。

(3)《电力法》:这部法律对电力系统的运行、电力市场的管理等方面进行了全面规定,包括电力并网的相关规定。在分布式光伏发电并网运行纠纷案件中,如果存在并网接入、电力交易等方面的问题,那么涉案企业可能涉嫌违反《电力法》。

5. 可再生能源中行政机关公开政府信息案件涉及的主要法律法规

(1)《行政许可法》:这部法律对行政机关在执行行政许可过程中的信息公开有明确规定,包括许可程序、许可标准、许可结果等。在可再生能源项目的审批过程中,如若行政机关未按规定公开相关信息,可能导致相关企业或个人的合法权益受到侵害,进而引发纠纷。因此,在处理此类纠纷案件时,应严格依照《行政许可法》进行审理。

(2)《行政复议法》:这部法律规定了公民、法人和其他组织对行政机关的具体行政行为不服时,可以申请行政复议的程序和要求。在处理可再生能源纠纷案件时,如果涉及行政复议,应严格依照《行政复议法》进行审理,保障当事人的申诉权。

第二节　相关企业面临的主要法律风险

一、新能源项目未依法公开招投标风险

根据《招标投标法》第 3 条规定："在中华人民共和国境内进行下列工程建设项目包括项目的勘察、设计、施工、监理以及与工程建设有关的重要设备、材料等的采购，必须进行招标：(一)大型基础设施、公用事业等关系社会公共利益、公众安全的项目；(二)全部或者部分使用国有资金投资或者国家融资的项目；(三)使用国际组织或者外国政府贷款、援助资金的项目。前款所列项目的具体范围和规模标准，由国务院发展计划部门会同国务院有关部门制订，报国务院批准。法律或者国务院对必须进行招标的其他项目的范围有规定的，依照其规定。"

新能源项目在发展过程中，一大法律风险来自对项目招标的不当处理。根据《招标投标法》第 3 条的规定，新能源项目原则上属于必须执行招标程序的工程建设项目。这意味着在项目开始之前，企业必须合法地进行招标，原则上未经招标签订的工程建设合同均被视为违反法律，将会导致合同无效。因此，企业需要警惕这一法律风险，保证在项目开始前完成合法的招标程序。

二、新能源项目生态环境破坏的法律责任

新能源项目的建设，比如风能发电站、光伏发电站等，可能会对生态环境产生影响。面对风能、光伏等新能源项目破坏生态环境的行为，企业需要承担相应的法律责任。近年来，针对环保公益诉讼的案例越来越多，企业需要提前进行环境影响评价，避免因为环境问题引发法律风险。

三、新能源项目的并网风险

新能源项目的并网问题是另一大法律风险。对于风电、光伏等新能源项目来说,如何有效、安全地并入电网成为关键问题。根据《可再生能源法》的规定,电网企业有义务全额购买其服务区域内的可再生能源电力。然而,由于新能源的不稳定性,电网企业可能会以各种理由拒绝并网,这对新能源项目来说无疑是巨大的法律风险。

四、光伏项目的用地核实是新能源项目中的关键问题

光伏项目中未核实项目用地类型被依法拆除的案例比比皆是,企业应当注意光伏项目的用地核实问题。

光伏项目属于基础设施建设,由于对地理位置和环境条件有一定要求,故而对项目用地的选取以及合规性问题尤为重要。根据我国《土地管理法》,新能源项目必须严格依照用地许可进行开展。在没有得到相关许可的前提下进行的项目建设,不仅会产生巨额的罚款,严重的甚至可能引发刑事责任。

首先,在项目启动之前,尤其是在开工前,企业必须详细审查项目用地类型的信息,不仅要依据政府出具的批文,更要核查项目用地现状和是否已被各科室登记。这样做的目的是防止因各部门用地类型的判断不一致导致的后续法律争议,节省开发成本。

其次,对于已取得相关许可但尚未投入运营的项目企业,由于新型土地政策不断出台,政策层面的风险也需要细致考量。虽然多数审批权限在区、县级,但国家级、省级政策改革产生的影响也不容忽视。因此,对于新能源项目企业来说,不仅要熟悉本地政策,还必须主动向主管部门核实最新数据,以及在获得政府批文后,高度关注国家级、省级政策的改变,依法和规定运作项目,确保合规。

光伏项目作为基础设施项目,应当遵守我国《土地管理法》规定的基本用地原则。针对光伏等新能源项目,需要谨慎核实项目用地类型,不能仅以政府批文判断项目用地是否合法。对于尚未开工建设的光伏项目,应在建设前审慎核实项目在各个科室登记的用地类型,以及选址内的用地现状,避免产生各部门认定

不一致的情况;已开工建设但尚未并网投产的光伏项目虽然已经取得了相关主管部门的选址意见或审批意见,但由于该等审批权限多集中于区县级,而国家级、省级新型土地政策层出不穷,因此,建议项目公司向当地主管部门核实最新土地数据,同时在取得政府批文后仍应严格按照土地管理法等相关要求办理项目用地规划手续的调整,依法、依规办理用地合规手续。

五、农村集体土地二度租赁现象的法律风险

农村集体土地由于其独特的权属关系,在新能源项目用地选择中,具有自身的复杂性和风险性。农村集体土地常常因为村委会的换届、村委合同的管理不善、村民争议不断升级,导致一地二租的情况出现。在这种情况下,新能源项目企业对于项目用地的权利状况必须进行慎重核实,确认土地的权属关系,以免陆续出现让人头疼的法律风险。

该问题的解决方法首先是在与村委会签订土地租赁协议之前,项目公司应对村委会进行背景调查,了解其是否有一地二租的情况。其次,项目公司与村委会签订土地租赁协议时,应在协议中明确土地的权属状况,以及如有争议如何解决。最后,项目公司在使用土地过程中,也应定期对土地的权属状况进行检查,如发现一地二租的情况,应及时与村委会协商解决。

六、新能源项目用地政策不断调整

2022 年 5 月 20 日,水利部印发《关于加强河湖水域岸线空间管控的指导意见》第 5 条规定:“严格管控各类水域岸线利用行为。河湖管理范围内的岸线整治修复、生态廊道建设、滩地生态治理、公共体育设施、渔业养殖设施、航运设施、航道整治工程、造(修、拆)船项目、文体活动等,依法按照洪水影响评价类审批或河道管理范围内特定活动审批事项办理许可手续。严禁以风雨廊桥等名义在河湖管理范围内开发建设房屋。城市建设和发展不得占用河道滩地。光伏电站、风力发电等项目不得在河道、湖泊、水库内建设。在湖泊周边、水库库汊建设光伏、风电项目的,要科学论证,严格管控,不得布设在具有防洪、供水功能和水

生态、水环境保护需求的区域,不得妨碍行洪通畅,不得危害水库大坝和堤防等水利工程设施安全,不得影响河势稳定和航运安全。各省(自治区、直辖市)可结合实际依法依规对各类水域岸线利用行为作出具体规定。"

面对新能源的发展,我们经常会看到"风光无限"的描述,然而实际上,新能源的发展步伐并非如此轻松。根据新规定,水面光伏项目只剩下坑塘水面,规模非常有限。除了水面之外,国土、林草等建设新能源项目的政策也在收紧。中东部地区一般农用地建设光伏的政策也在逐步收紧。这种政策调整对新能源项目的开展无疑带来了巨大的挑战。

首先,政策收紧意味着新能源项目的用地选择将更加严格。这不仅会增加项目的初期投入,而且可能会延长项目的审批周期,从而影响项目的进度。其次,政策收紧还可能影响新能源项目的经济效益。因为,新能源项目的收益往往依赖于电力的销售,而政策的收紧可能会限制电力的销售范围,从而影响项目的收益。

然而,尽管面临着诸多挑战,但我们仍然应该积极看待新能源的发展。因为,新能源不仅具有环保的优势,而且在未来的能源结构中占据了重要的位置。因此,我们应该积极应对政策的调整,寻找新的发展机遇。

总体来说,新能源的发展虽然面临着诸多挑战,但只要我们能够妥善应对,就一定能够在挑战中寻找到新的发展机遇,而法律专业人士在这个过程中,将扮演重要的角色。

第三节　可再生能源发展纠纷案例评析

一、某环境研究所、某公众环境教育中心与某新能源投资有限公司、某风能公司生态破坏环境民事公益诉讼案①

【基本案情】

2015年至2016年，某风能公司在某县老山界风电场项目建设过程中，非法占用林地在山脊上修建公路，对某县鹅掌楸自然保护区内的国家二级保护植物鹅掌楸及其生境造成破坏，造成鹅掌楸死亡13株、压坏9株、伤17株、被泥土沙石掩埋185株，均为自然林，另有85株人工栽培鹅掌楸被损坏。经检察机关提起公诉，某风能公司的相关项目负责人分别被追究非法毁坏国家重点保护植物罪和滥伐林木罪。此后，某风能公司已停止对鹅掌楸及其生境的破坏行为，放弃了自然保护核心区内五座风电机位的建设，并采取积极措施与第三方签订鹅掌楸初步恢复协议，并预付了300万元植被恢复保证金。该案诉讼过程中，经贵州省黔南布依族苗族自治州中级人民法院委托鉴定机构鉴定并作出修复方案后，主持各方当事人达成了调解协议，各方均认可鉴定机构对本案作出的环境损害鉴定评估报告中的基本恢复和补偿性恢复方案，并由原告、法院和自然保护区相关主管部门共同监督实施。

【典型意义】

该案涉及的项目是风能发电项目，这是一种清洁能源，是我国和全球都在大力提倡和推广的项目。然而，尽管风能是一种绿色能源，但这并不意味着在其开发和建设过程中可以忽视环保问题。相反，绿色项目也需要绿色建设，这是每一个项目公司必须牢记的原则。

---

① 引用2019年贵州法院环境资源审判十大典型案例。

在这个案例中,某风能公司在建设过程中肆意破坏了生态环境,这种行为无疑是对环保法规的公然违反。对此,法院采取了坚决的态度,旗帜鲜明地对这种行为进行了打击和制止。这一点,对所有的项目公司都是一个严肃的警告:无论项目的性质和规模如何,都不能以破坏环境为代价。

然而,值得注意的是,法院在审理此案时,并没有简单粗暴地叫停项目,而是采取了一种更为理性和务实的方式。法院引导当事人努力寻求损害最小化的生态修复方案,以此来妥善处理环境保护和经济发展之间的关系。这种处理方式,既体现了法院对环境保护的坚决态度,也考虑到了项目公司的实际困境和合理利益。

这个案例取得了良好的法律效果、经济效果和生态环境效果,这对法律专业人士来说是一个重要的启示。在处理环保问题时,我们不仅需要坚决执行法律,还需要寻求一种既能保护环境,又能促进经济发展的解决方案。这需要我们具备专业的法律知识,同时也需要我们具备一种开放和创新的思维方式。

【律师评析】

这个案件对于环保、风能发展及项目公司来说,均有重大意义。

首先,从环保立场来看,这个案件显然是一个胜利,环保组织成功地阻止了某风能公司在某县老山界风电场项目中引起的生态破坏。这个案件进一步强化了国家保护重点植物及其生态环境的决心和举措,并且使得非法占用林地、滥伐林木等行为付出了法律后果。此外,案件亦可以作为未来防止类似事件发生的重要参考。

其次,尽管风能项目属于国家大力提倡的清洁能源,但是这个案件明确指出,支持风能发展并不意味着可以无视环境保护。项目公司必须意识到,无论项目的性质如何,都无权为所欲为,破坏环境,尤其是保护区内的生态环境。即使项目公司已采取停止破坏并提供资金以修复生态环境的补救措施,也无法逃避被追究刑责。

然而,这个案件对项目公司来说也是一个警示。在进行风能或任何新能源项目的开发时,项目公司必须尽全力保护环境,并遵守所有相关法律法规。此外,他们还需要预见到可能的问题和约束,并在项目初期就尽可能地采取衡量。这可能包括聘请环保咨询公司、进行环评、提前与当地社区沟通、打造绿色施工计划等。

从法律专业人士的角度出发，笔者认为这个案件有着深刻的教训。即使新能源项目有其重要性，但在规划和建设过程中如果没有充分考虑环保因素，恶果是显而易见的。此次案件带给我们一个重要的启示：项目计划应该以可持续性和环保为主导，需要以预防为先，以免堕入被追责的境地。

当前，我国的法律法规已经在环境保护方面做了大量的设定，而且其中不少是更加严格的。为此，项目公司在做项目规划时，必须充分考虑与环保相关的所有要求，以确保项目不仅能够产生经济效益，也能保护环境，实现可持续的发展。

总之，这个案件再次强调了环境保护的重要性，并向所有的项目公司敲响了警钟。对于法律专业人士来说，他们不仅需要帮助客户理解并遵守相关的法律规定，也需要引导客户建立起以环保为导向的项目规划。在这个过程中，法律专业人士的专业知识和经验将发挥至关重要的作用。

二、某水电公司与某设备总厂买卖合同纠纷一案中机组逾期交货致 CDM 碳交易损失认定①

【基本案情】

2004 年 5 月 29 日，某水电公司与某设备总厂签订了《经济合同》。在合同履行过程中，某设备总厂没有按期交付设备，经某水电公司多次催促，双方确定 2007 年 6 月 15 日为最迟交货时间，但直至 2009 年 6 月 22 日某设备总厂才先后将两台套机组全部交货到某水电公司工地。除延期交货外，又因产品质量原因，两台机组均在启动试验时出现质量问题。新制造的产品分别于 2010 年 3 月 21 日和 5 月 19 日才先后运到某水电公司重新组装好后投产发电，因延期交付和质量问题使某水电公司发电时间推迟，给某水电公司造成了经济损失。

某水电公司涉案水电站作为清洁发展机制（CDM）项目经申报已经国家发展和改革委员会核证。2008 年 11 月 25 日，国家发展和改革委员会下文，批准某水电公司与瑞典碳资产管理公司的 CDM 减排量购买协议，进行

① 引用湖南省永州市中级人民法院（2011）永中法民一初字第 8 号民事判决书、湖南省高级人民法院（2014）湘高法民二终字第 40 号民事判决书、最高人民法院（2015）民提字第 143 号民事判决书。

CDM 项目合作,转让该项目生产的温室气体减排量,转让总量不超过 50 万吨二氧化碳当量,每吨二氧化碳当量转让价不低于 10.5 美元。某水电公司委托了湖南某清洁发展有限公司就该项目进行交易销售。但由于某设备总厂逾期交货问题,2010 年 3 月 1 日以前,某水电公司 CDM 减排量未发电上网,故没有获得该项销售收益。

因此某水电公司将某设备总厂诉至法院,请求赔偿直接经济损失 49,897,658.73 元。

本案经历一审、二审、再审,判决结果如下:

一审判决:未区分损失性质,一审判决认定损失金额为:(1)1,649,542 元/月 × 34.5 月 = 56,909,199 元;(2)40,261 美元/月 × 34.5 月 = 1,389,004.5 美元。

二审判决:二审法院判决认定了直接损失,但未支持 CDM 可得利益损失。二审判决直接损失为:(1)43.29 万元违约金;(2)1,649,542 元/月 × 8.5 月 =1402.1107 万元。不支持可得利益损失。

再审判决:支持直接损失 43.29 万元违约金,支持 CDM 可得利益损失 500 万元。

【典型意义】

在这个案例中,尽管再审阶段对于损失的认定没有直接涉及是否支持 CDM 项目的收益损失,而是选择了一种更为宽泛的方式,将违约金之外的所有其他损失统一视为逾期可得利益损失进行处理。然而,通过对案件事实的深入分析和理解,我们可以看出,法院实际上是对 CDM 项目的收益损失给予了支持。

这个判断的依据主要有两点。首先,CDM 项目的收益损失是项目公司在项目开发过程中实际发生的损失,这是无法忽视的事实。其次,法院在处理此案时,明显体现出了对环保项目和清洁能源项目的支持态度,这也间接证明了法院对 CDM 项目收益损失的认可。

这个案例的处理方式,为法律专业人士提供了一个重要的启示。在处理类似的案件时,我们不仅需要严格遵守法律规定,还需要充分考虑到项目公司的实际损失和合理利益,特别是对于环保项目和清洁能源项目,我们需要更加重视其经济效益和环保效益,以确保这些项目的正常开展和持续发展。

同时,这个案例也提醒我们,法院在处理此类案件时,会综合考虑各种因素,包括法律规定、项目性质、环保因素等，以作出公正、公平、合理的判断。这就要求我们在为客户提供法律服务时，也需要同样的全面思考和周密规划。

总体来说，这个案例再次强调了法律在处理环保项目和清洁能源项目中的重要作用，同时也体现了法院对这些项目的支持态度。对于法律专业人士来说，这是一个值得深思和借鉴的案例。

【律师评析】

根据《民法典》的规定，违约行为的后果包括违约金和损害赔偿。在该案中，无论是一审判决还是二审判决，法院都支持了这一规定。然而，在再审中，法院对预期可得利益损失的问题进行了重新审视。

预期可得利益损失是一个复杂而重要的法律问题。它涉及合同违约的后果，以及违约方应承担的赔偿责任。在该案中，由于某设备总厂的违约行为，某水电公司未能按时发电，从而失去了碳排放权交易的收益。这一收益虽然具有极高的经济价值，但其实现的条件复杂，计算的难度大，因此，法院在判决中，并未明确支持碳排放权收益损失，而是将其纳入预期可得利益损失进行统一考虑。

这一判决体现了法院对 CDM 项目的特殊性和价值的理解和尊重。CDM 项目是一种新兴的交易方式，其收益具有极高的经济价值，但其实现的条件复杂，计算的难度大。因此，法院在处理这种复杂的合同违约问题时，选择了一种既保护当事人权益，又符合实际情况的方式。

然而，这一判决也引发了一些争议。某设备总厂认为，碳排放权交易的收益虽然具有经济价值，但其是否能够实现，取决于许多因素，包括但不限于发电量、碳排放权的市场价格等，因此，这种收益的损失，不能简单地归咎于他们的违约行为。

这一争议涉及因果关系的问题。法律对此的解释是，只要违约的后果是合同双方在缔结合同时就能够预见的，或者是违约方应当预见的，那么违约方就应该承担赔偿责任。因此，从法律角度来看，一审、二审和再审对此案的判决，重在强调合同行为的公平和公正，损害赔偿应适度，过度赔偿可能引起新的不公和不平。同时，法院在认定损失的具体金额时，也体现了审慎，使赔偿金既能体现违约责任，又能对被害人起到适当的补偿作用。

另外，该案认可了 CDM 项目损失的法律性质属于预期可得利益损失。

最高人民法院《关于当前形势下审理民商事合同纠纷案件若干问题的指导

意见》(法发〔2009〕40 号,以下简称《民商事纠纷指导意见》)第 9 条明确指出,在当前市场环境下,违约行为常常引发预期可得利益的损失。如出卖人在买卖合同(生产设备、原材料等)中的违约行为,往往会给买受人带来生产利润损失,并根据交易性质和合同目的的不同,预期可得利益的损失还会涉及生产利润、经营利润以及转售利润等方面。

预期可得利益具备未来性,但同时也要求有较大可能性的实现性和预见性。在该案中,涉案的某水电公司的水电站作为 CDM 项目,已由国家发展和改革委员会核证并下发批准文件。该项目以与瑞典碳资产管理公司的碳排放权购买协议为依据,该公司获得 50 万吨二氧化碳当量的转让协议,每吨二氧化碳当量转让价至少为 10.5 美元。

然而,由于某设备总厂提供的发电机组出现质量问题,从而影响了某水电公司的电力生产和上网,导致其在 2010 年 3 月 1 日之前没有获得任何卖出碳排量的收益。直到 2011 年 4 月 18 日,某水电公司才获得了该项目从 2010 年 3 月 1 日至 7 月 15 日减排期的碳排量销售款,折合人民币 2,128,818.72 元。

据此,我们可以看出,该案的预期可得利益损失主要表现为生产利润损失,即未来可实现的 CDM 项目收益损失。这种损失具有可实现性和可预见性,符合预期可得利益损失的定义。然而在再审判决中,法院并未明确支持 CDM 项目收益损失,而是将违约金以外的损失统一视为预期可得利益损失。然而,根据案件事实,我们可以推断,法院判决的预期可得利益损失中,应该包含了 CDM 项目的收益损失。

总结来看,某水电公司在生产电力、上网销售和碳排量交易等多个环节中,遭受的收益损失均符合《民商事纠纷指导意见》中对预期可得利益损失的定义和判定准则。因此,法院的裁定合情合理,符合我们对《民商事纠纷指导意见》的理解和解读。

然而,某水电公司并不满意法院的判决,其认为碳排放权收益损失应该单独计算,而不是被纳入预期可得利益损失中。某水电公司认为,碳排放权交易是一种特殊的交易方式,其收益具有极高的经济价值,因此,某设备总厂的违约行为,使他们无法按时完成碳排放权交易,从而造成的损失,应该单独计算和赔偿。

第四节　可再生能源发展纠纷风险防控建议

新能源项目的开发、建设和运营阶段都有其特有的法律风险，以下是我对各阶段法律风险防控的建议。

一、新能源项目开发阶段的法律风险防控：遵守选址、环评、土地使用权和招投标法规

项目选址：在项目选址阶段，应充分考虑环保法律法规要求，避免选址在自然保护区、生态敏感区等特殊区域，以防引发环境保护法律风险。

新能源项目的选址是一个十分重要的环节，它不仅关系到项目的实施效果，也直接影响到项目的法律风险。在选址阶段，项目方必须充分考虑环保法律法规的要求，以避免在自然保护区、生态敏感区等特殊区域进行选址，从而引发环境保护法律风险。这不仅是对自然环境的尊重，也是对法律的遵守。

环保法律法规对新能源项目的选址有明确的规定。例如，《自然保护区条例》规定，自然保护区内禁止进行一切破坏自然环境和生态平衡的活动；《环境保护法》也规定，国家实行严格的生态保护制度，禁止在生态保护区内进行破坏生态环境的活动。因此，新能源项目在选址时，必须遵守这些法律法规的规定，否则，可能会面临法律责任。

环评审批：新能源项目必须进行环境影响评价，并得到环保部门的批准，这是《环境影响评价法》的明确要求。环评是评价项目可能对环境产生的影响，以及提出防止和减轻环境影响的措施的过程，是环保法律法规对新能源项目的重要要求。环评工作的质量直接影响到项目的进程。如果环评报告不合格，可能会导致项目延期，甚至无法进行。因此，新能源项目在进行环评时，必须确保环评报告的质量，不能触及生态红线，以避免因环评不合格而带来的法律风险。

土地使用权：土地使用权是新能源项目的重要基础。在取得土地使用权时，

项目方必须确保土地使用权的合法性,避免因土地纠纷影响项目进程。《土地管理法》等法律法规对土地使用权的取得和使用有明确的规定,新能源项目必须遵守这些法律法规,否则,可能会面临法律责任。

招投标:招投标是新能源项目的重要环节。《招标投标法》等法律法规对招投标有明确的规定,原则上未经招标签订的新能源项目被视为违反法律,将会导致合同无效。因此,新能源项目在进行招投标时,必须遵守相关法律法规,确保招投标的合法性,避免因违反招投标规定而带来的法律风险。

下面以风电项目为例,企业开发前应取得的合规文件包括:

在项目开发的初始阶段,按照我国《政府核准的投资项目目录》的规定,风电项目需事先进行核准。具体地,企业在投资风电项目时,应按照该目录以及《风电开发建设管理暂行办法》的要求向地方政府申请项目核准。在确认项目符合总量控制制定的建设规划及年度开发指导规模的基础上,地方政府将决定是否予以核准。只有经国务院能源主管部门备案的项目,才可以享受国家可再生能源发展基金的电价补贴。与此同时,开工前还需取得关于"选址意见和用地(用海)预审"的前置审批文件。

另外,风电项目开工前,除了取得上述的备案和核准文件,还需要取得以下相应的合规文件:

1. 环保部门对环境影响评价报告的书面批复和未占用生态红线的证明。
2. 水土保持计划的审核批文。
3. 永久用地、林地和草地的审批文件。
4. 未压覆重要矿产的书面证明。
5. 社会稳定风险评价报告。
6. 电网并网许可。
7. 地质灾害风险评估报告及其批文。
8. 文物部门的选址意见书。

此外,针对项目具体情况,可能需要取得以下文件:

1. 风景名胜区、自然保护区管理部门出具的建设项目审批意见。
2. 农用地转为建设用地、土地征用、临时占用土地等行为的审批文件。
3. 军事部门的选址意见书。
4. 防洪影响性评价报告。

5. 民用机场保护区域内风电项目的安全评估报告。

总结：新能源项目在选址、环评审批、土地使用权取得和招投标等环节，都必须遵守环保法律法规的要求，否则，可能会面临法律责任。因此，新能源项目方在进行项目规划和实施时，必须充分考虑法律因素，确保项目的合法性，以避免法律风险。同时，也要注重与环保部门的沟通和协调，以确保项目的顺利进行。

二、新能源项目合同执行的法律风险防控：明确合同性质、合理设定违约金及重视证据的固定

合同风险：新能源项目在实施过程中，合同是保障项目顺利进行的重要法律手段。合同约定了项目各方的权利和义务，对项目的施工、采购、运营等环节起到约束和指导作用。因此，合同风险是新能源项目必须重视的法律风险。在签订施工合同、采购合同等时，项目方应明确合同条款，尤其是关于工期、质量、价格、违约责任等重要条款。这不仅可以确保合同的公平公正，还可以避免因合同纠纷影响项目进展。《民法典》对合同的签订、履行、变更、解除等有明确的规定，新能源项目必须遵守这些法律法规，否则，可能会面临法律责任。

安全生产：新能源项目在施工过程中，安全生产是必须重视的问题。安全事故不仅会影响项目的进程，也可能会导致人员伤亡，引发重大法律责任。因此，新能源项目必须严格遵守安全生产法律法规，建立健全安全生产管理制度，提高施工人员的安全意识。

《安全生产法》等法律法规对安全生产有明确的规定，包括安全生产责任、安全生产条件、安全生产教育培训、安全生产监督管理等。新能源项目必须按照这些法律法规的要求进行安全生产。

工程质量：新能源项目的工程质量直接关系到项目的运营效果和经济效益，也直接影响到项目的法律风险。如果工程质量出现问题，可能会导致设备损坏、运营中断，甚至可能会引发安全事故，从而导致法律责任。

因此，新能源项目必须做好工程质量管理，避免因工程质量问题引发法律纠纷或责任追究。《建筑法》《产品质量法》等法律法规对工程质量有明确的规定，新能源项目必须遵守这些法律法规。

总结：新能源项目在实施过程中，必须充分考虑法律因素，遵守相关法律法

规,以避免法律风险。无论是在签订合同、进行安全生产环节,还是在管理工程质量等环节,都必须遵守法律,确保项目的合法性。同时,新能源项目也应注重与相关部门的沟通和协调,以确保项目的顺利进行。

可再生能源发展纠纷案件中,特别注意的合同问题:

对于EPC合同性质及相关司法管辖的问题:在新能源项目实施中,EPC总承包合同在司法实践中的性质认定尚未达到统一。有的立案案由可能是建设工程合同纠纷,有的可能是建设工程施工合同纠纷,还有的可能是承揽合同纠纷、买卖合同纠纷,甚至是普通的合同纠纷。这给合同性质认定及其引发的司法管辖问题带来了较大的不确定性。因此,为了增强事后的可预测性,建议当事人在合同中通过约定仲裁方式来确定管辖。仲裁方式的确定,可以让双方在可能出现纠纷时,有明确的解决途径,而不会因为合同性质的不确定性,而导致司法管辖的混乱,从而影响到纠纷的解决。

合理设定违约金条款:在实务操作中,违约金条款的设置模式多样,但应注重明确具体。可以通过约定违约金的具体金额或比例来达成明确性。否则,若仅约定赔偿损失,则在争议发生后提供实际损失证据可能会十分困难。同时也要避免设定过高的违约金,以免对方要求法院进行调减,最终可能导致赔偿金额低于原约定的合理比例。因此,在设定违约金条款时,既要考虑到违约的可能性,也要考虑到违约后的实际损失,以及法院可能的调减情况,做出合理的设定。

在合同履行过程中保证有效的证据固定:在合同执行阶段,证据的固定至关重要。以买卖合同为例,货物运送单、货物签收记录、在合理异议期内的权利主张证据、质保期内质量问题的往来函件等,都是材料方面的关键证据。这些证据的固定,可以在争议发生时,为双方提供有力的证据支持。如果没有这些证据,即使合同条款再明确,也可能因为证据不足,而无法保障自己的权利。因此,在合同履行过程中,双方都应该注重证据的固定,以保护自己的权益。

总体来说,可再生能源项目在实施过程中,无论是签订合同、设定违约金条款,还是合同履行过程中的证据固定,都需要注意相关的法律问题,以避免可能出现的纠纷。同时,也要注重与相关部门的沟通和协调,以确保项目的顺利进行。

三、新能源项目运营阶段的法律风险防控：环保合规、电网并网及合同纠纷管理

1. 环保合规：环保合规是新能源项目运营阶段的重要问题。新能源项目的环保合规主要包括生态保护红线环境合规，野生动植物环境合规，水土保持环境合规等。项目方在运营阶段应当持续遵守环保法律法规，提升环境合规意识，识别新能源项目开发过程中的风险，不断完善规章制度和管理程序。建立环境合规组织并定期进行环保设施的检查和维护，这是防止因环保问题引发法律风险的有效手段。同时，项目方应当积极配合环保部门的监督检查，及时整改环保问题，确保项目的环保合规。

2. 电网并网：电网并网是新能源项目运营阶段的重要环节。项目方应当遵守电力市场规则，与电网公司签订并网协议，明确双方的权利和义务。并网协议的签订，应当充分考虑到可能出现的法律风险，包括并网设备的安全、电力交易的规则、电力价格的确定等问题。同时，项目方还应当与电网公司保持良好的沟通，及时解决并网过程中可能出现的问题，防止因并网问题引发法律纠纷。

3. 针对合同纠纷需采取积极的应诉策略：合同履行过程中，应遵守诚实信用原则，尽量保持交易的正常运行。在交易过程中出现纠纷是正常情况，即便是一方面临损失，也应该积极应对，否则如果损失因放任而扩大，法院将不会给予支持。同时，项目方应当及时保存证据，以便在纠纷发生时，能够提供有力的证据支持。

总体来说，新能源项目在开发、建设和运营各个阶段，都应充分认识到法律风险，做好法律风险防控工作。同时，作为律师，我们应当积极参与到新能源法律体系的建设中，推动新能源法律体系的完善，为新能源项目的健康发展提供法律保障。在新能源法律的研究和实践中，我们应当注重理论与实践的结合，以实际的法律问题为研究对象，提出具有实际指导意义的法律解决方案。同时，我们还应当关注新能源法律的国际发展，借鉴国际上的成功经验，为我国新能源法律的发展提供参考。

第十三章

合同能源管理节能服务合同纠纷案件

李　贞　崔帆帆

本章作者：李贞，北京市盈科（西安）律师事务所律师、资本市场法律事务部副主任。
崔帆帆，北京市盈科（西安）律师事务所律师。

第一节　案件类型、案由分析及相关法律法规

一、合同能源管理节能服务合同纠纷案件类型和案由综述

根据《法发〔2023〕5 号》第 16 条规定："依法审理合同能源管理节能服务合同纠纷案件。节能服务企业与用能单位以合同形式约定节能项目的节能目标……用能单位未依约支付节能效益分享款的，依法认定构成违约。节能服务企业作为出质人，以节能服务项目收益权作为质押财产出质并在法定登记机构办理登记，质权人主张就节能服务项目收益优先受偿的，依法予以支持。"

《发展改革委、财政部、人民银行、税务总局关于加快推行合同能源管理促进节能服务产业发展的意见》（国办发〔2010〕25 号）指出：节能服务公司与用户签订能源管理合同，为用户提供节能诊断、融资、改造等服务，并以节能效益分享方式回收投资和获得合理利润，可以大大降低用能单位节能改造的资金和技术风险，充分调动用能单位节能改造的积极性，是行之有效的节能措施。加快推行合同能源管理，积极发展节能服务产业，是利用市场机制促进节能减排、减缓温室气体排放的有力措施，是培育战略性新兴产业、形成新的经济增长点的迫切要求，是建设资源节约型和环境友好型社会的客观需要。各地区、各部门要充分认识推行合同能源管理、发展节能服务产业的重要意义，采取切实有效措施，努力创造良好的政策环境，促进节能服务产业加快发展。

在国家促进节能产业大发展的背景下，我国涌现出大批节能服务公司又称"合同能源管理公司"（EMC 公司），国外简称能源服务公司（ESCO，Energy Service Companies）。合同能源管理，即专业节能技术服务公司接受客户（节能业主企业）委托，通过与客户签订能源服务合同，为客户提供节能改善的设备、技术、资金等一条龙服务，并通过为客户节约下来的能源成本来获得项目收益。合同能源管理模式下，节能业主往往不需要承担节能项目实施的资金、技术等风险，节能服务公司在建设期和运营期承担的风险较之节能业主则明显要大很多。

在项目建设期,施工改造主要由节能服务公司负责,节能服务公司可能会面临政策风险、市场风险、金融财务风险、技术壁垒风险和效益风险等。在项目建设完毕进入运营期后,能否实现预期节能效益以及评估机构是否具备足够的权威性,节能业主对评估标准、节能效益是否认可,以及节能业主自身的信用状况等都直接影响节能服务公司预期收益的取得。

《法发〔2023〕5 号》还指出,节能服务企业作为出质人,以节能服务项目收益权作为质押财产出质并在法定登记机构办理登记,质权人主张就节能服务项目收益优先受偿的,依法予以支持。应收账款质押是金融及类金融业务中一种常见的增信措施,节能服务项目收益权作为应收账款,即因节能服务企业提供一定的节能服务而获得的要求应收账款债务人即节能业主付款的权利,包括现有的以及将有的金钱债权,《动产和权利担保统一登记办法》明确将应收账款质押纳入动产和权利担保统一登记范围的担保类型,无疑有助于进一步提高动产和权利担保融资效率,优化营商环境。但由于节能服务项目收益权在质押当时往往非现有的金钱债权,从而导致质押权人在实现债权的过程中,作为质押标的的节能服务项目收益权所对应的应收账款存在不确定性,包括质押权人在内的各方主体之间极易因此产生争议及纠纷。

笔者以“合同能源管理”为关键词在威科法律信息库中进行检索发现,共有2392 份裁判文书涉及合同能源管理,其中民事案件占比 94.60%,执行案件占比 2.37%,刑事案件占比 2.21%,行政案件占比 0.78%,国家赔偿案件 1 件,说明该类案件仍以民事纠纷为主。从时间分布来看,该类型案件基本发生在 2001 年之后,在此之前鲜有合同能源管理节能服务合同纠纷发生。从地域分布来看,占比较高的前六位省市分别是北京、江苏、山东、广东、浙江以及上海,说明此类案件主要发生在经济发达地区。从案件标的额来看,此类案件的诉讼标的额大部分集中在 50 万元以上,其中 50 万 ~100 万元标的额的案件占比 13.13%,100 万 ~500 万元标的额的案件占比 27.32%,500 万 ~1000 万元标的额的案件占比 8.47%,说明该类案件的诉讼标的额普遍较大。根据对案件结果的统计,一审全部或部分支持诉请的案件比例为 52.16%,一审驳回全部诉请的案件比例为 6.03%,一审驳回起诉的案件比例为 0.50%,二审维持原判的案件比例为 24.17%,二审改判的案件比例为 5.78%,说明该类案件原告的诉请在一定程度上获得法院支持的概率较高。

合同能源管理由于涉及的主体较多，业务环节复杂，合同履行周期较长，对节能标准的认定存在较大差异等，在节能服务合同履行过程中极易发生争议。常见的争议包括节能效益是否达到合同约定的节能标准、用能单位欠付节能效益分享款、节能服务合同提前解除的赔偿、能源管理合同的性质认定、以节能收益质押引起的优先受偿权纠纷等。本章旨在通过合同能源管理节能服务领域的案例分析，剖析相关企业可能面临的主要法律风险、涉及的相关法律法规或政策要求，并提出律师的专业防范建议。

二、合同能源管理节能服务合同纠纷涉及的案件类型及对应案由分析

按照《法发〔2023〕5 号》第 16 条规定，合同能源管理节能服务合同纠纷案件主要包括节能效益分享款支付纠纷及节能项目收益质押权纠纷两类，但根据笔者的检索发现，除《法发〔2023〕5 号》第 16 条明确的上述两种案件类型之外，与合同能源管理节能服务合同相关的案件类型还包括节能设施设备买卖合同纠纷、节能服务合伙合同纠纷、中介合同纠纷、不当得利纠纷、侵权责任纠纷等，甚至是刑事犯罪案件和行政处罚案件。正如上述案件占比分析，该类案件仍以民事纠纷为主，《法发〔2023〕5 号》第 16 条指出的节能效益分享款支付纠纷及节能项目收益质押权纠纷，是合同能源管理节能服务合同纠纷案件中最常见的两类。最高人民法院通过发布《法发〔2023〕5 号》的形式，重申了对于该两类案件的裁判要旨，为各级法院在该领域的案件审判以及节能服务合同双方当事人的合同履行都提供了明确的思路。本章即针对《法发〔2023〕5 号》第 16 条明确的两类纠纷案件展开分析与讨论。

（一）用能单位未按约定支付节能效益分享款引起的合同纠纷

国家标准《合同能源管理技术通则》[①]将合同能源管理项目划分为节能效益分享型、节能量保证型、能源费用托管型、融资租赁型、混合型五种类型。目前，节能效益分享型仍然是主流模式，占合同能源管理项目的 90% 以上。相应地，经笔者搜索裁判文书网、威科先行等法律文书公开网站，关于合同能源管理节能

---

① 现行有效的《合同能源管理技术通则》版本为 GB/T 24915—2020。

服务合同纠纷多数案件都是因用能单位未按约定支付节能效益分享款，导致节能服务企业提出解除 EMC 合同、要求支付节能效益分享款并赔偿损失等。其中，部分案件基本案情为因节能项目未能实际实施，节能服务企业要求解除合同清算退出；另有部分案件基本案情为节能项目已经实施却因各种原因中止或终止，节能服务企业与节能业主对于项目中止或终止的客观情况均予以认可，但对实施项目产生的损失及赔偿责任不能达成一致；还有一部分案件基本案情为节能项目实施完毕，但未能实现节能收益或节能收益未达合同约定标准，节能服务企业与节能业主对于合同目的未能实现的责任承担问题各执一词而诉至法院。

（二）因节能服务项目收益权质押引起的优先受偿权纠纷

关于应收账款质押，《民法典》第 440 条明确规定了债务人或者第三人有权出质的权利包括现有的以及将有的应收账款。早在 2007 年《物权法》①第 223 条就明确规定债务人或者第三人有权处分的应收账款可以出质。为规范应收账款质押登记行为，中国人民银行于 2007 年专门发布了《应收账款质押登记办法》②，该办法第 4 条明确规定，本办法所称的应收账款是指权利人因提供一定的货物、服务或设施而获得的要求义务人付款的权利，包括现有的和未来的金钱债权及其产生的收益，但不包括因票据或其他有价证券而产生的付款请求权。也就是说，以现有的和将有的应收账款进行质押自 2007 年已经在相关法律法规中予以明确。更早的，1995 年颁布的《担保法》③只是在第 75 条兜底性的规定除前三项明确规定的汇票、支票、股票、专利权等之外，还有依法可以质押的其他权利，并未明确将应收账款纳入可以质押的权利范畴。最高人民法院于 2000 年发布的《最高人民法院关于适用〈中华人民共和国担保法〉若干问题的解释》④第 97 条明确，以公路桥梁、公路隧道或者公路渡口等不动产收益权出质的，按照《担保法》第 75 条第 4 项的规定处理。该解释仅将公路相关不动产应收账款纳入《担保法》第 75 条 4 项规定的可以质押的其他权利范畴。

---

① 已被《民法典》（2020 年 5 月 28 日发布；2021 年 1 月 1 日实施）废止。

② 已被中国人民银行发布的《动产和权利担保统一登记办法》（2021 年 12 月 28 日发布；2022 年 2 月 1 日实施）废止。

③ 已被《民法典》（2020 年 5 月 28 日发布；2021 年 1 月 1 日实施）废止。

④ 已被《最高人民法院关于废止部分司法解释及相关规范性文件的决定》（2020 年 12 月 29 日发布；2021 年 1 月 1 日实施）废止。

节能服务项目收益权即因节能服务企业提供节能服务而获得的要求应收账款债务人即节能业主付款的权利。《民法典》第445条明确规定,以应收账款出质的,质权自办理出质登记时设立。该类纠纷往往涉及多重法律关系和多方合同主体,包括节能服务企业与节能业主之间的节能服务法律关系以及因此而产生的节能服务项目收益权,即将有的应收账款;节能服务企业与银行或非银行金融机构之间的借贷法律关系以及因此而产生的质押权所担保的主债权;节能服务企业或其关联方等与银行或非银行金融机构之间的担保法律关系以及因此而产生的应收账款质押权及优先受偿权。银行或非银行金融机构作为质押权人,在主债务履行期限届满而债务人未能清偿债务时,即达到了质押权行使条件,其可以起诉应收账款债务人要求对节能项目收益行使优先受偿权,从而产生节能服务项目收益权质押引起的优先受偿权纠纷。

三、合同能源管理节能服务合同纠纷涉及的法律法规

合同能源管理节能服务合同纠纷案件并非近几年产生的新型案件类型,笔者以"能源管理、节能服务"为关键词在国家裁判文书网进行检索,相关的案件达到上千件,时间跨度从2000年至今。涉及的法律法规主要有《节约能源法》、《民法典》、《民事诉讼法》、《合同法》[①](已废止)、《物权法》(已废止)、《担保法》(已废止)、最高人民法院《关于适用〈中华人民共和国民法典〉有关担保制度的解释》(以下简称《民法典担保制度司法解释》)、国务院《关于加强节能工作的决定》、《发展改革委、财政部、人民银行、税务总局关于加快推行合同能源管理促进节能服务产业发展的意见》、国务院《关于进一步加强淘汰落后产能工作的通知》、国务院《关于实施动产和权利担保统一登记的决定》、《动产和权利担保统一登记办法》、《应收账款质押登记办法》(已废止)以及《合同能源管理技术通则》(GB/T 24915—2020)国家标准等,笔者在该部分针对合同能源管理节能服务合同纠纷涉及的主要法律法规及国家政策进行分析指引。

(一)《节约能源法》

《节约能源法》首次发布于1997年11月1日,该法第3条对"节能"进行了

---

① 已被《民法典》(2020年5月28日发布;2021年1月1日实施)废止。

法律上的定义，节能是指加强用能管理，采取技术上可行、经济上合理以及环境和社会可以承受的措施，减少从能源生产到消费各个环节中的损失和浪费，更加有效、合理地利用能源；并在第4条明确节能是国家发展经济的一项长远战略方针。《节约能源法》历经2007年、2016年、2018年三次修订，主要包括节能管理、合理使用与节约能源、节能技术进步、激励措施、法律责任、附则等七个章节87条。

现行《节约能源法》在总则部分对能源的范畴进行了界定，对节能进行了更加符合现代绿色发展战略的定义，并进一步明确节约资源是我国的基本国策。国家实施节约与开发并举、把节约放在首位的能源发展战略。明确要求各级政府将节能工作纳入国民经济和社会发展规划、年度计划，并将节能目标的完成情况作为对地方人民政府及其负责人考核评价的内容。明确国家实行有利于节能和环境保护的产业政策，国家鼓励、支持开发和利用新能源、可再生能源。提倡对国民开展节能教育。

在第二章节能管理中，明确了政府部门的领导、监督主体责任，要求有关部门建立健全国家层面、行业层面、企业层面的节能标准体系。明确国家实行固定资产投资项目节能评估和审查制度。对于不符合强制性节能标准的项目，建设单位不得开工建设；已经建成的，不得投入生产、使用。政府投资项目不符合强制性节能标准的，依法负责项目审批的机关亦不得批准建设。重申落后产能淘汰制度、实行能源效率标识管理。同时，国家鼓励节能服务机构的发展，支持节能服务机构开展节能咨询、设计、评估、检测、审计、认证等服务；支持节能服务机构开展节能知识宣传和节能技术培训，提供节能信息、节能示范和其他公益性节能服务。

第三章合理使用与节约能源一章，从工业节能、建筑节能、交通运输节能、公共机构节能、重点用能单位节能五个高耗能的重点领域提出了具体节能要求。例如：第31条规定："国家鼓励工业企业采用高效、节能的电动机、锅炉、窑炉、风机、泵类等设备，采用热电联产、余热余压利用、洁净煤以及先进的用能监测和控制等技术。"第35条规定："建筑工程的建设、设计、施工和监理单位应当遵守建筑节能标准。不符合建筑节能标准的建筑工程，建设主管部门不得批准开工建设；已经开工建设的，应当责令停止施工、限期改正；已经建成的，不得销售或者使用……"

(二)《民法典》

《民法典》第一编总则编第八章民事责任部分对于民事主体承担民事责任的原则、比例、方式等沿袭了原《民法通则》的规定，第 180 条明确：因不可抗力不能履行民事义务的，不承担民事责任。但法律另有规定的，依照其规定。不可抗力是不能预见、不能避免且不能克服的客观情况。该条规定对于准确认定节能业主在节能项目实施过程中，因国家节能政策要求关停企业或终止项目实施后，能否以不可抗力为由主张不承担节能服务企业所遭受的经济损失，具有重要的审判指导意义，具体见本章第三节案例评析部分——中广核节能产业发展有限公司与云南永保特种水泥有限责任公司等五公司节能效益分享纠纷案。

《民法典》第二编物权编第四分编担保物权编权利质权一节，第 440 条明确扩大了原《物权法》规定的可以出质的权利范围，将“将有的应收账款”也纳入可以出质的权利范畴。关于应收账款质权的设立和转让沿袭了原《物权法》质权自有关机构办理出质登记时设立的相关规定，应收账款出质后，不得转让，但是出质人与质权人协商同意的除外。出质人转让应收账款所得的价款，应当向质权人提前清偿债务或者提存。同时，删除了原《物权法》规定的“以应收账款出质的，当事人应当订立书面合同”的相关条款，书面合同不再是应收账款质押的必要形式。我国对应收账款质押实行登记设立主义，出质人与质押权人仅订立应收账款质押合同并不能达到设立应收账款质押的法律效果，即使双方订立了书面应收账款质押合同但未办理出质登记的，应收账款质权自始未设立。

(三)《民法典担保制度司法解释》(法释〔2020〕28 号)

该司法解释第 61 条以四款规定对应收账款出质作了详细规定，其中第 1 款规定了应收账款质权人对应收账款真实性的核实义务：以现有的应收账款出质，应收账款债务人向质权人确认应收账款的真实性后，又以应收账款不存在或者已经消灭为由主张不承担责任的，人民法院不予支持。该条强调了以现有应收账款出质时，质权人向应收账款债务人核实应收账款真实性的重要性。虽然办理应收账款出质登记时，并不以应收账款债务人的配合确认为前提，但如果应收账款债务人对于其所负债务真实性进行确认后，待应收账款质权人实现质权时就不能以应收账款不存在或者已经消灭为由主张不承担责任，对于质权人来说，无疑是降低风险的有效措施。

否则,按照该条第2款的规定:应收账款债务人未确认应收账款的真实性,质权人以应收账款债务人为被告,请求就应收账款优先受偿,能够举证证明办理出质登记时应收账款真实存在的,人民法院应予支持;质权人不能举证证明办理出质登记时应收账款真实存在,仅以已经办理出质登记为由,请求就应收账款优先受偿的,人民法院不予支持。这无疑大大加重了应收账款质权人的举证难度。

该条第3款规定了应收账款债务人履行债务的对象:应收账款债务人已经向应收账款债权人履行了债务,质权人请求应收账款债务人履行债务的,人民法院不予支持,但是应收账款债务人接到质权人要求向其履行的通知后,仍然向应收账款债权人履行的除外。即应收账款债务人在接到质权人要求向其履行的通知后仍然擅自向应收账款债权人履行债务的,不能因此抗辩应收账款质权人请求履行债务的要求,此种情况下应收账款债务人可能将面临双重付款的风险。

该条最后一款,笔者认为是针对以将有的应收账款出质的情形,提出了设立应收账款特定账户的建议。当事人为应收账款设立特定账户,发生法定或者约定的质权实现事由时,质权人请求就该特定账户内的款项优先受偿的,人民法院应予支持;特定账户内的款项不足以清偿债务或者未设立特定账户,质权人请求折价或者拍卖、变卖项目收益权等将有的应收账款,并以所得的价款优先受偿的,人民法院依法予以支持。为应收账款设立特定账户可以有效掌握和监管应收账款的收支情况,避免应收账款债务人普通账户中应收账款与其他款项无法区分,而被债务人的其他涉诉案件司法冻结的情况发生[①]。未来质权人可直接主张就特定账户的余额优先受偿。

(四)国务院《关于印发〈"十四五"节能减排综合工作方案〉的通知》(国发〔2021〕33号)

该通知发布于2021年12月28日,旨在为我国顺利实现碳达峰碳中和目标提供政策法规依据和方向指引,也将在一定程度上对我国节能减排重点工程领域和行业的发展产生重要影响。节能减排总体要求为以习近平新时代中国特色

① (2020)苏13民终4524号案中,应收账款质权人以其在先设立应收账款质押登记为由提出执行异议,法院最终以人民币非为特定物,应收账款质权人不能证明被冻结账户中的款项与出质的应收账款系同一款项为由,驳回执行异议请求。

社会主义思想为指导,坚持稳中求进的工作总基调,完善实施能源消费强度和总量双控(能耗双控)、主要污染物排放总量控制制度,组织实施节能减排重点工程,进一步健全节能减排政策机制,推动能源利用效率大幅提高、主要污染物排放总量持续减少,实现节能降碳减污协同增效、生态环境质量持续改善,确保完成"十四五"节能减排目标,为实现碳达峰碳中和目标奠定坚实基础。

该通知分为总体要求、主要目标、实施节能减排重点工程、健全节能减排政策机制、强化工作落实五部分。明确节能减排的主要目标为到2025年,全国单位国内生产总值能源消耗比2020年下降13.5%,能源消费总量得到合理控制,化学需氧量、氨氮、氮氧化物、挥发性有机物排放总量比2020年分别下降8%、8%、10%以上、10%以上。

第三部分列举了十项实施节能减排重点工程领域,包括重点行业绿色升级工程、园区节能环保提升工程、城镇绿色节能改造工程、交通物流节能减排工程、农业农村节能减排工程、公共机构能效提升工程、重点区域污染物减排工程、煤炭清洁高效利用工程、挥发性有机物综合整治工程、环境基础设施水平提升工程,并提出了节能减排的措施方向,明确了负责落实相应工程的国家层面责任主体。

第四部分提出了八项健全节能减排的政策机制方向,即优化完善能耗双控制度、健全污染物排放总量控制制度、坚决遏制高耗能高排放项目盲目发展、健全法规标准、完善经济政策、完善市场化机制、加强统计监测能力建设、壮大节能减排人才队伍。

(五)《发展改革委、财政部、人民银行、税务总局关于加快推行合同能源管理促进节能服务产业发展的意见》

该文件由国家发展改革委、财政部、人民银行、税务总局四部门于2010年4月联合发布,总共分为以下四个部分:(1)充分认识推行合同能源管理、发展节能服务产业的重要意义;(2)指导思想、基本原则和发展目标;(3)完善促进节能服务产业发展的政策措施;(4)加强对节能服务产业发展的指导和服务。

该文件提出的完善促进节能服务产业发展的政策措施包括:(1)加大资金支持力度。将合同能源管理项目纳入中央预算内投资和中央财政节能减排专项资金支持范围,对节能服务公司采用合同能源管理方式实施的节能改造项目,符合相关规定的，给予资金补助或奖励。有条件的地方也要安排一定资金，支持和引导节能服务产业发展。(2)实行税收扶持政策。在加强税收征管的前提下，对节能服务产业采取适当的税收扶持政策。(3)完善相关会计制度。(4)进一步改善金融服务。鼓励银行等金融机构根据节能服务公司的融资需求特点，创新信贷产品，拓宽担保品范围，简化申请和审批手续，为节能服务公司提供项目融资、保理等金融服务。节能服务公司实施合同能源管理项目投入的固定资产可按有关规定向银行申请抵押贷款。积极利用国外的优惠贷款和赠款加大对合同能源管理项目的支持。

(六)国务院《关于进一步加强淘汰落后产能工作的通知》(国发〔2010〕7号)

该通知提出了淘汰落后产能工作的总体要求和目标任务，从分解落实目标责任、强化政策约束机制、完善政策激励机制、健全监督检查机制、切实加强组织领导五个方面提出了具体举措。

该通知明确：加快淘汰落后产能是转变经济发展方式、调整经济结构、提高经济增长质量和效益的重大举措，是加快节能减排、积极应对全球气候变化的迫切需要，是走中国特色新型工业化道路、实现工业由大变强的必然要求。必须充分发挥市场的作用，采取更加有力的措施，综合运用法律、经济、技术及必要的行政手段，进一步建立健全淘汰落后产能的长效机制，确保按期实现淘汰落后产能的各项目标。

其中完善政策激励机制的具体举措包括：(1)加强财政资金引导。中央财政利用现有资金渠道，统筹支持各地区开展淘汰落后产能工作。资金安排使用与各地区淘汰落后产能任务相衔接，重点支持解决淘汰落后产能有关职工安置、企业转产等问题。对经济欠发达地区淘汰落后产能工作，通过增加转移支付加大支持和奖励力度。各地区也要积极安排资金，支持企业淘汰落后产能。在资金申报、安排、使用中，要充分发挥工业、能源等行业主管部门的作用，加强协调配合，确保资金安排对淘汰落后产能产生实效。(2)做好职工安置工作。(3)支持企业升级改造。充分发挥科技对产业升级的支撑作用，统筹安排技术改造资金，落实并完善相关税收优惠和金融支持政策，支持符合国家产业政策和规划布局的企业，运用高新技术和先进适用技术，以质量品种、节能降耗、环境保护、改善装备、安全生产等为重点,对落后产能进行改造。提高生产、技术、安全、能耗、环保、质量等国家标准和行业标准水平,做好标准间的衔接,加强标准贯彻,引导企业技术升级。对淘汰落后产能任务较重且完成较好的地区和企业,在安排技术改造资金、节能减排资金、投资项目核准备案、土地开发利用、融资支持等方面给予倾斜。对积极淘汰落后产能企业的土地开发利用,在符合国家土地管理政策的前提下,优先予以支持。通知附件明确了淘汰落后产能重点工作分工表。

(七)《促进产业结构调整暂行规定》(国发〔2005〕40号)及《产业结构调整指导目录》

该暂行规定包括总则、产业结构调整的方向和重点、产业结构调整指导目录以及附则四个章节共21条。第2条明确,产业结构调整的目标为推进产业结构优化升级,促进第一、第二、第三产业健康协调发展,逐步形成农业为基础、高新技术产业为先导、基础产业和制造业为支撑、服务业全面发展的产业格局,坚持节约发展、清洁发展、安全发展,实现可持续发展。第二章明确产业结构调整的方向和重点包括:巩固和加强农业基础地位,加快传统农业向现代农业转变。加强能源、交通、水利和信息等基础设施建设,增强对经济社会发展的保障能力。以振兴装备制造业为重点发展先进制造业,发挥其对经济发展的重要支撑作用。加快发展高技术产业,进一步增强高技术产业对经济增长的带动作用。提高服务业比重,优化服务业结构,促进服务业全面快速发展。大力发展循环经济,建设资源节约和环境友好型社会,实现经济增长与人口资源环境相协调。优化产业组织结构,调整区域产业布局。实施互利共赢的开放战略,提高对外开放水平,促进国内产业结构升级。

该暂行规定确立了《产业结构调整指导目录》的法律地位,明确《产业结构调整指导目录》是引导投资方向,政府管理投资项目,制定和实施财税、信贷、土地、进出口等政策的重要依据。《产业结构调整指导目录》由鼓励、限制和淘汰三类目录组成。不属于鼓励类、限制类和淘汰类,且符合国家有关法律、法规和政策规定的,为允许类。允许类不列入《产业结构调整指导目录》。

(八)《动产和权利担保统一登记办法》(中国人民银行令〔2021〕第7号)

该登记办法进一步细化了登记相关程序要求,其中第3条规定:“本办法所称应收账款是指应收账款债权人因提供一定的货物、服务或设施而获得的要求应收账款债务人付款的权利以及依法享有的其他付款请求权,包括现有的以及将有的金钱债权,但不包括因票据或其他有价证券而产生的付款请求权,以及法律、行政法规禁止转让的付款请求权。本办法所称的应收账款包括下列权利:(一)销售、出租产生的债权,包括销售货物,供应水、电、气、暖,知识产权的许可使用,出租动产或不动产等;(二)提供医疗、教育、旅游等服务或劳务产生的债权;(三)能源、交通运输、水利、环境保护、市政工程等基础设施和公用事业项目收益权;(四)提供贷款或其他信用活动产生的债权;(五)其他以合同为基础的具有金钱给付内容的债权。"该登记办法同时废止了《应收账款质押登记办法》(中国人民银行令〔2019〕第4号)。

(九)国家标准《合同能源管理技术通则》(GB/T 24915—2020)

现行有效的国家标准《合同能源管理技术通则》为2020年修订版,正文部分包括范围、规范性引用文件、术语和定义、技术要求、合同文本五个章节,正文之后提供了节能效益分享型、节能量保证型、能源费用托管型三种类型的合同能源管理项目参考合同以供参照使用。

该国家标准对合同能源管理下的定义为:节能服务公司与用能单位以契约形式约定节能项目的节能目标,节能服务公司为实现节能目标向用能单位提供必要的服务,用能单位以节能效益、节能服务费或能源托管费支付节能服务公司的投入及其合理利润的节能服务机制。

第二节　相关企业面临的主要法律风险

合同能源管理模式通过转嫁项目建设风险的方式，促使用能企业在少投资或不投资的情况下开展节能项目建设，从而降低其节能改造的资金、技术及法律风险，深受用能企业的欢迎。然而此类项目中的风险并不全然由节能服务企业承担，用能企业也可能因终止节能项目而承担相应的违约或赔偿责任。对于节能服务企业而言，通过合同能源管理投资节能改造项目相较于用能企业而言可能面临更多的风险，包括政策风险、技术风险、信用风险以及投资环境风险等。本节将站在不同立场从多个方面分析相关企业可能面临的主要法律风险，并通过典型案例的分析，最终提出有针对性的风险防范措施。

一、用能单位因国家政策调整导致的违约风险

合同能源管理节能服务合同中的用能单位往往是高耗能企业，国家在不同的社会发展阶段基于不同的发展需求对于高耗能行业会有不同的政策性要求。就目前而言，转变经济发展方式、调整经济结构、加快节能减排、积极应对全球气候变化是大势所趋。用能单位通过合同能源管理的方式进行节能改造也是国家大力支持的、行之有效的节能措施。对于传统的高耗能企业而言，在能源管理合同的履行过程中，政府基于产业结构调整或绿色发展的需要，可能会发布一些政策性文件，进而直接或者间接地导致用能单位调整企业发展战略，关停相关落后产能设备、关闭生产线，甚至直接停业停产。

能源管理节能服务合同在履行过程中，出现某些政策性因素导致合同不能继续履行或终止时，用能单位往往面临节能服务企业要求支付节能服务收益、索赔节能投入成本、要求承担违约责任等风险。此时，用能单位主张该政策性因素系不可抗力，一般很难得到法院的支持。原因在于，不可抗力须同时满足“不能预见、不能避免以及不能克服”三个条件，但是节能领域的国家政策性因素显然

不能满足不可抗力的三个必要条件。首先，调整经济结构、加快节能减排、积极应对全球气候变化是全球趋势，用能单位也正是基于此才会委托节能服务企业进行节能改造，说明节能相关国家政策对于用能企业来说完全是可以预见的，用能企业不能再以国家政策系不可预见的不可抗力为由以期减轻甚至免除违约责任，此为“不能预见”不能成立。其次，节能减排是国家长期战略，不是“一刀切”的临时性政策，国家往往先要求高耗能企业进行整改，整改达标后企业不会走到停产、停业甚至破产的境地，即政策性因素与企业停产、停业甚至破产之间不存在必然的因果关系，此为“不能克服”不能成立。最后，如果高耗能企业严格按照国家节能减排战略执行，加快降耗改造，政策性因素所带来的关停风险是可以避免的，且用能企业有义务且有能力对于行业风向、政策进行精准预判，完全可以通过在协议中与节能服务企业进行约定的方式，将国家政策调整的因素作为免责情形，也可以达到避免违约的效果，此为“不能避免”不能成立。

二、节能服务企业面临的多重风险

1. 技术法律风险。合同能源管理项目需要依靠节能改造技术达到节能降耗目标，其中涉及的技术专利和技术秘密若未取得相应的使用权，即便最终完成了节能任务，但却存在引起技术专利纠纷的法律风险。此外，用能企业为达到节能目标，在节能服务合同中往往会明确约定节能效力的具体标准和参数，如节能服务企业一味地追求获取节能项目而忽视节能效率的测算，盲目满足用能企业的要求，一旦项目节能效果不达标或节能效益不高，则节能分享收益不足以覆盖投资成本，节能企业将面临投资项目失败的风险。

2. 信用法律风险。节能服务企业为用能单位提供的是节能改善的设备、技术、资金等一条龙服务，相应地，所分享的节能效益款比例也较高。在项目产生节能收益的情况下，节能收益款项要么以为用能单位降低生产成本的方式体现，要么以用能单位直接取得超额节能收益款项的方式呈现。但是，不论是哪种方式，全部的节能效益均直接由用能单位掌握。节能服务企业能否实际取得节能效益款项，既取决于用能单位的支付履约能力，亦取决于用能单位的信誉状况。能源管理合同的履约周期往往较长，在这个过程中，政策因素、用能单位的经营状况变化、资信状况恶化等因素都有可能导致节能服务企业面临无法收回投资款的风险。

3. 投资政策法律风险。我国《节约能源法》第66条规定，国家运用财税、价格等政策，支持推广电力需求侧管理、合同能源管理、节能自愿协议等节能办法。说明国家从立法层面明确对于合同能源管理项目给予大力支持，并在财税和价格等政策方面给予倾斜扶持。法律是相对稳定的、可预测的，但也是宏观的、原则性的，国务院、国家发展改革委、财政部等国家职权部门基于经济环境形势的发展变化会不定时出台一系列具体的政策性法规文件来规制合同能源管理项目，因此就会给节能服务企业带来难以预测的不确定性风险。

三、质权人难以举证证明应收账款的真实性面临败诉的风险

《民法典担保制度司法解释》第61条规定：以现有的应收账款出质，应收账款债务人向质权人确认应收账款的真实性后，又以应收账款不存在或者已经消灭为由主张不承担责任的，人民法院不予支持。以现有的应收账款出质，应收账款债务人未确认应收账款的真实性，质权人以应收账款债务人为被告，请求就应收账款优先受偿，能够举证证明办理出质登记时应收账款真实存在的，人民法院应予支持；质权人不能举证证明办理出质登记时应收账款真实存在，仅以已经办理出质登记为由，请求就应收账款优先受偿的，人民法院不予支持。

通过以上规定可以看出，如果质权人不能证明在办理质押登记时应收账款真实存在，即便已经办理了生效的质押登记，质权人的优先受偿权也无法得到法院的支持，因为质押的标的物自始不存在。同样，如果在质押前质权人未对现有应收账款的真实性进行确认，但质权人确有证据可以证明现有应收账款在办理质押登记时是真实存在的，其优先受偿权依然可以得到实现。值得注意的是，该应收账款如果在办理质押登记的当时不存在，而是在办理质押登记之后才形成的，属于以将有应收账款作为质押物的权利担保。为此，《民法典担保制度司法解释》针对以基础设施和公用事业项目收益权、提供服务或者劳务产生的债权以及其他将有的应收账款出质的情况，规定了设立特定账户收取应收账款款项的方式，在发生法定或者约定的质权实现事由时，质权人可以请求就该特定账户内的款项优先受偿；如特定账户内的款项不足以清偿债务或者未设立特定账户，质权人可以请求折价或者拍卖、变卖项目收益权等将有的应收账款，并以所得的

价款优先受偿。

对于质押权人而言，为了保障主债权（一般为借款、融资款等）的实现，往往要求主债务人或第三方将项目收益权（包括节能服务项目收益权）作为出质标的进行质押登记，但在签订《质押合同》办理质押登记时以及质押设立后，往往容易忽略向应收账款债务人确认应收账款的真实性并及时与应收账款的债权人和债务人跟进确认应收账款的具体金额以及支付情况，从而导致在实现质押权的过程中，质押权人对于质押标的的项目收益权对应的应收账款，是否已经形成、债务人是否履行支付义务、已履行金额和未履行金额等情况无法完全掌握，就可能会面临诉讼过程中因举证不能而败诉的法律风险。

四、第三方出质人承担的担保风险

在节能服务项目收益权质押纠纷案件中，主要的法律关系发生在主债权法律关系中的质押权人和出质人之间，以及应收账款法律关系中的用能单位与节能服务企业之间。容易被忽略的其实还有第三方出质人与被担保的主债务人之间的法律关系。节能项目收益权的出质人，可能是借款或融资法律关系中的主债务人，也可能是为主债务提供保证责任的第三方。[①] 第三方出质人提供保证责任，面临的最大的风险即主债务人到期不能履行主债务而导致第三方出质人承担保证责任，以及承担保证责任后对主债务人的追偿权无法实现。基于此，第三方出质人作为保证人，对于保证责任的承担方式是一般保证还是连带责任保证、保证期间是否届满、保证担保的债权范围以及是否要求主债务人提供反向担保等，都可以进行提前约定预设，将直接影响第三方出质人最终是否承担保证责任以及所承担的保证责任大小。

① 因在出质人与主债务人一致的情况下，出质人面临的法律风险与主债务人相同，在此不做分析，此处仅就出质人系为主债务提供保证责任的第三方的情形进行分析。

第三节　合同能源管理节能服务合同纠纷案例评析

一、中广核节能产业发展有限公司诉云南永保特种水泥有限责任公司等五公司节能效益分享纠纷案

因云南永保特种水泥有限责任公司(以下简称永保公司)未如约向中广核节能产业发展有限公司(以下简称中广核公司)支付节能效益分享款,被中广核公司起诉要求解除能源管理服务合同并支付一系列违约赔偿金,最终永保公司被判决承担数千万元的赔付责任,文书号为最高人民法院(2018)最高法民终263号民事判决书。

【案件基本信息】

原告:中广核公司

被告:永保公司

云南丽江西南水泥有限公司(以下简称丽江西南公司)

云南西南水泥有限公司(以下简称云南西南公司)

西南水泥有限公司(以下简称西南公司)

云南永保特种水泥有限责任公司金山分公司(以下简称永保分公司)

第三人:广东华拿东方能源有限公司(以下简称东方能源)

广州市和盛枫华能源技术有限公司(以下简称枫华能源)

【基本案情】

永保公司与中广核公司、第三人东方能源签订了《EMC合同》,合同约定由中广核公司为永保分公司A、B生产线,永保公司C、D、E生产线进行节能改造并负责项目投资,第三人为项目提供设备和系统集成服务,永保公司向中广核公司支付节能收益款。后B和E生产线通过竣工验收,各方共同出具《竣工验收报告》后进入节能收益分享期。永保公司一直未对A、C、D三条生产线进行验收,并书面明确表明该三条生产线因各种原因不会再

生产运行。永保公司、永保分公司仅支付了部分节能收益款。中广核公司诉至法院请求:(1)确认《EMC合同》《补充协议》自中广核公司发出的解除合同通知函到达永保公司之日起解除;(2)判令永保公司、永保分公司、云南西南公司、丽江西南公司、西南公司连带向中广核公司支付应付未付节能收益款5,996,546.50元及其滞纳金(滞纳金计至本案终审判决确定之日止)、支付永保公司新建E生产线和永保分公司B生产线合同终止补偿款57,488,288.07元、支付未投产的三条生产线成本投入损失9,524,900元及利息(其中利息计算基数为中广核公司已支付的设备款1,390,950元,按照中国人民银行同期同类贷款利率计至本案终审判决确定之日止)、支付未投产的三条生产线延期投产违约金,暂计至2016年1月31日为1,006,000元,计至《EMC合同》和《补充协议》终止之日止;(3)本案诉讼费用由永保公司、永保分公司、云南西南公司、丽江西南公司、西南公司共同承担。

【案件焦点】

1.《EMC合同》及《补充协议》是否合法有效。

2.中广核公司是否有权主张解除《EMC合同》《补充协议》并主张解除后的补偿金、赔偿金。

3.丽江西南公司、云南西南公司、西南公司、永保分公司在本案中是否应当承担责任。

【法院裁判要旨】

该案经一审法院云南省高级人民法院依法判决后,原告中广核公司和被告永保公司、丽江西南公司均不服一审判决提起了上诉,二审由最高人民法院进行了审理,针对案件争议焦点,两级法院的裁判观点具体如下。

1.关于焦点一:《EMC合同》及《补充协议》是否合法有效

永保公司主张《EMC合同》是以建设工程设计、施工为主,技术维护为辅的建设工程合同,因东方能源与枫华能源不具备高电压变频设计、施工、技术维护资质,合同无效。法院认为:根据《EMC合同》和《补充协议》的内容,中广核公司负责项目的投资,第三人东方能源具体负责为项目提供设备和系统集成服务,永保公司与中广核公司分享节能收益款。两份合同性质应当为具有设计、施工、服务、合作性质的综合性合同。永保公司未能证明案涉工程需办理前置许可方可经营,且中广核公司营业执照信息中载明的经营范围有“节能环保工程改造”,第三人营业执照中载明的经营范围包括“电子、电机、电力、环保节能产品的技术开发、生产及销售;节能服务”,案涉项目在两公司的经营范围内。上述两份合同均系当事人的真实意思表示,不违反法律、行政法规的禁止性规定,最终认定合同成立并生效。

2. 关于焦点二:中广核公司是否有权主张解除《EMC 合同》《补充协议》并主张解除后的补偿金、赔偿金

(1)法院认为:有经永保公司签字确认的节能收益结算表单以及虽未签认但有生产线监控系统的截图可以证明生产线投入生产的事实,永保公司应当按照约定期限支付节能收益款,且永保公司拒绝将已经安装完毕的三条新生产线投入营运,已属根本违约。中广核公司有权解除《EMC 合同》及《补充协议》。中广核公司按照合同约定,通过中国邮政 EMS 发送三次书面风险提示,永保公司仍然未履行付款义务。因此,法院认为《EMC 合同》及《补充协议》已经于 2016 年 3 月 7 日解除。

关于云南省工业和信息化委员会对永保公司下发的《责令改正通知书》,责令永保公司按规定办理固定资产投资项目节能评估和审查,依法完成能源消耗治理,并限期淘汰其所有的 222 台国家明令淘汰的电动机。永保公司所称的其遭遇政策性关停系不可抗力造成,但法院认为该文件仅要求永保公司按期整改,并未强制其停产。永保公司提供的其他政策性文件也并未直接涉及永保公司,故对其不可抗力的主张不予采信。

另外,在有关文件的交寄接受事宜上,双方当事人已经形成了行之有效的履行习惯,对这一履行习惯双方均予以默认,且永保公司一直没有提出任何异议并已经按照该履行习惯支付了十多期款项,甚至在《补充协议》中明确了欠款数额。永保公司有关中广核公司未按约提交发票、邮寄信函文件致使其无法按时付款的上诉理由,法院不予支持。

(2)《EMC 合同》明确约定了合同解除后的补偿金、赔偿金、违约金以及计算方法,即补偿金额 $C=$(项目节能收益总额 $\times 90\%$ $-$ 乙方已收到的节能收益)$\times N$,赔偿金按照补偿金的计算公式确定,违约金按照每日 1000 元计算。根据合同约定的补偿金额计算公式,永保公司支付的补偿额已经是项目正常运营应收未收的节能收益再乘以一定的系数,也即双方订约时已经考虑到可能的后续维护费用的减免等因素。永保公司关于补偿金的计算有违权利义务一致性、公平原则、

风险共担、预期利益考量、总额不能超过未付款项30%的上诉理由,法院不予支持。

3. 关于焦点三:丽江西南公司、云南西南公司、西南公司、永保分公司在本案中是否应当承担连带违约责任

中广核公司与丽江西南公司签订的《关于永保EMC项目备忘录》载明:"2014年年底,西南公司并购永保公司后,永保金山分公司变更为丽江西南公司……3. 丽江西南公司尽快完成与中广核公司的项目合同变更;4. 丽江西南公司B生产线技改完成投入正式生产后,尽早向中广核公司支付拖欠的2014年9月至2015年1月的节能收益款,并按期支付后续产生的节能收益款。"该备忘录表明丽江西南公司自愿加入中广核公司与永保公司有关B生产线的合同关系中。一审法院认定丽江西南公司应对B水泥生产线2014年9月后应付的节能收益款的本金部分及该条生产线的停产补偿款同永保公司一同承担连带支付责任,并无不当。永保分公司为永保公司设立的分公司,即是永保公司的一部分,中广核公司要求永保分公司为永保公司的债务承担连带责任,不符合法律规定。云南西南公司、西南公司均已证明其财产独立,一审认定其不应对各自子公司债务承担连带责任并无不当。

【判决结果】

1. 确认《EMC合同》及《补充协议》于2016年3月7日解除。

2. 永保公司于本判决生效后15日内向中广核公司支付节能收益款5,376,254.05元,并按照每日万分之四的比率计付滞纳金至款项付清之日止,其中193,680.78元从2015年7月1日起算,408,023.52元从2015年8月1日起算,257,271.95元从2015年9月1日起算,936,004.88元从2015年1月1日起算,3,581,272.92元从2016年1月1日起算。丽江西南公司对B水泥生产线2014年9月后应付的节能收益款本金部分2,272,164.33元承担连带支付责任。

3. 永保公司于本判决生效后15日内向中广核公司支付永保公司E生产线和永保分公司B生产线合同终止补偿款合计53,081,097.53元。云南西南公司对其中的B水泥生产线补偿款23,068,294.85元承担连带清偿责任。

4. 永保公司于本判决生效后15日内向中广核公司支付三条生产线成本投入损失9,524,900元及延期投产违约金512,000元。

5. 驳回中广核公司的其他诉讼请求。

【律师评析】

1. 关于合同能源管理节能服务合同的合同性质认定

国家标准《合同能源管理技术通则》对合同能源管理的概念和类型进行了明确的界定。按照该通则的定义，合同能源管理指节能服务企业与用能单位以契约形式约定节能项目的节能目标，节能服务企业为实现节能目标向用能单位提供必要的服务，用能单位以节能效益、节能服务费或能源托管费支付节能服务企业的投入及其合理利润的节能服务机制。节能服务企业是指提供用能状况诊断、节能项目设计、融资、改造（施工、设备安装、调试）、运行管理等服务的专业化公司。合同能源管理项目合同包括节能效益分享型、节能量保证型、能源费用托管型、融资租赁型、混合型等类型的合同。前述界定仅系国家标准层面的界定，而非规范性法律文件。

虽然前述国家标准对能源管理合同的概念和类型进行了清晰的界定，但是不论是现行有效的《民法典》抑或《民法典》生效之前的《合同法》均未将能源管理合同界定为一种典型合同，而国家标准并非人民法院裁判案件的法律依据。因此，人民法院在审理此类纠纷时往往会将其定性为某一类典型合同进行法律适用，也有部分法院不进行定性，直接适用合同相关法律规定作出裁判。

司法实践中，多数人民法院将能源管理合同定性为技术服务合同。而案件当事人就合同性质争议较多的是认为能源管理合同系建筑工程施工合同，正如前述案例所述。对此，人民法院基本上一致认为，能源管理合同的合同义务明显不仅限于工程勘察、设计、施工，其合同内容广泛、多样，非单纯建筑工程施工合同所能概括，是一种综合性的非典型合同，因此不适用建筑工程施工合同相关法律法规。

2. 关于能源管理合同根本违约的法律认定

在司法实践中，多数法院会从实质上援引《合同能源管理技术通则》关于合同能源管理的定义，从而对案涉的法律关系作出判定。能源管理合同的基本特征是节能服务企业投资建设节能设施，建成后通过与用能单位分享节能收益来收回投资并赚取合理利润。节能服务企业一方面负责节能项目融资，另一方面从专业技术上负责整个节能项目的设计、安装施工以及运营维护，担当了出钱又出力的角色，因此往往获取的节能收益比例也较高。站在节能服务企业的角度来看，需要看节能服务企业是否按照能源管理合同的约定履行了出资建设安装节能设施设备的合同义务，是否达到了合同约定的节能效果，并产生了节能收益,相应的才有权利分享节能收益。节能服务企业在能源管理合同中承担了更多的合同义务,同时也享有更多合同权利。相对而言,用能单位掌握着直接收取节能收益款项的权利,同时负有向节能服务企业支付节能收益的义务。

从节能服务企业的角度来看,在其适当履行合同义务且达到了合同约定的节能效果的情况下,因用能单位未向其支付节能收益导致其通过投资建设节能项目获取收益赚钱利润的合同目的无法实现时,用能单位即构成了根本违约,节能服务企业即拥有合同约定或法定的解除权。

3. 国家政策、政府行为不必然构成不可抗力

正如前述案例所述,在节能服务企业行使解除权的过程中,用能单位往往会以存在国家政策、政府行为等不可抗力因素为由来抗辩,企图减轻或者免除其违约责任。按照《民法典》第 180 条的规定,不可抗力是不能预见、不能避免且不能克服的客观情况。某一国家政策或者政府行为是否构成不可抗力,关键在于该因素是否是不能预见、不能避免且不能克服的客观情况,以及与合同履行不能之间构成直接因果关系。在本案中,政府部门仅要求用能单位进行整改,即用能单位整改合格之后将不会发生停产情况,合同不能履行的后果是完全可以避免的,而且用能单位长期身处行业之中,对于行业主管部门或者国家其他有关部门对本行业的监管政策及趋势应该是可以预见的,因此用能企业不可据此免责。

二、北京银行股份有限公司安华路支行诉神雾环保技术股份有限公司等十公司节能服务项目收益权质押引起的优先受偿权纠纷案

因神雾环保技术股份有限公司(以下简称神雾环保)未依约向北京银行股份有限公司安华路支行(以下简称安华路支行)偿还借款,安华路支行起诉神雾环保、应收账款的出质人以及债务人要求确认优先受偿权,并直接向其履行付款义务;法院最终判决安华路支行对部分应收账款质权享有优先受偿权,但对于直接向其给付的请求不予支持。文书号为北京市第三中级人民法院(2019)京 03 民初 584 号民事判决书。

【案件基本信息】

原告:安华路支行

被告:神雾环保

洪阳冶化工程科技有限公司(以下简称洪阳冶化)
神雾环保技术新疆有限公司(以下简称新疆神雾环保)
内蒙古双欣节能科技有限公司(以下简称双欣节能)
新疆能源集团托克逊洁净环保科技有限公司(以下简称托克逊洁净)
内蒙古港原化工有限公司(以下简称港原化工)
新疆胜沃能源开发有限公司(以下简称胜沃能源)
乌海洪远新能源科技有限公司(以下简称洪远新能源)
新疆博力拓矿业有限责任公司(以下简称博力拓矿业)
新疆圣雄能源股份有限公司(以下简称圣雄能源)

【基本案情】

安华路支行与神雾环保签订了《借款合同》,神雾环保向安华路支行借款人民币1亿元。后神雾环保、洪阳冶化、新疆神雾环保分别以其各自质押物清单所列合同项下对双欣节能、托克逊洁净、港原化工、胜沃能源、洪远新能源、博力拓矿业、圣雄能源的应收账款为上述《借款合同》项下的全部债务提供质押担保。神雾环保到期未能向安华路支行履行还款义务,安华路支行诉至法院,请求法院确认:(1)对神雾环保、洪阳冶化以及新疆神雾环保质押的对双欣节能、托克逊洁净、港原化工、胜沃能源、洪远新能源、博力拓矿业、圣雄能源的应收账款享有优先受偿权;(2)双欣节能、托克逊洁净、港原化工、胜沃能源、洪远新能源、博力拓矿业、圣雄能源在上述应收账款范围内向安华路支行履行付款义务;(3)本案的诉讼费由被告承担。

神雾环保、洪阳冶化、新疆神雾环保作为出质人,以质押没有经过确权,实际应收账款存有争议,无法确认数额为由;双欣节能、托克逊洁净、港原化工、胜沃能源、洪远新能源、博力拓矿业、圣雄能源作为应收账款债务人,以未收到质押事项通知不产生质押效力为由,请求驳回安华路支行的诉讼请求。

北京市第三中级人民法院(以下简称北京市三中院)查明:2018年2月13日,安华路支行与神雾环保、洪阳冶化、新疆神雾环保分别签订的三份《质押合同》所附的《质押物清单》中列明,用以质押的应收账款债权共26笔,即对应26份合同。同日,中国人民银行征信中心出具26份《动产权属统一登记—初始登记》,对前述26笔应收账款质押予以登记。

【案件焦点】

1. 安华路支行对神雾环保、洪阳冶化、新疆神雾环保质押的对双欣节能、托克逊洁净、港原化工、胜沃能源、洪远新能源、博力拓矿业、圣雄能源的应收账款是否享有优先受偿权。

2. 应收账款债务人应否直接向安华路支行履行债务。

【法院裁判要旨】

1. 关于争议焦点一:安华路支行是否享有优先受偿权

北京市三中院认为:2015 年最高人民法院《关于适用〈中华人民共和国民事诉讼法〉的解释》第 90 条规定,当事人对自己提出的诉讼请求所依据的事实或者反驳对方诉讼请求所依据的事实,应当提供证据加以证明,但法律另有规定的除外。在作出判决前,当事人未能提供证据或者证据不足以证明其事实主张的,由负有举证证明责任的当事人承担不利的后果。

《物权法》(已失效)第 228 条第 1 款规定,以应收账款出质的,当事人应当订立书面合同。质权自信贷征信机构办理出质登记时设立。安华路支行与神雾环保、洪阳冶化、新疆神雾环保分别签订的《质押合同》均是当事人真实意思表示,并不违反法律、行政法规的强制性规定,上述《质押合同》有效,并依照《物权法》第 228 条第 1 款的规定,在中国人民银行征信中心办理了应收账款质押登记,故合同所涉应收账款的质权已设立。依照《物权法》的上述规定,只要有书面合同并办理登记,质权即成立。质押登记事项是否通知应收账款债务人,不影响质押登记的效力和质押权人享有的质权。故双欣节能、托克逊洁净、港原化工、胜沃能源、洪远新能源、博力拓矿业、圣雄能源以其未收到应收账款质押登记事项通知为由主张涉案《质押合同》无效,于法无据,法院不予采纳。

根据中国人民银行《应收账款质押登记办法》第 2 条规定,可以质押的应收账款范围不仅包含了现有债权,还包含了未来将会产生或者可能产生的债权。应收账款不以设质时已存的财产为界,亦可以是未来预期的收益,且不以是否已届履行期限为限。本案中,用于质押的应收账款涉及的合同均为双务合同,所涉及的应收账款既包括现有应收账款,也包括在神雾环保、洪阳冶化、新疆神雾环保履行了合同义务后所产生的应收账款。故安华路支行作为质权人,有权主张优先受偿权。

2. 关于争议焦点二：应收账款债务人应否直接向安华路支行履行债务

根据中国人民银行《应收账款质押登记办法》规定，登记内容的真实、完整和合法由质权人负责。安华路支行在对涉案应收账款进行登记及行使优先受偿权时，应对应收账款的适格性负有审核和证明义务，应确保应收账款真实存在和特定化，应清楚并掌握应收账款的关键要素，包括基础合同、履行情况、债务人身份信息、付款金额、付款期限、付款条件等，否则应承担不利的法律后果。同时，本案中应收账款债务人以应收账款已清偿而消灭为由主张不承担责任的，应承担举证证明责任。

本案中，根据已查明的事实，涉案应收账款质押登记后，并未向应收账款债务人进行通知及确认，涉案应收账款处于不确定状态，在此情况下，安华路支行能否对涉案应收账款优先受偿，需以出质人对应收账款债务人确有债权真实存在为前提。

《物权法》第 219 条第 2 款规定，债务人不履行到期债务或者发生当事人约定的实现质权的情形，质权人可以与出质人协议以质押财产折价，也可以就拍卖、变卖质押财产所得的价款优先受偿。质权人主张优先受偿权的，人民法院可以判令出质债权人的债务人将应付应收账款优先支付质权人。本案中，因应收账款债权人表示无法对涉案工程进行对账、审计，无法确认应收账款具体数额，各应收账款债务人亦未就应收账款数额进行举证，且安华路支行并未通知应收账款债务人并对应收账款进行确认，致使应收账款数额无法确定，故法院对于安华路支行要求各应收账款债务人直接向其给付的请求暂不予支持，可待应收账款数额确定后，在债权数额范围内另行解决。

据此，北京市三中院最终根据举证证明责任，判决支持安华路支行对上述质押的部分应收账款质权享有优先受偿权，但对于安华路支行要求各应收账款债务人直接向其给付的请求暂不予支持，并判决支持被告洪阳冶化、新疆神雾环保承担担保责任后，有权向被告神雾环保追偿。

【律师评析】

1. 应收账款质押权有效设立不代表质押权可以实现

在本案中，安华路支行最终依据生效的一审判决向北京市三中院申请强制执行，但北京市三中院裁定认为：当事人申请人民法院强制执行所依据的法律文书应有给付内容。(2019)京 03 民初 584 号民事判决书仅确认了安化路支行对相关应收账款具有优先受偿权，未支持其要求应收账款债务人向其直接支付的请求，且未对应收账款数额予以确认，故该判决没有给付内容，安华路支行的申请不符合人民法院执行案件受理条件，裁定驳回安华路支行的强制执行申请。后安华路支行不服该裁定，向北京市高级人民法院申请复议，北京市高级人民法院裁定驳回复议申请。

正如北京市三中院在判决中所述，中国人民银行《应收账款质押登记办法》规定，质押登记内容的真实、完整和合法由质权人负责。安华路支行在对涉案应收账款进行登记及行使优先受偿权时，应对应收账款的适格性负有审核和证明义务，应确保应收账款真实存在和特定化，应清楚并掌握应收账款的关键要素，包括基础合同、履行情况、债务人身份信息、付款金额、付款期限、付款条件等，否则应承担不利的法律后果。尤其是本案中安化路支行的质押标的是将有的应收账款，债权债务本身就未进行结算确认，截至安华路支行在行使质权时该应收账款金额仍处于不确定的状态，此时安华路支行作为质权人仅能要求法院确认其质押权是否成立以及是否有优先受偿权，但优先受偿的具体数额却无法确定，也无法执行。

2. 相较于现有的应收账款，以将有的应收账款出质，质权人实现质权的难度更高

《民法典》以及《动产和权利担保统一登记办法》虽然都规定了权利质押的范围包括将有的应收账款，但通过本案不难看出，将有的应收账款在质押的当时以及之后的一段时间内，其权利对应的具体金额是不确定的，质权人仅享有优先受偿权，该优先受偿权具体可以实现的金额依赖于出质人作为债权人与应收账款的债务人之间的结算确认。虽然《民法典担保制度司法解释》第 61 条针对以将有的应收账款出质，规定了设立特定账户的做法，保障质权人可以就该特定账户内的款项优先受偿，但是如果出质人怠于向债务人进行结算，该特定账户可能没有款项进入或者进入的款项不足，则会直接影响质权人优先受偿权的实现。此时的质权人作为应收账款法律关系以外的第三人，难以掌握应收账款基础合同本身的履行情况，在实现质押权时就会非常被动。故作为质权人，应尽量选择现有的及到期应收账款作为质押标的物，并对质押的应收账款的真实性、特定性、履行情况等清楚掌握，即便不能完全掌握，至少也要掌握一部分，以便能够证明质押的应收账款已有部分到期且数额确定，从而要求法院判决应收账款债务人直接向债权人支付该部分款项。

第四节　合同能源管理节能服务合同纠纷风险防控建议

结合笔者在本章第二节相关企业面临的主要法律风险中所归纳的法律风险类型，通过第三节对相关典型案例以及法院的主要裁判观点的剖析，我们在本节有针对性地提出了合同能源管理及节能服务投资项目的法律风险防范对策。

一、合同能源管理投资项目主要法律风险防范

1. 技术法律风险防范。在合同能源管理及节能技术使用方面，如所使用的技术涉及技术专利，应对该专利技术的来源进行了解与确认，与相关专利权人就专利技术的使用权达成约定，避免因技术专利的合法性问题陷入纠纷。对于节能成果的确认也需依赖相关技术手段进行检测鉴定以确认节能项目是否达到分享收益的标准，此时如果为节省成本或采用来源不合法的技术手段，一是可能造成测算的不准确，二是在将来产生争议纠纷时由于技术不合法的问题导致测算结果无效，节能收益无法确定。故合同能源管理或节能服务本身就是依赖科学技术程度较高的一种商业活动，对于技术专利的来源与使用的合法性问题无论是用能单位还是节能服务单位都需要足够重视。

2. 信用法律风险防范。节能服务企业对于节能收益的分享比例往往比用能单位获得更多，但其所承担的投资与风险也更大，对接受节能改造的用能单位或企业开展必要的尽职调查是有效避免用能单位信用风险的手段。对用能单位或企业的投资背景、经营状况、业务情况、行业地位、履约能力、诚信状况等方面，利用工商、税务、质监、环保、劳动保障以及司法等政府管理部门公布或存档的信息资料开展全面尽职调查，也可以利用用能单位或企业与其他单位、客户、供应商所进行的经营活动的履约情况和授信情况进行信息收集并核实。以上各种方式的调查，虽不能全面或完全的排除投资风险，但无疑在一定程度上可以有效降低

节能项目的投资风险，或者在相关风险发生时，已具备相应的风险应对措施。

3. 政策环境法律风险防范。在国家促进节能产业大发展的背景下，对于不同的行业，国家或地方政府部门基于不同的发展需求，在不同的阶段会出台不同的政策性文件，以引导高耗能企业在不同的时代背景下根据国家的整体发展需求调整经营行为。无论是用能单位或企业还是提供节能技术服务的一方，甚至是作为质押权人的债权人以及其他身处合同能源管理和节能服务领域各个环节的其他主体，全面了解并掌握与合同能源管理投资相关的法律规范和政策调整，熟悉我国相关法律规范的具体操作规程及密切关注国家宏观、微观调控变动方向，以加强对自我的保护合法有效开展投资经营活动，这是避免政策和法律变动给各方市场主体在经营活动中带来法律风险的必要措施。

二、能源管理合同核心条款风险防范

能源管理及节能服务项目对于用能单位和节能服务企业来说是利益共赢的。对于用能单位来说，在投入较少甚至不投入资金的情况下，节能服务企业负责投入资金对其原有耗能设施设备进行添附改造，或者直接在用能单位的生产经营场所新建了节能设施设备，用能单位在无大量资金投入的情况下，对企业原生产技术进行了节能改造，将节能改造的资金及技术风险转嫁给节能服务企业，相应地，节能服务企业要求分享更多的节能收益，这是符合公平原则的。但无疑项目投资风险对于进行节能服务一方来说是更大的，在签订《EMC 合同》时，从国家政策层面综合评估节能项目的可持续性、预期收益与风险的匹配性，并就项目顺利实施、中断实施、效益达标或部分达标作出预判，有针对性设置收益分享条款、违约条款、赔偿条款进而降低投资风险。

以中广核公司诉永保公司等合同纠纷一案为例，中广核公司与永保公司之间在《EMC 合同》中，分别针对五条水泥生产线节能收益分享的标准作了约定：任一生产线经节能改造投入运行后即进入节能收益分享期，节能收益分享期为生产线项目设备累计运行 46,800 小时，节能收益分享比例为甲方即用能单位 10%，乙方即节能服务企业 90%，合同终止或解除、提前回购、终止补偿金额的计算公式：C =（项目节能收益总额 ×90% － 乙方已收到的节能收益）×N。其中 C 为补偿（赔偿）金额、回购对价，N 为补偿系数，并就补偿系数的确定方法也作了详细明确的约定。双方就节能效益的具体结算与支付方式、迟延支付的滞纳金、建设期延长导致的延期投产违约金均作出了明确约定,甚至催收方式与次数都有约定具体条款。在双方发生争议纠纷诉至法院的时候,各项赔偿均有据可依,中广核公司分别就节能效益分享款及滞纳金、合同终止补偿款、延期投产违约金以及连带清偿责任等诉请基本均得到法院支持。

三、以节能收益应收账款质押的风险防范

节能服务项目收益权质押涉及的法律主体较多,包括质权人、主债务人、出质人、应收账款的债务人等,涉及的法律关系较为复杂。产生节能收益权或者应收账款的《EMC 合同》本身就具有履行周期长、标的金额大、较为复杂的特点,在合同履行过程中用能单位和节能服务企业很容易因各种主客观原因产生争议,甚至诉争至法院。在收益权或者应收账款本身真实性存在不确定性的情况下,质权人实现质权就更难上加难,极易使得质押担保流于形式,无法真正起到担保效能。

1. 防范虚假应收账款。《民法典担保制度司法解释》第 61 条针对应收账款的出质,区分了现有应收账款出质以及将有应收账款出质。实践中,以自始不存在或者已经消灭了的应收账款出质的情形并不少见。应收账款债权人在以应收账款出质时,质权人至少应书面函询应收账款债务人,请求其确认应收账款是否真实存在以及应收账款的数额。在应收账款债务人向质权人确认应收账款的真实性后,事后又以应收账款自始不存在或者已经消灭为由主张不承担责任的,按照《民法典担保制度司法解释》第 61 条的规定,人民法院不予支持。在安华路支行诉神雾环保等应收账款质权纠纷一案中,安华路支行在接受第三方质押节能收益应收账款作为担保时,并未对应收账款的真实性以及应收账款的金额进行核实,甚至应收账款债务人在庭审中表示对于应收账款的质押毫不知情。虽然是否知情并同意并不会对质押生效产生影响,但安华路支行最终还是因未对应收账款的真实性以及履行情况进行核实而无法真正实现其优先受偿权。

2. 履行要求应收账款债务人向质权人付款的通知义务。《民法典担保制度司法解释》第 61 条第 3 款遵循了已质押应收账款付款的通知对抗主义,应收账款债务人在接到质权人要求向其履行债务的通知后仍然向应收账款债权人履行

的,人民法院不予支持,即履行无效。反之,债务人在接到该通知之前,因为不知道应收账款已经设立质权的事实,或者虽然知道设立质权的事实,但在履行债务之前,并未接到质权人要求向其履行债务的通知,此时,应收账款的债务人仍应继续向其应收账款的债权人履行债务。故质权人不但要在质押前就相关债务的真实性向应收账款债务人进行核实,更要在其质权优先受偿权触发时及时向应收账款债务人发出履行通知,要求其将应收账款向质权人直接履行,否则可能面临质权无法实现的不利后果。

3. 当主债务人怠于与应收账款债务人结算确认应收账款时,质权人可通过行使代位求偿权对应收账款进行确认。在应收账款质押纠纷案件中,常见的问题在于,质权人以其主债务人及应收账款债务人作为共同被告起诉至法院时,由于仅明确了应收账款的种类而未确定具体数额,此时人民法院作为审理部门,面临“一案二审”的尴尬局面:如在设定应收账款质押时,未确定具体数额导致质权人起诉要求实现应收账款质权时,如果不对节能收益分享进行结算,人民法院难以确定有效受偿的范围;如果要确定具体数额,则意味着在处理主债权及担保纠纷的同时,还要再审理一个节能效益分享纠纷案件。按照一案一审的原则以及民事诉讼程序中的举证规则,如果应收账款债务人已向质权人确认了债权数额,则法院可以直接判决确认;如果应收账款数额不确定,可以通过行使代位权的方式将应收账款金额予以确认,再行使质权优先受偿权。

四、应收账款债务人的举证责任风险防范

通过安华路支行诉神雾环保等应收账款质权纠纷一案,我们可以看出,应收账款债务人在应收账款质押纠纷案件中是共同被告的身份。在其与节能服务企业作为应收账款债权人的法律关系之中,如果双方就节能效益分享还未进行最终结算,在庭审中的抗辩思路则显得尤为重要。按照“否认无须举证,而抗辩需要举证”的规则,应收账款债务人如主张就已产生的节能效益已经履行,则应承担相应的举证责任,否则法院不予认可;但如果否认节能效益的产生,则就将应收账款优先受偿的举证责任推回到原告身上。当然前提是应收账款债务人未对应收账款金额进行确认。

五、质权人可通过设立特定账户监管应收账款降低风险

在新能源发电领域，因为项目投资大、政策更新快，新能源项目业主最常用的融资方式即银行贷款和融资租赁。提供融资一方往往要求项目业主将电站并网后的电费收益权作为融资担保，在签署应收账款质押协议的同时还会同步签署一份《账户资金监管协议》，其中会明确要求融资一方按照提供资金一方的要求开立特定账户，用来收取电费结算收益，账户资金的使用也受到严格的监管。由于金钱系一般种类物，在质押双方如仅约定以电费收益等应收账款作为质押物并进行登记，没有设立特定账户的情况下，在发生实现质权的事由时，并非出质人名下所有账户内的资金都可以被认定为是“特定”应收账款，质权人难以证明只作为其质押物的金钱与出质人其他账户金钱的区别，此时质权人的质权就面临难以实现的风险。为应收账款设立特定账户，在发生行权事由时，质权人即可直接就该特定账户内的资金优先受偿，有利于提高债务人的特定性及应收账款的真实性、确定性，进一步锁定应收账款回款，有利于质权人行权。

第十四章

碳排放配额、核证自愿减排量交易纠纷案件

程　尧　刘晟东

本章作者：程尧，北京盈科（上海）律师事务所律师，盈科全球ESG中心新能源与清洁技术分中心主任、盈科碳达峰碳中和精品法律服务团队负责人。
刘晟东，北京盈科（上海）律师事务所。

第一节　案件类型、案由分析及相关法律法规

一、碳排放配额、核证自愿减排量交易纠纷案件类型

《法发〔2023〕5 号》第 17 条规定："依法审理碳排放配额、核证自愿减排量交易纠纷案件。重点排放单位、其他符合国家有关交易规则规定的机构或个人等碳排放权交易主体主张通过协议转让、单向竞价等方式订立的交易合同有效的，依法予以支持。审理碳排放配额、核证自愿减排量交易合同案件，依照法律法规，参照行政规章，结合碳市场业务规则、交易合同约定，全面、客观审核碳排放权注册登记系统、碳排放权交易系统以及核证自愿减排注册登记系统、核证自愿减排交易系统记载的分配、持有、交易、变更、注销等信息、数据，依法确定碳交易产品的归属。交易主体主张碳排放权、核证自愿减排注册登记机构、交易机构承担相关民事责任的，应当依照法律法规，参照行政规章关于注册登记机构与交易机构之间的职能划分和风险防范制度、结算风险准备金制度等规定，结合碳市场业务规则、交易合同约定等，依法予以认定，保障碳市场健康有序发展。"

我国的碳交易市场现阶段主要交易标的分为两大类：碳排放配额和核证自愿减排量。2014 年国家发展改革委颁布的《碳排放权交易管理暂行办法》（已失效）第 18 条规定，碳排放权交易市场初期的交易产品为排放配额和国家核证自愿减排量，适时增加其他交易产品。现行 2020 年生态环境部发布的《碳排放权交易管理办法（试行）》及相关交易管理规则虽均未明确全国碳排放权交易市场的交易产品是否包含国家核证自愿减排量，但均认可重点排放单位可以购买经过核证并登记的温室气体削减排放量，用于抵销其一定比例的碳排放配额清缴。

二、碳排放配额、核证自愿减排量交易纠纷案件类型和案由分析

国内目前碳排放配额、核证自愿减排量交易相关案件的审理与披露较少，在

最高人民法院环资庭相关负责人就典型案例答记者问中提到,自我国签订《巴黎协定》以来,全国各级人民法院一审审结涉碳市场交易案件600余件。在最高人民法院官网发布的《司法积极稳妥推进碳达峰碳中和典型案例》中可以看到11个经典案例,这些案例涵盖了民事、行政和刑事领域。

其中,民事领域涉及合同纠纷、破产清算、民事执行和民事公益诉讼,案件核心包括碳排放配额可以作为企业财产被执行、区分合同履行时国家核证自愿减排量(CCER)的已完成项目和未完成项目、明确了碳排放权交易市场的义务范围、允许将案涉危废物处置费用作为破产费用、为保障水泥等产能置换政策有效实施而判定合同无法继续履行、以违反绿色原则而判定合同无效、认定侵权人承担环境污染责任并赔偿损失。

行政领域涉及行政处罚,在温室气体重点排放单位实际碳排放量超过其持有的碳排放配额时,行政机关有权对未按时足额履行碳排放清缴履约义务的温室气体重点排放单位作出行政处罚。

刑事领域涉及滥伐林木和破坏计算机信息系统,包括判决被告人承担刑事责任,并同时判决被告人购买林业碳汇在碳市场注销、以替代承担生态环境受到损害至修复完成期间服务功能丧失导致损失等民事义务;惩治碳排放数据造假,对篡改在线监测系统中二氧化硫、氮氧化合物、烟尘等大气污染物的后台参数的被告判处刑罚。

碳排放配额、核证自愿减排量交易纠纷在目前阶段主要发生并涉及民事领域,而行政领域和刑事领域的立法与修订也逐渐明文化。这些情形都表明了人民法院积极稳妥推动碳达峰碳中和的鲜明态度,并积极引导企业增强环保意识、走绿色低碳发展道路。

三、碳排放配额、核证自愿减排量交易纠纷案件涉及的法律法规

在碳排放配额、核证自愿减排量交易方面,中央法规、规章主要涉及《碳排放权交易管理暂行条例(草案)》、《碳排放权交易管理办法(试行)》、《温室气体自愿减排交易管理办法(试行)》(征求意见稿)、《行业核算方法和报告指南(试行)》、《企业温室气体排放报告核查指南》、《碳排放权登记管理规则(试行)》、《碳排放权结算管理规则(试行)》和《碳排放权交易管理规则(试行)》等。地方

规章主要涉及《深圳市碳排放权交易管理办法》、《广东省碳排放管理试行办法》、《上海市碳排放管理试行办法》和《福建省碳排放权交易管理暂行办法》等。

(一)中央法规、规章

1.《碳排放权交易管理暂行条例(草案)》

2019年,生态环境部就该条例发布征求意见稿;2021年,生态环境部就该条例发布了草案修改稿。在2023年7月16日下午举办的中国碳交易市场发展研讨会上,生态环境部应对气候变化司副司长逯世泽在发表演讲时表示,碳排放权交易管理暂行条例即将发布。

《碳排放权交易管理暂行条例(草案)》中的条文主要对排放核查、配额清缴、交易产品、交易主体、交易方式、交易规则等都作出了规定。该条例在法律层级上属行政法规,虽然现在尚未公布也并未生效,在正式出台后将有利于碳排放配额、核证自愿减排量交易纠纷案件的解决。

2.《碳排放权交易管理办法(试行)》

《碳排放权交易管理办法(试行)》是现行有效的法律法规,级别为部门规章。该管理办法明确了全国碳排放权交易及相关活动,包括碳排放配额分配和清缴,碳排放权登记、交易、结算,温室气体排放报告与核查等活动,以及对前述活动的监督管理,并在地方有进一步的落实(详见后文)。该管理办法意在应对气候变化和促进绿色低碳发展中充分发挥市场机制作用,推动温室气体减排,规范全国碳排放权交易及相关活动。

3.《温室气体自愿减排交易管理办法(试行)》(征求意见稿)

《温室气体自愿减排交易管理办法(试行)》(征求意见稿)是在2012年《温室气体自愿减排交易管理暂行办法》的基础上进行修订的。其出台目的是统一温室气体自愿减排交易市场,统筹全国碳减排资源,规范自愿减排市场交易及其相关活动。该管理办法对减排量用途及相关要求作出原则性规定,对参与全国碳排放权交易市场配额清缴抵销部分的核证自愿减排量,将由全国碳排放权交易市场的抵销政策另行规定。

4.《行业核算方法和报告指南(试行)》

国家发展改革委办公厅先后发布了《首批10个行业企业温室气体排放核算方法与报告指南(试行)》《第二批4个行业企业温室气体排放核算方法与报告

指南（试行）》，以及《第三批 10 个行业企业温室气体核算方法与报告指南（试行）》。《行业核算方法和报告指南（试行）》是指导发电企业核算与报告碳排放量确定企业碳排放配额的技术文件，是确保碳排放量核得准、报得明、管得住的重要基础。

5.《企业温室气体排放报告核查指南》

该指南规定了重点排放单位温室气体排放报告的核查原则和依据、核查程序和要点、核查复核以及信息公开等内容，适用于省级生态环境主管部门组织对重点排放单位报告的温室气体排放量及相关数据的核查，并为对重点排放单位以外的其他企业或经济组织的温室气体排放报告核查，碳排放权交易试点的温室气体排放报告核查，基于科研等其他目的的温室气体排放报告核查工作的执行提供参考。

6.《碳排放权登记管理规则（试行）》

该管理规则对全国碳排放权持有、变更、清缴、注销的登记及相关业务的监督管理作出了规定，明确了注册登记机构通过全国碳排放权注册登记系统对全国碳排放权的持有、变更、清缴和注销等实施集中统一登记，注册登记系统记录的信息是判断碳排放配额归属的最终依据。

7.《碳排放权结算管理规则（试行）》

该管理规则明确了全国碳排放权交易的统一结算，管理交易结算资金，防范结算风险的执行方法，全国碳排放权注册登记机构、全国碳排放权交易机构、交易主体及其他相关参与方应当遵守该规则。

8.《碳排放权交易管理规则（试行）》

该现行有效的管理规则适用于全国碳排放权交易及相关服务业务的监督管理，规定了交易主体、交易方式、交易系统等方面，并对风险管理、信息管理和其他监督管理作出了规定。

（二）地方性法规、规章

1.《深圳市碳排放权交易管理办法》

该办法根据管理实际，将当地符合条件的单位列入重点排放单位，参加本市碳排放权交易，并结合深圳市当地的具体情况，明确碳排放权交易应当采用单向竞价、协议转让或者其他符合规定的方式进行，碳普惠核证减排量纳入碳排放权交易市场核证减排量交易品种，组织或者个人可以开立公益碳账户，购买核证减排量用于抵销自身碳排放量等。

2.《广东省碳排放管理试行办法》

该办法结合广东省的具体情况，对碳排放信息报告与核查，配额的发放、清缴和交易等管理活动作出了规定。

3.《上海市碳排放管理试行办法》

该办法适用于上海市行政区域内碳排放配额的分配、清缴、交易以及碳排放监测、报告、核查、审定等相关管理活动，并就抵销机制等方面作出了详细的规定。

4.《福建省碳排放权交易管理暂行办法》

该办法就省人民政府设定的年度碳排放总量以及重点排放单位的减排义务，重点排放单位通过市场机制履行义务的碳排放控制机制等作出了规定，主要包括碳排放报告报送、核查、配额核发、交易以及履约等方面。该办法明确了碳排放配额属无形资产。

其他行政区域如天津、湖北、重庆等地，也有各自相应的碳排放交易管理暂行办法，全国各地也在逐步出台具有地方特色的规定，此处不再一一赘述。

第二节　相关企业面临的主要法律风险

一、碳排放配额、核证自愿减排量交易纠纷民事领域法律风险

(一)碳排放配额、核证自愿减排量交易纠纷合同签订法律风险

企业应注意交易主体不适格的法律风险。各碳市场均有关于适格主体的规定,交易人应在交易前审慎调查对方的交易资格。如根据《温室气体自愿减排交易管理办法(试行)》(征求意见稿)的规定,符合国家有关规定的法人、其他组织和个人,可以依据该办法开展温室气体自愿减排交易活动。根据《碳排放权交易管理办法(试行)》的规定,重点排放单位以及符合国家有关交易规则的机构和个人,是全国碳排放权交易市场的交易主体。

企业应注意交易条件不具备等的法律风险。一般交易的交易方需要开设注册登记账户、交易账户和资金结算账户,并只能在交易平台内进行交易。根据《碳排放权交易管理办法(试行)》的规定,重点排放单位应当在全国碳排放权注册登记系统开立账户,进行相关业务操作。根据《温室气体自愿减排交易管理办法(试行)》(征求意见稿)的规定,从事核证自愿减排量交易的交易主体,应当在注册登记系统和交易系统开设账户;核证自愿减排量的交易应当通过交易系统进行。

(二)碳排放配额、核证自愿减排量交易纠纷交易标的法律风险

碳排放配额、核证自愿减排量的交易可能存在使用地域范围和使用时间范围的情形,企业应注意按需交易、守法交易。如《福建省碳排放权抵消管理办法(试行)》规定,重点排放单位可用于抵消的 CCER,除获得国家发展和改革委员会备案外,应当同时满足以下要求:在本省行政区内产生,且非来自重点排放单位的减排量;非水电项目产生的减排量;仅来自二氧化碳(CO_2)、甲烷(CH_4)气

体的项目减排量等。北京试点碳市场2020年出台政策,规定“2020年退出的重点碳排放单位持有的配额仍可在本市碳市场进行交易,有效期至2022年12月31日。有效期结束后,账户内配额自动失效”。

(三)碳排放配额、核证自愿减排量交易纠纷合同履约法律风险

在合同履约过程中,企业应注意合同约定的支付时间、支付方式、交付时间、交付方式等条款的履行风险。如果卖方在交易时明知买方的交易账户并没有相应的资金,而自愿先行把自己的碳配额转让划拨给买方,卖方将承担事后付款违约的风险。因此,交易方在交易时应要求买方有资金保障的条件,或约定保证、担保责任以保障自身权益,同时买方也应在交易时要求卖方账户拥有足额碳排放配额或核证自愿减排量,或要求卖方作出担保。

二、碳排放配额、核证自愿减排量交易纠纷行政领域法律风险

目前主要的行政领域法律风险为企业未能足额清缴碳配额,或是虚报、瞒报温室气体排放报告,或者拒绝履行温室气体排放报告义务。根据《碳排放权交易管理办法(试行)》的规定,重点排放单位应当在生态环境部规定的时限内,向分配配额的省级生态环境主管部门清缴上年度的碳排放配额。清缴量应当大于等于省级生态环境主管部门核查结果确认的该单位上年度温室气体实际排放量。其行政后果是责令限期改正,处2万元以上3万元以下的罚款;逾期未改正的,对欠缴部分,由重点排放单位生产经营场所所在地的省级生态环境主管部门等量核减其下一年度碳排放配额。同时,因2万元以上3万元以下的罚款只是具有全国普适性,各地区也可依地方管理办法或管理规则,予以更为严格的责任认定。如北京,可责令限期履行控制排放责任,并可根据其超出配额许可范围的碳排放量,按照市场均价的3倍至5倍予以处罚;上海,可责令履行配额清缴义务,并可处以5万元以上10万元以下罚款等。

具有报告义务和足额清缴碳配额义务的企业应当仔细审核温室气体排放报告内容,切勿发生虚报、隐瞒的情况,同时应认真履行清缴上年度碳排放配额的义务。

三、碳排放配额、核证自愿减排量交易纠纷刑事领域法律风险

根据最高人民法院、最高人民检察院《关于办理环境污染刑事案件适用法律若干问题的解释》(法释〔2023〕7 号)的规定,如果强令、指使、授意他人修改系统参数或者系统中存储、处理、传输的监测数据,干扰系统采样,致使监测数据因系统不能正常运行而严重失真,或有其他破坏环境质量监测系统的行为,后果严重的,应当依照《刑法》第 286 条的规定,以破坏计算机信息系统罪定罪处罚。

上述法条同样适用于法人主体,因此企业在此方面应注意切勿有侥幸心理,严格约束企业员工行为。

第三节　碳排放配额、核证自愿减排量交易纠纷案例评析

在地方试点交易市场中，碳排放权主要被定义为“排放温室气体的权益”，而碳排放配额则被认为是碳排放权的量化或者凭证载体。由此可见，碳排放权区别于一般交易品的一大特点是，其会随着使用而消失，其本质是相应气体排放多少的权益，碳排放权越多，即可排放越多的温室气体，但随着温室气体的排出，碳排放权也会相应进行削减。

同时，碳排放配额是碳排放权交易市场的交易产品，具有财产属性，可以作为商品在市场上进行交换，持有人可以通过碳排放配额交易获取相应的资金收益。故而碳排放权交易过程中产生的纠纷与其他交易品也具有相似性。

一、碳排放配额交易纠纷：四川某发电公司、北京某环保公司合同纠纷案

北京市首例碳排放配额交易案一审于2023年8月14日宣判。截至本稿完成之日，该案判决书尚未完全公开，但北京市朝阳区人民法院在8月19日通过其微信公众号发布了案件的判决要旨，该案对司法机关积极稳妥推进碳达峰碳中和具有重大意义。

【案件基本信息】

原告：四川某发电公司

被告：北京某环保公司

【基本案情】[①]

2021年12月14日，四川某发电公司就采购碳排放配额发布比选公告。

① 部分内容参考《北京市首例，一审宣判！》，载《中国能源报》2023年8月16日，https://mp.weixin.qq.com/s/M3fB-m_G9KxeiAhO2e067A。

当日，北京某环保公司向其发送报价表并载明了交易配额数量、单价、交割时间及违约责任等，提供碳排放配额46万吨，含税单价44.7元每吨，并在报价表后附“拥有全国碳排放权交易市场配额持有证明”，同时承诺“若我司无法完成上述承诺，贵司可在市场上按商业合理的方式购买与合同交易标的等量的全国碳排放权交易市场配额，如有差价，应由我司补足”。

2021年12月13日，四川某发电公司向北京某环保公司发送中标通知书，确定其为中标人。此后，北京某环保公司以市场原因为由申请将签订合同、交割标的物时间延后至同年12月28日或之前，四川某发电公司仅同意延后至同年12月22日或之前。2021年12月22日，北京某环保公司致函四川某发电公司称因存在市场交易实际困难，提出签订补充协议或解除中标合约等。

四川某发电公司获知北京某环保公司拒绝履约后，为保证自身生产经营的正常开展，其立即与某石化公司联系。因时间紧迫，公司基本没有进一步议价的余地，最终按含税单价51元每吨另行购买相应配额，双方于2021年12月23日交易完毕。

四川某发电公司认为北京某环保公司行为违约，其应按承诺支付碳排放配额采购差价款289.18万元及利息，利息以差价款为基数，按全国银行间同业拆借中心公布的贷款市场报价利率，自2021年12月24日起算至差价款付清时止。

北京某环保公司辩称，公司不具有四川某发电公司所要求的限定碳排放交易主体资格，而仅是提供碳排放交易行业咨询，实为中介服务公司。四川某发电公司发出的通知虽名为比选公告，实为碳排放配额采购的招标，不符合《招标投标法》及其实施条例的相关规定，招投标因程序违法而不成立。

【案件焦点】

1. 四川某发电公司与北京某环保公司签订的合同是否成立。

2. 四川某发电公司与北京某环保公司签订的合同是否有效？北京某环保公司不具备全国碳排放权交易主体资格，是否影响合同效力及履行。

3. 本案损失请求数额应按何种计算方式执行。

【法院裁判要旨】

1. 关于争议焦点一，四川某发电公司与北京某环保公司签订的合同是否成立

合同成立。四川某发电公司发布比选公告，载明了采购标的物名称、数量、交割时间、报价方式等，属于要约邀请。北京某环保公司参与比选并向四川某发电公司发送报价表，明确了交易配额数量、单价、交割时间及违约责任等，并附“拥有全国碳排放权交易市场配额持有证明”。报价表不仅加盖北京某环保公司公章，而且内容确定具体，含有合同主要要素内容，应认定系北京某环保公司向四川某发电公司发出要约。四川某发电公司于 2021 年 12 月 15 日以发送中标通知书的方式作出承诺。双方之间的合同关系自中标通知书到达时即 2021 年 12 月 15 日成立。

2. 四川某发电公司与北京某环保公司签订的合同是否有效？北京某环保公司不具备全国碳排放权交易主体资格，是否影响合同效力及履行

合同有效。四川某发电公司发布比选公告采购的标的为碳排放配额，不属于工程建设项目及与工程建设相关的重要设备、材料等的采购，并非依法必须进行招标的项目，不受《招标投标法》的约束。以比选方式采购碳排放配额，不违反法律法规的强制性规定。结合根据双方提交的证据判定北京某环保公司报送报价表等行为应属双方之间正常的交易行为，是双方真实性意思表示。北京某环保公司虽不具备全国碳排放权交易主体资格，但其有获取可支配碳排放配额的途径，进而完成向四川某发电公司交割碳排放配额的现实可能性，上述履约方式是原、被告的真实意思表示，且不违反法律法规的强制性规定。综上，北京某环保公司向四川某发电公司交割碳排放配额的合同关系应属合法有效。

3. 本案损失请求数额应按何种计算方式执行

北京某环保公司在与四川某发电公司的多次函件、线上聊天记录中均承诺“若我司无法完成上述承诺，贵司可在市场上按商业合理的方式购买与合同交易标的等量的全国碳排放权交易市场配额，如有差价，应由我司补足”。现四川某发电公司要求被告支付碳排放配额采购差价款有事实依据及合同依据。

【判决结果】

1. 对四川某发电公司要求支付碳排放配额采购差价款 289.18 万元及利息予以支持。利息以采购差价款为基数，按全国银行间同业拆借中心公布的贷款

市场报价利率为标准，自 2022 年 2 月 1 日起计算至差价款付清之日止。

2. 驳回四川某发电公司的其他诉讼请求。

【律师评析】

本案中，合同是否成立、双方签订的合同是否为真实意思表示，以及如若支持原告请求，损失请求数额应按何种计算方式执行，均不难作出相应判断与认定，争议的核心焦点在于北京某环保公司不具备全国碳排放权交易主体资格是否影响合同效力及履行。

如果根据《碳排放权交易管理办法（试行）》第 21 条的规定“重点排放单位以及符合国家有关交易规则的机构和个人，是全国碳排放权交易市场的交易主体”来判断，似乎被告北京某环保公司不能作为交易主体，进而难以使此份合同成为有效的合同，但是法院最终支持原告诉讼请求，是因为法官提出了被告具有“向四川某发电公司交割碳排放配额的现实可能性”。此外，在法律效力层级上属部门规章的《碳排放权交易管理办法（试行）》第 21 条，难以被认定为是禁止性强制性规定。因此，此份合同的效力最终被认定为有效。

本案的重大意义在于，为如何正确理解《法发〔2023〕5 号》第 17 条提供了实践性的说明，并揭示了如何将《法发〔2023〕5 号》第 17 条“依法审理碳排放配额、核证自愿减排量交易纠纷案件。重点排放单位、其他符合国家有关交易规则规定的机构或个人等碳排放权交易主体主张通过协议转让、单向竞价等方式订立的交易合同有效的，依法予以支持”的规定，在司法实践中予以合理应用，该案表明了我国司法机关在碳市场、碳排放权交易纠纷方面的积极立场。

二、碳排放配额交易纠纷：聊城某公司、茌平某供热公司合同纠纷案

无独有偶，山东省首例碳排放权交易纠纷案也已于 2023 年 8 月 10 日开庭审理。

【案件基本信息】

原告：聊城某公司

被告：茌平某供热公司

【基本案情】

2021 年 10 月，原告聊城某公司与被告茌平某供热公司签订协议，被告

茌平某供热公司将其所有的产能、煤炭、能源、碳排放配额、污染物排放五项指标以3700万元的打包价格转让给原告聊城某公司，用于支付其欠缴的职工养老保险、独生子女费、职工押金、银行利息等费用。原告向被告支付3700万元的款项后，被告将碳排放配额指标以外的其他指标过户到原告名下，但对于碳排放配额，却因违反生态环境部关于碳排放权交易管理的规定而无法在全国碳排放权注册登记机构办理碳排放配额的过户，因此原告请求解除碳排放额交易，返还已经支付的款项。而被告茌平某供热公司辩称，被告不存在不配合原告转让指标的违约行为，不能办理转让并非被告所造成，与本案有关的其他排放指标均已过付给了原告，涉案碳排放配额指标不能过户系因交易机构所造成，原告要求解除合同没有事实及法律依据，应依法驳回原告的诉讼请求。

目前该案尚在等待法院最终的判决结果。

【律师评析】

本案中，由于法院尚未作出最终判决，根据现有公开信息，本案争议焦点可能为：

(1)原告是否有单方解除合同的请求权？

(2)被告的抗辩理由是否成立、涉案碳排放配额指标不能过户系因交易机构所造成，能否归因于被告？

关于争议焦点一，原告是否有单方解除合同的请求权，应当按照顺序观察：原告是否有约定解除权、原告是否有法定解除权。从原告的主张与陈述，以及被告的抗辩理由来看，可能双方并未在合同中明确约定原告的单方解除权。在这种情况下，需要考察原告是否有法定解除权。本案合同标的虽为碳排放配额指标，但关于合同的法定解除权仍应遵循并结合《民法典》第563条当事人可以解除合同的情形进行分析。

《民法典》第563条列举了以下法定解除情形：

(1)因不可抗力致使不能实现合同目的；

(2)在履行期限届满前，当事人一方明确表示或者以自己的行为表明不履行主要债务；

(3)当事人一方迟延履行主要债务，经催告后在合理期限内仍未履行；

(4)当事人一方迟延履行债务或者有其他违约行为致使不能实现合同

目的；

(5)法律规定的其他情形。

在以上众多情形中，需逐一进行考察。首先，关于交易机构涉案碳排放配额指标不能过户是否系不可抗力，结合《民法典》第 180 条关于不可抗力的定义，不可抗力是不能预见、不能避免且不能克服的客观情况，难以将因交易机构原因不能过户与不可抗力画等号；其次，本案中被告没有明确表示或者以自己的行为表明不履行主要债务。本案中较为可能的情形为，被告迟延履行主要债务，具有违约情形，并经催告后在合理期限内仍未履行，且不能实现合同目的。

经上述分析，似乎原告有权依《民法典》第 563 条规定请求解除合同。然而，需被告的抗辩理由不成立，才能顺利解除合同。

关于争议焦点二，被告的抗辩理由是否成立、涉案碳排放配额指标不能过户系因交易机构所造成，能否归因于被告，其本质系针对原告所主张的被告存在违约情形，被告抗辩的核心是被告无违约责任。单就是否有违约情形，首先仍需结合合同内容分析是否有明确约定，若无明确约定，交易机构仅为辅助方，不能认定被告完全不存在违约责任。

但是，原告的诉讼请求为解除合同，虽然从原告的表述上，系基于被告违约而请求解除合同，但在诉请上，与要求被告承担违约责任仍有所区别。

目前我国司法实践鼓励碳交易，从政策意义上来说，该案例的判决结果将揭示，支持原告解除合同是否更有利于保护碳市场秩序、保护交易主体的切身利益，具有司法实践价值，可耐心等待判决结果的最终公布。

三、核证自愿减排量交易纠纷：秦某、中民常青低碳科技有限公司买卖合同纠纷案

中民常青低碳科技有限公司(以下简称中民常青公司)实际控制人向原告秦某承诺，只要在四川联合环境交易所开立交易账户，并按照指令向该公司购入核证自愿减排量，在按约定持有到期后，即按照约定履行回购义务。于是秦某在四川联合环境交易所注册账户，购入总计 2, 492, 505 元人民币产品代码为 000163 的“滇水电 02”CCER 产品，成交价格 15 元/吨，成交数量为 166, 167 吨。

双方签订《中国核证自愿减排量合作协议》,约定:秦某委托中民常青公司对其所购买的CCER产品进行管理及后续中和;中民常青公司承诺给予秦某年化收益率及溢价款总额为标的物金额的50%,并承诺按照标的物总金额的4.17%支付当月委托收益;委托期限一年,并承诺在一年内将秦某持有的标的物分期、分量转入"全面碳惠/碳中和公共平台"进行中和;如果无法完成的,应在到期日回购标的物,返还秦某所支付的2,492,505元。中民常青公司除向秦某支付220,000元人民币的收益款外,一直未按约支付收益和对秦某持有的CCER产品进行中和。秦某多次找其沟通,中民常青公司都置之不理甚至人去楼空,协议已履行不能。秦某遂向法院提起诉讼要求被告履行回购义务并支付委托期间的收益。

【案件基本信息】

原告:秦某

被告:中民常青公司

【基本案情】

秦某在四川碳排放权交易系统内分两笔买入产品代码为000163的"滇水电02"CCER产品,成交价格15元/吨,成交数量分别为166,166、1,金额合计2,492,505元,上述标的物卖方为中民常青公司。双方签订《中国核证自愿减排量合作协议》,将以上买入、卖出交易截图作为协议附件,主要约定:秦某(乙方)委托中民常青公司(甲方)对其在四川联合环境交易所营业部或公司开设的账户(资金账号:×××01;户名:秦某,下称委托账户)内的CCER产品总计人民币2,492,505元进行管理及后续中和。乙方委托甲方管理及后续中和的标的物为中国核证自愿减排量(CCER),计量单位为"吨二氧化碳当量(tCO2e)",代码为000163,名称为滇水电02,价格为15元/吨,数量合计166,167吨。关于结算条件及方式,乙方持有的CCER标的物需连续持有6个月以上且在此期间该CCER产品从未进行过交易,双方同意此笔委托期限为12个月,从2019年12月24日起至2020年12月23日止。甲方承诺给予乙方持有标的物年化收益率及溢价款(统称为委托收益金额)总额为标的物金额的50%,甲方保证以乙方持有的标的物总金额的4.17%作为委托收益,自2020年1月起按照甲方承诺,每月5日向乙方指定账户支付当月委托收益金额至委托期限止。乙方在持有标的物后期

(在后6个自然月,即第7个月开始计算),甲方将乙方持有的标的物分期、分量转入“全面碳惠/碳中和公共平台”进行中和,甲方在签订该协议日起一年内将乙方持有的标的物全部对外进行中和。如果甲方无法完成乙方代持标的物中和,甲方应在到期日后5日内接收乙方持有的标的物,并在3日内返还乙方于2019年12月24日所支付的2,492,505元。

中民常青公司的股东蒲某丽通过其账户于2020年4月8日向秦某支付220,000元。秦某述称,该款为《中国核证自愿减排量合作协议》约定的收益款,除此之外未支付收益款,也未回购约定的碳排放产品。原告秦某请求中民常青公司接收秦某持有的CCER(中国核证自愿减排量)产品总计2,492,505元,以及支付委托期限内的委托收益1,132,918.3元(按照产品总金额,每月收益4.17%的标准,自委托期限起始日即2019年12月24日起,暂计至2020年11月20日,实际计算至还清之日止)。

【案件焦点】

1.《中国核证自愿减排量合作协议》的合同效力。

2.本案主要合同权利义务。

【法院裁判要旨】

1.关于争议焦点一,《中国核证自愿减排量合作协议》的合同效力

最高人民法院《关于适用〈中华人民共和国民法典〉时间效力的若干规定》第1条第2款规定:“民法典施行前的法律事实引起的民事纠纷案件,适用当时的法律、司法解释的规定,但是法律、司法解释另有规定的除外。”本案有关法律事实均发生于民法典实施前,本案适用当时的法律和司法解释。《中国核证自愿减排量合作协议》是中民常青公司、秦某的真实意思表示,内容未违反法律、行政法规效力性强制性规定,合法有效。

2.关于争议焦点二,本案主要合同权利义务

该协议主要权利义务是秦某购买并代持中民常青公司的碳排放标的物(代码000163,滇水电02,价格为15元/吨,数量合计166,167吨),并按月向秦某发放收益,1年委托期限内支付年化收益率50%的收益,并在委托期限届满前实现碳排放标的物中和。如不能履行该义务,则在到期满3日内返还2,492,505元,收回上述碳排放标的物。综上,本案合同权利义务包括了购买碳排放标的物、委托持有、支付收益、回购等,性质上非一方出卖货物,另一方支付价款的买卖合

同，应按无名合同处理，本案为合同纠纷。中民常青公司主要义务是按约定支付收益，并在未实现碳排放标的物中和的情况下，按时回购标的物并支付价款。中民常青公司经依法传唤，无正当理由拒不到庭参加诉讼，视为放弃答辩、举证的权利，不能证明其履行了上述合同义务，故应当按约定回购标的物，并返还标的物价款2，492，505元。秦某收到全部上述返还价款或收到部分返还价款的，应配合在四川碳排放权交易系统内将案涉相应的碳排放标的权利（按15元/吨计算）转移给中民常青公司。标的物转移的手续费用，双方未明确约定负担规则，应按有关交易场所的交易规定负担。如果秦某不能配合转移或不能全部转移上述碳排放标的物权利给中民常青公司的，也应按15元/吨予以折价补偿中民常青公司。

关于合同约定的收益，总额为2，492，505元×50%＝1，246，252.5元。秦某举证已收到22万元收益款项，故中民常青公司应当继续支付剩余未付收益（截至委托期限届满），秦某主张计算至还清标的价款之日止，无合同依据，超出部分不予支持。根据双方约定的履行期限，上述收益属于应当先履行的部分，故中民常青公司如不完全履行该判决义务的，先抵充收益，再抵充返还标的物价款。

【判决结果】

1.被告中民常青公司于本判决生效之日起5日内向原告秦某支付收益1，026，252.5元，并返还标的物价款2，492，505元。秦某收到上述返还的标的物价款2，492，505元后，立即在四川碳排放权交易系统内配合将本案碳排放标的物（代码为000163“滇水电02”，数量166，167吨）转移给被告中民常青公司。如果原告秦某收到部分返还的标的物价款的，应按15元/吨计算应转移的相应部分标的物权利。标的物转移的手续费用，按有关的交易场所交易规定负担。如果原告秦某不能配合转移或不能全部转移上述碳排放标的物权利给被告中民常青公司的，按15元/吨予以折价补偿中民常青公司。

2.被告中民常青公司如不完全履行本判决第1项义务的，先抵充应付原告秦某的收益，再抵充应返还原告秦某的碳排放标的物价款。

3.驳回原告秦某的其他诉讼请求。

【律师评析】

在本案中，合同约定条件满足且期限届至后，中民常青公司未能回购秦某代持的CCER。标的物转移的手续费用，交易双方未明确约定负担规则，法院判定应按有关交易场所的交易规定负担。法院此一举措肯定了 CCER 相关纠纷可通过诉讼、认定为无名合同纠纷的方式加以争议解决,体现了人民法院配合积极推动 CCER 市场的建立,为其提供了有效的法律救济途径。

第四节　碳排放配额、核证自愿减排量交易纠纷风险防控建议

一、交易前审慎调查，熟悉碳市场交易规则

为有效规避风险，交易方可以在碳市场交易前了解碳市场相关流程，熟悉掌握交易规则，不要贸然进场交易。应确认双方已经取得交易资格并开立交易、注册登记和结算的三类账户；确认合同标的物符合自己的购买需求；综合评估自身的风险承受能力。

交易方还可以考察公司本身的经营状况、债权债务、行政处罚及诉讼纠纷等；评估公司目前碳排放量、减排义务、碳减排配额权属等与碳排放配额交易相关的风险；查询与交易相关的注册登记账户、交易账户和资金结算账户是否异常、历史成交记录等；在涉及回购交易安排时，还可备有关于对方动态情况跟踪、异常状况应急处理的预案。

二、交易相对方违约时，合理选择诉讼策略

同一份碳排放权与其他交易物相同，其无法同时售卖两次，若其一方已经进行交付，将导致对另一方的履行不能，并构成违约。对于合同的违约，《民法典》第577条规定："当事人一方不履行合同义务或者履行合同义务不符合约定的，应当承担继续履行、采取补救措施或者赔偿损失等违约责任。"法律罗列了当事人应对违约的三种选择：继续履行、采取补救措施、赔偿损失。但是这三种选择并非在所有诉讼中都能任意选择。

对于碳排放权而言，其具有特殊性。在(2020)桂民终1788号案件中，法院对继续履行表达了否定的态度，这是基于对于法院为保障国家对高耗能高排放项目严格落实产能等量或减量置换政策要求的贯彻实施，避免出现合同履行

"僵局",体现了人民法院依法支持和维护产业政策,推动符合产能置换政策的合同全面履行的立场和态度,为建材等相关行业开展节能降碳改造,产业结构深度调整提供有力的司法服务。企业应当结合国家政策的立场和法院在司法实践审判中所持的观点,合理选择对己方有利的诉讼策略,以避免诉请得不到法院的支持。

三、交易模式的选择谨慎考虑交易风险

在碳排放权的交易过程中,交易中心没有义务来保证交易相对方拥有充足资金,其交易与其他普通交易品相同,因交易方违约带来的风险,无法让交易中心承担责任。

例如,在(2020)粤01民终23215号案件中,出售方自愿放弃交易时买方须有资金保障的条件而先对碳配额进行划拨转让,从而使自身面临不能收回价款的商业风险,同时就此交易模式事先也未与广碳交易中心约定保证责任。有关交易中心的交易规则规定:"交易参与人在发起委托申报前,应当确保交易账户中持有满足成交条件的碳排放配额或资金。"作为专业从事碳排放配额投资业务的商事主体,卖方微碳公司对于碳排放配额转让款项远期交付可能存在的风险是明知的。该公司甘冒风险,自愿放弃交易中心既有交易规则的保障,事前又未与交易中心约定保证责任,指示交易中心将涉案碳排放配额划拨给买方,事后却要求交易中心对买方未支付转让款承担赔偿责任无合同或者法律依据。因此,交易主体应结合当地规定就交易模式进行谨慎选择①。

① 部分内容参见刘静:《研究丨碳排放权交易常见纠纷类型和交易风险点分析》,载https://mp.weixin.qq.com/s/Yy4ooz_lZqJ5duNvaSO99A,最后访问日期:2023年6月6日。

第十五章

碳排放配额、核证自愿减排量担保纠纷案件

程　尧　刘晟东

本章作者：程尧，北京盈科（上海）律师事务所律师，盈科全球ESG中心新能源与清洁技术分中心主任、盈科碳达峰碳中和精品法律服务团队负责人。
刘晟东，北京盈科（上海）律师事务所。

第一节　案件类型、案由分析及相关法律法规

一、碳排放配额、核证自愿减排量担保纠纷案件类型

《法发〔2023〕5号》第18条规定："依法审理碳排放配额、核证自愿减排量担保纠纷案件。担保合同当事人或者利害关系人以碳排放配额、核证自愿减排量不是可以设立担保的财产为由，主张担保合同无效的，从严认定合同无效情形，依法最大限度维护合同效力。当事人在碳排放权或者核证自愿减排注册登记系统等办理质押登记，债务人不履行到期债务或者发生当事人约定实现质权的情形，质权人主张就登记账户内的碳排放配额或者核证自愿减排量优先受偿的，依法予以支持，助力碳交易产品发挥融资功能，稳定市场预期。"

碳排放配额、核证自愿减排量担保，是指涉及碳排放配额、核证自愿减排量作为担保物的担保合同，其以全国碳交易市场配额、温室气体自愿减排交易市场为依据。通常如果企业进行常规抵押贷款，银行需要通过系统验证企业征信，并实地考证企业生产实际规模、状况及投资前景等，申请的贷款额度与质押资产价值密切相关，办理抵押流程往往比较繁复。而以碳排放权质押为例，质押的标的物不再是企业固定资产，而是以碳排放配额为依据，流程办理简单，贷款的压力相对更小，对日常生产经营的影响也会更小。

二、碳排放配额、核证自愿减排量担保纠纷案件类型和案由分析

碳排放配额、核证自愿减排量担保纠纷，是指涉及碳排放配额、核证自愿减排量作为担保物的担保合同的争议。碳排放配额、核证自愿减排量是一种新型的碳资产，具有市场价值和流动性，可以用于抵销重点排放单位的碳排放配额，也可以用于企业或个人的碳中和或公益目的。因此，一些市场主体为了获取资金或信用支持，可能会将其持有的碳排放配额、核证自愿减排量作为担保物提供

给债权人，以保证债务人履行债务。

碳排放配额、核证自愿减排量担保纠纷可能涉及以下几个方面。

（一）担保合同的效力

担保合同当事人或者利害关系人可能会以碳排放配额、核证自愿减排量不是可以设立担保的财产为由，主张担保合同无效。在这种情况下，应当从严认定合同无效情形，依法最大限度维护合同效力。根据《法发〔2023〕5 号》的规定，对于符合法律规定的碳资产担保合同，应当予以有效确认和保护。

（二）担保物的处置

担保物处置可能涉及担保物的评估、变价、转让等问题。这些问题应当根据《民法典》等相关法律规定，结合碳资产的特殊性质和市场规则进行处理。例如，对于评估问题，应当参考国家或行业有关标准或规范，综合考虑碳资产的类型、数量、有效期、市场价格等因素；对于变价问题，应当根据碳资产价格波动情况及时调整担保物价值；对于转让问题，应当遵守国家温室气体自愿减排交易注册登记系统或其他相关平台的交易规则，并及时办理登记手续。

（三）担保责任的承担

担保责任的承担可能涉及债务人违约、债权人请求履行、第三方干预等问题。这些问题应当根据《民法典》及相关法律规定，结合担保合同的约定进行处理。例如，对于债务人违约问题，应当依据债务人违约程度和后果确定是否构成实现担保物权的条件；对于债权人请求履行问题，应当依据债权人请求方式和时间确定是否符合实现担保物权的程序；对于第三方干预问题，应当依据第三方与债务人、债权人或担保人之间的法律关系确定是否影响担保物权的实现。

三、碳排放配额、核证自愿减排量担保纠纷案件涉及的政策与法律法规

自 2011 年碳排放权交易试点启动以来，全国及各试点省市陆续制定了若干碳排放权交易规范性文件，这些文件以部门规章、地方性法规、地方规章等为主，

效力层级较低,内容也较少涉及碳资产的担保融资。

(一)有关碳排放配额、核证自愿减排量担保的法律法规、司法解释及规范性文件

目前中央在法律和行政法规、部门规章上,直接有关碳排放配额、核证自愿减排量担保的法律法规、司法解释及规范性文件尚处于空缺状态。但在地方上,已有指引的有浙江省、江苏省、山东省、广东省、上海市等。如2021年9月山东省出台的《关于支持开展碳排放权抵质押贷款的意见》、2021年10月浙江省出台的《碳排放配额抵押贷款操作指引(暂行)》,以及原上海银保监局、上海生态环境局与中国人民银行上海分行共同发布的《上海市碳排放权质押贷款操作指引》。对于碳排放配额抵质押贷款业务的申请、受理、价值评估、抵押登记、处置等操作流程,上述指引一般都会进行规范。特别值得注意的是指引对贷款用途的要求,因为这点直接反映了贷款是否仅能用于绿色活动。

一些地方的碳资产抵质押相关规定包含在地方碳市场的碳交易管理办法中,如《深圳市碳排放权交易管理办法》。而一些地方仅表示将鼓励、推动碳资产抵质押等碳金融活动的开展,未对碳资产抵质押如何设立等细则作出明确规定,如人民银行济南分行联合山东省生态环境厅、原山东银保监局等金融监管部门发布的《关于支持开展碳排放权抵质押贷款的意见》。

根据《碳排放权登记管理规则(试行)》的规定,碳配额持有人将通过全国碳排放权注册登记系统登记其对碳配额的持有、变更、清缴和注销等信息。注册登记系统记录的信息是判断碳配额归属的最终依据。

《温室气体自愿减排交易管理暂行办法》(以下简称《温室气体管理办法》)也规定国家自愿减排交易登记簿用于登记经备案的自愿减排项目和减排量,记录项目基本信息及减排量备案、交易、注销等有关情况。可见碳资产的持有人对碳资产享有直接支配和排他的权利,而且碳资产持有人对碳资产有占有、使用、收益、处分的权利。

(二)有关一般担保的法律法规、司法解释及规范性文件在碳排放配额、核证自愿减排量担保的应用

目前,我国尚未出台专门针对碳排放配额、核证自愿减排量担保的立法。但

《民法典》等相关法律规定了一般性的担保制度和原则，可以适用于碳资产担保合同的效力、担保物的处置、担保责任的承担等方面的纠纷。此外，《法发〔2023〕5号》也提出了对涉碳排放配额、核证自愿减排量交易、碳交易产品担保等案件进行妥善审理的要求。

第二节　相关企业面临的主要法律风险

碳排放配额、核证自愿减排量担保纠纷案件，因其本质属于因担保而产生的民事纠纷，目前主要面临的是民事领域风险。

一、抵押人未经抵押权人同意处置其碳排放配额所带来的法律风险

债权人与担保人签订碳排放配额抵押合同，并在动产融资统一登记公示系统进行登记，债权人实际并不能占有或控制相关碳排放配额，担保人实际上还是有能力转让或使用已经被抵押的碳排放配额。而对担保人处置碳排放配额进行限制时，该限制更多地只能体现在合同层面，比如约定担保人不得处置被抵押的碳排放配额，否则将承担违约责任等。

二、碳排放配额时效性所带来的法律风险

碳排放配额存在寿命周期。在发放以后，控排单位需要在每个年度，根据其排放的温室气体总量，在规定的时间内，清缴等量的碳排放配额。清缴将会导致碳排放配额的消灭。因此，为了保护债权人的利益，最大化担保物的价值，债权人还应当关注担保人的控排情况、预测清缴需求，以避免出现配额大规模过期或自动消耗的情况，造成抵押物价值降低。

三、碳资产标的价值的不稳定性所带来的法律风险

碳资产的基础来源于国家或省市分配的碳排放配额或 CCER 项目产生的减排量，目前可供担保的碳资产主要是碳排放配额，CCER 的担保实践目前还相对较少。碳资产标的的价值受市场价格波动影响较大，担保物价值可能不足以覆盖

全部债务。截至2022年12月30日，全国碳市场碳排放配额每日收盘价在41～62元/吨，所有交易的成交均价为45.61元/吨。四川联合环境交易所2023年2月CCER成交均价为121.62元/吨。2022年全年上海环境能源交易所CCER交易均价为39.68元/吨。由此可见，碳资产本身的特性导致其作为担保标的存在很大的不稳定性，一旦价格下滑，担保物的价值就会降低。

四、适格担保权人的范围限缩所带来的法律风险

上海、广州、重庆碳交易所出台的交易规则明确将担保权人的范围限定为银行或其他非银行金融机构，交易所仅登记出质人与适格担保权人之间的抵质押。包括全国碳市场在内的其他交易所，虽未明文限制担保权人的范围，但实践操作中仍以金融机构为主。未来，碳资产担保融资作为最常见的碳金融产品，其应用范围也将更加广泛，因此从碳资产担保融资设立的目的来看，限制担保权人的范围不利于碳金融产品充分发挥融资功能。

第三节　碳排放配额、核证自愿减排量担保纠纷案例评析

一、碳排放配额、核证自愿减排量担保相关早期案例

碳排放配额是指国家或者省级生态环境主管部门根据国家温室气体排放控制要求，向重点排放单位分配的规定年度的碳排放额度。核证自愿减排量是指符合国家有关要求的温室气体自愿减排项目所产生的温室气体减排量或增汇量经核证后所获得的凭证。

目前各地的碳配额担保都是通过登记设立的，但地方碳配额和全国碳配额担保的登记场所却各有不同。上海、广东、福建的碳配额担保由碳排放权交易中心办理，深圳则由生态环境局作为主管单位办理登记，天津采用了碳排放权交易所和人民银行动产融资统一登记公示系统双登记的方式。而全国碳配额担保的登记基本上都在人民银行动产融资统一登记公示系统上办理。

早在 2014 年，湖北省和广东省就分别完成了国内首笔碳配额质押贷款业务及国内首单碳配额抵押融资业务。此后上海环境能源交易所、四川联合环境交易所也开展了 CCER 的担保融资业务。2014 年 9 月，湖北宜化集团有限责任公司以 210 万吨碳排放配额作质押，获得兴业银行 4000 万元的贷款，成为国内首笔碳配额质押贷款业务；2014 年 12 月，华电新能源技术开发公司在广东省以碳配额作抵押获得浦发银行 1000 万元融资授信，成为国内首笔碳配额抵押融资业务。当时，我国碳市场对于碳排放配额和核证自愿减排量的法律属性尚未有深入的探讨。由于具有一定市场需求，虽然法律具有一定的滞后性，我国碳市场仍然在法律属性不明晰的前提条件下做出了抵押、质押等一系列创新，并对后来的碳市场发展起到了先驱的作用。

二、最新典型案例——重庆三五三三印染服装总厂有限公司与重庆农村商业银行协议设立碳配额担保案

近年来，企业开发碳资产、参与碳交易的意愿和需求显著增加，各大企业也在充分与银行合作，灵活运用碳资产。例如，2021 年 5 月，申能碳科技有限公司通过上海环境能源交易所顺利取得银行贷款，成为全国首单碳排放权（SHEA）、国家核证自愿减排量（CCER）组合质押融资。以下内容，将着重介绍 2023 年年初通过重庆碳排放权交易中心完成设立的一起碳配额担保案例。

【案件基本信息】

抵押人（出质人）：重庆三五三三印染服装总厂有限公司

抵押权人（质权人）：重庆农村商业银行股份有限公司江津分行

【基本案情】

重庆联交所集团（重庆碳排放权交易中心）为重庆三五三三印染服装总厂有限公司办理碳配额抵（质）押登记，帮助该公司以持有的碳排放配额［抵（质）押数量：3500 吨］作为部分担保物，与重庆农村商业银行协议设立 1.83 亿元最高额抵（质）押。2023 年 2 月 7 日，重庆碳排放权交易中心发布《关于重庆市碳排放配额抵（质）押登记的公告》，对上述碳排放担保予以登记，碳排放配额抵（质）押登记号为 20230119－1。

【律师评析】

在本案中，可以发现重庆碳排放权交易中心所发布的公告并没有明确点明，通过碳排放权交易中心所做出的担保登记，其性质是抵押权登记还是质权登记，而是采用了“模棱两可”的表述方式。这一点，与我国碳排放配额、核证自愿减排量担保相关早期案例的明确立场，即抵押就是抵押、质押就是抵押的观点相背离。但是，从以上“明确”到“模糊”转变的态度，并不意味着我国关于碳配额等法律性质的认识存在倒退。首先，以抵押、质押两可的形式发布公告，确定了碳配额等可以作为担保标的、明确了财产属性，这是在早期实践案例基础上的明确与坚持。其次，公告中“抵（质）押登记”“抵押人（出质人）”“抵押权人（质权人）”等陈述方式，表明了我国目前法律界与实践中对于以碳资产为标的的权利性质的严谨态度，我国正在对涉碳法律关系进行细化研究，并认为对于没有法律

规定的部分,就应采用最为准确的表达方式,即“抵(质)押登记”。所以,这样的表达方式并非“模棱两可”,反而是结合实际情况作出的严谨表达。最后,我国在实践中出现这样“摇摆不定”的权利,体现了社会各方在尽最大努力使相关法律关系有效、使权利得以能够设立、使碳资产担保能够得以应用,在“双碳”政策指导下勇于进行创新,为市场主体的融资等金融活动提供支持。综上所述,我国关于碳配额等法律性质的认识正在进步,并且相信不久后,我国将就相关碳资产作为标的的担保权利性质等,结合实际情况得出有说服力的结论。

不过,有创新就可能意味着会同时带来相应风险。重庆碳排放权交易中心如此登记,仍然在客观上为双方当事人带来了不确定的法律风险,例如,届时将可能对权利性质的解释、权利是否已经设立等有不同的见解,容易引起法律纠纷。如果未来发生相关担保纠纷,应当结合《法发〔2023〕5 号》的精神,参照适用《民法典》关于担保的规定。此外,可能还应当结合实际情况,在分析碳排放配额、核证自愿减排量的担保案件时,应着重关注贷款融资用途。《环境权益融资工具》未提及贷款用途,而《碳金融工具》仅在尽职调查部分表明了对贷款用途的原则性要求。其中指出,贷款资金原则上用于企业减排项目建设运维、技术改造升级、购买更新环保设施等节能减排改造活动,不应购买股票、期货等有价证券和从事股本权益性投资。而各省市的贷款操作指引更为宽松,一般规定为企业的碳资产抵质押贷款应优先用于应对气候变化和减污降碳领域,表明了可以将贷款用于“非绿色”用途。不过,总体上贷款融资用途仍将影响相应纠纷的判决结果。因此,在一开始,企业在将碳资产抵质押时,也应考虑着重关注合同中贷款是否用于绿色活动、是否须披露绿色信息、是否会追踪绩效等信息。

第四节　碳排放配额、核证自愿减排量担保纠纷风险防控建议

一、碳排放配额、核证自愿减排量担保双方的风险规避

（一）价格波动风险规避

就担保权人的角度而言，碳配额作为担保物相较于传统担保物来说价格波动幅度较大。碳配额在担保权实现时的价值可能远不及同种碳配额在担保协议签订时的价值，也可能远低于担保权人的预期。这将会导致担保物价值难以覆盖主债权的全部额度，使得担保权人的利益受损。为避免这种情况的出现给担保权人带来较大的损失，建议担保权人不要轻易接受碳配额作为唯一的担保物，应要求担保人提供其他具有稳定价值的资产作为共同担保物。例如，担保人为湖北金澳科技化工有限公司从光大银行获得的 1 亿元贷款提供担保的担保安排中，碳配额只占全部担保物的 10%。此外，担保权人还可以通过购买碳保险的方式，对冲碳价格波动带来的风险。

（二）履约期限与担保期限风险规避

从担保人的角度来看，若担保期限较长，跨过了控排企业的履约周期，则控排企业担保人可能没有足够数量的碳配额用于履约。若控排企业届时没有足够的资金偿还借款并将碳配额解押或者在市场上购买不足部分的碳配额，根据全国和各地方碳市场的相关规定，未能按期履约的控排企业将被处以罚款，并被核减下一年度的碳配额。此外，常见的处罚措施还包括将企业未按时履约的记录记入征信系统，减少或取消企业在碳减排领域的补贴以及停止企业的项目审批等。对此，建议控排企业在作为担保人签订担保协议时注意履约期限与担保期限是否冲突，并考虑临时购买碳配额用于履约的金钱成本，以免承担碳配额价格

波动的损失，甚至因无法按时履约而遭到主管部门的处罚。

二、关注不同碳排放配额、核证自愿减排量市场的规则差异，准确适用

目前全国碳排放权交易市场与各试点省市的碳排放权交易所分别适用不同的监管规范和交易规则，暂时还缺少法律与行政法规层面的法律规范对各地不同规则进行统领。因此，企业应当根据所属交易市场明确具体适用的规则。随着全国碳交易市场的不断完善，各种监管规范和交易规则也在不断发生变化，企业应当时刻关注最新的动态，以准确适用规则，规避交易风险。

三、充分认识碳资产的特性，注意特殊交易条款

碳资产本身的诸多特性导致担保的双方都需要承担很大的不确定性风险，例如外部冲击、监管不确定性和市场不完善而导致的价格不确定性。提供担保的企业应当充分披露碳资产的真实情况，在碳资产担保之外，提供其他担保标的物或者购买相应的保险。企业还可与担保权人协商，针对各种突发情形设计承诺与保证条款、特殊的交易条款甚至违约条款，消除担保权人顾虑，增强融资效果。

四、设置"双重保险"，依法实现权利

对担保权人而言，担保物权能否有效成立是核心的问题，尤其是在可能涉及重复质押、虚假融资等情形下，该问题尤为突出。在目前法定登记机构尚未明确的情况下，担保权人可以设置"双重保险"（建议金融机构同时在中国人民银行动产融资统一登记公示系统以及所在地立法所规定的碳排放权注册登记机构同步进行登记，并在登记的同时委托碳排放权注册登记或交易机构对碳排放权配额进行冻结处理①），全方位保障自身权利。此外，在出质人出现违约的情况下，

① 参见王颖欣、黄艳芳：《连越研究 | 以碳排放权作为质押物之风险防控要点——浅析金融机构接受新型标的物作为担保物的风险防控系列》，载 https://mp.weixin.qq.com/s/5alEaDxc-2y9AGj56BkIqQ，最后访问日期：2023 年 4 月 19 日。

担保权人应当根据《民法典》与所处区域的碳排放配额、核证自愿减排量担保规则依法实现担保物权,避免出现变相以物抵债等违反《民法典》的做法,进而减少纠纷。

2023 年《政府工作报告》指出,要"完善支持绿色发展的政策和金融工具,发展循环经济,推进资源节约集约利用,推动重点领域节能降碳减污,持续打好蓝天、碧水、净土保卫战"。全国碳市场的高效发展不仅需要顶层制度设计的完善,也需要采取有效措施吸引更多市场主体自发自愿地参与碳交易,为实现"双碳"目标提供有力抓手①。

---

① 参见邹鲲、尹文琴:《碳资产担保融资法律实务问题及解决》,载 https://www.zhonglun.com/Content/2023/04-10/1202529073.html,最后访问日期:2023 年 4 月 10 日。

第十六章

碳排放配额清缴行政处罚案件

陈晓晓

本章作者：陈晓晓，北京盈科（上海）律师事务所律师、法律风险与合规管理法律事务部副秘书长。

第一节 案件类型、案由分析及相关法律法规

一、碳排放配额清缴行政处罚案件类型和案由综述

《法发〔2023〕5 号》第 19 条规定："依法审理碳排放配额清缴行政处罚案件。温室气体重点排放单位实际排放量超过所持有的上一年度碳排放配额，未按时履行足额清缴义务，行政机关责令限期改正，重点排放单位逾期未改正、未补缴碳排放配额或未提交核证自愿减排量抵销，行政机关依法作出等量核减重点排放单位下一年度碳排放配额、罚款等行政处罚决定的，依法支持行政机关履行温室气体减排行政监管职责。"

而实践中，各主体进行碳排放权交易，重要目的就是能顺利完成履约清缴，避免被行政处罚或受到其他惩罚措施。履约机制通常分为以下三种方式：第一种是补缴碳排放配额（CEA）；第二种是提交核证自愿减排量（CCER）抵销；第三种是自身减排。其中，碳配额系企业由国家分配取得，目前是碳交易市场的主要标的；而 CCER 是指对我国境内可再生能源、林业碳汇、甲烷利用等项目的温室气体减排效果进行量化核证，并在国家温室气体自愿减排交易注册登记系统中登记的温室气体减排量。若用 CCER 进行抵销，抵销比例不得超过应清缴碳排放配额的 5%。自身减排则是通过技术降低生产设备的排放水平、提高生产设备的效率来减少碳排放。以上三种履约方式各有特点，企业可以根据自身行业情况、技术与经济条件灵活结合运用。

目前，发电行业是首批纳入配额管理的行业，石化、化工、建材、钢铁、有色、造纸、航空，是计划纳入的行业。据中华人民共和国生态环境部 2021 年 12 月 31 日发布消息称，"2021 年 12 月 31 日，全国碳排放权交易市场第一个履约周期顺利结束。全国碳市场第一个履约周期共纳入发电行业重点排放单位 2162 家，年覆盖温室气体排放量约 45 亿吨二氧化碳。自 2021 年 7 月 16 日正式启动上线交易以来，全国碳市场累计运行 114 个交易日，碳排放配额累计成交量 1.79 亿

吨,累计成交额76.61亿元。按履约量计,履约完成率为99.5%。12月31日收盘价54.22元/吨,较7月16日首日开盘价上涨13%,市场运行健康有序,交易价格稳中有升,促进企业减排温室气体和加快绿色低碳转型的作用初步显现”。除了碳配额价格升高之外,随着碳市场运行的总体平稳,碳配额的发放也将逐步收紧。这对企业来讲,将是不小的挑战;同时,这一举措也促使了参与交易的企业调整能源结构,加快技术进步,有效控制和减少排放。

从以上内容可以看出,碳配额履约并非平等主体之间的民事交易行为,而是一种由国家法律、政策所引导的,在行政监管下的控排企业或温室气体重点排放单位①所负有的法定义务。由于部分企业的碳资产管理意识和能力较弱,导致实际的碳排放量超过其所持有的碳排放配额,存在履约缺口,且未采取合理措施进行履约清缴,最终被行政机关处罚或处理。若企业对行政处罚等行政行为有异议,可作为行政相对人通过行政复议、行政诉讼的方式来进行救济,碳配额清缴的行政处罚纠纷由此产生。

目前,企业被行政处罚的案例较多,例如,吕梁市生态环境局对山西晟安电铝有限公司作出行政处罚决定书(吕环罚字〔2022〕012号)、唐山市生态环境局对河北昌泰纸业有限公司作出行政处罚决定书(唐环罚〔2022〕01-1号)等。综观已有的处罚案例,行政机关基本上采取的都是罚款这一形式的行政处罚,金额普遍在2万余元。对企业来讲,这样的罚款金额基本可以忽略不计。因罚款金额较低,且履约率较高,因此碳配额清缴的行政处罚纠纷大多数停留在行政监管阶段,真正涉及司法程序的较少。

结合《最高人民法院关于行政案件案由的暂行规定》可知,行政诉讼领域的案由主要分为行政处罚、行政强制措施、行政强制执行、行政许可等。根据《碳排放权交易管理办法(试行)》第39条、第40条的规定,企业在碳配额清缴过程中存在违法行为时,行政机关对其采取的惩罚措施一般为责令限期改正、罚款、等量核减重点排放单位下一年度碳排放配额等。而根据《最高人民法院关于行政案件案由的暂行规定》的相关规定,“责令限期改正”可对应的二级案由为“行政处理”,“罚款”所对应的二级案由为“行政处罚”,“等量核减重点排放单位下一年度碳排放配额”也可以归类为“行政处罚”。因此,从严格意义上来讲,由碳

① 若非特指,本章中出现的“企业”,均指控排企业或温室气体重点排放单位。

配额清缴引发的行政诉讼所涉及的案由,除了行政处罚以外,还包含行政处理。

二、碳排放配额清缴行政处罚案件涉及的具体案件类型及对应的案由

接下来,我们将通过梳理完成清缴前的碳排放交易流程,来分析这个过程中可能涉及的纠纷类型及对应的案由。

按照主体进行区分,碳排放权交易的环节如下:①省级主管部门负责遴选核查机构、确定核查工作安排、发放预分配份额、根据核查结果最终核定配额量。②核查机构负责评审排放报告和质量控制计划、进行文件评审和现场核查工作、提出不符合项、形成终版报告。③交易所承担的是平台功能,企业在交易所参与交易、买卖配额和CCER。④而企业要做的工作更多,要完成质量控制计划、月度信息化存证、报送温室气体排放报告、准备核查资料配合现场调查、进行整改、协助形成终版报告、获取预分配配额和核定配额、准备履约、完成履约。

根据《碳排放权交易管理办法(试行)》的规定,按照大致的先后顺序,碳排放权交易的流程如下:①确定温室气体重点排放单位。全国碳排放权交易市场覆盖的行业,以及年度温室气体排放量达到2.6万吨二氧化碳当量的单位,属于温室气体重点排放单位。②分配与登记。省级生态环境主管部门应当根据生态环境部制定的碳排放配额总量确定分配方案,向本行政区域内的重点排放单位分配规定年度的碳排放配额。重点排放单位应当在全国碳排放权注册登记系统开立账户,进行相关业务操作。③配额交易。交易应当通过全国碳排放权交易系统进行,可以采取协议转让、单向竞价或者其他符合规定的方式。④排放核查。重点排放单位应当编制该单位上一年度的温室气体排放报告,省级生态环境主管部门应当组织开展对重点排放单位温室气体排放报告的核查,核查结果应当作为重点排放单位碳排放配额清缴依据。⑤配额清缴。包括补缴碳排放配额,或者提交核证自愿减排量进行抵销。

其中,针对CCER抵销机制流程,根据生态环境部发布的《2021、2022年度全国碳市场重点排放单位使用CCER抵销配额清缴程序》的规定,CCER抵销流程包含:①在自愿减排注登系统和交易系统开立账户;②重点排放单位购买CCER,将CCER从自愿减排交易系统划转至自愿减排注登系统登记账户下的一般持有户;③重点排放单位提交CCER履约抵销申请;④省级生态环境主管部

门审核确认,系统完成相关登记;⑤企业、主管部门等对 CCER 抵销配额清缴登记相关信息进行查询;⑥履约期结束后,对于碳排放权注登系统中待抵销的 CCER,强制召回至自愿减排注登系统登记账户下的一般持有户。

现笔者根据碳排放权交易流程、相关的行政处罚决定、法律法规的规定,再结合碳市场发展趋势,总结如下可能涉及的与碳配额清缴相关的纠纷类型及案由。

(一)未足额清缴

【案件类型】重点排放单位实际碳排放量超过所持有的上一年度碳排放配额,未按时履行足额清缴义务,根据《碳排放权交易管理办法(试行)》第 40 条的规定,行政机关会对企业责令改正、罚款、核减下一年度碳配额。

有些地区会根据当地的实际情况制定详细的处罚规则,包括罚款金额的计算标准。如河北昌泰纸业有限公司被唐山市生态环境局处罚的行政处罚决定书(唐环罚〔2022〕01 -1 号)中记载:"依据《碳排放权交易管理办法(试行)》第 40 条的规定,对此类违法行为处 2 万元以上 3 万元以下的罚款,参考《唐山市生态环境行政处罚裁量规则(其他环境违法行为)》序号 182,根据违法情形和取得证据情况,对环境影响程度判定为中,取值为 20%;违法频次判定为首次实施违法行为的,取值为 5%;整改情况判定为正在整改违法行为未完全消除的,取值为 5%;配合调查取证情况判定为配合检查的,取值为 0;对社会影响或生态破坏程度判定为未造成社会影响和生态破坏的,取值为 0;合并以上综合裁定幅度为 30%。计算罚款数额:3 万元 ×30% =0.9 万元,低于法定罚款金额,按照法定最低罚款金额处罚。我局对你(单位)作出如下行政处罚:罚款贰万元整。"

【案由】"责令改正"措施对应"行政处理"的案由比较合理,"罚款""核减下一年度碳配额"措施对应"行政处罚"的案由。

(二)温室气体排放报告违法

【案件类型】重点排放单位虚报、瞒报温室气体排放报告;拒绝履行温室气体排放报告义务;未按要求及时报送温室气体排放报告;温室气体排放报告所涉数据的原始记录和管理台账内容不真实、不完整;篡改、伪造排放数据或者台账记录等温室气体排放报告重要内容的,根据《碳排放权交易管理办法(试行)》第

39 条、《碳排放权交易管理暂行条例(草案修改稿)》第 24 条的规定,行政机关会要求企业责令改正、罚款、核减下一年度碳配额。

【案由】"责令改正"措施对应"行政处理"的案由比较合理,"罚款""核减下一年度碳配额"措施对应"行政处罚"的案由。

(三)碳配额发放异议

【案件类型】重点排放单位对分配的碳排放配额有异议。碳配额存在一定的分配方法,以全国碳市场发电行业为例,2021 年、2022 年采用的就是基于强度的基准线法分配配额,企业配额发放量与实际产出量(供电量、供热量)挂钩。一般情况是单位认为碳配额过少,将产生履约风险,因此会存在异议。单位自接到碳配额发放的通知之日起 7 个工作日内,可以向分配配额的省级生态环境主管部门申请复核,省级生态环境主管部门应当自接到复核申请之日起 10 个工作日内,作出复核决定。

【案由】此类案件是否属于行政诉讼的受理范围没有明确规定。笔者认为,一般来讲,配额发放属于过程性行政行为,不能对此提起行政诉讼。

(四)未按规定接受核查

【案件类型】企业在第三方机构开展核查工作时提供虚假、不实的文件资料,或者隐瞒重要信息。以上海市为例,根据《上海市碳排放管理办法(草案)》第 56 条的规定,企业有该办法第 23 条第 2 款规定情形的,由市生态环境部门责令限期改正;逾期未改正的,处以 3 万元以上 9 万元以下的罚款;无理抗拒、阻碍第三方机构开展核查工作的,由市生态环境部门责令限期改正,处以 9 万元以上 15 万元以下的罚款。

【案由】"责令改正"措施对应"行政处理"的案由比较合理,"罚款"措施对应"行政处罚"的案由。

(五)碳排放核查结果异议

【案件类型】重点排放单位对温室气体排放报告的核查结果有异议,比如有些企业认为受工业产值影响,实际碳排放量不该那么多;再加上核查机构一般为由政府委托的第三方,因此也会存在第三方机构参差不齐而导致核查结果出错的情况。企业可以自被告知核查结果之日起 7 个工作日内，向组织核查的省级生态环境主管部门申请复核。

【案由】此类案件是否属于行政诉讼的受理范围没有明确规定。笔者认为，一般来讲，碳排放核查属于过程性行政行为，不能对此提起行政诉讼。

（六）重点排放单位的认定异议

【案件类型】企业对是否属于重点排放单位有异议。一家单位是否为重点排放单位，决定了其是否履行碳配额清缴的义务，而根据《碳排放权交易管理办法（试行）》第 8 条的相关规定，此标准的关键在于核算年度温室气体排放量是否达到2.6 万吨二氧化碳当量。若计算有误，则有可能被错误认定为重点排放单位，对企业的权利义务影响很大。若企业遇到该问题，建议和行政机关先行沟通。

【案由】此类案件是否属于行政诉讼的受理范围没有明确规定。笔者认为，一般来讲，认定重点排放单位属于过程性行政行为，不能对此提起行政诉讼。

（七）其他

以上分析的内容均基于企业为顺利完成履约的目标，在各阶段与行政主体可能产生的法律关系。而实际上，民商事法律纠纷更是“重灾区”，如配额交易或 CCER 转让违约。同时，清缴需求只是企业的一个刚需，有些企业为了获得增值利益，会对碳配额的资产价值给予更充分的关注和重视，其会对碳配额进行其他方式的管理，包括托管或质押，但在这个过程中易发生相关纠纷。例如在碳配额托管业务中，就存在托管方将委托资产与其自有资产混同，或者不同委托方之间资产混同的情况。例如在碳配额质押业务中，会出现碳配额价格明显偏低，而质权人没有在质押合同中约定质押人需及时增加其他增信措施等条款，从而导致自身利益受损的情况。

三、碳排放配额清缴行政处罚案件涉及的法律法规

碳配额清缴的相关规定，在碳排放权交易、专门针对履约清缴的规定中均有体现，大部分为行政法律规范。从法的位阶和效力上来看，这些规定既有国家层

面的，也有地方层面的，但总体来讲，法律位阶较低，而且各法律法规也在不断的修订中。若涉及行政纠纷，则适用《行政诉讼法》《行政复议法》《行政处罚法》等。现对关于碳配额清缴所涉及的其他重要法律法规作如下梳理。

（一）《碳排放权交易管理办法（试行）》

该管理办法于 2020 年 12 月 25 日由生态环境部部务会议审议通过，自 2021 年 2 月 1 日起施行，是重要的全国碳市场顶层设计政策文件，也是使用频率最高的规章。该管理办法对碳交易的整个流程（包括确定温室气体重点排放单位、分配与登记、配额交易、排放核查、配额清缴等步骤）进行了全面规定，也阐明了相应的救济途径。在该管理办法的监督与处罚规则中，包含了对生态环境部门的工作人员、碳排放权登记交易机构的工作人员、重点排放单位这几个主体的约束与规制，也为其职务行为和经营活动划上了一条红线。总之，该管理办法是各主体合规开展碳排放权交易的指引章程。

（二）《上海市碳排放管理试行办法》等规范性文件

除了在国家层面的“总章程”以外，各试点省市也出台了相应的规定，比如《上海市碳排放管理试行办法》《北京市碳排放权交易管理办法（试行）》《广东省碳排放管理试行办法》等。每个试点区域的规定有所不同，如配额总量控制、配额分配形式、主管部门确认、第三方核查机构条件等方面。因此，企业必须结合所在地区域的地方性法规，来规范自身活动。部分管理试行办法也在修订中，比如上海市生态环境局在 2023 年 8 月 18 日发布了关于《上海市碳排放管理办法（草案）》征询公众意见的公告，原来的《上海市碳排放管理试行办法》将被替代。

（三）生态环境部办公厅《关于全国碳排放权交易市场 2021、2022 年度碳排放配额清缴相关工作的通知》等工作通知

该通知是生态环境部办公厅为做好全国碳排放权交易市场 2021 年度、2022 年度碳排放配额清缴相关工作，保障全国碳市场健康平稳运行，于 2023 年 7 月 14 日发布的。该通知规定了对不同情况的企业应开展差异化分配配额的措施，比如对存在履约风险的单位就会调整配额发放及履约方式。除此之外，该通知

还对 CCER、配额能否“结转”，以及其他流程节点作出了较为细化的规定。该通知最后还附上了 2021 年度、2022 年度全国碳市场重点排放单位使用 CCER 抵销配额清缴程序，供有关单位适用。

（四）《温室气体自愿减排交易管理办法（试行）》（征求意见稿）

该征求意见稿是生态环境部于 2023 年 7 月 7 日在其官网上发布，将替代原来的《温室气体管理办法》。该征求意见稿规定了自愿减排市场的主管部门、机构设置、项目范围、项目从设计到注销的全流程、减排量的核查与登记、减排量交易、审定与核查机构的管理、对自愿减排项目的监管与检查，以及相应的法律责任。该管理办法正式发布后，对履约机制中的 CCER 抵销机制，将起到重要的指导作用。

（五）各地区的环境行政处罚自由裁量规则

《碳排放权交易管理办法（试行）》对企业在履约过程中存在的违法行为进行了处罚规定，比如其在第 40 条规定：“重点排放单位未按时足额清缴碳排放配额的，由其生产经营场所所在地设区的市级以上地方生态环境主管部门责令限期改正，处二万元以上三万元以下的罚款……”但在行政机关的自由裁量范围内，以什么为标准进行处罚，在该管理办法中并未规定。此时，行政机关会结合各自地区的环境行政处罚自由裁量规则（如《唐山市生态环境行政处罚裁量规则》《广西壮族自治区环境行政处罚自由裁量规则》等）来进一步确定处罚金额，考虑因素有违法频次、整改情况、配合调查取证情况、对社会影响等方面。

（六）《企业温室气体排放报告核查指南（试行）》等技术规范

核查是碳配额清缴前的重要步骤，需遵循一定的技术规范，包含《企业温室气体排放报告核查指南（试行）》《企业温室气体排放核算与报告指南 发电设施》《企业温室气体排放核查技术指南 发电设施》《碳排放权交易有关会计处理暂行规定》等。

（七）其他流程性文件

针对清缴前的碳排放权登记、交易、结算规则，有生态环境部办公厅于 2021

年5月17日印发的《碳排放权登记管理规则(试行)》《碳排放权交易管理规则(试行)》《碳排放权结算管理规则(试行)》等。针对配额分配,有生态环境部于2023年3月13日发布的《关于做好2021、2022年度全国碳排放权交易配额分配相关工作的通知》,规定了如何预分配、核定、预支配额等。此外,还有《关于做好2022年企业温室气体排放报告管理相关重点工作的通知》《2021、2022年度全国碳排放权交易配额总量设定与分配实施方案(发电行业)》等各类文件。因上述规定、通知的时效性较强,且行政机关会根据碳市场的建设情况作出新的调整,因此企业应密切关注包括当地在内的行政机关所发布的流程性文件及相应政策。

(八)《民法典》

企业在进行碳资产管理的过程中,会和各方民事主体签订合同或形成事实合同。合同的成立、生效、违约、解除、终止,均受到《民法典》总则编和合同编等规定的规制。

(九)《刑法》

企业避免不了要与行政机关打交道,因此《刑法》中的"行贿罪""受贿罪""妨害公务罪"等罪名需要引起足够的重视。各主体可能触犯的罪名及后果,详见本章第二节。

第二节　相关企业面临的主要法律风险

一、行政责任

在碳配额清缴的过程中,企业最直接的风险来自行政责任。根据《碳排放权交易管理办法(试行)》等规定,在碳配额发放、核查、履约清缴、编制温室气体报告等过程中,企业均受到行政机关的监管。若其存在未足额清缴、虚报、瞒报温室气体排放报告等的违法行为,将被"责令限期改正""罚款""等量核减重点排放单位下一年度碳排放配额",即被行政处理、行政处罚。以上均为事后的行政责任。

但总体来讲,现行碳排放的行政法律法规存在以下几个问题:第一,缺少配套制度的衔接,导致企业进行碳减排活动时无法可依或地方任意制定规则,这将会使企业在实际操作时存在一定的盲目性从而容易出现违法行为;第二,罚款数额不高,基本在2万元左右,对企业的震慑度很小,导致企业容易忽视其所应当承担的行政责任。

目前,部分地区在制定各自所在区域的最新版碳排放管理办法。相较于《碳排放权交易管理办法(试行)》,新规的处罚力度加大,处罚标准也更加明确,企业对所在地区的新规应当予以充分重视。以上海为例,《上海市碳排放管理办法(草案)》对以下主体的行政责任进行了详细规定,①纳入碳排放报告和配额管理的单位:企业未履行配额清缴义务的,可并处以15万元以上30万元以下罚款;企业虚报、瞒报或者拒绝履行报告义务的,可处以3万元以上9万元以下的罚款;企业在第三方机构开展核查工作时提供虚假、不实的文件资料,或者隐瞒重要信息的,可处以3万元以上9万元以下的罚款。②核查第三方机构:出具虚假、不实核查报告的;核查报告存在重大错误等的,可处以9万元以上30万元以下罚款。③交易所:未按照规定公布交易信息的;违反规定收取交易手续费的,可处以3万元以上15万元以下罚款。④碳普惠参与主体责任:提供虚假材料等不诚信行为的，经警告后仍未改正的，取消参与碳普惠市场的资格，收回已签发的减排量，并记入该单位的信用信息记录。⑤市生态环境部门：在配额分配、碳排放核查、碳排放量审定、碳普惠管理、第三方机构管理等工作中，徇私舞弊或者牟取不正当利益的，会进行内部的行政处分甚至追究刑事责任。

除此之外，根据《大气污染防治法》的相关规定，如果企业以拒绝进入现场等方式拒不接受生态环境主管部门及其环境执法机构或者其他负有大气环境保护监督管理职责的部门的监督检查，或者在接受监督检查时弄虚作假的，将会受到责令改正、处 2 万元以上 20 万元以下的罚款或治安管理行政处罚。若高耗能企业存在无证排放、超额排放等情形，将受到责令改正、限制生产、停产整治、10 万元到 100 万元的高额罚款，情节严重的将会被责令停业、关闭，这对企业的存续有着直接的影响。比起单纯的碳配额清缴不足，上述行为的违法成本要高很多。

二、民事责任

为了确保顺利履约以及减少成本支出，企业一般会在履约截止日到来之前提早规划，以一个较低的价格与配额转让方事先达成碳配额交易协议。如果是远期交割，在履行上会存在诸多不确定性。①对于受让方而言，若受让方逾期付款，则会承担逾期付款违约金；对受让方的另一个风险是，若转让方未按约定交付碳配额，那么受让方就会在履约期即将届满之际处于极其被动的状态，为了避免因不及时足额清缴而受到行政处罚，其不得不在短期内以较高价格从其他渠道购买碳配额。②对于转让方而言，因碳配额价格持续走高或其他客观因素，导致转让方难以在约定期限内转让碳配额，则会被受让方索赔损失，该笔损失与碳配额的价差以及受让方因转让方的违约行为而支出的其他费用挂钩；而如果是临近履约截止日，配额二级市场会更加活跃，价差金额甚至可高达百万元或千万元，这意味着转让方被索赔的金额将会很高。比如由北京市高级人民法院于 2023 年 8 月 15 日在其公众号"京法网事"上发布的北京市首例碳排放配额交易案，就体现了转让方因违约交付碳配额的行为最终被索赔的情况。

若企业在配额清缴、温室气体报告上弄虚作假或存在其他信息披露不充分等行为，导致交易方基于错误认识与其签订了合同，则将构成合同违约或因欺诈行为导致合同被撤销，这将对企业的声誉造成不利影响，企业也要根据合同履行情况赔偿交易方相应损失。

三、刑事责任

在碳配额管理的整个流程中，行政行为对企业的影响十分巨大，此时容易存在权力寻租的现象。对企业①来讲，容易触犯《刑法》第 389 条的“行贿罪”，处 5 年以下有期徒刑或者拘役，并处罚金；情节严重的，处 5 年以上 10 年以下有期徒刑，并处罚金；情节特别严重的，处 10 年以上有期徒刑或者无期徒刑，并处罚金或者没收财产。与此相对，行政机关的工作人员则容易触犯《刑法》第 385 条的“受贿罪”，处 3 年以下有期徒刑或者拘役，并处罚金；最高可处无期徒刑或者死刑，并处没收财产。

另外，若企业违反国家规定，排放、倾倒或者处置有放射性的废物、含传染病病原体的废物、有毒物质或者其他有害物质，严重污染环境的，则涉嫌《刑法》第 338 条的“污染环境罪”，处 3 年以下有期徒刑或者拘役，并处或者单处罚金；最高处 7 年以上有期徒刑，并处罚金。

若企业违反国家规定，针对环境质量监测系统实施修改、干扰、破坏等行为，则涉嫌《刑法》第 286 条的“破坏计算机信息系统罪”，处 5 年以下有期徒刑或者拘役；后果特别严重的，处 5 年以上有期徒刑。

若企业阻挠环境监督检查或者突发环境事件调查，则涉嫌《刑法》第 277 条的“妨害公务罪”，处 3 年以下有期徒刑、拘役、管制或者罚金。

四、配套惩罚制度

试点区域的碳配额清缴处罚力度也各有不同，除了罚款之外，还包括建立碳排放黑名单制度，纳入企业信用记录，取消企业融资支持和财政支持优惠政策，纳入国有企业领导班子绩效考核体系等约束机制。

---

① 因可能存在单位犯罪，“刑事责任”这部分内容中的“企业”包括“企业或其直接负责的主管人员和其他直接责任人员”。

以上海地区为例,根据《上海市碳排放管理办法(草案)》的相关规定,其他配套惩罚制度为:①将其违法行为按照有关规定,记入该单位的信用信息记录,向市场监管、税务、金融等部门通报有关情况,并通过政府网站或者媒体向社会公布;②取消其享受当年度及下一年度本市节能减排专项资金支持政策的资格,以及 3 年内参与本市节能减排先进集体和个人评比的资格;③将其违法行为告知本市相关项目审批部门,并由项目审批部门对其下一年度新建固定资产投资项目节能评估报告表或者节能评估报告书不予受理。

五、商业风险

如果企业前期没有做好碳资产管理工作,就会集中在履约期即将结束时进行碳交易,此时碳资产价格普遍升高,企业存在履约成本高的商业风险。

以《山西省重点排放单位参与全国碳排放权交易操作指引(1.0 版本)研究报告》中所列举的两种企业应对碳排放履约的案例为例:A 企业与 B 企业的履约缺口均为 18 万吨。其中,A 企业的履约流程为"年底摸底盘查预判配额仓位,配额缺口约为 20 万吨;提前制定履约方案,申请预算;政府核查前启动审批流程,17 元/吨提前购买配额 20 万吨;核查后确定缺口 18 万吨;履约季前 35 元/吨卖出剩余 2 万吨,按时履约"。而 B 企业的履约流程为"核查前未摸底测算配额仓位,政府核查后发现配额缺口量达 18 万吨;临时申请资金预算,启动审批流程,长达一个月;临近履约季结束才以 35 元/吨完成配额购买,高位建仓;仓促履约"。计算后,A 企业的履约成本为 20 万吨 ×17 元 −2 万吨 ×35 元 =270 万元;B 企业的履约成本为 18 万吨 ×35 元 =630 万元。

由此可见,不同的交易决策会直接影响到企业的经济效益,提前做好规划显得尤为重要。

第三节　碳排放配额清缴行政处罚案件案例评析

一、河北昌泰纸业有限公司与唐山市生态环境局行政处罚案①

【案件基本信息】

案号:唐环罚〔2022〕01－1号

处罚人:唐山市生态环境局

被处罚人:河北昌泰纸业有限公司(以下简称昌泰纸业)

【基本案情】

唐山市生态环境局于2022年1月12日对昌泰纸业进行了调查,发现昌泰纸业实施了以下环境违法行为:作为被纳入2019～2020年全国碳排放权交易配额管理的发电行业重点排放单位,2019～2020年第一个履约周期,核定应清缴配额量为1,260,595吨。按照生态环境部要求,应于2021年12月31日17时前全部完成2019～2020年碳排放配额清缴履约工作,但2021年12月31日前实际履约清缴配额量为1,082,758吨,履约清缴缺口为177,837吨,未按时足额清缴2019～2020年碳排放配额。上述行为违反了《碳排放权交易管理办法(试行)》第28条的规定。

唐山市生态环境局于2022年1月21日以唐环罚告字〔2022〕01－1号行政处罚事先告知书告知昌泰纸业有陈述申辩权,昌泰纸业法定期限内未陈述申辩,视为放弃此项权利。

【处罚依据】

依据《碳排放权交易管理办法(试行)》第40条的规定,对此类违法行为处2万元以上3万元以下的罚款,参考《唐山市生态环境行政处罚裁量规则(其他环

---

① 案例来源于唐山市生态环境局官网,载http://sthjj.tangshan.gov.cn/sthjj/szfzd/20220225/1408886.html。

境违法行为)》序号182,根据违法情形和取得证据情况,对环境影响程度判定为中,取值为20%;违法频次判定为首次实施违法行为的,取值为5%;整改情况判定为正在整改违法行为未完全消除的,取值为5%;配合调查取证情况判定为配合检查的,取值为0;对社会影响或生态破坏程度判定为未造成社会影响和生态破坏的,取值为0;合并以上综合裁定幅度为30%。计算罚款数额:3万元×30%=0.9万元,低于法定罚款金额,按照法定最低罚款金额处罚。

【处罚决定】

唐山市生态环境局对昌泰纸业作出如下行政处罚:罚款2万元整。

【律师评析】

2021年12月31日,全国碳排放权交易市场第一个履约周期顺利结束,但仍存在部分企业碳资产管理意识和能力较弱,导致企业没有按时足额清缴碳配额的情况,从而被行政处罚。

从现有公布的多例行政处罚决定书中,我们可以总结出如下特点。

1. 处罚机关均为市级生态环境局。这意味着,如果企业对行政处罚结果不服,需在60日内向省级生态环境厅或市级人民政府申请行政复议,也可以在6个月内向基层人民法院起诉。

2. 处罚证据较为统一,但每种证据都需引起充分重视。行政机关进行处罚时,一般所依据的证据有现场检查(勘察)笔录、调查询问笔录、现场照片、上级文件、核查报告、限期整改通知书、责令改正环境违法行为决定书等。

在这些证据中,最为重要的应是核查报告,它是企业履约清缴的直接依据。在相关机构核查的过程中,企业需要充分配合其开展工作,减少其核查的失误。根据《碳排放权交易管理办法(试行)》第27条的规定:重点排放单位对核查结果有异议的,可以自被告知核查结果之日起7个工作日内,向组织核查的省级生态环境主管部门申请复核;省级生态环境主管部门应当自接到复核申请之日起10个工作日内,作出复核决定。因企业一般无法单独针对核查行为提起行政诉讼,因此其若对核查结果有异议,需要在7个工作日内及时申请复核,否则只能按照现有核查结果认定,那么企业需清缴的碳配额数量就已基本确定。

而在调查陈述时,行政机关也会考量企业的主观故意情况,如企业是否积极遵循节能减排的政策、是否放任二氧化碳的排放等,这与处罚结果有一定影响。因此,企业尤其要注意自身的相关陈述,避免恶意违法。

在行政机关向企业送达限期整改通知书、责令改正环境违法行为决定书时，若企业认为自身确实存在违规行为，那么就应当在通知书或者决定书载明的期限内积极进行改正，否则后续将受到行政处罚。但若企业认为行政机关存在认定事实有误、适用法律不当或者处罚主体错误等情况，通知书或者决定书是否可诉是有争议的，主要是分析其是否属于终局性、成熟的行政行为。在实务中，应当根据个案，看该行政行为是否对企业的合法权益产生实际影响。例如，大部分情况下，限期整改通知书作出后，若企业没有限期整改，行政机关都会作出行政处罚决定书，则此时行政处罚对企业的行为进行了确切定性，且限期整改被后续的行政处罚所吸收，限期整改通知书不具备可诉性。反之，限期整改通知书作出后，后续若并未有与之衔接的行政行为，则该过程性、程序性行为成为独立的行政行为，可以被纳入行政诉讼的受案范围，具有可诉性。

3. 行政处罚的类型一般为罚款，且金额较小。综观网上公布的多起因碳配额清缴引发的行政处罚案例，罚款金额均为 2 万多元。这意味着现有法律，对该行为的惩罚力度并不大。但随着节能减排的意识逐渐普遍化，以及法律的完善，将来的处罚力度很可能将大幅加大。处罚金额的具体确定，除了《碳排放权交易管理办法（试行）》及地方的新规如《上海市碳排放管理办法（草案）》以外，还有各个地区制定的生态环境行政处罚裁量规则。因此，从某种程度上来讲，行政机关对处罚金额的自由裁量范围并不会很大。

4. 在行政机关现场检查的过程中，企业也需要充分配合其检查，不得阻挠、隐瞒；同时，企业需保证自身不存在其他环境违法行为，如任意排放污水等，否则很有可能被另案查处和处罚。

二、深圳翔峰容器有限公司与深圳市发展和改革委员会行政处罚行为案①

【案件基本信息】

案号：（2015）深福法行初字第 1205 号、（2016）粤 03 行终 450 号

① 案例来源于中国裁判文书网，该案件经历一审、二审程序，二审已维持原判。为简化称呼，“深圳翔峰容器有限公司”以“原告”称，“深圳市发展和改革委员会”以“被告”称。

法院:广东省深圳市福田区人民法院、广东省深圳市中级人民法院
原告:深圳翔峰容器有限公司
被告:深圳市发展和改革委员会

【基本案情】

2014年5月15日,被告作出《深圳市发展改革委关于调整艾默生网络能源有限公司等35家管控企业目标碳强度的通知》(深发改〔2014〕472号),对包括原告在内的有关管控企业2013~2015年目标碳强度进行调整,其中原告调整后的2014年度目标碳强度为2.362吨/万元[注:后续计算得出原告2014年度的碳排放量实际配额为1686吨,即目标碳强度2.362吨/万元×工业增加值714万元(工业增加值的金额由深圳市统计局于2015年5月11日对原告进行核定)]。

深圳市环通认证中心有限公司接受委托对原告2014年度的温室气体排放情况进行核查,该公司于2015年4月16日出具的《深圳市碳排放权交易组织温室气体排放核查报告》载明:原告2014年度的温室气体总排放量为6614.15吨二氧化碳当量,并且原告在《企业温室气体排放核查信息确认书》中确认上述信息及数据正确无误。

2015年5月20日,被告向原告送达了《深圳市发展改革委关于确定管控单位2014年实际配额数量和实际碳排放量的通知》(深发改〔2015〕575号),告知原告其2014年度的实际配额数量为1686吨,实际碳排放量为6614吨,因此配额短缺量为4928吨;原告应于2015年6月30日前按照2014年实际碳排放量在注册登记簿完成履约。但原告存在未按时足额履行2014年度碳排放履约义务的情况。

2015年8月4日,被告作出《深圳市发展和改革委员会违法行为通知书》(深发改违〔2015〕1号),告知原告:(1)要求补交与原告超额排放量相等的配额(4928吨);(2)拟从原告2015年度配额中扣除原告2014年度未足额补交的配额;(3)同时处原告2014年超额排放量(4928吨)乘以履约当月(2015年6月)之前连续6个月碳排放权交易市场配额平均价格(42.86元/吨)3倍的罚款,计人民币633,642.24元。

2015年8月6日,被告向原告邮寄送达了上述通知书。2015年8月19日,被告依原告的申请举行了听证。

2015年9月7日，被告作出《深圳市发展和改革委员会行政处罚决定书》（深发改罚〔2015〕1号），以上述通知书中的内容对原告进行了行政处罚。原告收到《行政处罚决定书》后不服，遂向法院提起行政诉讼，诉请撤销被告作出的《行政处罚决定书》。

【双方观点】

原告认为：（1）其用电量方面比2013年有大幅下滑，工业产值受市场影响产值有下滑，碳排放总量也应相应减少。因此未按照前述通知的要求在2015年7月10日前补交与其超额碳排放量相等的配额。（2）被告作出行政处罚不公平、不合理，没有事实依据和法律依据，且程序违法。

被告认为：（1）本案事实清楚，证据确凿。通过核查报告、核查信息确认书等证据材料足以证明原告未按时足额履行2014年度碳排放履约义务，且未补交与其超额排放量相等的配额。（2）本案程序合法（被告所履行的程序如上述案件事实）。

【争议焦点】

1. 被告对原告的实际配额计算是否正确。

2. 实际碳排放量数据核查是否正确。

3. 本案是否事实清楚、法律适用是否正确、程序是否合法。

【法院裁判要旨】

法院认为，被告对原告的实际配额计算正确、实际碳排放量数据核查正确，原告明知其应当于每年6月30日之前向主管部门提交与其上一年度实际碳排放量相等的配额及其可使用的核证自愿减排量之和来完成履约义务，却未履行；被告作出行政处罚所依据的事实清楚、证据确凿，适用法律正确，处罚程序合法。

【判决结果】

法院最终驳回原告的诉讼请求。

【律师评析】

这是最高人民法院发布的十一起司法积极稳妥推进碳达峰碳中和典型案例中关于碳配额清缴的案例。最高人民法院评析的典型意义如下：“碳排放行政主管部门在碳排放总量控制的前提下，可以根据公开、公平、科学、合理的原则，结合产业政策、行业特点、温室气体重点排放单位碳排放量等因素，确定初始分配的碳排放额度。温室气体重点排放单位应当在确定的碳排放额度范围内进行碳排放。本案中，人民法院依法确认《深圳市碳排放权交易管理暂行办法》作为地方政府规章，是依据深圳市经济特区法规《深圳经济特区碳排放管理若干规定》的授权，对碳排放实际配额计算公式作出规定，该规定与上位法并无冲突，应予执行。碳排放配额行政主管部门依法对未按时足额履行碳排放清缴履约义务的温室气体重点排放单位作出行政处罚，应依法予以支持。本案人民法院依法支持行政机关履行温室气体减排行政监管职责，对促进节能减排，推进碳达峰碳中和具有积极意义。"

同时，本案也反映出部分企业在对碳排放权法律法规的认知、碳配额与实际排放量的概念理解、行政过程中的权利行使等诸多方面的问题，值得引起相关主体的重视。比如案涉企业在前期没有重视碳资产的管理工作，导致实际排放量超出其预期，最终履约困难。又如案涉企业若对机构的核查结果有异议，本应该在被告知核查结果之日起 7 个工作日内，向组织核查的省级生态环境主管部门申请复核，但其未履行该救济程序，因此只能按照初次核查结果来确定履约依据。因此正确的观念、与合规的行为，对企业来讲必不可少，否则企业一旦被行政处罚，因不服又提起行政诉讼而最终败诉，则企业将会耗费诸多精力、金钱在司法程序上，但到头来依然竹篮打水一场空、得不偿失。

第四节　碳排放配额清缴行政处罚案件风险防控建议

结合案例与纠纷类型，笔者针对企业、行政机关等各类主体分别提出如下几点风险防控和合规建议，供参考。

一、针对企业的风险防控建议

（一）充分重视“双碳”的战略意义，进行相应调整

随着“双碳”战略的提出，以及2021年全国碳排放权交易的开市，企业（尤其是重点排放单位）必须重视绿色、节能、减排的重要战略意义，要有意识地进行低碳转型。若企业还停留在以往粗放式的经营理念、高耗能的经营模式上，将会面临各类风险，包括但不限于行政处罚、黑名单制度、节能减排优惠限制、信贷政策限制等风险。

（二）在关键流程中，及时行使救济权利

碳配额发放和碳排放核查，直接决定企业需清缴的配额数量，因此在关键流程节点上，企业对异议部分要及时行使救济权利。

1.碳配额发放：若重点排放单位对相关部门分配的碳排放配额有异议，可以自接到通知之日起7个工作日内，向分配配额的省级生态环境主管部门申请复核；省级生态环境主管部门应当自接到复核申请之日起10个工作日内，作出复核决定。

2.碳排放核查：重点排放单位对相关部门或技术服务机构的核查结果有异议的，可以自被告知核查结果之日起7个工作日内，向组织核查的省级生态环境主管部门申请复核；省级生态环境主管部门应当自接到复核申请之日起10个工

作日内,作出复核决定。

(三)在行政处罚程序中,及时行使自身权利

一旦相关部门对企业进行立案调查,企业应该及时行使陈述、申辩、申请听证等法定权利;对相关部门事实认定错误、程序违法等行为,企业应在相应的期限内及时提起行政复议或行政诉讼。

(四)积极对碳资产进行管理,减少履约风险

碳资产目前分为配额碳资产和减排碳资产,企业通过对碳资产的主动管理(如碳资产的采购及出售、减排碳资产的开发),引入第三方核查机构,可以减少履约风险;同时也可以实现经济效益和社会声誉的最大化,并提高企业的ESG(环境、社会和治理)排名。碳资产管理体系可以包含企业低碳工作领导小组、碳排放核算机制、碳减排潜力及成本分析、内部节能减排、碳资产投资管理、碳资产交易管理、碳资产管理内部控制体系等。

例如,若企业能在履约期到来之前,委托专业机构测算配额缺口,尽早在合适的时机采购较低成本的配额和CCER,就可以在履约期满时足额清缴,避免被行政处罚。

(五)进行技术更新

高能耗的企业转型已是必然趋势,企业需要更替现有落后技术,加大节能减排的资金投入和技术攻关,充分重视清洁能源的运用。

(六)重视法律合规

现有法律法规并不完善,再加上大部分企业对碳配额交易、履约清缴的流程也较为陌生,企业委托专业的律师团队在碳管理的整个流程中把控风险显得尤为重要,比如在企业和碳服务机构合作、出现纠纷时和行政机关的沟通、行政复核、行政复议、行政诉讼等环节。同时,因企业与行政机关工作人员接触较多,在此过程中,应避免不法行贿。更为重要的是,企业要杜绝刑事风险。以上民事、行政、刑事风险的防范以及纠纷的处理,均需要律师团队的参与。

二、针对行政机关的风险防控建议

(一)开展内部培训

对于碳排放权的交易,行政机关也面临着在“双碳”这一新领域下的依法行政问题。因此,行政机关应当开展并加强内部培训,包括但不限于法律法规培训、双碳理论及实务培训、履约处罚典型案例分析等。

(二)重视依法行政

在对重点排放单位作出行政处罚、行政许可等行政行为的过程中,要注意合法合规,保证行政行为:有职权依据、程序合法、事实认定清楚、法律适用正确。尤其针对争议较大的案件,行政机关可以建立内部研讨机制对案件进行充分的论证,不可随意处罚、处分,要使决策经得起考验。

(三)加强廉洁建设

当履约期将至时,不少企业会面临碳配额的缺口,此时容易出现权力寻租的现象。若生态环境主管部门的有关工作人员,在碳排放权交易及相关活动的监督管理中存在滥用职权、玩忽职守、徇私舞弊、泄露秘密等违法行为,将会受到有关部门的处分、并依照相关规定处理。因此,行政机关应该充分重视内部的廉洁建设。

(四)推进对企业信息公开的监管和核查

碳排放交易存在一定的信用风险,为保障交易主体的知情权,在合法范围内可以要求企业适当加强其信息公开,以减少市场交易风险,提高各市场主体对行政机关的认可度。

三、针对自愿减排交易参与方的风险防控建议

(一)谨慎签订交易合同

自愿减排交易参与方需要充分了解市场规则,谨慎签订交易合同。其应当

重点关注交易主体的资质、交易安排的合规性、交易履约能力等方面的问题，以控制交易风险。就交易架构而言，CCER 开发项目的合同架构安排有多种，比如共同开发、投资分享、政府支持、股权转让等，每种架构模式各方的权利义务都不同，各方需要对 CCER 资产如何作价、收益如何分配、违约责任如何承担等做好详细约定，确保可以开发 CCER 用于后期的履约清缴。

（二）持续跟进政策变化

自愿减排市场的开放、CCER 价格等受到政策影响较大，因此在 CCER 开发合同中，各方应当约定政策变化对合同履行的影响，并及时调整自身的策略与行动。

四、针对第三方核查机构的风险防控建议

第三方核查机构的核查结果，是企业配额清缴的重要依据，因此第三方核查机构不得出具虚假、不实核查报告，核查报告不得存在重大错误，不得未经许可擅自使用或者发布被核查单位的商业秘密和碳排放信息，确保独立性和公正性，加强行业自律。

五、针对交易所的风险防控建议

交易所是配额交易、清缴的重要平台，因此交易所需要按照规定公布交易信息，建立并执行风险管理制度，按照规定向市生态环境部门报送有关文件、资料。同时，其在技术上应当提高交易系统的安全性和稳定性，为企业履约提供后备保障。

第十七章

涉碳排放配额、国家核证自愿减排量金钱债权执行案件

陈勇珍　赵伟杰

本章作者：陈勇珍，北京盈科（成都）律师事务所管委会副主任、政府法律事务部主任，盈科西南区域政府和国企法律专业委员会主任。

赵伟杰，北京盈科（成都）律师事务所律师。

第一节　案件类型及相关法律法规

一、案件类型

随着“双碳”目标提出，碳交易市场正在有条不紊地建构中，各项配套措施稳步推出。在部分涉及金钱债权的执行案件中，有地方法院先行先试将目光聚焦于碳排放权、国家核证自愿减排量的资产价值，认为碳排放权、国家核证自愿减排量可作为交易产品进入市场，也可通过市场变现来实现执行债权。先行者中尤以福建省顺昌县人民法院最为可鉴，2021年该法院在强制执行中发现被执行企业虽已无财产可供执行，但有部分碳排放配额留存。为此，法院经过多方协调，最终将碳排放权配额挂海峡股权交易中心交易，实现了部分债权。该案作为全国首例“碳执行”案件，提升了碳排放权交易价值，助力“双碳”目标实现发挥了积极作用，拓宽了执行工作思路，为今后执行企业的“排污权、用能权、用水权”等新型财产提供了经验启示和实践依据。

这一举措，在2023年2月16日，最高人民法院发布的《法发〔2023〕5号》中得到了肯定。《法发〔2023〕5号》第20条规定：“依法办理涉碳排放配额、核证自愿减排量金钱债权执行案件。对被执行人的存款、现金、有价证券、机动车等可以执行的动产和其他方便执行的财产执行完毕后，债务仍未能得到清偿的，可依法查封、扣押、冻结被执行人的碳排放配额、核证自愿减排量。查封、扣押、冻结的财产不得超出被执行人应当履行义务部分的范围。应当向碳排放权、核证自愿减排注册登记机构、交易机构送达执行裁定书和协助执行通知书。”

在《法发〔2023〕5号》出台前，我国法院在强制执行的司法实践中鲜有将碳排放配额纳入被执行人可执行财产范围中予以执行。根据我们的查询，在《法发〔2023〕5号》出台前，抚顺市东洲区人民法院、福建省顺昌县人民法院对碳排放配额的执行做出了率先尝试。其中抚顺市东洲区人民法院完成了对被执行碳排放配额的查封、冻结，未实现执行变价；福建省顺昌县人民法院顺利完成了碳排放配额的执行变价，成为我国执行司法实践中的首例碳排放配额的执行案件，具有一定的实践指导意义。但目前我国司法实践当中无核证自愿减排量的执行成功变价的案例。

《法发〔2023〕5号》的出台，一是明确了碳排放配额、核证自愿减排量的可执行性，排除了理论界、实务界的争议；二是明确了碳排放配额、核证自愿减排量与其他财产的执行先后顺序，规定了其劣后性；三是明确了配合执行碳排放配额、核证自愿减排量执行的主体机构，即注册登记机构、交易机构；四是为我国当前在涉及碳排放配额、核证自愿减排量的金钱债权执行层面上提供了依据。该案虽为碳排放配额、核证自愿减排量的强制执行提供了有益经验，但也暴露出诸多问题，目前我国相关碳排放配额、核证自愿减排量的执行案例较少，就具体执行方式、执行流程等均无具体明确的规定，司法层面仍处在深入探索阶段。

《法发〔2023〕5号》的出台，实际上是在司法实践层面明确了碳排放配额、核证自愿减排量的财产属性和可执行性，为执行法院、申请执行人、被执行人等提供了新的财产变价思路。因此笔者认为，《法发〔2023〕5号》出台后，在司法实践层面凡是涉及金钱债权的执行，在被执行人无可供执行的其他财产的情况下，可将被执行人的碳排放配额、核证自愿减排量纳入被执行的财产范畴进行执行变价，以实现申请执行人的金钱债权。

二、涉及碳排放配额、核证自愿减排量执行的法律法规

为确定碳排放配额、核证自愿减排量是否可被纳入被执行的执行财产范畴，顺利实现执行变价，一是要确定碳排放配额、核证自愿减排量的法律属性。因当前我国并无专门部门法律对二者的法律属性进行明确的界定，学界主要参照《民法典》及相关碳排放配额的部门规章等规定对二者进行界定和解释。二是要确定二者的可执行性，通常以“财产具有经济价值属性”“财产本身客观独立”“财产可以经由交易转化为金钱”作为判断新兴财产可执行性的标准，且被学界普遍认可。[①] 碳排放配额、核证自愿减排量亦应符合上述三种属性

① 参见张登科:《强制执行法》，台北，三民书局2012年版，第424～425页。

才可被纳入可被执行财产的范畴。三是要确定二者的执行变价流程，因碳排放配额、核证自愿减排量与环境权、行政权的密不可分性及特殊性，同时我国现有立法及司法实践未对此类新型财产的强制执行予以细致、明确的规定，应当参照我国现行《民事诉讼法》第三编“执行程序”及相关司法解释对二者进行执行变价。

（一）确定碳排放配额、核证自愿减排量的法律属性的相关法律法规

综观我国现行立法，对碳排放配额、核证自愿减排量交易活动进行监督和管理的最重要规范是《碳排放权交易管理办法（试行）》（中华人民共和国生态环境部令第19号）和《温室气体管理办法》，碳排放配额现行有关立法以《碳排放权交易管理办法（试行）》为核心，另有部门规章、地方政府规章等规范性文件配套，而核证自愿减排量自2017年3月核证自愿减排量签发暂停后，核证自愿减排量的开发进入停滞状态，但存量核证自愿减排量仍在我国试点交易机构内进行交易，目前还未实现跨交易机构交易，交易的地域范围存在一定的限制。[①]

2021年实施的《碳排放权交易管理办法（试行）》第14条、第20条、第42条规定，碳排放权是指分配给重点排放单位的规定时期内的碳排放额度，即国家按照免费分配为主、总量固定、按量分配的原则向重点排放单位分配，并由碳排放权注册登记机构在全国碳排放权注册登记系统中为重点排放单位办理初始分配登记，该登记的额度即为碳排放配额，配额为度量单位，碳排放配额即是指一定数量单位的碳排放权。2012年实施的《温室气体管理办法》第21条规定，经备案的减排量为核证自愿减排量（CCER），全称为国家核证自愿减排量，是指对我国境内可再生能源、林业碳汇、甲烷利用等项目的温室气体减排效果进行量化核证，并在国家温室气体自愿减排交易注册登记系统中登记的温室气体减排量，可在经备案的交易机构内进行交易。

财政部发布的《碳排放权交易有关会计处理暂行规定》（财会〔2019〕22号）将碳排放配额确认为会计处理中的“碳排放权资产”。同时，《碳排放权交易管理规则（试行）》（生态环境部公告2021年第21号）第5条规定：“全国碳排放权

---

①　本书仅对《碳排放权交易管理办法（试行）》《温室气体管理办法》及其配套规范性文件进行列举说明，不对地方政府规章进行列举说明。

交易市场的交易产品为碳排放配额,生态环境部可以根据国家有关规定适时增加其他交易产品。”由此可见,碳排放配额并非被简单地归类为行政许可的范畴,其亦可作为财产进行流转,碳排放配额具有典型的财产属性。《民法典》第323条规定:“用益物权人对他人所有的不动产或者动产,依法享有占有、使用和收益的权利。”用益物权的核心是对“不动产或者动产”的用益,该类物权客体的动产与不动产均以“有体物”为其上位概念。碳排放权衍生于碳配额,碳配额虽表现为数字,但承载的是大气环境所容的二氧化碳量,不同于商业秘密、思想、信用等无体物,属于可以制度化的“物”,是用益物权的合格客体。

2023年7月7日生态环境部发布了《关于公开征求〈温室气体自愿减排交易管理办法(试行)〉意见的通知》(以下简称《温室气体交易办法征求意见稿》),明确了核证自愿减排量可用于碳中和、抵消全国碳排放权交易市场配额的清缴等用途,同时论述了开展核证自愿减排量的跨境交易和使用的未来趋势。

我国2021年颁布的《碳排放权交易管理办法(试行)》、2023年公布的《温室气体交易办法征求意见稿》,均释放了碳排放配额、核证自愿减排量将在全国范围内交易的强烈信号,随着未来交易量、交易活跃度的进一步增大,碳排放配额、核证自愿减排量的相关法律属性将越发明晰和逐渐被立法所认可,因此有必要厘清碳排放配额、核证自愿减排量的法律属性,为碳排放配额、核证自愿减排量的可执行性奠定重要的基础,换言之,碳排放配额、核证自愿减排量的法律属性是其是否具备可执行性的重要前提。

核证自愿减排量相较于碳排放配额,主要区别一是来源不同,核证自愿减排量以开发—核证—备案模式产生,其总量非固定。而碳排放配额则是采用总量固定—按量分配的模式进行分配,其总量固定。换言之,碳排放配额即为国家对环境用益权(国家的环境用益权总量因国际社会环境用益权的总量固定不变而不变)按照一定的额度在重点排放企业当中进行分配,基于国家的权力分配,类似于切蛋糕、土地划拨,具有行政属性。而核证自愿减排量并非总量固定,企事业单位通过开发自愿减排项目,经主管部门核证属实后进行登记,即可获得一定当量的核证自愿减排量,并通过市场交易的手段出售,获得对该自愿减排行为的补偿(排放企业购买核证自愿减排量)。因此,核证自愿减排量的本质即是通过开发(经核证的自愿减排行为)而得来,类似于生产者(自愿减排项目业主)生产所得的产品，消费者（排放企业）通过购买该产品（核证自愿减排量）以获得产品的使用价值（抵销碳排放量），具有产品属性。二是项目自愿性，即相对于碳排放配额的强制性，相关企业既可以自愿选择是否开发核证自愿减排项目，也可以自愿选择是否买卖核证自愿减排量。三是抵销性，排放企业可通过购买核证自愿减排量来抵销其碳排放量，但无法将其购买核证自愿减排量作为其碳排放配额的补充。换言之，企业的碳排放配额在分配时已经固定相应的额度，额度用尽，超额排放即会面临高额的罚款，因此，排放企业只能通过购买核证自愿减排量来抵消其超额的排放量，而非扩大其固定的碳排放额度，二者不相通、不可互相转换。

而就核证自愿减排量的法律属性而言，学界通常认为核证自愿减排量兼具"资产""权利""公权""私权"多重属性，[①]可以说，核证自愿减排量相较碳排放配额，更具有物的属性，其财产属性毋庸置疑，同时在全国首例碳配额执行案中，法院肯定了碳排放权具有财产属性。因此，笔者认为，碳排放配额、核证自愿减排量二者虽存在一定的差异性，但二者却均具有明显的财产属性，将碳排放权、核证自愿减排量界定为一项新型财产权利更符合其客观性和特殊性，同时明确碳配额、核证自愿减排量作为适格执行标的的地位，可为碳配额、核证自愿减排量的可执行性提供基础。

（二）确定碳排放配额、核证自愿减排量的可执行性相关法律法规

1. 碳排放配额、核证自愿减排量可被纳入企业资产管理

财政部印发的《碳排放权交易有关会计处理暂行规定》（财会〔2019〕22号），要求重点排放企业通过购入方式取得碳排放配额的，应当在购买日将取得的碳排放配额确认为碳排放权资产，并按照成本进行计量。如重点排放企业通过政府免费分配等方式无偿取得碳排放配额的，不作账务处理。核证自愿减排量目前虽无具体的会计处理规定，但根据《企业会计准则——基本准则》（中华

---

① 参见李琦、徐鹏：《中国核证自愿减排量交易法律风险概述》，载《环境保护与循环经济》2021 年第 11 期。

人民共和国财政部令第76号)第20条至第22条①对资产的定义来看,核证自愿减排量是通过企业开发、交易所得而来,企业对其拥有控制权,预期会给企业带来经济利益的环境资源,同时亦满足与该资源有关的经济利益很可能流入企业,即卖出可获得经济收益,并且该资源的成本或价值能够可靠地计量,即存在购入价或卖出价。笔者认为,碳排放配额、核证自愿减排量符合资产的会计层面的定义和特征,即能够以金钱度量其经济价值。

2. 碳排放配额、核证自愿减排量具有稀缺性

当前,碳排放配额的配置采取总量定额,即环境主管部门确定一定时期内的总排放量,并将其按一定标准划分为不同份额,最终分配到排放企业中。核证自愿减排量设计之初的市场预期是供小于求,而实际情况是结余的碳排放配额价格低于核证自愿减排量的价格,导致了市场出现供大于求的表现,因此2017年3月暂缓签发核证自愿减排量,所以市场中仍有较多存量。目前看来,该总量除被用于抵销碳排放量外,剩余的在各个交易主体之间进行流转,但总量呈现只减不增的趋势,同时《碳排放权交易管理办法(试行)》第29条规定了重点排放单位仅能使用核证自愿减排量抵销应清缴的碳排放配额5%(含)以内,由此造就了当前我国核证自愿减排量的市场也为总量固定的现状。因此,无论是短期减排目标确定还是中长期排放总量统筹,一定时期内配额总量不变的控制方式,造就了碳排放配额、核证自愿减排量的稀缺性。此外,碳排放配额、核证自愿减排量均直接消耗于清缴履约,从权利消灭角度来看,碳排放配额、核证自愿减排量同样可基于其功用价值而具有稀缺性。

3. 碳排放配额、核证自愿减排量利益的创设与调整具有客观性

《碳排放权交易管理办法(试行)》第14条规定,环境主管部门需根据经济发展、产业结构、能源结构等综合因素确定配额总量并实施分配活动。《温室气

---

① 《企业会计准则——基本准则》第20条规定,资产是指企业过去的交易或者事项形成的、由企业拥有或者控制的、预期会给企业带来经济利益的资源。前款所指的企业过去的交易或者事项包括购买、生产、建造行为或其他交易或者事项。预期在未来发生的交易或者事项不形成资产。由企业拥有或者控制,是指企业享有某项资源的所有权,或者虽然不享有某项资源的所有权,但该资源能被企业所控制。预期会给企业带来经济利益,是指直接或者间接导致现金和现金等价物流入企业的潜力。第21条规定,符合本准则第20条规定的资产定义的资源,在同时满足以下条件时,确认为资产:(1)与该资源有关的经济利益很可能流入企业;(2)该资源的成本或者价值能够可靠地计量。第22条规定,符合资产定义和资产确认条件的项目,应当列入资产负债表;符合资产定义、但不符合资产确认条件的项目,不应当列入资产负债表。

体管理办法》确定了核证自愿减排量的创设需对项目业主投入的生产要素进行开发、经科学评估方式进行核证等,本质上是产品的生产及确权。最终二者通过市场供需关系确定权利的价值,二者利益决定于大气环境承载能力、生产要素的成本、市场的供需关系等客观因素,非人为主观控制,具有客观性。同时,《碳排放权交易管理办法(试行)》第 6 条[①]将规范制定、配额分配、具体政策执行等事权划归中央、省级、市级三级政府,要求其依法行使职责。《温室气体管理办法》同样对自愿减排项目开发、项目审定、项目备案等程序进行了规定,只有经法定程序完成备案的减排量可称为"核证自愿减排量"。换言之,碳排放配额、核证自愿减排量的产生、分配、调整和履约,均受程序规范约束并排斥权力运作的任意性。

4. 碳排放配额、核证自愿减排量产权界定具体明确

《碳排放权交易管理办法(试行)》第 5 条第 2 款规定,全国碳排放权注册登记机构通过全国碳排放权注册登记系统,记录碳排放配额的持有、变更、清缴、注销等信息,并提供结算服务。全国碳排放权注册登记系统记录的信息是判断碳排放配额归属的最终依据。《温室气体管理办法》第 7 条规定,国家主管部门建立并管理国家自愿减排交易登记簿,用于登记经备案的自愿减排项目和减排量,详细记录项目基本信息及减排量备案、交易、注销等有关情况。根据前述规定,碳排放配额、核证自愿减排量的权属判断依据限定均为国家注册登记系统、登记簿信息。因此,碳排放配额、核证自愿减排量的利益来源具体。依取得来源,碳排放配额可分为"初始分配获得"和"交易获得"。前者基于行政行为有偿或无偿获得,主要依据法定分配主体对碳排放配额的分配;后者则是典型的私权交易,作为交易标的的碳排放配额需由交易主体将其置于市场中方能实现自由交易。核证自愿减排量主要为"开发获得"和"交易获得",前者是基于项目业主经法定程序备案后直接获得相应的核证自愿减排量,后者是交易主体通过碳交易市场或私下买卖交易获得,是典型的私权交易。无论二者的获得方式如何,在进

① 《碳排放权交易管理办法(试行)》第 6 条规定,生态环境部负责制定全国碳排放权交易及相关活动的技术规范,加强对地方碳排放配额分配、温室气体排放报告与核查的监督管理,并会同国务院其他有关部门对全国碳排放权交易及相关活动进行监督管理和指导。省级生态环境主管部门负责在本行政区域内组织开展碳排放配额分配和清缴、温室气体排放报告的核查等相关活动,并进行监督管理。设区的市级生态环境主管部门负责配合省级生态环境主管部门落实相关具体工作,并根据本办法有关规定实施监督管理。

入市场中交易的那一刻,二者均具有了一定的价格,均可通过交易行为转换为金钱权利。

5. 碳排放配额、核证自愿减排量处分体现意思自治原则

《碳排放权交易管理办法(试行)》第 17 条、第 19 条规定,重点排放单位应当在全国碳排放权注册登记系统开立账户,进行相关业务操作,同时鼓励重点排放单位、机构和个人出于减少温室气体排放等公益性目的自愿注销其持有的配额,自愿注销的碳排放配额,在国家碳排放配额总量中予以等量核减,不再进行分配、登记或者交易,相关注销情况应当向社会公开。《温室气体管理办法》第 22 条规定,自愿减排项目减排量经备案后,在国家登记簿登记并在经备案的交易机构内交易。用于抵消碳排放的减排量,应于交易完成后在国家登记簿中予以注销。排放企业在通过"初始分配"获得碳排放配额或自愿减排项目业主通过"开发获得"核证自愿减排量后,便可对其持有的配额、减排量进行自主交易,交易市场仅为相关交易活动设置诸如交易时间、交易手段、结算方式等规则。不过,碳排放配额、核证自愿减排量交易的私权自治并非任意自治,而是秩序保障下的产权交易活动。为维护交易秩序,多数地区仅允许碳交易产品在场内进行交易。由此可见,在权利享有、行使和支配层面上,权利人对碳排放配额、核证自愿减排量的处分遵循意思自治的原则。

6. 碳排放配额、核证自愿减排量的交易价格遵从供需原则

在实践中,环境主管部门通常采用价格发现的模式确定和调整碳排放配额的价格,而核证自愿减排量受限于项目开发成本,国家当前虽无明确的定价机制规定,但其仍可基于市场的供需关系、项目开发成本进行定价,本质上仍属于价格发现模式,但会受制于项目开发成本。从《碳排放权交易管理办法(试行)》《碳排放权交易管理规则(试行)》等规定来看,交易市场存在多种交易方式,其中包括协议转让和单向竞价等。就交易目的而言,前者主要面向大宗配额的稳定交易,后者则主要通过竞价机制体现供需情况。为弥补两种交易方式存在的风险,《碳排放权交易管理规则(试行)》为全国交易市场设置了最大持仓量、大户报告、风险预告等事前预防制度。核证自愿减排量的全国交易市场正在建设当中,当前在《温室气体交易办法征求意见稿》中未见相关风险控制制度,目前核证自愿减排量仅根据交易机构制定的交易细则进行交易,如四川联合环境交易所针对核证自愿减排量的交易,在最大持仓量、大户报告、风险预告等事前预

防制度的基础上,还设置了全额资金交易制度、涨跌幅限制制度、强行减持制度、大宗交易监管制度、异常情况监管制度和风险警示制度等。无论是事前监督还是事后惩戒,都为碳排放配额、核证自愿减排量稳定交易、合理变价提供了系统化的程序保障。环境主管部门通过弱化交易市场内行政干预,为碳交易产品自由变价提供了运作空间,也为碳排放权作为执行对象实现变价提供了制度可能性。

(三)碳排放配额、核证自愿减排量的执行过程的法律法规

在基于前述碳排放配额、核证自愿减排量具有明显的财产属性,同时具备可执行性的情况下,虽有福建省顺昌县人民法院率先作出的积极尝试,但因碳排放配额、核证自愿减排量与环境权、行政权的密不可分性及特殊性,同时我国现有立法及司法实践未对此类新型财产的强制执行予以细致、明确的规定,在法院强制执行过程中,仍有诸多问题亟待解决。

在对碳排放配额、核证自愿减排量的执行变价路径上,原则上应遵循《民事诉讼法》、最高人民法院《关于人民法院民事执行中查封、扣押、冻结财产的规定》、最高人民法院《关于人民法院民事执行中拍卖、变卖财产的规定》、最高人民法院《关于人民法院确定财产处置参考价若干问题的规定》、最高人民法院《关于人民法院执行工作若干问题的规定(试行)》的相关规定,二者作为被执行人的责任财产,其执行程序仍应按照法定程序进行。主要流程如图 17 -1 所示。

但碳排放配额、核证自愿减排量此类新型财产因《碳排放权交易管理办法(试行)》、《碳排放权交易规则(试行)》和《温室气体管理办法》的相关规定,限制了二者只能在相应的交易系统中进行交易,由此便造成了二者产品范围狭窄、交易场所受限,二者类似于上市公司股票的性质,并不适合当前以公开拍卖的方式进行变价。[①]

① 因涉及财产执行的步骤多且复杂,本书不再逐一论证和赘述,仅对碳排放配额、核证自愿减排量执行过程中的重点环节涉及的法律法规进行阐述。

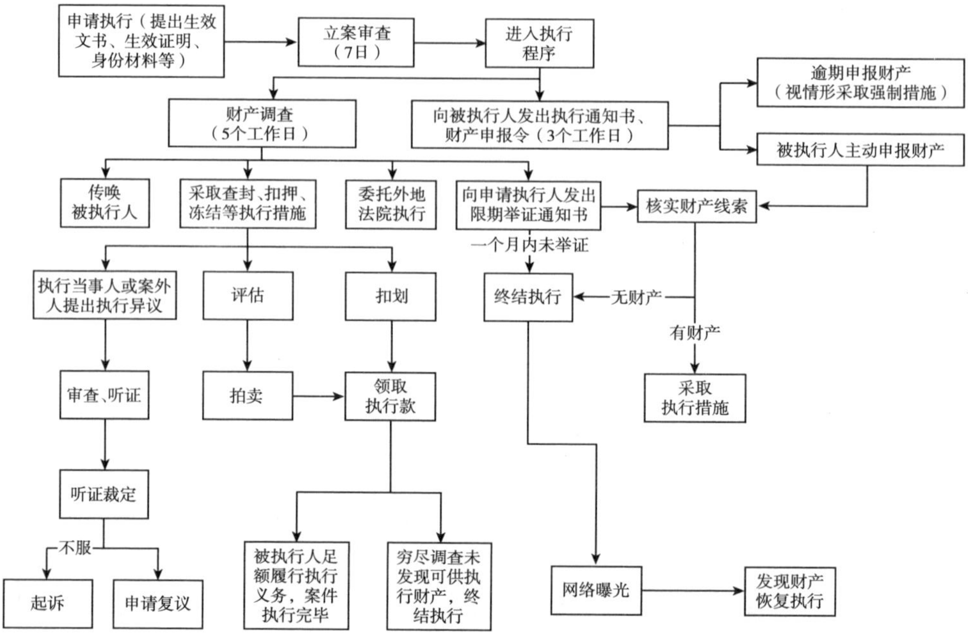

图 17－1　财产执行的一般流程

1. 碳排放配额、核证自愿减排量的查询（财产调查）

在强制执行过程中，责任财产的查询及控制是对责任财产变价处分的前提。碳排放权虽作为一种特殊的用益物权，但仍遵循一般的责任财产调查及责任财产控制规律。在司法执行阶段，财产查询一般通过要求被执行人报告财产情况、法院主动查询、申请人提供财产线索等方式实现。但因目前碳排放配额登记数据尚未接入法院网络执行查控系统，同样，核证自愿减排量当前仅在试点交易机构当地进行交易，具有较强的地域性，虽国家有相应的登记簿，但同样未与法院的网络执行查控系统衔接，由此导致法院无法直接获知被执行人是否拥有碳排放配额或核证自愿减排量。由此，被执行人的如实申报财产、申请执行人提供相应财产线索即在财产调查阶段变得尤为重要，最高人民法院《关于民事执行中财产调查若干问题的规定》第 1 条、第 5 条规定了被执行人应当如实报告财产，碳排放配额、核证自愿减排量这一类新型财产权利在被执行人的报告范围中，同时《碳排放权交易管理规则（试行）》第 23 条亦规定了司法机关和国家监察机关有权向碳排放配额注册登记机构查询相关数据和资料。从上述规定不难看出，对于碳排放配额、核证自愿减排量的财产信息查询,我国明确了被执行人如实报告碳排放配额、核证自愿减排量财产的义务和司法机关依法查询的职权。碳排放配额交易市场分为全国市场和地方市场,核证自愿减排量交易市场主要为当地试点交易市场,主管部门为生态环境部门,交易参与方(拥有碳排放配额、核证自愿减排量的主体)为重点排放单位、机构投资者和个人投资者。鉴于目前碳市场发展还未成熟,实际交易主体大部分限于生态环境部门公布的重点排放单位。申请执行人可通过生态环境部门官方网站公布的重点排放单位名单查询确定某一企业是否拥有碳排放配额,但碳排放配额的多少通过公开渠道尚无法获知,同时受限于核证自愿减排量交易的地域性,针对核证自愿减排量的查询,大多仅能通过当地的环境主管部门进行查询,申请执行人可将此类线索提供给法院,申请法院向相对应的主管部门、注册登记机构进行函询。但在司法实践过程中,针对财产上报、提供财产线索、具体查询实施等方面,仍存在一定的问题。

第一,当前全国性的碳排放配额交易市场刚刚形成,制度层面的规定还未形成体系,而核证自愿减排量的交易市场正在建设当中,还未有相关配套性的法律、法规出台,无论是被执行人还是申请执行人,对于碳排放配额、核证自愿减排量的财产属性还未形成统一的认知,由此可能导致被执行人在申报财产时漏报碳排放配额、核证自愿减排量,申请执行人未能识别该财产线索,未向法院提交,最终导致申请执行人的金钱债权无法得到实现。

第二,当前碳市场的交易主体主要包括重点排放单位、机构投资者和个人投资者,而随着碳市场交易的逐步活跃,参与交易的主体逐步增多,在进行碳排放配额、核证自愿减排量查询时,不可避免地将会面对被执行人有意逃避债务或执行,将其所持有的碳排放配额、核证自愿减排量交予第三人代持,由此将引发执行过程中的道德风险,在执行过程中需进一步厘清查明代持关系、确定财产真正归属等,进而增加执行成本和执行难度,并可能导致债权无法得到实现。

2. 碳排放配额、核证自愿减排量的执行控制(查封、扣押、冻结)

在查询到被执行人名下登记了相关碳排放配额、核证自愿减排量后,人民法院可根据《碳排放权登记管理规则(试行)》(生态环境部公告 2021 年第 21 号)第 22 条规定依法冻结被执行人名下的碳排放配额,在此规定出台及发生首例“碳排放权执行案”之前,抚顺市东洲区人民法院在对碳排放配额的执行控制上已做出了率先尝试，我们检索到 8 件执行串案，在执行裁定中，查封碳排放配额的具体表述为“轮候查封被执行人名下的碳排放指标/碳排放指标交易”，而查封期限为 1 年至 3 年不等。《法发〔2023〕5 号》第 20 条规定了人民法院在对被执行人的存款、现金、有价证券、机动车等可以执行的动产和其他方便执行的财产执行完毕后，债务仍未能得到清偿的，可依法查封、扣押、冻结被执行人的碳排放配额、核证自愿减排量。查封、扣押、冻结的财产不得超出被执行人应当履行义务部分的范围。由此可见，人民法院对碳排放配额、核证自愿减排量的查封、扣押、冻结是有先决条件的，即被执行人可供执行的所有财产执行完毕后，债务仍未得到清偿的，人民法院才可对被执行人的碳排放配额、核证自愿减排量进行查封、扣押、冻结，而不能与可供执行的财产同时查封、扣押、冻结，并且查封、扣押、冻结的财产不能超出被执行人应当履行义务部分的范围，即禁止超额查封、扣押、冻结。鉴于碳排放配额存在清缴义务的特殊性，该规定亦遵循了环境效益优先的原则。当前确立了碳排放配额、核证自愿减排量在一定条件下可被执行法院查封、扣押、冻结的机制，但从抚顺市东洲区人民法院的实践来看，操作仍较为混乱。

第一，人民法院虽对被执行人的碳排放配额采取了查封措施，但根据人民法院的执行裁定书，查封的碳排放配额未能执行变现，同时因缺乏了具体规则，人民法院查封的程序也较为随意。第二，现行法律规定了查封、扣押、冻结的碳排放配额、核证自愿减排量相对应的财产不能超出被执行人应当履行义务部分的范围，这涉及人民法院未来在实践当中将如何精准确定查封、扣押、冻结碳排放配额、核证自愿减排量的具体数量，避免超额查封和不足额查封，而具体数量又是以二者的价格决定，由此将同时涉及对碳排放配额、核证自愿减排量的价值评估问题。第三，鉴于碳排放配额具有用后清缴的履约时限性，在查封、扣押、冻结过程中必然会出现已被查封、扣押、冻结的碳排放配额与其履约时效、有效期限产生冲突，同时也会面临自愿注销与债权实现的冲突。第四，在被执行人名下同时登记有碳排放配额、核证自愿减排量的情况下，二者查封、扣押、冻结的先后顺序当前未予以明确规定，可能导致执行法院在未来的司法实践当中难以实施抉择。

3. 碳排放配额、核证自愿减排量的执行处分（评估、变价）

碳排放配额、核证自愿减排量被查封后，需要通过适当方式进行变价以实现债权清偿的效果，司法冻结仅仅是限制被执行人进行碳排放配额、核证自愿减排量的交易处分，最终受偿还需要对碳排放配额、核证自愿减排量进行强制变价。因碳排放配额、核证自愿减排量的价值评估及交易方式均未有统一规定，且现有多数司法实践仅涉及碳排放配额的查封冻结，而未进行到变价处置阶段，仅有一例采用交易市场直接交易变现的方式进行了变价处置，故目前就碳排放配额、核证自愿减排量的价值评估及变价方式未有明确参照，二者的评估、变价机制仍处于执行探索阶段。

（1）碳排放配额、核证自愿减排量的评估

最高人民法院《关于人民法院确定财产处置参考价若干问题的规定》第2条规定了财产处置参考价，可以采取当事人议价、定向询价、网络询价、委托评估等方式。但当前我国碳市场的实际交易天数较少，交易活跃度较低，同时存在各地碳交易产品成交价格差异，碳排放配额、核证自愿减排量不属于能够依照通常方法确定价格的财产，同时，我国亦无对碳排放配额、核证自愿减排量的相应评估标准和评估案例。在首例“碳排放权执行案”中，由于缺乏评估标准和评估依据，执行法院通过将被执行人被冻结的碳排放配额挂网至福建海峡股权交易中心进行交易，成交款项转入法院账户，通过市场供需机制对执行标的进行市场定价，巧妙地避开了对被执行标的的价值评估。同时，从抚顺市东洲区人民法院未能将被执行人碳排放配额成功变现的案例来看，当前碳排放配额、核证自愿减排量的执行价值评估无统一的规定，是碳排放配额、核证自愿减排量执行过程中亟待解决的重要问题。

（2）碳排放配额、核证自愿减排量的变价

最高人民法院《关于人民法院民事执行中拍卖、变卖财产的规定》第2条、第3条、第4条规定，人民法院对查封、扣押、冻结的财产进行变价处理时，应当首先采取拍卖的方式，但法律、司法解释另有规定的除外。拍卖被执行人财产，应当委托具有相应资质的拍卖机构进行，并对拍卖机构的拍卖进行监督，但法律、司法解释另有规定的除外。对拟拍卖的财产，除财产价值较低、价格依照通常方法容易确定或者当事人双方及其他执行债权人申请不进行评估的，均应当对财产价值进行评估。根据上述规定，对查封、扣押、冻结的碳排放配额、核证自愿减排量的变价，原则上应优先采取委托具有相应资质的评估机构和拍卖机构进行拍卖变价的方式，因拍卖具有公开透明化的特点，能够为债权人取得最大化的利益。但《碳排放权交易管理办法(试行)》、《碳排放权交易管理规则(试行)》和《温室气体管理办法》均规定了碳排放配额、核证自愿减排量只能在相应的交易系统当中进行交易,由此便造成了二者产品范围狭窄、交易场所受限,并不适合当前公开拍卖的方式进行变价。在首例"碳排放权执行案"中,执行法院通过将被执行人被冻结的碳排放配额挂网至海峡股权交易中心进行交易,通过市场机制实现了碳排放配额的资产变现,但此种方式是否具有可复制性仍待商榷。受限于全国碳排放配额交易市场的交易量少、活跃度低、供需关系不明显等因素,在无相应评估标准依据的情况下,如此处置无可厚非,但随着未来市场交易的活跃度增加、参与交易的主体数量增加,不免将会面临超过合理限度的投机行为,导致被执行标的的价格波动较大且偏离真实价值,一方面,不利于碳交易市场的稳定;另一方面,可能损害申请执行人的利益。

第二节　碳排放配额、核证自愿减排量执行过程中的风险

在当前法院无法通过评估、司法拍卖处置变价的情况下，为避免过度突破当前交易场所的限定，以免对现有交易秩序和规范的破坏和动摇，碳排放配额、核证自愿减排量的执行依托于碳交易市场按照交易规则进行处置变价是当前最为稳妥的执行方式。在二者的执行过程中，涉及的主体主要包括执行法院、申请执行人、被执行人、被执行标的买受人、碳交易产品交易机构、国家注册登记机构和环境主管部门等。由此可见，在碳排放配额、核证自愿减排量的执行过程中，涉及的主体众多，民事权利与行政权力存在一定程度的交错，在当前执行流程、变价方式等未被明确的情况下，准确把握和控制执行中主要流程的风险具有必要性。

一、碳排放配额、核证自愿减排量查询的风险

(一)财产识别不能的风险

碳排放配额、核证自愿减排量作为一种新型财产权利，其财产属性还未在社会中形成统一的认知，由此可能导致被执行人在申报财产时漏报碳排放配额、核证自愿减排量，申请执行人如为碳交易市场以外的主体，亦未能识别该财产线索，未向法院提交，最终导致申请执行人的金钱债权无法得到实现。

(二)财产代持的风险

当前碳市场的交易主体主要包括重点排放单位、机构投资者和个人投资者，而随着碳市场交易的逐步活跃，参与交易的主体逐步增多，在进行碳排放配额、核证自愿减排量查询时，不可避免地将会面对被执行人有意逃避债务或执行，将

其所持有的碳排放配额、核证自愿减排量交予第三人代持的情况，由此将引发执行过程中的道德风险，并可能导致债权无法得到实现。

二、碳排放配额、核证自愿减排量执行控制的风险

（一）已查封、扣押、冻结的碳排放配额与履约时效的冲突、有效期限过期及自愿注销与债权实现的冲突风险

第一，重点排放单位需在生态环境部规定的时限内清缴上年度的碳排放配额，但对碳配额冻结的时长则可能与履约时效发生冲突，当冲突发生时，普遍观点认为，根据国家是大气空间资源所有权人的规定，履约清缴实质上是国家收回其所有权之上权能的行为，所有权优于债权，为维护国家的合法权益，冻结的配额应先满足履约的需求。鉴于人民法院对碳排放配额查封、扣押、冻结的劣后性，由此便将必然导致申请执行人的债权受损。第二，对于碳配额所存在的过期风险，其期限自权利产生之时便存在。碳排放配额消灭的途径有二：配额被使用而消灭、配额时效届满，权利自动作废。因此，当履约期到来时，查封、扣押、冻结的碳排放配额应当优先清缴，则可能导致最终无碳排放配额可供查封、扣押、冻结，最终造成申请执行人的债权受到损害。第三，尽管自愿注销碳排放配额对被执行人而言并非一项获利行为，但大多数情况下难以探寻被执行人自愿注销碳配额的真实内在动机或目的，而自愿注销碳排放配额亦会必然导致申请执行人的债权受到损害。

（二）碳排放配额、核证自愿减排量查封、扣押、冻结先后顺序不明的风险

在被执行人名下同时登记有碳排放配额、核证自愿减排量的情况下，二者查封、扣押、冻结的先后顺序当前未予以明确规定，可能导致人民法院在未来的司法实践当中难以实施抉择。但基于当前核证自愿减排量仅采取试点市场内交易，具有较强的地域性，在具体实践过程中对于申请执行人而言查询到该财产线索的难度较大，进而导致申请执行人的债权难以得到实现。

三、碳排放配额、核证自愿减排量的执行处分风险

(一)碳排放配额、核证自愿减排量的评估风险

当前我国碳市场的实际交易天数较少,交易活跃度较低,同时存在各地碳交易产品成交价格差异,碳排放配额、核证自愿减排量不属于能够依照通常方法确定价格的财产,因此如何准确评估碳排放配额、核证自愿减排量的价值,将直接影响申请执行人债权实现的效果,如评估价格远低于债权金额,则将导致申请执行人的债权受损,如评估价格远高于市场价格,则不利于碳交易市场的稳定。同时,我国现行实践中暂无对碳排放配额、核证自愿减排量的相应评估标准和评估案例,当前人民法院的评估机构当中亦未有专业机构开展对碳排放权、核证自愿减排量的评估。从而导致申请执行人申请查封、扣押、冻结被执行人的碳排放配额、核证自愿减排量无法得到公允的价值评估。

(二)碳排放配额、核证自愿减排量的变价风险

根据有关执行规定,对查封、扣押、冻结的碳排放配额、核证自愿减排量的变价,原则上应优先采取委托具有相应资质的评估机构和拍卖机构进行拍卖变价,但二者产品范围狭窄、交易场所受限,并不适合当前以公开拍卖的方式进行变价。因此,在当前我国现有碳交易市场交易制度和市场环境下,应肯定通过碳排放配额、核证自愿减排量的交易机构实施变价的必要性,一是为了保证程序的连续性,二是避免过度突破当前交易场所的限定,以免对现有交易秩序和规范的破坏和动摇。同时,在二者通过交易机构实施变价的过程中,应遵循《碳排放权交易管理办法(试行)》和交易机构规定的交易模式,主要交易模式为协议转让和单向竞价。协议转让和单向竞价各有其优、缺点,协议转让的模式可能无法通过交易市场获得利益最大化,但协议转让为申请执行人、执行法院、交易机构提供了对受让人预先审查的机会,有助于降低交易风险并维护价格的稳定。而单向竞价模式虽能够充分利用竞价机制激发价格潜力,能够充分反映市场的供求状况,但不能够避免其他交易主体超过合理限度的投机行为而引发的价格波动而偏离被执行标的的真实价值,损害申请执行人的债权。

第三节　碳排放配额、核证自愿减排量执行相关案例评析

一、全国首例碳排放权执行案(2021 年度福建法院十大执行案件)[①]

【案件基本信息】

申请执行人:中国农业银行股份有限公司顺昌县支行(以下简称农行顺昌支行)

被执行人:福建榕昌化工有限公司(以下简称榕昌公司)

【基本案情】

榕昌公司因经营需要向农行顺昌支行申请贷款6000 万元,以其位于顺昌县大干镇富新路3 号 A、E、I 地块不动产作抵押,福建省(屏南)榕屏化工有限公司(以下简称榕屏公司)承担连带保证。后榕昌公司未能还款,农行顺昌支行起诉至法院。经调解,榕昌公司应偿还农行顺昌支行贷款本金6000 万元及利息、罚息、复利,榕屏公司承担连带责任;若未还款,农行顺昌支行有权拍卖、变卖抵押财产,并优先受偿。调解书生效后,榕昌公司等未履行,农行顺昌支行申请执行。

【执行过程与结果】

执行中,顺昌县人民法院查封了被执行人榕昌公司抵押财产,并依法进行拍卖、变卖,均因无人竞买而流拍。榕昌公司作为知名化工企业现仍在正常生产经营,但因关联企业联保债务纠纷而陷入多起诉讼,若其抵押财产拍卖成交,势必影响企业生产经营。榕昌公司因前几年技改及节能减排,尚有未使用的碳排放配额,但考虑到后续生产经营及之后年度碳排放配额清缴需要(由省生态环境

① 中国农业银行股份有限公司顺昌县支行与福建榕昌化工有限公司、福建省(屏南)榕屏化工有限公司金融借款合同纠纷执行案。

厅监测该企业前 3 年的生产量和排放量，核算当年度该企业的碳排放配额，当年度未使用配额可结转使用），被执行人对处置未使用的碳排放配额有顾虑。顺昌县人民法院为贯彻善意文明执行理念，多次走访该企业，详细了解企业生产经营情况及司法需求，阐明执行法律法规及碳排放配额的可执行性，并于 2021 年 9 月 14 日作出执行裁定，依法冻结榕昌公司未使用的碳排放配额 10,000 单位（10,000 吨二氧化碳当量），并通知榕昌公司将被冻结的碳排放配额挂网至福建海峡股权交易中心进行交易，成交款项转入法院账户。榕昌公司收到冻结碳排放配额的执行裁定及履行义务通知书后，积极配合执行，将其未使用的碳排放配额挂网交易。2021 年 10 月 20 日，顺昌县人民法院向海峡交易中心送达执行裁定书及协助执行通知书，扣留交易成交款。截至 2021 年 11 月 12 日，该企业已陆续拍卖成交碳排放配额共计 5054 单位，成交款项 97,163.7 元。

【官方评析】

顺昌县人民法院在该案中首次将生产型企业的碳排放配额作为新型可供执行财产，通知被执行人企业及协助执行单位海峡股权交易中心，强制将该“无形财产”在碳排放权交易市场中进行交易变现。该案是人民法院正确适用《碳排放权交易管理办法（试行）》，成功开展“碳”执行的全国首例执行案例，对人民法院今后执行“碳排放配额”等新类型财产具有重要示范意义。2021 年 2 月 1 日起施行的《碳排放权交易管理办法（试行）》第 20 条规定：“全国碳排放权交易市场的交易产品为碳排放配额，生态环境部可以根据国家有关规定适时增加其他交易产品。”碳排放配额作为一种交易产品，被赋予了商品的属性，属于一种新类型的财产性权利，与知识产权等企业无形资产相似，应被纳入法院可供执行的财产范畴。顺昌县人民法院勇于实践，敢为人先，依据 2017 年《民事诉讼法》第 242 条、第 243 条、第 244 条等规定，对省环保厅重点监测企业被执行人榕昌工公司未使用的碳排放配额采取强制执行措施，并成功变现该企业碳排放配额。顺昌县人民法院对该案的执行拓宽了执行工作思路，为今后执行企业的“排污权、用能权、用水权”等新型财产提供了经验启示和实践依据，同时也彰显了福建省法院积极贯彻落实生态强省建设，为率先实现“双碳”目标助力的司法担当与作为。

【律师评析】

从执行的过程来看，由于缺乏评估标准和评估依据，执行法院通过将被执行人被冻结的碳排放配额挂网至海峡股权交易中心进行交易，成交款项转入法院账户，通过市场供需机制对执行标的进行市场定价，巧妙地避开了对被执行标的的价值评估，但此种方式是否具有可复制性仍待商榷。受限于全国碳排放配额交易市场的交易量少、活跃度低、供需关系不明显等因素，在无相应评估标准依据的情况下，如此处置无可厚非，但随着未来市场交易的活跃度增加、参与交易的主体数量增加，不免将会面临超过合理限度的投机行为，导致被执行标的的价格波动较大且偏离真实价值，一方面，不利于碳交易市场的稳定；另一方面，可能损害申请执行人的利益。

二、辽宁能港发电有限公司相关合同纠纷执行实施类串案①

【基本案情】

辽宁能港发电有限公司因涉及多件合同纠纷类案件，未在生效法律文书确定的期限内履行相应的金钱给付义务，被多个申请执行人申请执行，执行法院依法轮候查封了辽宁能港发电有限公司的多项不动产及动产。其中包括了被执行人辽宁能港发电有限公司所有的碳排放配额（相关裁定书具体表述为：碳排放指标/碳排放指标交易），除轮候查封的财产外，被执行人辽宁能港发电有限公司无其他可供执行的财产。

【执行结果】

因被执行人辽宁能港发电有限公司多数财产被多轮查封、冻结，不宜强制执行，执行法院仅对部分可评估拍卖的财产进行拍卖变价后向申请执行人给付，同时裁定终结本次执行程序。

【律师评析】

在我们检索的案例中，该8件执行串案可能是我国最早将碳排放配额纳入执行过程中可被查封、扣押、冻结的财产范围当中的执行案件，但由于当时缺乏较为明确的支撑制度和被执行人碳排放配额被多轮查封，被执行人的碳排放配额最终未得到执行变现。同时，由于缺乏具体的制度支撑，人民法院的查封程序

① （2019）辽0403执恢100号、（2019）辽0403执93号、（2019）辽0403执356号、（2019）辽04执194号、（2019）辽0403执314号、（2019）辽0403执493号、（2019）辽0403执621号、（2019）辽0403执366号。

也较为随意，未能明确是在基于被执行人无可供执行财产的情况下，才对被执行人的碳排放配额予以了查封。

三、郑某某与银行金融借款合同纠纷竹林碳汇执行案

【基本案情】

2020 年，郑某某与银行签订个人循环借款合同一份，向银行借款共计 3.3 万元，借款期限为 3 年。后郑某某未按约偿还借款，尚欠本金 18,299.17 元，被起诉至法院。银行向法院申请诉前财产保全，申请冻结郑某某名下等值财产。

【执行结果】

经安吉县人民法院核实，郑某某名下无其他财产可供保全，但郑某某所在的杭垓镇新上塘村是安吉竹林碳汇示范地之一，竹林碳汇被安吉县两山合作社收储。两山合作社以不低于每亩 50 元的价格定期向新上塘毛竹专业合作社发放碳汇收益。而郑某某有大约 10 亩竹林被收储。得知这一情况后，法院将协助执行通知书送达合作社，向合作社主任说明郑某某的案件情况，要求合作社收到碳汇收益后，停止向郑某某发放并及时联系法院，用郑某某名下的竹林碳汇预期收益来抵债，而数额就是尚未偿还的本金 18,299.17 元及利息，共计 18,507 元。

【律师评析】

本案主要涉及诉前财产保全问题，法院冻结的是郑某某与两山合作社基于承包合同关系所取得的金钱收益，该类收益虽不能直接与两山合作社开发的核证自愿减排量画等号，但该类金钱收益本质上却来源于两山合作社通过自愿减排行为所获得的经济补偿，该经济补偿的直接体现即为核证自愿减排量在市场上交易所获得的金钱价值，由此可以明确核证自愿减排量的权利价值属性。但在我国现行制度中，未明确是否可对碳排放配额、核证自愿减排量采取诉前财产保全措施，但参照《法发〔2023〕5 号》第 20 条的规定，笔者认为，只有在查明被申请人确实无可供诉前保全的财产情况下，人民法院才可对被申请人名下登记的碳排放配额、核证自愿减排量采取诉前保全措施，且不得超额保全。

第四节　碳排放配额、核证自愿减排量执行过程中风险防控措施

结合上文所述，在碳排放配额、核证自愿减排量执行过程中主要面临有查询风险、执行控制风险和执行处分风险，具体表现为财产识别不能，财产代持，碳排放配额与履约时效的冲突，有效期限过期及自愿注销与债权实现的冲突，查封、扣押、冻结先后顺序不明和评估、变价不明等，就以上相关风险，我们提出相关风险防控措施如下。

一、碳排放配额、核证自愿减排量查询的风险防控措施

（一）财产识别不能的风险防控措施

在最高人民法院发布《法发〔2023〕5号》后，申请执行人与被执行人应统一对碳排放配额、核证自愿减排量财产属性的认知，被执行人应当如实申报所持有的碳排放配额、核证自愿减排量的财产，申请执行人可通过生态环境部门官方网站公布的重点排放单位名单查询确定某一企业是否拥有碳排放配额，但碳排放配额的多少通过公开渠道尚无法获知，可将此线索提供给法院，申请法院向碳排放权注册登记机构进行函询。碳排放权注册登记机构在收到法院的调查函（令）后，应当予以配合。

（二）财产代持的风险防控措施

如确实存在碳排放配额、核证自愿减排量的代持情况，在执行过程中人民法院需进一步厘清查明代持关系、确定财产真正归属等，而此种刻意的不诚信行为会增加执行成本和执行难度。为避免此类风险的发生，就申请执行人而言，应积极寻找财产线索并及时向执行法院提供，同时申请法院尽快向注册登记机构查

询冻结被执行人的碳排放配额、核证自愿减排量；就执行法院而言，在收到申请执行人的申请和财产线索后，应尽快进行调查和冻结相关财产；就登记注册机构而言，应协助法院实施冻结措施以限制权利人的处分，同时对冻结事项予以记载，以完成限制权利变动的公示。三者如果做到紧密配合，及时沟通，将能大幅提升执行效率和执行成功率。

二、碳排放配额、核证自愿减排量执行控制的风险防控措施

（一）已查封、扣押、冻结的碳排放配额与履约时效的冲突，有效期限过期及自愿注销与债权实现的冲突风险防控措施

对申请执行人而言，一是建议委托专业律师跟进执行程序，对接执行法院、注册登记机构及主管部门单位，避免受专业限制而错过相关执行关键节点，保证查封、扣押、冻结的及时性；二是如确实发生了因履约时效冲突导致查封、扣押、冻结的碳排放配额的减少，在首次部分债权得到清偿后，应对被执行人新的碳排放配额的发放保持高度关注，及时向执行法院申请恢复执行，以确保第一时间对被执行人碳排放配额的查封、扣押、冻结，避免被执行人为逃避执行而转让其碳排放配额；三是如在执行过程中发现被执行人的行为（包括但不限于异常转让碳排放配额、非基于公益性目的的自愿注销碳排放配额等）有损害债权的风险的，可根据《民法典》第 538 条的规定，由申请执行人向法院申请撤销，以实现保全债权的目的。同理，执行法院应在实施查封、扣押、冻结的过程中，确保控制措施的及时性；登记注册机构应协助法院实施冻结措施以限制权利人的处分，同时对冻结事项予以记载，以完成限制权利变动的公示。而就被执行人而言，如所持有的碳排放配额在被查封、扣押、冻结后面临履约时效届至、有效期限即将到期和基于公益性目的拟自愿注销部分碳排放配额的，要积极与申请执行人、执行法院沟通，保障被执行人的履约，并主动提出向申请执行人提供新分配的碳排放配额作为执行标的物用于查封、扣押、冻结，以此确保自身不会承担超额排放的行政责任，同时确保自身的法律信用，避免产生道德风险。

（二）碳排放配额、核证自愿减排量查封、扣押、冻结先后顺序不明的风险防控措施

就申请执行人而言，在委托专业律师全程跟进执行过程的基础之上，亦可向执行法院申请除查询被执行人碳排放配额持有情况外，还要对被执行人持有的核证自愿减排量进行查询，查询地域范围可根据被执行人及其关联方的实际生产所在地进行确定，帮助法院缩小查询的地域范围，提高执行效率和成功率。而就执行法院而言，如在查询到被执行人同时持有碳排放配额、核证自愿减排量的情况下，在确保足额查封、扣押、冻结的基础上，应优先查封、扣押、冻结被执行人持有的核证自愿减排量，一是《碳排放权交易管理办法（试行）》及各地区均对核证自愿减排量设置了排放量抵销限制；二是优先对核证自愿减排量采取执行控制措施，不会过度损害执行债权的实现，也可减少被执行人清缴履约的压力。

三、碳排放配额、核证自愿减排量的执行处分风险防控措施

强制执行处分措施是执行标的物实现变价的重要程序，也是整个执行程序的核心环节，同时确定执行标的物的价值，也将为人民法院前期精确确定查封、扣押、冻结被执行人具体数量的碳排放配额、核证自愿减排量提供重要参考依据和标准。

（一）碳排放配额、核证自愿减排量的评估风险防控措施

最高人民法院《关于人民法院确定财产处置参考价若干问题的规定》第 2 条规定了财产处置参考价，可以采取当事人议价、定向询价、网络询价、委托评估等方式。就申请执行人而言，在我国无相关评估标准和评估案例的情况下，可根据该条规定向法院申请采取定向询价、网络询价的模式进行定价。就执行法院而言，可通过向碳市场交易机构平台定向询价，调取该碳排放配额近 12 个月或更长的历史成交价格，并结合碳排放总配额、剩余期限、交易价格波动情况等综合确定其合理价值，或执行法院可直接通过参考银行机构对碳排放配额、核证自愿减排量抵押或质押业务中的价值评估方式以确定二者的价格。通过上述操作方式，以一定程度确保被执行标的价值的公允性。

(二)碳排放配额、核证自愿减排量的变价风险防控措施

就执行法院和申请执行人而言,优先采用协议竞价的方式更为稳妥,如前所述,该种模式能够为申请执行人、执行法院提供对受让人预先审查的机会,能够确保受让人的支付能力,进而达到实现债权的目的。同时就意向受让人而言,鉴于碳排放配额、核证自愿减排量的无形性,采取协议转让的模式也能够为其提供预先核实财产真实性,判断财产公允价值、交易真实性的机会。就交易机构而言,应严格按照《碳排放权交易管理办法(试行)》《碳排放权交易管理规则(试行)》及自身制定的交易细则确保交易程序的合法性、交易的真实性,换言之,此时的交易机构,可理解为司法拍卖程序中的拍卖机构。最后,在交易完成后,应及时在碳排放配额注册登记系统、核证自愿减排量登记簿中进行权利归属的变更,因变更登记才是碳排放配额、核证自愿减排量交付的唯一标准。

第十八章

涉温室气体排放报告纠纷案件

秦可天　刘凌怡

本章作者：秦可天，北京市盈科（常州）律师事务所律师，盈科全国碳中和法律专业委员会副秘书长。

刘凌怡，北京市盈科（常州）律师事务所律师。

第一节　案件类型、案由分析及相关法律法规

一、涉温室气体排放报告纠纷案件类型

《法发〔2023〕5号》第21条规定：依法审理涉温室气体排放报告纠纷案件。温室气体重点排放单位因拒绝履行温室气体排放报告义务，或者虚构、捏造、瞒报、漏报温室气体排放数据的，支持行政机关依法作出行政处罚决定。技术服务机构与温室气体重点排放单位恶意串通，虚构、捏造、瞒报、漏报温室气体排放数据，对他人造成损害，受害人主张侵权损害赔偿的，依法予以支持；构成犯罪的，依法追究刑事责任。

温室气体排放报告是由重点排放单位按照温室气体排放核算方法、报告指南和相关技术规范编制的一份报告。该报告详细记录了企业在生产活动中产生的温室气体排放量、排放源、排放设施、排放边界、核算方法、活动数据和排放因子等信息，并附带原始记录和台账等内容。这样的报告对于企业来说非常重要，它提供了一个全面了解和管理温室气体排放的工具，有助于企业制定减排措施、优化生产过程，并遵守相关的法律法规和环保要求。

温室气体主要包括二氧化碳、甲烷、氧化亚氮等，它们对地球的气候系统产生较大影响。其中，二氧化碳是最主要的温室气体，占总排放量的70%以上。因此，对二氧化碳排放进行评估和监测是评估温室气体排放情况的关键一环。碳排放报告专门关注二氧化碳的排放情况，是最常见的温室气体排放报告。通过收集、分析和评估相关数据，碳排放报告帮助企业准确了解自身的二氧化碳排放情况，并为制定减排策略和措施提供可靠的依据。同时，这也是企业履行环境责任的表现，有助于推动向低碳经济转型和可持续发展。

当前，首批纳入全国碳市场的控排企业有2225家发电企业，目前A股沪深

两市的上市公司有4455家。[①] 后期全国碳市场扩容后，控排企业数量将直追甚至超过A股。通过碳排放报告，企业可以从多个维度全面了解自身的碳排放情况。真实准确的碳排放数据对于碳市场的正常运转至关重要，它可以成为评估企业碳足迹、制定碳减排策略和推动低碳经济发展的基础依据。碳排放报告的编制和公开披露，有助于提高企业的透明度、引导企业积极履行社会责任，并激励企业采取行动去降低温室气体排放，推动可持续发展的目标的实现。在关注全球气候变化的背景下，碳排放报告的重要性日益凸显，它为企业提供了一个持续改善和评估的工具，促进了碳减排行动的开展，为构建更加绿色、低碳的未来贡献力量。

二、涉温室气体排放报告纠纷案件涉及的具体案件类型及对应的案由

2020年9月，国家主席习近平在第七十五届联合国大会一般性辩论上首次提出我国的"双碳"目标，即力争在2030年前实现碳达峰，努力争取在2060年前实现碳中和。这一目标是我国应对气候变化的重要举措，也是对国际社会的庄重承诺。

（一）拒绝履行温室气体排放报告义务

温室气体重点排放单位拒绝履行温室气体排放报告义务的原因是多方面的，同时拒绝履行该义务会带来严重的后果。

首先，温室气体重点排放单位履行温室气体排放报告义务的来源是于2023年9月15日审议并通过的《温室气体自愿减排交易管理办法（试行）》，以及各地依据当地情况制定的法律法规。例如，《深圳经济特区碳排放管理若干规定》《天津市碳达峰碳中和促进条例》《南昌市低碳发展促进条例》《上海市浦东新区绿色金融发展若干规定》等。

其次，排放单位拒绝履行温室气体排放报告义务的原因可以是出于经济利益的考虑。温室气体排放报告需要耗费一定的时间、人力和财力成本，排放单位

---

① https://baijiahao.baidu.com/s?id=1711851335893035034，最后访问日期：2023年10月11日。

可能认为这种报告对其运营和发展没有直接的经济回报,因此选择不履行。此外,一些排放单位可能存在不正当竞争的行为,不愿公开排放数据,以保护自身的竞争优势;也有一些排放单位可能存在违法排放行为,更不愿意履行排放报告义务。

最后,拒绝履行温室气体排放报告义务的排放单位将承担一定的后果。根据《法发〔2023〕5 号》的规定,支持行政机关依法作出行政处罚决定,即拒绝履行报告义务的排放单位可能面临罚款、停产整顿等行政处罚措施。此外,如果排放单位与技术服务机构串通欺骗,虚构、捏造、瞒报、漏报温室气体排放数据,还可能导致受害人遭受损失,受害人可以主张侵权损害赔偿。如果上述行为构成犯罪,相关责任人还可能承担刑事责任。

对排放单位而言,拒绝履行温室气体排放报告义务将带来严重的负面影响。首先,排放单位可能面临行政处罚,这将导致其经济利益受损,影响正常的生产经营活动。其次,拒绝履行报告义务可能会对排放单位的社会形象和声誉造成负面影响,可能引发舆论和社会的不满甚至谴责。此外,如果排放单位涉嫌犯罪,将面临刑事审判的风险,进而可能面临刑事处罚,给企业和相关责任人带来严重的法律后果。

(二)虚构、捏造、瞒报、漏报温室气体排放数据

为什么排放单位明知要承担严重的后果,仍然虚构、捏造、瞒报、漏报温室气体排放数据,并且出现技术服务机构与温室气体重点排放单位恶意串通、虚构、捏造、瞒报、漏报温室气体排放数据的现象,可以从以下四个方面进行分析。

第一,技术服务机构与温室气体重点排放单位如实报告温室气体排放数据的法律依据或义务来源是什么。温室气体重点排放单位有义务如实报告温室气体排放数据。这是基于环境保护、碳减排等法律法规的要求,旨在维护生态环境和推动可持续发展。对于技术服务机构而言,其法律义务是提供真实、准确的数据支持和专业判定,为排放单位提供技术服务和指导,以确保其报告的真实性和准确性。

第二,技术服务机构与温室气体重点排放单位虚构、捏造、瞒报、漏报温室气体排放数据的原因是什么。一方面,技术服务机构可能因为经济利益或与排放单位的利益关系而选择违法行为。虚构、捏造、瞒报、漏报数据可能会为排放单

位带来经济利益，例如降低排放费用或规避相应的环境保护责任。另一方面，排放单位面临着环境排放的监管压力和责任，对环境数据进行控制和虚假汇报，可能是为了规避法律法规的制约或行政处罚。

第三，技术服务机构与温室气体重点排放单位虚构、捏造、瞒报、漏报温室气体排放数据要承担哪些法律后果。根据相关法律法规，对于虚构、捏造、瞒报、漏报数据的行为，技术服务机构和温室气体重点排放单位都将承担相应的法律责任。例如，可能面临行政处罚，如罚款、停产整顿等；对于构成犯罪的行为，还有刑事追究的风险，相关责任人可能面临刑事处罚；同时，还可能承担侵权损害赔偿的民事责任，对受害人造成损失的，需予以赔偿。

第四，虚构、捏造、瞒报、漏报温室气体排放数据对技术服务机构与温室气体重点排放单位有哪些影响。对技术服务机构而言，虚构、捏造、瞒报、漏报数据可能会导致其信誉受损，失去行业声誉和客户信任，从而影响其经营发展。此外，由于相关法律法规对于数据真实性和准确性有着严格的监管，技术服务机构可能面临执法机关的调查和处罚。对温室气体重点排放单位而言，虚构、捏造、瞒报、漏报数据可能会给其带来行政处罚和民事诉讼的风险，同时也会损害其声誉和形象，对企业的可持续发展造成负面影响。

温室气体排放数据是评估全球气候变化的重要依据，必须确保其真实、准确、完整。然而，虚构、捏造、瞒报、漏报温室气体排放数据以及技术服务机构与温室气体重点排放单位恶意串通的现象时有发生，这不仅违反了法律法规，也违背了经济利益和环保责任。因此，相关主体需要认识到履行相关法律义务和道德责任的重要性，坚持诚信原则，积极履行环境保护责任，为碳减排和可持续发展作出积极贡献。

三、涉温室气体排放报告纠纷案件涉及的法律法规

涉温室气体排放报告的相关规定，在温室气体自愿减排交易管理办法与各地专门针对碳排放管理的规定中均有体现。从法的位阶和效力上来看，这些规定既有国家层面的，也有地方层面的，但总体来讲，法律位阶较低，而且各法律法规也在不断地修订中。现对关于涉温室气体排放报告纠纷案件所涉及的法律法规做如下梳理。

（一）《民法典》

我国于2021年1月1日开始实施的《民法典》是我国第一部以法典命名的法律，作为整个法律体系的基础，它在市场经济中具有重要的地位。

首先，我们需要正确理解和应用《民法典》中的“绿色原则”。根据《民法典》第9条的规定，民事主体在进行民事活动时应当有利于节约资源、保护生态环境。这意味着国家要求企业作为市场经济的参与者，在其所有的民事活动中遵守“绿色原则”。

其次，《民法典》的分编中多次涉及“绿色条款”。例如，在合同编第四章合同的履行中，第509条第3款规定：“当事人在履行合同过程中，应当避免浪费资源、污染环境和破坏生态。”另外，在侵权责任编第七章中，也有关于环境污染和生态破坏责任的法律规定，这些都属于“绿色条款”。

这些“绿色条款”旨在引导各方当事人在民事活动中注重节约资源、保护环境，并规范其行为。对于企业来说，这意味着在履行合同、开展业务和经营活动时，需要积极采取措施避免浪费资源、减少环境污染，保护生态。

因此，正确理解和应用《民法典》中的“绿色原则”以及其中的“绿色条款”，对于促进可持续发展、推动绿色经济具有重要的意义。企业应当认识到遵守“绿色原则”的重要性，并将其纳入企业的发展战略和经营活动中，为推动可持续发展作出自己的贡献。

（二）《温室气体自愿减排交易管理办法（试行）》

该管理办法是在2023年9月15日，由生态环境部部长黄润秋主持召开部务会议并审议并原则通过的。该管理办法是规定自愿减排交易市场基本框架的统领性文件，对于市场启动和运行具有重要意义。

该管理办法是保障全国温室气体自愿减排交易市场有序运行的基础性制度，目前其征求意见稿共分为8章46条，从自愿减排项目审定与登记、减排量核查与登记、减排量交易、审定与核查机构管理等环节，规定了温室气体自愿减排交易及其相关活动的基本管理要求，明确了各市场参与主体权利和责任。

该管理办法征求意见稿在与《温室气体管理办法》充分衔接的基础上，对主要环节进行备案管理的模式进行了调整，更加体现简政放权、放管结合、优化服务的改革要求。同时，进一步突出项目业主和第三方审定与核查机构的主体责任，加强全流程信息公开要求，强化事中、事后监管，切实维护市场诚信、公开、透明。

该管理办法征求意见稿在起草过程中，广泛听取了相关部门、行业协会、企业、审定与核查机构、科研机构等单位的意见，并在立足我国国情的前提下，最大限度与国际通行做法、《巴黎协定》全球市场机制要求保持一致，为国际对接创造条件。

（三）各地专门针对碳排放管理和碳中和促进制定的法律法规

除了上述在国家层面的“总章程”以外，各试点省市也出台了相应的规定，例如，《深圳经济特区碳排放管理若干规定》《天津市碳达峰碳中和促进条例》《南昌市低碳发展促进条例》《上海市浦东新区绿色金融发展若干规定》等。各地的规定和条例虽然名称不同，但目的都是加快经济发展方式转变，优化环境资源配置，合理控制能源消费总量，推动碳排放强度的持续下降。

（四）《刑法》

《刑法》第 229 条第 1 款和第 2 款对应提供虚假证明文件罪，第 3 款对应出具证明文件重大失实罪。根据《刑法》第 229 条规定，提供虚假证明文件罪是指承担资产评估、验资、验证、会计、审计、法律服务、保荐、安全评价、环境影响评价、环境监测等职责的中介组织的人员故意提供虚假证明文件，情节严重的行为。出具证明文件重大失实罪是指承担资产评估、验资、验证、会计、审计、法律服务、保荐、安全评价、环境影响评价、环境监测等职责的中介组织的人员严重不负责任，出具的证明文件有重大失实，造成严重后果的行为。

（五）最高人民检察院、公安部《关于公安机关管辖的刑事案件立案追诉标准的规定（二）》（以下简称《立案追诉标准（二）》）

2010 年 5 月、2011 年 11 月，最高人民检察院、公安部先后联合制定出台了《关于公安机关管辖的刑事案件立案追诉标准的规定（二）》（以下简称原《立案追诉标准（二）》）及其补充规定，对公安机关经济犯罪侦查部门管辖的 89 种刑事案件的立案追诉标准作了规定，为公安司法机关依法办理经济犯罪案件提供了明确依据，在依法惩治经济犯罪、保障国家经济安全、促进社会主义市场经济健康有序发展方面发挥了积极作用，取得了良好效果。《立案追诉标准（二）》的名称和体例沿用原《立案追诉标准(二)》的模式,条文内容包括公安机关管辖的78种经济犯罪案件的立案追诉标准及附则。

(六)最高人民法院、最高人民检察院《关于办理环境污染刑事案件适用法律若干问题的解释》

2023年8月8日,最高人民法院、最高人民检察院联合发布《关于办理环境污染刑事案件适用法律若干问题的解释》(法释〔2023〕7号)。该解释于2023年3月27日由最高人民法院审判委员会第1882次会议、2023年7月27日由最高人民检察院第十四届检察委员会第十次会议审议通过,自2023年8月15日(首个全国生态日)起施行。

近年来,一些技术服务机构及其人员在编制、核查温室气体排放报告或者与温室气体排放相关的检测检验过程中,通过篡改伪造数据等造假行为,骗取碳排放权配额盈余牟利,严重破坏了碳交易市场秩序,严厉打击此类违法行为成为监管实践的迫切需要。该解释第10条[①]将承担温室气体排放检验检测、排放报告编制或者核查等职责的中介组织的人员故意提供虚假证明文件的,也纳入《刑法》第229条[②]的适用范围。该解释明确碳排放检测数据和报告造假入刑,满足了环境监测新领域的实践要求。

---

① 最高人民法院、最高人民检察院《关于办理环境污染刑事案件适用法律若干问题的解释》第10条规定,承担环境影响评价、环境监测、温室气体排放检验检测、排放报告编制或者核查等职责的中介组织的人员故意提供虚假证明文件,具有下列情形之一的,应当认定为《刑法》第229条第1款规定的"情节严重":(1)违法所得30万元以上的;(2)2年内曾因提供虚假证明文件受过2次以上行政处罚,又提供虚假证明文件的;(3)其他情节严重的情形。实施前款规定的行为,在涉及公共安全的重大工程、项目中提供虚假的环境影响评价等证明文件,致使公共财产、国家和人民利益遭受特别重大损失的,应当依照《刑法》第229条第1款的规定,处5年以上10年以下有期徒刑,并处罚金。实施前两款规定的行为,同时索取他人财物或者非法收受他人财物构成犯罪的,依照处罚较重的规定定罪处罚。

② 《刑法》第229条规定,承担资产评估、验资、验证、会计、审计、法律服务、保荐、安全评价、环境影响评价、环境监测等职责的中介组织的人员故意提供虚假证明文件,情节严重的,处5年以下有期徒刑或者拘役,并处罚金;有下列情形之一的,处5年以上10年以下有期徒刑,并处罚金:(1)提供与证券发行相关的虚假的资产评估、会计、审计、法律服务、保荐等证明文件,情节特别严重的;(2)提供与重大资产交易相关的虚假的资产评估、会计、审计等证明文件,情节特别严重的;(3)在涉及公共安全的重大工程、项目中提供虚假的安全评价、环境影响评价等证明文件,致使公共财产、国家和人民利益遭受特别重大损失的。有前款行为,同时索取他人财物或者非法收受他人财物构成犯罪的,依照处罚较重的规定定罪处罚。第1款规定的人员,严重不负责任,出具的证明文件有重大失实,造成严重后果的,处3年以下有期徒刑或者拘役,并处或者单处罚金。

第二节　相关企业面临的主要法律风险

一、涉温室气体排放报告纠纷民事赔偿法律风险

在启动全国碳市场之前，不少煤电企业均未实测燃煤元素碳含量。2019 年 12 月底，生态环境部发文要求，燃煤的单位热值含碳量要采用实测值。没有实测值的企业，单位热值含碳量按 33.56t C/TJ（每太焦耳热值含碳 33.56 吨）计算。33.56t C/TJ 被定义为惩罚性缺省值，也被业内称为“高限值”。

所谓缺省值，是指依据经验设定的默认值，每个煤种有一个缺省值。而使用高限值计算碳排量，数据比各地此前采用的缺省值计算法高出 10% ~30%。由于直接测量二氧化碳排放量成本较高，中国以及国外的碳市场大多以参数（部分参数需要实测）核算的方法计算碳排放量。从技术角度看，计算出来的碳排放数据，5% 以内的偏差难以避免，但在政策标准有缺失、监管不够严格的情况下，人为操作的空间就会出现。

对此，针对涉温室气体排放报告的出具方和违约方分别作出以下风险提示与防控建议。

（一）对于涉温室气体排放报告出具方

风险提示：因为技术手段和数据收集方法可能不够科学和全面，或不完善的技术规范和政策标准都有可能导致数据的不准确性，并将使涉温室气体排放报告的准确性和可靠性存在缺陷。

法律风险：可能导致报告无效，无法完成委托，不但要向委托方返还支付的报酬，还可能需要承担违约责任。

（二）对于涉温室气体排放报告委托方

风险提示：不准确或失真的报告可能引发的法律责任和经济风险。

法律风险：不准确或失真的报告可能会误导投资者、股东等各方利益相关者，导致其投资决策出现错误，或产生经济损失。受损方可以要求委托方赔偿经济损失，并可能提起诉讼进行索赔。

二、涉温室气体排放报告纠纷行政处罚法律风险

（一）对于涉温室气体排放报告出具方

风险提示：出具虚假报告引发的法律责任和经济风险。

法律风险：对于出具方而言，虚假报告是最大的法律风险之一。如果出具的温室气体排放报告数据涉嫌虚假，可能面临行政处罚和民事赔偿等法律责任。

（二）对于涉温室气体排放报告委托方

风险提示：拒绝履行报告义务引发的法律责任和经济风险。

法律风险：作为温室气体重点排放单位，拒绝履行温室气体排放报告义务是最大的法律风险之一。根据相关法律法规和《法发〔2023〕5 号》的规定，行政机关可以依法对拒绝履行报告义务的违约方进行行政处罚。

三、涉温室气体排放报告纠纷刑事犯罪法律风险

（一）对于涉温室气体排放报告出具方

风险提示：人为操作的空间可能导致排放数据的篡改或失真。

法律风险：出具不实、虚假报告的，按照法律法规的规定将对出具报告的单位和主要责任人处以罚款、没收违法所得直至撤销、吊销、取消资质或者证书。构成犯罪的，对直接负责的主管人员、其他直接责任人员和单位，都要依法追究刑事责任，例如《刑法》第 292 条规定的“提供虚假文件罪”“出具证明文件重大失实罪”；《刑法》第 286 条规定的“破坏计算机信息系统罪”等。

（二）对于涉温室气体排放报告委托方

风险提示：企业数据安全和保密可能受到威胁，可能导致信息泄露和商业竞

争风险提升。

法律风险：企业数据可能包含自身商业秘密、合作伙伴和客户的个人信息。这些信息一旦泄露，可能构成合同违约、违反数据保护法，甚至侵犯客户的隐私权。不但会引起合作伙伴、客户的不满和抱怨，还会引发损害赔偿诉讼，甚至因为违反《数据保护法》《商业秘密保护法》《电信保护法》等法律法规而受到重大处罚。

第三节　涉温室气体排放报告纠纷案例评析

一、拒绝履行温室气体排放报告义务案例

以“拒绝履行温室气体排放报告义务”为关键词，截至 2022 年 12 月 31 日，公开的生效法律文书案件数量为 1 件，系深圳翔峰容器有限公司拒绝履行温室气体排放报告义务案，作出该判决的法院为：广东省深圳市中级人民法院，案件号：(2016)粤 03 行终 450 号。

【基本案情】

本案被上诉人(一审被告)深圳市发展和改革委员会(以下简称深圳市发改委)发现上诉人(一审原告)深圳翔峰容器有限公司(以下简称深圳翔峰)作为碳排放管控单位，存在未按时足额履行 2014 年度碳排放履约义务的情况，遂向其发出深发改〔2015〕749 号深圳市发改委关于责令深圳翔峰补交配额的通知，深圳翔峰收到通知后知道应该在 2015 年 7 月 10 日前补交与其超额碳排放量相等的配额，逾期未补交会被主管部门予以相应的处罚，但未按照通知的要求补交与其超额碳排放量相等的配额。后深圳市发改委对深圳翔峰作出深发改罚〔2015〕1 号深圳市发改委行政处罚决定书，决定对深圳翔峰处以从原告 2015 年度配额中扣除原告 2014 年度未足额补交的配额，并处原告 2014 年超额排放量(4928 吨)乘以履约当月(2015 年 6 月)之前连续 6 个月碳排放权交易市场配额平均价格(42.86 元/吨)3 倍的罚款，计人民币 633,642.24 元的行政处罚，并向深圳翔峰送达该行政处罚决定书。深圳翔峰收到后不服，向法院提起行政诉讼，诉请撤销深圳市发改委作出的行政处罚决定书。

【判决结果】

一、二审法院均认为深圳翔峰属于碳排放管控单位，其实际碳排放量超过了其实际配额，即未能依法及时足额履行碳排放履约义务，也未按照深圳市发改委的要求补交与其超额排放量相等的配额。深圳市发改委作出的行政处罚决定书

符合规定，程序合法，适用法律正确，法院予以支持。一审判决驳回深圳翔峰诉讼请求，二审法院经审理查明的事实与一审判决认定的事实一致，予以确认，驳回上诉，维持原判。

【案件评析】

本案涉及深圳市发改委对深圳翔峰进行行政处罚的问题。

根据案件事实和判决结果，深圳翔峰作为碳排放管控单位，在 2014 年度未按时足额履行碳排放履约义务。深圳市发改委根据《深圳市发展改革委关于责令深圳翔峰容器有限公司补交配额的通知》，要求深圳翔峰在规定期限内补交与其超额碳排放量相等的配额。然而，深圳翔峰未能按要求履行这一义务，导致受到行政处罚。

一审和二审法院均认定深圳翔峰存在实际碳排放量超过配额的违规行为。法院认为深圳市发改委作出的行政处罚决定书合法、程序正确，行政处罚决定符合相关法律规定。因此，法院支持深圳市发改委的行政处罚决定，并驳回深圳翔峰对决定的诉讼请求。

对于此案，法院作出的判决是合理的。根据我国相关法律法规，碳排放管控单位有责任履行碳排放履约义务，深圳翔峰作为这样一家单位，未能按时足额履行义务，且未补交超额排放量的配额，违反了相关规定。因此，深圳市发改委对其进行行政处罚的决定是必要的，也是对违规行为的合理惩处。

行政处罚的目的在于维护社会秩序，保护公共利益。在本案中，行政处罚不仅是对深圳翔峰违规行为的制裁，也起到了警示其他碳排放管控单位依法履行职责的作用。法院的裁决有利于维护碳排放管理的严谨性和公正性，促进低碳环保事业的可持续发展。

对于此类碳排放管控案件，律师建议企业应加强内部管理，确保碳排放量在配额范围内。同时，政府部门也应加大监管力度，提高碳排放管控的严格程度，以促进企业积极履行环保义务。

二、虚构、捏造、瞒报、漏报温室气体排放数据案例

（一）内蒙古鄂尔多斯高新材料公司虚报碳排放报告案

准确可靠的数据是碳排放权交易市场有效规范运行的生命线。以“虚构、捏

造、瞒报、漏报温室气体排放数据的”为关键词，可以检索到最早的案例是2021年7月，内蒙古自治区生态厅通报的内蒙古鄂尔多斯高新材料公司（以下简称内蒙古鄂尔多斯高新）虚报碳排放报告一案，这也是全国首例碳排放报告违法案件。

【基本案情】

2020年12月30日，内蒙古鄂尔多斯高新委托中碳能投科技（北京）有限公司（以下简称中创碳投）将2019年排放报告所附的2019年全年12份检测报告中部分内容篡改后，虚报给自治区生态环境厅委托的第三方核查机构进行核查。

2021年6月5日，经自治区生态环境厅执法人员调查核实，内蒙古鄂尔多斯高新将2019年排放报告所附的两个分厂的2019年全年12份检测报告中“报告编号、样品标识号、送检日期、验讫日期和报告日期”内容进行了篡改，并删除了防伪二维码。该公司的上述行为涉嫌违反了原《碳排放权交易管理暂行办法》（中华人民共和国国家发展和改革委员会令第17号）第26条“重点排放单位应根据国家标准或国务院碳交易主管部门公布的企业温室气体排放核算与报告指南，以及经备案的排放监测计划，每年编制其上一年度的温室气体排放报告，由核查机构进行核查并出具核查报告后，在规定时间内向所在省、自治区、直辖市的省级碳交易主管部门提交排放报告和核查报告”的规定。

【查处情况】

依据《行政处罚法》第23条“行政机关实施行政处罚时，应当责令改正或者限期改正违法行为”和原《碳排放权交易管理暂行办法》（中华人民共和国国家发展和改革委员会令第17号）第40条“重点排放单位有下列行为之一的，由所在省、自治区、直辖市的省级碳交易主管部门责令限期改正，逾期未改的，依法给予行政处罚：（一）虚报、瞒报或者拒绝履行排放报告义务……逾期仍未改正的，由省级碳交易主管部门指派核查机构测算其排放量，并将该排放量作为其履行配额清缴义务的依据”的规定，自治区生态环境厅于2021年6月5日，对内蒙古鄂尔多斯高新下达了环境违法行为责令改正决定书（内环责改〔2021〕4号），责令该企业限期改正违法行为。

【整改情况】

针对以上违法行为，内蒙古鄂尔多斯高新依据《企业温室气体排放报告核查指南(试行)》有关规范要求,对所有检测事项及排放报告重新进行了审核,并积极配合第三方核查机构完成第二次核查,确保核查真实准确,按时完成了整改。

【案件评析】

本案涉及内蒙古鄂尔多斯高新涉嫌篡改排放报告并虚报给第三方核查机构的问题。

根据案件事实和查处情况,内蒙古鄂尔多斯高新在2019年的排放报告中篡改了部分内容并删除了防伪二维码。此类行为涉嫌违反了相关法律法规,包括《碳排放权交易管理暂行办法》的相关规定。

根据《行政处罚法》和原《碳排放权交易管理暂行办法》的规定,行政机关在实施行政处罚时应责令改正违法行为。基于此,自治区生态环境厅下达了责令限期改正决定书,要求内蒙古鄂尔多斯高新限期改正违法行为。

针对整改情况,内蒙古鄂尔多斯高新依据《企业温室气体排放报告核查指南》的规范要求,重新审核了所有检测事项和排放报告,并积极配合第三方核查机构完成了第二次核查,以确保核查的真实性和准确性。内蒙古鄂尔多斯高新按时完成了整改,配合监管部门的要求。

对于此案,行政处罚的目的在于促使违法行为单位纠正错误,依法履行排放报告义务,并维护行业规范和公正的环境保护秩序。内蒙古鄂尔多斯高新的行为严重违反了法律法规,但在受到责令改正的决定后,该企业积极配合核查机构进行了整改,并按时完成了整改工作。这显示了企业的积极主动态度,对于遵守法律法规和环境保护负责任的态度。

内蒙古鄂尔多斯高新材料有限公司针对上述违法行为积极进行了整改,重新审核了所有检测事项及排放报告,确保核查的真实性和准确性。这种做法不仅是对违法行为的积极纠正,也为其他企业提供了借鉴,树立了依法合规经营的良好形象。这样的处理方式符合法律法规的要求,有助于促进环境保护和企业的合规管理。

总体来说,这个案件的查处、整改和审核过程,充分体现了政府机构对于碳排放权交易管理的重视和决心,也提醒所有企业必须遵守国家法律和规定,确保企业的行为合法、合规。

(二)生态环境部对辽宁省东煤测试分析研究院有限责任公司、青岛希诺新能源有限公司、北京中创碳投科技有限公司、中碳能投科技(北京)有限公司进行现场监督检查,发现违法情形

【基本案情】

2021年10月至12月,生态环境部组织31个工作组开展碳排放报告质量专项监督帮扶,以重点技术服务机构及其相关联的发电行业控排企业为切入点,围绕煤样采制、煤质化验、数据核验、报告编制等关键环节,深入开展现场监督检查。检查结果发现,辽宁省东煤测试分析研究院有限责任公司(以下简称辽宁东煤)"为集中补测元素碳含量的控排企业出具虚假分月报告,并伪造原始检测记录"。无独有偶,青岛希诺新能源有限公司(以下简称青岛希诺)、北京中创碳投科技有限公司(以下简称中创碳投)分别"受地方生态环境部门委托,核查控排企业碳排放报告工作程序不合格,核查工作走过场,核查结论明显失实";中碳能投科技(北京)有限公司(以下简称中碳能投)"篡改伪造煤质检测报告数据及关键信息,授意指导企业制作虚假煤样送检"。其中值得注意的是,中碳能投已不是第一次违法篡改碳排放报告数据,上文提到的全国首例碳排放报告违法案件即鄂尔多斯高新虚报碳排放报告一案中接受委托并篡改检测报告中部分内容的便是中碳能投。

【查处情况】

1. 辽宁东煤涉嫌编造虚假检测报告

经查,辽宁东煤为集中补测元素碳含量的控排企业出具虚假分月报告,帮助企业规避使用缺省值。主要问题如下:

一是编造虚假检测报告。2020年以来,为多家集中送检煤样的控排企业分月出具日期虚假的元素碳含量检测报告,篡改收样日期和检测日期。

二是伪造原始检测记录。伪造碳氢仪原始检测记录、样品检测委托书、样品试样编号记录单、仪器设备使用记录、样品处理台账等原始档案。内部质量控制体系缺失,煤质分析过程合规性、结果真实性难以证实。

2. 青岛希诺核查结论明显失实

经查,青岛希诺受地方生态环境部门委托核查控排企业碳排放报告工作程

序不合规,核查工作走过场,核查结论明显失实。主要问题如下:

一是核查程序不合规。青岛希诺未落实《企业温室气体排放报告核查指南(试行)》要求,在现场核查时主要是走一走、拍拍照,未对环评、排污许可等重要文件进行核实,核查工作走过场。核查报告"挂名"现象突出,核查报告签名人员与现场实际核查人员不符。

二是核查结论失实。青岛希诺对控排企业碳排放报告存在的机组"应纳未纳"、检测报告造假、参数选用和计算错误等明显问题"视而不见",工作流于形式。在控排企业没有煤质检测原始记录的情况下,虚构核查报告内容,写明已核对原始检测记录。针对企业碳排放报告使用入厂煤数据的情况,出具了"已核对入炉煤数据、确认无误"的结论。在明知控排企业 2019 年部分时间未检测低位发热量的情况下,出具了"企业按照规范方法每日开展监测"的结论,核查报告内容与企业实际情况明显不符。

3. 中创碳投核查工作"走过场"

经查,中创碳投受地方生态环境部门委托核查控排企业碳排放报告工作程序不合规,核查履职不到位,核查工作走过场。主要问题如下:

一是工作程序不符合规定,核查报告质量差。编制企业核查报告时,签名人员不参与实际核查工作,报告"挂名"现象突出。项目审核管理制度形同虚设,技术复核把关不到位,核查报告质量差。

二是核查履职不到位,核查结论失实。中创碳投未按照《碳排放权交易管理办法(试行)》《企业温室气体排放报告核查指南(试行)》等要求核实数据及文件的真实性、完整性和准确性,对控排企业碳排放报告中存在的检测报告造假、机组"应纳未纳"、参数选用和统计计算错误等明显问题"视而不见"。对于控排企业将初始碳排放报告元素碳含量缺省值改为实测值的重大变化,不核实数据来源及真实性,工作流于形式,履职不到位,核查报告结论失实。

4. 中碳能投篡改伪造检测报告

经查,中碳能投篡改伪造煤质检测报告数据及关键信息,指导企业制作虚假煤样,碳排放报告质量失控,数据造假问题突出。生态环境部披露,主要问题如下:

一是篡改伪造检测报告。中碳能投利用可编辑的检测报告模板,篡改内蒙古鄂尔多斯高新等控排企业元素碳含量检测报告的送检日期、检测日期、报告日期、报告编号等重要信息，将集中送检伪造成分月送样、分月检测，并删除了原始检测报告的二维码。篡改部分控排企业元素碳含量检测结果，并编造全水分数据用于折算收到基元素碳检测数据。

二是授意指导企业制作虚假煤样送检。在中碳能投与控排企业签订的咨询合同中，承诺“在分配方案和核算方法不变的情况下，可为电厂碳排放配额扭亏为盈，实现配额富裕”，明确“指导企业开展2019年和2020年入炉煤元素碳含量检测的采样、制样，并联系检测机构外检”。中碳能投在明知企业未留存历史煤样的情况下，授意指导多家控排企业临时制作煤样代替2019年、2020年的月混合煤样补测元素碳含量。

三是碳排放报告编制不实，报告内容失真。中碳能投编制的碳排放报告存在虚报瞒报燃煤量、供热量、外购电等重要生产数据，参数选用和统计计算错误等问题。碳排放报告质量控制缺失，不审核重要原始数据的真实性和准确性，部分项目存在多套数值不同的生产数据报表和煤质检测报告。

【案件评析】

本案涉及多家企业在碳排放报告质量方面存在严重违法行为，其中主要涉及到辽宁东煤、青岛希诺、中创碳投和中碳能投。涉及的主要法律问题包括数据造假、程序合规性和核查有效性等。

根据查处情况，辽宁东煤被发现为集中补测元素碳含量的控排企业出具虚假分月报告，并伪造原始检测记录。青岛希诺和中创碳投在核查控排企业碳排放报告工作中违规操作，核查程序不合规，核查结论失实。中碳能投篡改伪造煤质检测报告数据及关键信息，并指导企业制作虚假煤样送检，碳排放报告质量失控，数据造假问题严重。

案涉公司的行为严重违反了碳排放权交易市场的诚信原则和相关法律法规，根据《碳排放权交易管理办法（试行）》第37条规定，任何单位和个人不得编造、篡改、伪造碳排放监测、核算、核查数据，或者故意提供虚假碳排放数据。案涉公司的行为属于上述违法行为，应受到相应的法律制裁。

同时，案涉公司还违反了《企业温室气体排放报告核查指南（试行）》的相关规定。核查机构应当按照指南要求，对企业的碳排放报告进行核实、核算，并出具核查报告。案涉公司的行为属于未落实该指南要求，应受到相应的法律制裁。

这些企业的违法行为严重扰乱了碳排放报告的真实性和准确性。碳排放报告是衡量企业环境责任和评估环保状况的重要依据，信息的虚假和篡改不仅误导了监管部门的决策，也损害了环境保护的公信力。

针对这些违法行为，监管部门应依法采取行政处罚措施，严肃查处违规企业，以维护环境监管的公正和严肃性。同时，相关企业也应承担法律责任，对违规行为进行整改，并加强内部管理和监督，提高碳排放报告的质量和真实性。

对于碳排放报告质量违法行为的处理应严格依法进行，并加强对企业的监管和教育，确保企业遵守法律法规，在环境保护方面承担起应尽的责任。本案涉及的违法行为对碳排放权交易市场的公平性和公正性造成了严重影响，应受到法律的严惩。同时，也为碳排放权交易市场的其他参与者敲响了警钟，必须严格遵守相关法律法规和诚信原则，确保市场的健康有序发展。

第四节　涉温室气体排放报告纠纷风险防控建议

随着全球对气候变化和环境污染的关注不断增加,对温室气体排放报告的要求也日益严格。涉温室气体排放报告纠纷防控成为保护生态环境和推动可持续发展的重要任务。为了客观、准确地进行温室气体排放报告,降低法律风险,以下是一些防控建议。

一、企业要完善技术规范,优化数据收集方法

(1)建立更为详细和明确的技术规范,包括数据收集、核算方法和报告格式等方面,以确保数据报告的一致性和可比性。

(2)使用更为先进和准确的数据采集技术,例如高精度传感器、遥感技术等,提高数据采集的准确性和覆盖范围。

(3)提倡全行业的参与,促进行业标准的制定,以提高数据质量和监测方法的科学性。

二、企业要加强法律法规意识,建立健全内部管理制度和流程

(1)与涉温室气体排放报告相关的法律法规是防控的基础。相关主体应该加强对《民法典》《温室气体自愿减排交易管理办法(试行)》等法律法规的学习和理解,确保在编制温室气体排放报告过程中遵守相关法律的要求。

(2)温室气体排放报告的准确性和可靠性取决于数据的准确采集和管理。建议相关主体加强对温室气体排放数据的采集和管理,确保数据的真实性和可靠性。这包括建立完善的数据采集系统,规范数据的收集、储存和传输过程,并采用合适的技术手段确保数据的安全和完整性。

(3)要求报告出具方签署保密协议,明确对数据的保护责任和义务。

(4)定期评估和监督报告出具方的信息安全措施,确保数据的安全传输和存储。

(5)在合作完成(报告出具后)的合理期间内,要求报告出具方完整地、彻底地删除敏感、涉密的数据,若有必要可以要求损毁数据储存载体,以此保护企业数据安全。

三、企业要与第三方专业机构充分合作

(1)为了加强对温室气体排放报告的理解和认识,建议相关主体组织定期的培训和教育活动。这包括针对温室气体排放报告的法律法规和标准的培训,以及对相关人员技能和知识的提升。通过培训和教育,可以增强相关人员对温室气体排放报告的责任感,减少报告中的错误和违规行为。

(2)在涉温室气体排放报告纠纷防控过程中,当遇到法律问题和疑虑时,建议相关主体及时寻求法律咨询和指导。专业的律师或法律顾问可以根据具体情况提供合规建议和解决方案,帮助避免法律风险和纠纷的发生。

这些建议有助于降低法律风险,确保温室气体排放报告的准确性和合规性,推动可持续发展和环境保护的目标实现。

气候变化是当今世界面临的重要挑战之一,其中温室气体排放报告是推动应对气候变化的重要环节。然而,随着温室气体排放报告的广泛应用,涉温室气体排放报告纠纷也日益增多。本文通过分析涉温室气体排放报告纠纷防控的现状、问题及原因,提出了一系列防控建议。

在防控建议中,我们强调了技术规范和数据收集的改进、法律法规意识的加强、内部管理制度和流程的建立健全,以及对第三方专业机构的充分合作。这些措施旨在提高温室气体排放报告的准确性和可靠性,降低法律风险,推动可持续发展和环境保护的目标实现。

尽管本文已经对涉温室气体排放报告纠纷防控提出了一些建议,但防控工作仍然需要各方的共同参与和努力。希望这些建议能够为相关主体提供一定的参考和借鉴,促进温室气体排放报告工作的规范化和科学化,为应对气候变化和保护环境作出积极贡献。

结语

通过深入分析和探讨在环境法领域中的多个子领域案例展示了在不同层面、不同领域内，气候变化所带来的影响以及应对之道。

第一章中，我们引入了气候变化问题的背景，并探讨了司法审判在应对环境挑战方面的重要作用。目前全球气候变化问题日益严峻，我国作为全球最大的碳排放国，对全世界承诺将在2030年前实现碳达峰，并在2060年实现碳中和。为了完成这一目标，必须要有法律上的切实保障。司法审判之所以在环境法及碳达峰、碳中和领域起到重要作用，是因为它从法律层面推动政策有效实施、维护公平竞争、保护公民、法人和其他组织的合法权益，并强化司法审判对环保、能源等部门的监督，确保政策得到严格执行。本书在第一章介绍了在目前的司法实践中，截至目前已有多达17类新型案件，得到法院的关注与承认。这为我们后续对具体案例的分析提供了基础。

本书包含了广泛的案例，涵盖了新兴业态、能源开发、绿色金融、企业环境信息披露等多个领域。每个章节都凸显了在面对气候变化时，法律制度如何适应新的挑战，以保护环境和人民的权益。总体上，我们可以发现在《法发〔2023〕5号》精神的影响下，全国各地的法院对碳达峰碳中和领域的新概念、新类别案件的态度，正逐步从较为保守到积极肯定转变，将其纳入正常司法审判体系之中。从全球视角来看，我国也正与世界逐步接轨，对环境领域予以高度关注的同时，提供强有力的国家强制力保障。

值得一提的是，本书虽罗列了17类案件，但并不意味着未来将仅有这些类别的纠纷，随着“双碳”目标的平稳持续推进、相关“双碳”市场的开拓乃至与国际接轨，可以预见更新颖的案件将层出不穷，纠纷的形式可能也将更为复杂。这可能非常具有挑战性，但从长远来看，这将有利于我国环境法领域法律制度的完善。

在未来，环境法领域将继续在气候变化的背景下演进。以下是可能的发展趋势：

1. 法律适应性。随着气候变化问题不断升温，法律体系将需要更加灵活、适应性需要更强，以应对不断变化的环境挑战。一个不争的事实是，法律具有一定的滞后性，总是滞后于环境与形势的变化；当面对新形势与新型纠纷案件时，其滞后性将显得尤为突出，有时会跟不上环境变化的脚步。但同时，由于气候变化问题同样迫在眉睫，在未来，在各个层级与效力的法律文件相继出台之前，我国将可能在现有的法律制度上,通过对法律进行合理的解释以使其趋于灵活,以适应最新的环境。

2. 国际合作。气候变化是全球性问题,国际合作将变得更加紧迫。国际条约和合作机制的发展将在应对气候问题中扮演重要角色。气候变化问题归根结底需要所有国家的共同努力。国际条约是国际合作的基础和框架,它为各国提供了一致的原则和规则,以规范和指导各国的行为和义务;合作机制是国际合作的工具和平台,它为各国提供了交流和协作的机会和资源,以促进和加强各国的行动和能力。在未来,国家与国家之间可能将达成环境法领域相关的新国际条约与合作机制,以有效应对气候变化。

3. 绿色金融。绿色金融将不仅局限于市场发展,法律和监管框架将逐步完善,确保其发展具备可持续性。可持续发展和社会责任是绿色金融的目的和价值所在,它为绿色金融提供了理念和动机。随着 ESG 等环保理念深入人心,金融市场将逐步从传统的“以金银两色为绝对主导”转变为“以绿色、青色为价值追求”。绿色金融相关法律和监管框架也将在上述指导精神的影响下逐步得到完善。需要注意的是,完善可能不仅包括制定新的绿色金融法律法规,也将包括修订、更改,甚至废止一些不具有可持续发展性、不再适应绿色金融价值取向的规定。

4. 科技创新。科技创新将为环境法领域带来新的解决方案,包括数据监测、智能监管等方面的进步。为了满足法律的要求,科技创新将提高环境法的效率和效果,降低环境法的成本和难度。科技创新将涉及环境法的制定、实施、监督、评估等各个环节。例如,卫星遥感、物联网、人工智能等技术可以用于监测和分析环境状况、污染源、气候变化等信息,为环境法的制定和执行提供数据支持和智能辅助。

5. 公众参与。公众参与将使环境法的制定、实施、监督、评估等具有合理性、社会适用性,公众参与可以提高环境法的透明度和公信力,增强环境法的权威性和有效性。在现有环保政策的大力推行下,公众的环保意识得到提升,并将推动更多的公众参与,同时促进政策和法律的制定更加符合民众期待。

通过对多个类型案例的分析,我们深入了解了气候变化对社会和法律带来的影响。面对这一全球性挑战,法律制度的不断创新和完善至关重要。我们有理由相信,通过全球各国的共同努力,将能够应对气候变化带来的各种挑战,为地球的未来保驾护航。

感谢您阅读本书。我们希望这些案例和讨论能够引发更多有关环境法和气候变化问题的思考,为构建一个更加可持续的未来社会贡献智慧和力量。

附录

附录一:新业态新模式生产服务消费纠纷案件相关法条摘录

一、民事方面

1.《民法典》

第九条　民事主体从事民事活动,应当有利于节约资源、保护生态环境。

第七编　侵权责任中的第七章　环境污染和生态破坏责任(略)

2.《大气污染防治法》

第六条　国家鼓励和支持大气污染防治科学技术研究,开展对大气污染来源及其变化趋势的分析,推广先进适用的大气污染防治技术和装备,促进科技成果转化,发挥科学技术在大气污染防治中的支撑作用。

第七条　企业事业单位和其他生产经营者应当采取有效措施,防止、减少大气污染,对所造成的损害依法承担责任。

公民应当增强大气环境保护意识,采取低碳、节俭的生活方式,自觉履行大气环境保护义务。

第七章　法律责任(略)

3.《森林法》

第三条　保护、培育、利用森林资源应当尊重自然、顺应自然,坚持生态优先、保护优先、保育结合、可持续发展的原则。

第十一条　国家采取措施,鼓励和支持林业科学研究,推广先进适用的林业技术,提高林业科学技术水平。

第五十一条　商品林由林业经营者依法自主经营。在不破坏生态的前提下,可以采取集约化经营措施,合理利用森林、林木、林地,提高商品林经济效益。

第八章　法律责任(略)

4.《促进科技成果转化法》

第三条　科技成果转化活动应当有利于加快实施创新驱动发展战略，促进科技与经济的结合，有利于提高经济效益、社会效益和保护环境、合理利用资源，有利于促进经济建设、社会发展和维护国家安全。

科技成果转化活动应当尊重市场规律，发挥企业的主体作用，遵循自愿、互利、公平、诚实信用的原则，依照法律法规规定和合同约定，享有权益，承担风险。科技成果转化活动中的知识产权受法律保护。

科技成果转化活动应当遵守法律法规，维护国家利益，不得损害社会公共利益和他人合法权益。

第五章　法律责任（略）

5.《节约能源法》

第六条　国家实行节能目标责任制和节能考核评价制度，将节能目标完成情况作为对地方人民政府及其负责人考核评价的内容。

省、自治区、直辖市人民政府每年向国务院报告节能目标责任的履行情况。

第七条　国家实行有利于节能和环境保护的产业政策，限制发展高耗能、高污染行业，发展节能环保型产业。

国务院和省、自治区、直辖市人民政府应当加强节能工作，合理调整产业结构、企业结构、产品结构和能源消费结构，推动企业降低单位产值能耗和单位产品能耗，淘汰落后的生产能力，改进能源的开发、加工、转换、输送、储存和供应，提高能源利用效率。

国家鼓励、支持开发和利用新能源、可再生能源。

第八条　国家鼓励、支持节能科学技术的研究、开发、示范和推广，促进节能技术创新与进步。

国家开展节能宣传和教育，将节能知识纳入国民教育和培训体系，普及节能科学知识，增强全民的节能意识，提倡节约型的消费方式。

第九条　任何单位和个人都应当依法履行节能义务，有权检举浪费能源的行为。

新闻媒体应当宣传节能法律、法规和政策，发挥舆论监督作用。

第五章　鼓励措施（略）

第六章　法律责任（略）

6.《碳排放权交易管理办法(试行)》

第三条　全国碳排放权交易及相关活动应当坚持市场导向、循序渐进、公平公开和诚实守信的原则。

第四条　生态环境部按照国家有关规定建设全国碳排放权交易市场。

全国碳排放权交易市场覆盖的温室气体种类和行业范围,由生态环境部拟订,按程序报批后实施,并向社会公开。

第五条　生态环境部按照国家有关规定,组织建立全国碳排放权注册登记机构和全国碳排放权交易机构,组织建设全国碳排放权注册登记系统和全国碳排放权交易系统。

全国碳排放权注册登记机构通过全国碳排放权注册登记系统,记录碳排放配额的持有、变更、清缴、注销等信息,并提供结算服务。全国碳排放权注册登记系统记录的信息是判断碳排放配额归属的最终依据。

全国碳排放权交易机构负责组织开展全国碳排放权集中统一交易。

全国碳排放权注册登记机构和全国碳排放权交易机构应当定期向生态环境部报告全国碳排放权登记、交易、结算等活动和机构运行有关情况,以及应当报告的其他重大事项,并保证全国碳排放权注册登记系统和全国碳排放权交易系统安全稳定可靠运行。

第六条　生态环境部负责制定全国碳排放权交易及相关活动的技术规范,加强对地方碳排放配额分配、温室气体排放报告与核查的监督管理,并会同国务院其他有关部门对全国碳排放权交易及相关活动进行监督管理和指导。

省级生态环境主管部门负责在本行政区域内组织开展碳排放配额分配和清缴、温室气体排放报告的核查等相关活动,并进行监督管理。

设区的市级生态环境主管部门负责配合省级生态环境主管部门落实相关具体工作,并根据本办法有关规定实施监督管理。

第七条　全国碳排放权注册登记机构和全国碳排放权交易机构及其工作人员,应当遵守全国碳排放权交易及相关活动的技术规范,并遵守国家其他有关主管部门关于交易监管的规定。

第七章　罚则(略)

7.《最高人民法院关于审理生态环境损害赔偿案件的若干规定》

第十一条　被告违反国家规定造成生态环境损害的，人民法院应当根据原告的诉讼请求以及具体案情，合理判决被告承担修复生态环境、赔偿损失、停止侵害、排除妨碍、消除危险、赔礼道歉等民事责任。

第十二条　受损生态环境能够修复的，人民法院应当依法判决被告承担修复责任，并同时确定被告不履行修复义务时应承担的生态环境修复费用。生态环境修复费用包括制定、实施修复方案的费用，修复期间的监测、监管费用，以及修复完成后的验收费用、修复效果后评估费用等。

原告请求被告赔偿生态环境受到损害至修复完成期间服务功能损失的，人民法院根据具体案情予以判决。

第十七条　人民法院受理因同一损害生态环境行为提起的生态环境损害赔偿诉讼案件和民事公益诉讼案件，应先中止民事公益诉讼案件的审理，待生态环境损害赔偿诉讼案件审理完毕后，就民事公益诉讼案件未被涵盖的诉讼请求依法作出裁判。

二、行政方面

1.《行政许可法》（略）
2.《行政处罚法》（略）
3.《行政强制法》（略）
4.《生态环境行政处罚办法》（略）

三、刑事方面

《刑法》

第一百四十条　【生产、销售伪劣产品罪】生产者、销售者在产品中掺杂、掺假，以假充真，以次充好或者以不合格产品冒充合格产品，销售金额五万元以上不满二十万元的，处二年以下有期徒刑或者拘役，并处或者单处销售金额百分之五十以上二倍以下罚金；销售金额二十万元以上不满五十万元的，处二年以上七年以下有期徒刑，并处销售金额百分之五十以上二倍以下罚金；销售金额五十万元以上不满二百万元的,处七年以上有期徒刑,并处销售金额百分之五十以上二倍以下罚金;销售金额二百万元以上的,处十五年有期徒刑或者无期徒刑,并处销售金额百分之五十以上二倍以下罚金或者没收财产。

第一百四十三条 【生产、销售不符合安全标准的食品罪】生产、销售不符合食品安全标准的食品,足以造成严重食物中毒事故或者其他严重食源性疾病的,处三年以下有期徒刑或者拘役,并处罚金;对人体健康造成严重危害或者有其他严重情节的,处三年以上七年以下有期徒刑,并处罚金;后果特别严重的,处七年以上有期徒刑或者无期徒刑,并处罚金或者没收财产。

第三百三十八条 【污染环境罪】违反国家规定,排放、倾倒或者处置有放射性的废物、含传染病病原体的废物、有毒物质或者其他有害物质,严重污染环境的,处三年以下有期徒刑或者拘役,并处或者单处罚金;情节严重的,处三年以上七年以下有期徒刑,并处罚金;有下列情形之一的,处七年以上有期徒刑,并处罚金:

(一)在饮用水水源保护区、自然保护地核心保护区等依法确定的重点保护区域排放、倾倒、处置有放射性的废物、含传染病病原体的废物、有毒物质,情节特别严重的;

(二)向国家确定的重要江河、湖泊水域排放、倾倒、处置有放射性的废物、含传染病病原体的废物、有毒物质,情节特别严重的;

(三)致使大量永久基本农田基本功能丧失或者遭受永久性破坏的;

(四)致使多人重伤、严重疾病,或者致人严重残疾、死亡的。

有前款行为,同时构成其他犯罪的,依照处罚较重的规定定罪处罚。

第三百四十二条 【非法占用农用地罪】违反土地管理法规,非法占用耕地、林地等农用地,改变被占用土地用途,数量较大,造成耕地、林地等农用地大量毁坏的,处五年以下有期徒刑或者拘役,并处或者单处罚金。

第三百四十二条之一 【破坏自然保护地罪】违反自然保护地管理法规,在国家公园、国家级自然保护区进行开垦、开发活动或者修建建筑物,造成严重后果或者有其他恶劣情节的,处五年以下有期徒刑或者拘役,并处或者单处罚金。

有前款行为,同时构成其他犯罪的,依照处罚较重的规定定罪处罚。

第三百四十六条 【单位犯破坏环境资源罪的处罚规定】单位犯本节第三百三十八条至第三百四十五条规定之罪的,对单位判处罚金,并对其直接负责的主管人员和其他直接责任人员,依照本节各该条的规定处罚。

附录二：温室气体排放侵权纠纷案件相关法条摘录

一、民事方面

1.《民法典》

第九条　民事主体从事民事活动，应当有利于节约资源、保护生态环境。

第一千二百二十九条　因污染环境、破坏生态造成他人损害的，侵权人应当承担侵权责任。

第一千二百三十条　因污染环境、破坏生态发生纠纷，行为人应当就法律规定的不承担责任或者减轻责任的情形及其行为与损害之间不存在因果关系承担举证责任。

第一千二百三十一条　两个以上侵权人污染环境、破坏生态的，承担责任的大小，根据污染物的种类、浓度、排放量，破坏生态的方式、范围、程度，以及行为对损害后果所起的作用等因素确定。

第一千二百三十二条　侵权人违反法律规定故意污染环境、破坏生态造成严重后果的，被侵权人有权请求相应的惩罚性赔偿。

第一千二百三十三条　因第三人的过错污染环境、破坏生态的，被侵权人可以向侵权人请求赔偿，也可以向第三人请求赔偿。侵权人赔偿后，有权向第三人追偿。

2.《环境保护法》

第五十八条　对污染环境、破坏生态，损害社会公共利益的行为，符合下列条件的社会组织可以向人民法院提起诉讼：

（一）依法在设区的市级以上人民政府民政部门登记；

（二）专门从事环境保护公益活动连续五年以上且无违法记录。

符合前款规定的社会组织向人民法院提起诉讼，人民法院应当依法受理。

提起诉讼的社会组织不得通过诉讼牟取经济利益。

第六十四条　因污染环境和破坏生态造成损害的,应当依照《中华人民共和国侵权责任法》的有关规定承担侵权责任。

3.《大气污染防治法》

第二十条　企业事业单位和其他生产经营者向大气排放污染物的,应当依照法律法规和国务院生态环境主管部门的规定设置大气污染物排放口。

禁止通过偷排、篡改或者伪造监测数据、以逃避现场检查为目的的临时停产、非紧急情况下开启应急排放通道、不正常运行大气污染防治设施等逃避监管的方式排放大气污染物。

第二十四条　企业事业单位和其他生产经营者应当按照国家有关规定和监测规范,对其排放的工业废气和本法第七十八条规定名录中所列有毒有害大气污染物进行监测,并保存原始监测记录。其中,重点排污单位应当安装、使用大气污染物排放自动监测设备,与生态环境主管部门的监控设备联网,保证监测设备正常运行并依法公开排放信息。监测的具体办法和重点排污单位的条件由国务院生态环境主管部门规定。

重点排污单位名录由设区的市级以上地方人民政府生态环境主管部门按照国务院生态环境主管部门的规定,根据本行政区域的大气环境承载力、重点大气污染物排放总量控制指标的要求以及排污单位排放大气污染物的种类、数量和浓度等因素,商有关部门确定,并向社会公布。

第三十条　企业事业单位和其他生产经营者违反法律法规规定排放大气污染物,造成或者可能造成严重大气污染,或者有关证据可能灭失或者被隐匿的,县级以上人民政府生态环境主管部门和其他负有大气环境保护监督管理职责的部门,可以对有关设施、设备、物品采取查封、扣押等行政强制措施。

4.《最高人民法院关于生态环境侵权民事诉讼证据的若干规定》

第二条　环境污染责任纠纷案件、生态破坏责任纠纷案件的原告应当就以下事实承担举证责任:

(一)被告实施了污染环境或者破坏生态的行为;

(二)原告人身、财产受到损害或者有遭受损害的危险。

第三条　生态环境保护民事公益诉讼案件的原告应当就以下事实承担举证责任:

(一)被告实施了污染环境或者破坏生态的行为,且该行为违反国家规定;

（二）生态环境受到损害或者有遭受损害的重大风险。

第五条　原告起诉请求被告承担环境污染、生态破坏责任的，应当提供被告行为与损害之间具有关联性的证据。

人民法院应当根据当事人提交的证据，结合污染环境、破坏生态的行为方式、污染物的性质、环境介质的类型、生态因素的特征、时间顺序、空间距离等因素，综合判断被告行为与损害之间的关联性是否成立。

第六条　被告应当就其行为与损害之间不存在因果关系承担举证责任。

被告主张不承担责任或者减轻责任的，应当就法律规定的不承担责任或者减轻责任的情形承担举证责任。

第七条　被告证明其排放的污染物、释放的生态因素、产生的生态影响未到达损害发生地，或者其行为在损害发生后才实施且未加重损害后果，或者存在其行为不可能导致损害发生的其他情形的，人民法院应当认定被告行为与损害之间不存在因果关系。

第十四条　人民法院调查收集、保全或者勘验涉及环境污染、生态破坏专门性问题的证据，应当遵守相关技术规范。必要时，可以通知鉴定人到场，或者邀请负有环境资源保护监督管理职责的部门派员协助。

5.有关温室气体污染防治的地方政府规章

《石家庄市低碳发展促进条例》（2016年）（略）

《关于推进碳达峰碳中和的决定》（2022年）（略）

《天津市碳达峰碳中和促进条例》（2021年）（略）

二、刑事方面

1.《刑法》

第三百三十八条　【污染环境罪】违反国家规定，排放、倾倒或者处置有放射性的废物、含传染病病原体的废物、有毒物质或者其他有害物质，严重污染环境的，处三年以下有期徒刑或者拘役，并处或者单处罚金；情节严重的，处三年以上七年以下有期徒刑，并处罚金；有下列情形之一的，处七年以上有期徒刑，并处罚金：

（一）在饮用水水源保护区、自然保护地核心保护区等依法确定的重点保护

区域排放、倾倒、处置有放射性的废物、含传染病病原体的废物、有毒物质,情节特别严重的;

(二)向国家确定的重要江河、湖泊水域排放、倾倒、处置有放射性的废物、含传染病病原体的废物、有毒物质,情节特别严重的;

(三)致使大量永久基本农田基本功能丧失或者遭受永久性破坏的;

(四)致使多人重伤、严重疾病,或者致人严重残疾、死亡的。

有前款行为,同时构成其他犯罪的,依照处罚较重的规定定罪处罚。

第三百四十六条 【单位犯破坏环境资源罪的处罚规定】单位犯本节第三百三十八条至第三百四十五条规定之罪的,对单位判处罚金,并对其直接负责的主管人员和其他直接责任人员,依照本节各该条的规定处罚。

2.《最高人民法院关于办理环境污染刑事案件适用法律若干问题的解释》

第一条 实施刑法第三百三十八条规定的行为,具有下列情形之一的,应当认定为“严重污染环境”:

(一)在饮用水水源保护区、自然保护地核心保护区等依法确定的重点保护区域排放、倾倒、处置有放射性的废物、含传染病病原体的废物、有毒物质的;

(二)非法排放、倾倒、处置危险废物三吨以上的;

(三)排放、倾倒、处置含铅、汞、镉、铬、砷、铊、锑的污染物,超过国家或者地方污染物排放标准三倍以上的;

(四)排放、倾倒、处置含镍、铜、锌、银、钒、锰、钴的污染物,超过国家或者地方污染物排放标准十倍以上的;

(五)通过暗管、渗井、渗坑、裂隙、溶洞、灌注、非紧急情况下开启大气应急排放通道等逃避监管的方式排放、倾倒、处置有放射性的废物、含传染病病原体的废物、有毒物质的;

(六)二年内曾因在重污染天气预警期间,违反国家规定,超标排放二氧化硫、氮氧化物等实行排放总量控制的大气污染物受过二次以上行政处罚,又实施此类行为的;

(七)重点排污单位、实行排污许可重点管理的单位篡改、伪造自动监测数据或者干扰自动监测设施,排放化学需氧量、氨氮、二氧化硫、氮氧化物等污染物的;

(八)二年内曾因违反国家规定,排放、倾倒、处置有放射性的废物、含传染病病原体的废物、有毒物质受过二次以上行政处罚，又实施此类行为的；

（九）违法所得或者致使公私财产损失三十万元以上的；

（十）致使乡镇集中式饮用水水源取水中断十二小时以上的；

（十一）其他严重污染环境的情形。

第十条　承担环境影响评价、环境监测、温室气体排放检验检测、排放报告编制或者核查等职责的中介组织的人员故意提供虚假证明文件，具有下列情形之一的，应当认定为刑法第二百二十九条第一款规定的“情节严重”：

（一）违法所得三十万元以上的；

（二）二年内曾因提供虚假证明文件受过二次以上行政处罚，又提供虚假证明文件的；

（三）其他情节严重的情形。

实施前款规定的行为，在涉及公共安全的重大工程、项目中提供虚假的环境影响评价等证明文件，致使公共财产、国家和人民利益遭受特别重大损失的，应当依照刑法第二百二十九条第一款的规定，处五年以上十年以下有期徒刑，并处罚金。

实施前两款规定的行为，同时索取他人财物或者非法收受他人财物构成犯罪的，依照处罚较重的规定定罪处罚。

附录三：大气污染防治纠纷案件相关法条摘录

一、民事方面

1.《民法典》

第九条　民事主体从事民事活动，应当有利于节约资源、保护生态环境。

第五百零九条　当事人应当按照约定全面履行自己的义务。

当事人应当遵循诚信原则，根据合同的性质、目的和交易习惯履行通知、协助、保密等义务。

当事人在履行合同过程中，应当避免浪费资源、污染环境和破坏生态。

第七编　侵权责任中的第七章　环境污染和生态破坏责任（略）

2.《环境保护法》

第六条　一切单位和个人都有保护环境的义务。

地方各级人民政府应当对本行政区域的环境质量负责。

企业事业单位和其他生产经营者应当防止、减少环境污染和生态破坏，对所造成的损害依法承担责任。

公民应当增强环境保护意识，采取低碳、节俭的生活方式，自觉履行环境保护义务。

第三十二条　国家加强对大气、水、土壤等的保护，建立和完善相应的调查、监测、评估和修复制度。

第四十二条　排放污染物的企业事业单位和其他生产经营者，应当采取措施，防治在生产建设或者其他活动中产生的废气、废水、废渣、医疗废物、粉尘、恶臭气体、放射性物质以及噪声、振动、光辐射、电磁辐射等对环境的污染和危害。

排放污染物的企业事业单位，应当建立环境保护责任制度，明确单位负责人和相关人员的责任。

重点排污单位应当按照国家有关规定和监测规范安装使用监测设备，保证监测设备正常运行，保存原始监测记录。严禁通过暗管、渗井、渗坑、灌注或者篡改、伪造监测数据，或者不正常运行防治污染设施等逃避监管的方式违法排放污染物。

第五十九条　企业事业单位和其他生产经营者违法排放污染物，受到罚款处罚，被责令改正，拒不改正的，依法作出处罚决定的行政机关可以自责令改正之日的次日起，按照原处罚数额按日连续处罚。

前款规定的罚款处罚，依照有关法律法规按照防治污染设施的运行成本、违法行为造成的直接损失或者违法所得等因素确定的规定执行。

地方性法规可以根据环境保护的实际需要，增加第一款规定的按日连续处罚的违法行为的种类。

第六十条　企业事业单位和其他生产经营者超过污染物排放标准或者超过重点污染物排放总量控制指标排放污染物的，县级以上人民政府环境保护主管部门可以责令其采取限制生产、停产整治等措施；情节严重的，报经有批准权的人民政府批准，责令停业、关闭。

第六十三条　企业事业单位和其他生产经营者有下列行为之一，尚不构成犯罪的，除依照有关法律法规规定予以处罚外，由县级以上人民政府环境保护主管部门或者其他有关部门将案件移送公安机关，对其直接负责的主管人员和其他直接责任人员，处十日以上十五日以下拘留；情节较轻的，处五日以上十日以下拘留：

（一）建设项目未依法进行环境影响评价，被责令停止建设，拒不执行的；

（二）违反法律规定，未取得排污许可证排放污染物，被责令停止排污，拒不执行的；

（三）通过暗管、渗井、渗坑、灌注或者篡改、伪造监测数据，或者不正常运行防治污染设施等逃避监管的方式违法排放污染物的；

（四）生产、使用国家明令禁止生产、使用的农药，被责令改正，拒不改正的。

第六十四条　因污染环境和破坏生态造成损害的，应当依照《中华人民共和国侵权责任法》的有关规定承担侵权责任。

第六十九条　违反本法规定，构成犯罪的，依法追究刑事责任。

3.《大气污染防治法》

第九十九条　违反本法规定，有下列行为之一的，由县级以上人民政府生态环境主管部门责令改正或者限制生产、停产整治，并处十万元以上一百万元以下的罚款；情节严重的，报经有批准权的人民政府批准，责令停业、关闭：

（一）未依法取得排污许可证排放大气污染物的；

（二）超过大气污染物排放标准或者超过重点大气污染物排放总量控制指标排放大气污染物的；

（三）通过逃避监管的方式排放大气污染物的。

第一百零二条 违反本法规定，煤矿未按照规定建设配套煤炭洗选设施的，由县级以上人民政府能源主管部门责令改正，处十万元以上一百万元以下的罚款；拒不改正的，报经有批准权的人民政府批准，责令停业、关闭。

违反本法规定，开采含放射性和砷等有毒有害物质超过规定标准的煤炭的，由县级以上人民政府按照国务院规定的权限责令停业、关闭。

第一百零八条 违反本法规定，有下列行为之一的，由县级以上人民政府生态环境主管部门责令改正，处二万元以上二十万元以下的罚款；拒不改正的，责令停产整治：

（一）产生含挥发性有机物废气的生产和服务活动，未在密闭空间或者设备中进行，未按照规定安装、使用污染防治设施，或者未采取减少废气排放措施的；

（二）工业涂装企业未使用低挥发性有机物含量涂料或者未建立、保存台账的；

（三）石油、化工以及其他生产和使用有机溶剂的企业，未采取措施对管道、设备进行日常维护、维修，减少物料泄漏或者对泄漏的物料未及时收集处理的；

（四）储油储气库、加油加气站和油罐车、气罐车等，未按照国家有关规定安装并正常使用油气回收装置的；

（五）钢铁、建材、有色金属、石油、化工、制药、矿产开采等企业，未采取集中收集处理、密闭、围挡、遮盖、清扫、洒水等措施，控制、减少粉尘和气态污染物排放的；

（六）工业生产、垃圾填埋或者其他活动中产生的可燃性气体未回收利用，不具备回收利用条件未进行防治污染处理，或者可燃性气体回收利用装置不能正常作业，未及时修复或者更新的。

第一百零九条 违反本法规定，生产超过污染物排放标准的机动车、非道路移动机械的，由省级以上人民政府生态环境主管部门责令改正，没收违法所得，并处货值金额一倍以上三倍以下的罚款，没收销毁无法达到污染物排放标准的机动车、非道路移动机械；拒不改正的，责令停产整治，并由国务院机动车生产主管部门责令停止生产该车型。

违反本法规定，机动车、非道路移动机械生产企业对发动机、污染控制装置弄虚作假、以次充好，冒充排放检验合格产品出厂销售的，由省级以上人民政府生态环境主管部门责令停产整治，没收违法所得，并处货值金额一倍以上三倍以下的罚款，没收销毁无法达到污染物排放标准的机动车、非道路移动机械，并由国务院机动车生产主管部门责令停止生产该车型。

第一百一十条　违反本法规定，进口、销售超过污染物排放标准的机动车、非道路移动机械的，由县级以上人民政府市场监督管理部门、海关按照职责没收违法所得，并处货值金额一倍以上三倍以下的罚款，没收销毁无法达到污染物排放标准的机动车、非道路移动机械；进口行为构成走私的，由海关依法予以处罚。

违反本法规定，销售的机动车、非道路移动机械不符合污染物排放标准的，销售者应当负责修理、更换、退货；给购买者造成损失的，销售者应当赔偿损失。

4.《消耗臭氧层物质管理条例》

第五条　国家逐步削减并最终淘汰作为制冷剂、发泡剂、灭火剂、溶剂、清洗剂、加工助剂、杀虫剂、气雾剂、膨胀剂等用途的消耗臭氧层物质。

国务院环境保护主管部门会同国务院有关部门拟订《中国逐步淘汰消耗臭氧层物质国家方案》（以下简称国家方案），报国务院批准后实施。

第三十一条　无生产配额许可证生产消耗臭氧层物质的，由所在地县级以上地方人民政府环境保护主管部门责令停止违法行为，没收用于违法生产消耗臭氧层物质的原料、违法生产的消耗臭氧层物质和违法所得，拆除、销毁用于违法生产消耗臭氧层物质的设备、设施，并处100万元的罚款。

第三十四条　消耗臭氧层物质的生产、销售、使用单位向不符合本条例规定的单位销售或者购买消耗臭氧层物质的，由所在地县级以上地方人民政府环境保护主管部门责令改正，没收违法销售或者购买的消耗臭氧层物质和违法所得，处以所销售或者购买的消耗臭氧层物质市场总价3倍的罚款；对取得生产、使用配额许可证的单位，报国务院环境保护主管部门核减其生产、使用配额数量。

第四十条　进出口单位无进出口许可证或者超出进出口许可证的规定进出口消耗臭氧层物质的，由海关依照有关法律、行政法规的规定予以处罚；构成犯罪的,依法追究刑事责任。

5.《生态环境损害赔偿管理规定》

第四条 本规定所称生态环境损害,是指因污染环境、破坏生态造成大气、地表水、地下水、土壤、森林等环境要素和植物、动物、微生物等生物要素的不利改变,以及上述要素构成的生态系统功能退化。

违反国家规定造成生态环境损害的,按照《生态环境损害赔偿制度改革方案》和本规定要求,依法追究生态环境损害赔偿责任。

以下情形不适用本规定:

(一)涉及人身伤害、个人和集体财产损失要求赔偿的,适用《中华人民共和国民法典》等法律有关侵权责任的规定;

(二)涉及海洋生态环境损害赔偿的,适用海洋环境保护法等法律及相关规定。

第五条 生态环境损害赔偿范围包括:

(一)生态环境受到损害至修复完成期间服务功能丧失导致的损失;

(二)生态环境功能永久性损害造成的损失;

(三)生态环境损害调查、鉴定评估等费用;

(四)清除污染、修复生态环境费用;

(五)防止损害的发生和扩大所支出的合理费用。

第十条 赔偿义务人因同一生态环境损害行为需要承担行政责任或者刑事责任的,不影响其依法承担生态环境损害赔偿责任。赔偿义务人的财产不足以同时承担生态环境损害赔偿责任和缴纳罚款、罚金时,优先用于承担生态环境损害赔偿责任。

各地可根据案件实际情况,统筹考虑社会稳定、群众利益,根据赔偿义务人主观过错、经营状况等因素分类处置,探索分期赔付等多样化责任承担方式。

有关国家机关应当依法履行职责,不得以罚代赔,也不得以赔代罚。

6.《最高人民法院关于生态环境侵权民事诉讼证据的若干规定》

第五条 原告起诉请求被告承担环境污染、生态破坏责任的,应当提供被告行为与损害之间具有关联性的证据。

人民法院应当根据当事人提交的证据,结合污染环境、破坏生态的行为方式、污染物的性质、环境介质的类型、生态因素的特征、时间顺序、空间距离等因素,综合判断被告行为与损害之间的关联性是否成立。

第六条　被告应当就其行为与损害之间不存在因果关系承担举证责任。

被告主张不承担责任或者减轻责任的,应当就法律规定的不承担责任或者减轻责任的情形承担举证责任。

第七条　被告证明其排放的污染物、释放的生态因素、产生的生态影响未到达损害发生地,或者其行为在损害发生后才实施且未加重损害后果,或者存在其行为不可能导致损害发生的其他情形的,人民法院应当认定被告行为与损害之间不存在因果关系。

第十六条　对于查明环境污染、生态破坏案件事实的专门性问题,人民法院经审查认为有必要的,应当根据当事人的申请或者依职权委托具有相应资格的机构、人员出具鉴定意见。

7.《最高人民法院关于审理环境民事公益诉讼案件适用法律若干问题的解释》

第十三条　原告请求被告提供其排放的主要污染物名称、排放方式、排放浓度和总量、超标排放情况以及防治污染设施的建设和运行情况等环境信息,法律、法规、规章规定被告应当持有或者有证据证明被告持有而拒不提供,如果原告主张相关事实不利于被告的,人民法院可以推定该主张成立。

第十七条　环境民事公益诉讼案件审理过程中,被告以反诉方式提出诉讼请求的,人民法院不予受理。

第十八条　对污染环境、破坏生态,已经损害社会公共利益或者具有损害社会公共利益重大风险的行为,原告可以请求被告承担停止侵害、排除妨碍、消除危险、修复生态环境、赔偿损失、赔礼道歉等民事责任。

第二十二条　原告请求被告承担以下费用的,人民法院可以依法予以支持:

(一)生态环境损害调查、鉴定评估等费用;

(二)清除污染以及防止损害的发生和扩大所支出的合理费用;

(三)合理的律师费以及为诉讼支出的其他合理费用。

8.《最高人民法院关于审理生态环境损害赔偿案件的若干规定(试行)》

第十一条　被告违反国家规定造成生态环境损害的,人民法院应当根据原告的诉讼请求以及具体案情,合理判决被告承担修复生态环境、赔偿损失、停止侵害、排除妨碍、消除危险、赔礼道歉等民事责任。

第十二条 受损生态环境能够修复的，人民法院应当依法判决被告承担修复责任，并同时确定被告不履行修复义务时应承担的生态环境修复费用。生态环境修复费用包括制定、实施修复方案的费用，修复期间的监测、监管费用，以及修复完成后的验收费用、修复效果后评估费用等。

原告请求被告赔偿生态环境受到损害至修复完成期间服务功能损失的，人民法院根据具体案情予以判决。

第十七条 人民法院受理因同一损害生态环境行为提起的生态环境损害赔偿诉讼案件和民事公益诉讼案件，应先中止民事公益诉讼案件的审理，待生态环境损害赔偿诉讼案件审理完毕后，就民事公益诉讼案件未被涵盖的诉讼请求依法作出裁判。

二、刑事方面

1.《刑法》

第一百五十一条第三款、第四款 【走私国家禁止进出口的货物、物品罪】走私珍稀植物及其制品等国家禁止进出口的其他货物、物品的，处五年以下有期徒刑或者拘役，并处或者单处罚金；情节严重的，处五年以上有期徒刑，并处罚金。

单位犯本条规定之罪的，对单位判处罚金，并对其直接负责的主管人员和其他直接责任人员，依照本条各款的规定处罚。

第三百三十八条 【污染环境罪】违反国家规定，排放、倾倒或者处置有放射性的废物、含传染病病原体的废物、有毒物质或者其他有害物质，严重污染环境的，处三年以下有期徒刑或者拘役，并处或者单处罚金；情节严重的，处三年以上七年以下有期徒刑，并处罚金；有下列情形之一的，处七年以上有期徒刑，并处罚金：

（一）在饮用水水源保护区、自然保护地核心保护区等依法确定的重点保护区域排放、倾倒、处置有放射性的废物、含传染病病原体的废物、有毒物质，情节特别严重的；

（二）向国家确定的重要江河、湖泊水域排放、倾倒、处置有放射性的废物、含传染病病原体的废物、有毒物质，情节特别严重的；

（三）致使大量永久基本农田基本功能丧失或者遭受永久性破坏的；

（四）致使多人重伤、严重疾病，或者致人严重残疾、死亡的。

有前款行为，同时构成其他犯罪的，依照处罚较重的规定定罪处罚。

第三百四十六条 【单位犯破坏环境资源罪的处罚规定】单位犯本节第三百三十八条至第三百四十五条规定之罪的，对单位判处罚金，并对其直接负责的主管人员和其他直接责任人员，依照本节各该条的规定处罚。

2.《最高人民法院、最高人民检察院关于办理走私刑事案件适用法律若干问题的解释》

第十一条 走私国家禁止进出口的货物、物品，具有下列情形之一的，依照刑法第一百五十一条第三款的规定处五年以下有期徒刑或者拘役，并处或者单处罚金……（五）走私木炭、硅砂等妨害环境、资源保护的货物、物品十吨以上不满五十吨，或者数额在十万元以上不满五十万元的……（七）数量或者数额未达到本款第一项至第六项规定的标准，但属于犯罪集团的首要分子，使用特种车辆从事走私活动，造成环境严重污染，或者引起甲类传染病传播、重大动植物疫情等情形的。

具有下列情形之一的，应当认定为刑法第一百五十一条第三款规定的“情节严重”：（一）走私数量或者数额超过前款第一项至第六项规定的标准的；（二）达到前款第一项至第六项规定的标准，且属于犯罪集团的首要分子，使用特种车辆从事走私活动，造成环境严重污染，或者引起甲类传染病传播、重大动植物疫情等情形的。

附录四：适应气候变化行政补偿案件相关法条摘录

一、行政补偿类民事方面法律

1.《环境保护法》

第三十一条　国家建立、健全生态保护补偿制度。国家加大对生态保护地区的财政转移支付力度。有关地方人民政府应当落实生态保护补偿资金，确保其用于生态保护补偿。国家指导受益地区和生态保护地区人民政府通过协商或者按照市场规则进行生态保护补偿。

2.《森林法》

第七条　国家建立森林生态效益补偿制度，加大公益林保护支持力度，完善重点生态功能区转移支付政策，指导受益地区和森林生态保护地区人民政府通过协商等方式进行生态效益补偿。

3.《草原法》

第三十九条　因建设征收、征用集体所有的草原的，应当依照《中华人民共和国土地管理法》的规定给予补偿；因建设使用国家所有的草原的，应当依照国务院有关规定对草原承包经营者给予补偿。

因建设征收、征用或者使用草原的，应当交纳草原植被恢复费。草原植被恢复费专款专用，由草原行政主管部门按照规定用于恢复草原植被，任何单位和个人不得截留、挪用。草原植被恢复费的征收、使用和管理办法，由国务院价格主管部门和国务院财政部门会同国务院草原行政主管部门制定。

4.《海洋环境保护法》

第二十四条　国家建立健全海洋生态保护补偿制度。开发利用海洋资源，应当根据海洋功能区划合理布局，严格遵守生态保护红线，不得造成海洋生态环境破坏。

5.《水污染防治法》

第八条　国家通过财政转移支付等方式，建立健全对位于饮用水水源保护区区域和江河、湖泊、水库上游地区的水环境生态保护补偿机制。

6.《湿地保护法》

第三十六条　国家建立湿地生态保护补偿制度。国务院和省级人民政府应当按照事权划分原则加大对重要湿地保护的财政投入，加大对重要湿地所在地区的财政转移支付力度。国家鼓励湿地生态保护地区与湿地生态受益地区人民政府通过协商或者市场机制进行地区间生态保护补偿。因生态保护等公共利益需要，造成湿地所有者或者使用者合法权益受到损害的，县级以上人民政府应当给予补偿。

二、撤回行政许可补偿涉及的法律法规

撤回行政许可主要是指行政机关基于公共利益的需要收回已经颁发的行政许可情形。使用前提是相对人取得的行政许可合法。适用情形包括：(1)行政许可依据的法律、法规、规章修改或者废止；(2)行政许可依据的客观情况发生重大变化。一般来说，撤回行政许可行政机关应当作出书面决定，说明撤回行政许可的法律依据或事实基础。撤回行政许可对公民、法人或者其他组织造成财产损失的，作出撤回行政许可法定的行政机关应当依法予以补偿。其基本法律依据为：

1.《行政许可法》

第八条　公民、法人或者其他组织依法取得的行政许可受法律保护，行政机关不得擅自改变已经生效的行政许可。

行政许可所依据的法律、法规、规章修改或者废止，或者准予行政许可所依据的客观情况发生重大变化的，为了公共利益的需要，行政机关可以依法变更或者撤回已经生效的行政许可。由此给公民、法人或者其他组织造成财产损失的，行政机关应当依法给予补偿。

第十二条　下列事项可以设定行政许可：

（一）直接涉及国家安全、公共安全、经济宏观调控、生态环境保护以及直接关系人身健康、生命财产安全等特定活动，需要按照法定条件予以批准的事项；

（二）有限自然资源开发利用、公共资源配置以及直接关系公共利益的特定行业的市场准入等，需要赋予特定权利的事项……

2.《最高人民法院关于审理行政许可案件若干问题的规定》

第十四条 行政机关依据行政许可法第八条第二款规定变更或者撤回已经生效的行政许可，公民、法人或者其他组织仅主张行政补偿的，应当先向行政机关提出申请；行政机关在法定期限或者合理期限内不予答复或者对行政机关作出的补偿决定不服的，可以依法提起行政诉讼。

第十五条 法律、法规、规章或者规范性文件对变更或者撤回行政许可的补偿标准未作规定的，一般在实际损失范围内确定补偿数额；行政许可属于行政许可法第十二条第（二）项规定情形的，一般按照实际投入的损失确定补偿数额。

3.《矿产资源法》

第三十六条 国务院和国务院有关主管部门批准开办的矿山企业矿区范围内已有的集体矿山企业，应当关闭或者到指定的其他地点开采，由矿山建设单位给予合理的补偿，并妥善安置群众生活；也可以按照该矿山企业的统筹安排，实行联合经营。

三、收回国有土地使用权补偿、规划变更补偿、移民安置补偿涉及的法律法规

1.《土地管理法》

第五十八条 有下列情形之一的，由有关人民政府自然资源主管部门报经原批准用地的人民政府或者有批准权的人民政府批准，可以收回国有土地使用权：

（一）为实施城市规划进行旧城区改建以及其他公共利益需要，确需使用土地的；

（二）土地出让等有偿使用合同约定的使用期限届满，土地使用者未申请续期或者申请续期未获批准的；

（三）因单位撤销、迁移等原因，停止使用原划拨的国有土地的；

（四）公路、铁路、机场、矿场等经核准报废的。

依照前款第（一）项的规定收回国有土地使用权的，对土地使用权人应当给予适当补偿。

2.《城市房地产管理法》

第六条　为了公共利益的需要，国家可以征收国有土地上单位和个人的房屋，并依法给予拆迁补偿，维护被征收人的合法权益；征收个人住宅的，还应当保障被征收人的居住条件。具体办法由国务院规定。

第二十条　国家对土地使用者依法取得的土地使用权，在出让合同约定的使用年限届满前不收回；在特殊情况下，根据社会公共利益的需要，可以依照法律程序提前收回，并根据土地使用者使用土地的实际年限和开发土地的实际情况给予相应的补偿。

3.《城乡规划法》

第五十条　在选址意见书、建设用地规划许可证、建设工程规划许可证或者乡村建设规划许可证发放后，因依法修改城乡规划给被许可人合法权益造成损失的，应当依法给予补偿。

经依法审定的修建性详细规划、建设工程设计方案的总平面图不得随意修改；确需修改的，城乡规划主管部门应当采取听证会等形式，听取利害关系人的意见；因修改给利害关系人合法权益造成损失的，应当依法给予补偿。

4.《水法》

第二十九条　国家对水工程建设移民实行开发性移民的方针，按照前期补偿、补助与后期扶持相结合的原则，妥善安排移民的生产和生活，保护移民的合法权益。

移民安置应当与工程建设同步进行。建设单位应当根据安置地区的环境容量和可持续发展的原则，因地制宜，编制移民安置规划，经依法批准后，由有关地方人民政府组织实施。所需移民经费列入工程建设投资计划。

5.《大中型水利水电工程建设征地补偿和移民安置条例》

第二十二条　大中型水利水电工程建设征收土地的土地补偿费和安置补助费，实行与铁路等基础设施项目用地同等补偿标准，按照被征收土地所在省、自治区、直辖市规定的标准执行。

被征收土地上的零星树木、青苗等补偿标准，按照被征收土地所在省、自治区、直辖市规定的标准执行。

被征收土地上的附着建筑物按照其原规模、原标准或者恢复原功能的原则补偿；对补偿费用不足以修建基本用房的贫困移民，应当给予适当补助。

使用其他单位或者个人依法使用的国有耕地,参照征收耕地的补偿标准给予补偿;使用未确定给单位或者个人使用的国有未利用地,不予补偿。

移民远迁后,在水库周边淹没线以上属于移民个人所有的零星树木、房屋等应当分别依照本条第二款、第三款规定的标准给予补偿。

6.《中共中央、国务院关于完善产权保护制度依法保护产权的意见》

第八条　完善财产征收征用制度

完善土地、房屋等财产征收征用法律制度,合理界定征收征用适用的公共利益范围,不将公共利益扩大化,细化规范征收征用法定权限和程序。遵循及时合理补偿原则,完善国家补偿制度,进一步明确补偿的范围、形式和标准,给予被征收征用者公平合理补偿。

附录五:企业环境信息披露案件相关法条摘录

一、民事方面

1.《证券法》

第八十五条　信息披露义务人未按照规定披露信息,或者公告的证券发行文件、定期报告、临时报告及其他信息披露资料存在虚假记载、误导性陈述或者重大遗漏,致使投资者在证券交易中遭受损失的,信息披露义务人应当承担赔偿责任;发行人的控股股东、实际控制人、董事、监事、高级管理人员和其他直接责任人员以及保荐人、承销的证券公司及其直接责任人员,应当与发行人承担连带赔偿责任,但是能够证明自己没有过错的除外。

第一百九十七条　信息披露义务人未按照本法规定报送有关报告或者履行信息披露义务的,责令改正,给予警告,并处以五十万元以上五百万元以下的罚款;对直接负责的主管人员和其他直接责任人员给予警告,并处以二十万元以上二百万元以下的罚款。发行人的控股股东、实际控制人组织、指使从事上述违法行为,或者隐瞒相关事项导致发生上述情形的,处以五十万元以上五百万元以下的罚款;对直接负责的主管人员和其他直接责任人员,处以二十万元以上二百万元以下的罚款。

信息披露义务人报送的报告或者披露的信息有虚假记载、误导性陈述或者重大遗漏的,责令改正,给予警告,并处以一百万元以上一千万元以下的罚款;对直接负责的主管人员和其他直接责任人员给予警告,并处以五十万元以上五百万元以下的罚款。发行人的控股股东、实际控制人组织、指使从事上述违法行为,或者隐瞒相关事项导致发生上述情形的,处以一百万元以上一千万元以下的罚款;对直接负责的主管人员和其他直接责任人员,处以五十万元以上五百万元以下的罚款。

2.《民事诉讼法》

第五十八条　对污染环境、侵害众多消费者合法权益等损害社会公共利益的行为,法律规定的机关和有关组织可以向人民法院提起诉讼。人民检察院在履行职责中发现破坏生态环境和资源保护、食品药品安全领域侵害众多消费者合法权益等损害社会公共利益的行为,在没有前款规定的机关和组织或者前款规定的机关和组织不提起诉讼的情况下,可以向人民法院提起诉讼。前款规定的机关或者组织提起诉讼的,人民检察院可以支持起诉。

3.《环境保护法》

第五十五条　重点排污单位应当如实向社会公开其主要污染物的名称、排放方式、排放浓度和总量、超标排放情况,以及防治污染设施的建设和运行情况,接受社会监督。

4.《上市公司信息披露管理办法》

第五十四条　信息披露义务人未按照《中华人民共和国证券法》规定在规定期限内报送有关报告、履行信息披露义务,或者报送的报告、披露的信息有虚假记载、误导性陈述或者重大遗漏的,由中国证监会按照《中华人民共和国证券法》第一百九十七条处罚。上市公司通过隐瞒关联关系或者采取其他手段,规避信息披露、报告义务的,由中国证监会按照《中华人民共和国证券法》第一百九十七条处罚。

5.《企业环境信息依法披露管理办法》

第四条　企业是环境信息依法披露的责任主体。企业应当建立健全环境信息依法披露管理制度,规范工作规程,明确工作职责,建立准确的环境信息管理台账,妥善保存相关原始记录,科学统计归集相关环境信息。企业披露环境信息所使用的相关数据及表述应当符合环境监测、环境统计等方面的标准和技术规范要求,优先使用符合国家监测规范的污染物监测数据、排污许可证执行报告数据等。

第五条　企业应当依法、及时、真实、准确、完整地披露环境信息,披露的环境信息应当简明清晰、通俗易懂,不得有虚假记载、误导性陈述或者重大遗漏。

第七条　下列企业应当按照本办法的规定披露环境信息:

(一)重点排污单位;

(二)实施强制性清洁生产审核的企业;

(三)符合本办法第八条规定的上市公司及合并报表范围内的各级子公司(以下简称上市公司);

（四）符合本办法第八条规定的发行企业债券、公司债券、非金融企业债务融资工具的企业（以下简称发债企业）；

（五）法律法规规定的其他应当披露环境信息的企业。

第八条　上一年度有下列情形之一的上市公司和发债企业，应当按照本办法的规定披露环境信息：

（一）因生态环境违法行为被追究刑事责任的；

（二）因生态环境违法行为被依法处以十万元以上罚款的；

（三）因生态环境违法行为被依法实施按日连续处罚的；

（四）因生态环境违法行为被依法实施限制生产、停产整治的；

（五）因生态环境违法行为被依法吊销生态环境相关许可证件的；

（六）因生态环境违法行为，其法定代表人、主要负责人、直接负责的主管人员或者其他直接责任人员被依法处以行政拘留的。

第十一条　生态环境部负责制定企业环境信息依法披露格式准则（以下简称准则），并根据生态环境管理需要适时进行调整。企业应当按照准则编制年度环境信息依法披露报告和临时环境信息依法披露报告，并上传至企业环境信息依法披露系统。

第十二条　企业年度环境信息依法披露报告应当包括以下内容：

（一）企业基本信息，包括企业生产和生态环境保护等方面的基础信息；

（二）企业环境管理信息，包括生态环境行政许可、环境保护税、环境污染责任保险、环保信用评价等方面的信息；

（三）污染物产生、治理与排放信息，包括污染防治设施，污染物排放，有毒有害物质排放，工业固体废物和危险废物产生、贮存、流向、利用、处置，自行监测等方面的信息；

（四）碳排放信息，包括排放量、排放设施等方面的信息；

（五）生态环境应急信息，包括突发环境事件应急预案、重污染天气应急响应等方面的信息；

（六）生态环境违法信息；

（七）本年度临时环境信息依法披露情况；

（八）法律法规规定的其他环境信息。

第十五条　上市公司和发债企业披露年度环境信息时，除了披露本办法第十二条规定的环境信息外，还应当按照以下规定披露相关信息：

（一）上市公司通过发行股票、债券、存托凭证、中期票据、短期融资券、超短期融资券、资产证券化、银行贷款等形式进行融资的，应当披露年度融资形式、金额、投向等信息，以及融资所投项目的应对气候变化、生态环境保护等相关信息；

（二）发债企业通过发行股票、债券、存托凭证、可交换债、中期票据、短期融资券、超短期融资券、资产证券化、银行贷款等形式融资的，应当披露年度融资形式、金额、投向等信息，以及融资所投项目的应对气候变化、生态环境保护等相关信息。

上市公司和发债企业属于强制性清洁生产审核企业的，还应当按照本办法第十四条的规定披露相关环境信息。

第十七条　企业应当自收到相关法律文书之日起五个工作日内，以临时环境信息依法披露报告的形式，披露以下环境信息：

（一）生态环境行政许可准予、变更、延续、撤销等信息；

（二）因生态环境违法行为受到行政处罚的信息；

（三）因生态环境违法行为，其法定代表人、主要负责人、直接负责的主管人员和其他直接责任人员被依法处以行政拘留的信息；

（四）因生态环境违法行为，企业或者其法定代表人、主要负责人、直接负责的主管人员和其他直接责任人员被追究刑事责任的信息；

（五）生态环境损害赔偿及协议信息。

企业发生突发环境事件的，应当依照有关法律法规规定披露相关信息。

第二十八条　企业违反本办法规定，不披露环境信息，或者披露的环境信息不真实、不准确的，由设区的市级以上生态环境主管部门责令改正，通报批评，并可以处一万元以上十万元以下的罚款。

第二十九条　企业违反本办法规定，有下列行为之一的，由设区的市级以上生态环境主管部门责令改正，通报批评，并可以处五万元以下的罚款：

（一）披露环境信息不符合准则要求的；

（二）披露环境信息超过规定时限的；

（三）未将环境信息上传至企业环境信息依法披露系统的。

6.《公开发行证券的公司信息披露内容与格式准则第 2 号——年度报告的内容与格式》

第四十一条　属于环境保护部门公布的重点排污单位的公司或其主要子公

司，应当根据法律、行政法规、部门规章及规范性文件的规定披露以下主要环境信息：

（一）排污信息。包括但不限于主要污染物及特征污染物的名称、排放方式、排放口数量和分布情况、排放浓度和总量、超标排放情况、执行的污染物排放标准、核定的排放总量。

（二）防治污染设施的建设和运行情况。

（三）建设项目环境影响评价及其他环境保护行政许可情况。

（四）突发环境事件应急预案。

（五）环境自行监测方案。

（六）报告期内因环境问题受到行政处罚的情况。

（七）其他应当公开的环境信息。

重点排污单位之外的公司应当披露报告期内因环境问题受到行政处罚的情况，并可以参照上述要求披露其他环境信息，若不披露其他环境信息，应当充分说明原因。

鼓励公司自愿披露有利于保护生态、防治污染、履行环境责任的相关信息。环境信息核查机构、鉴证机构、评价机构、指数公司等第三方机构对公司环境信息存在核查、鉴定、评价的，鼓励公司披露相关信息。

鼓励公司自愿披露在报告期内为减少其碳排放所采取的措施及效果。

7.《信息披露违法行为行政责任认定规则》

第五条　信息披露违法行为情节严重，涉嫌犯罪的，证监会依法移送司法机关追究刑事责任。依法给予行政处罚或者采取市场禁入措施的，按照规定记入证券期货诚信档案。依法不予处罚或者市场禁入的，可以根据情节采取相应的行政监管措施并记入证券期货诚信档案。

8.《企业环境信息依法披露格式准则》

第六条　企业应当对遵守生态环境法律法规情况、生态环境行政许可变更情况、污染物排放以及碳排放情况等进行摘要说明，包括但不限于以下信息：

（一）年度生态环境行政许可变更，包括新获得、变更、延续、撤销和正在申请等情况；

（二）年度主要污染物排放和碳排放情况，包括各种污染物的实际排放量，工业固体废物和危险废物的产生量及利用处置量，有毒有害物质的排放量，碳排放量等；

（三）年度受到的生态环境行政处罚、司法判决等情况。

第八条 企业应当披露有效期内或正在申请核发或变更的全部生态环境行政许可（包括但不限于排污许可、建设项目环境影响评价、危险废物经营许可、废弃电器电子产品处理资格许可等）的相关信息：

（一）许可名称、编号、获得许可的审批文件、核发机关、获取时间和有效期限；

（二）主要许可事项。

第九条 企业应当披露环境保护税缴纳信息：

（一）环境保护税分税目缴纳额、实际缴纳总额；

（二）依法依规享受税收减征或免征的情况。

第十条 企业应当披露依法投保环境污染责任保险信息。

第十一条 企业应当披露环保信用评价等级。年度环保信用评价等级有变化的，应当全部披露。

第二十三条 企业应当披露受到的生态环境行政处罚信息，包括行政处罚决定书下达时间、处罚部门、行政处罚决定书文号、行政处罚决定书原文等信息。企业应当披露受到的生态环境司法判决信息，包括判决书下达时间、判决机关、判决书文号、判决书原文等信息。生态环境司法判决包括因针对企业的环境行政行为（包括许可、处罚和强制措施）引发的行政诉讼裁判；因企业污染环境和破坏生态行为引发的行政、民事公益诉讼和生态环境损害赔偿诉讼的裁判调解以及磋商；因企业污染环境和破坏生态引发的侵权民事诉讼的裁判。

第二十五条 上市公司通过发行股票、债券、存托凭证、中期票据、短期融资券、超短期融资券、资产证券化、银行贷款等形式进行融资的，应当披露融资形式、金额、投向等信息，以及融资所投项目的应对气候变化、生态环境保护等相关信息。发债企业通过发行股票、债券、存托凭证、可交换债、中期票据、短期融资券、超短期融资券、资产证券化、银行贷款等形式进行融资的，应当披露融资形式、金额、投向等信息，以及融资所投项目的应对气候变化、生态环境保护等相关信息。应对气候变化、生态环境保护等相关信息披露参照本准则第八条、第十二条至第十七条、第十九条、第二十一条至第二十四条等条款所涉及的内容。

9.《上市公司投资者关系管理工作指引》

第八条　上市公司应当多渠道、多平台、多方式开展投资者关系管理工作。通过公司官网、新媒体平台、电话、传真、电子邮箱、投资者教育基地等渠道，利用中国投资者网和证券交易所、证券登记结算机构等的网络基础设施平台，采取股东大会、投资者说明会、路演、分析师会议、接待来访、座谈交流等方式，与投资者进行沟通交流。沟通交流的方式应当方便投资者参与，上市公司应当及时发现并清除影响沟通交流的障碍性条件。鼓励上市公司在遵守信息披露规则的前提下，建立与投资者的重大事件沟通机制，在制定涉及股东权益的重大方案时，通过多种方式与投资者进行充分沟通和协商。

第十三条　上市公司及其他信息披露义务人应当严格按照法律法规、自律规则和公司章程的规定及时、公平地履行信息披露义务，披露的信息应当真实、准确、完整，简明清晰，通俗易懂，不得有虚假记载、误导性陈述或者重大遗漏。

二、刑事方面

《刑法》

第一百六十条　【欺诈发行证券罪】在招股说明书、认股书、公司、企业债券募集办法等发行文件中隐瞒重要事实或者编造重大虚假内容，发行股票或者公司、企业债券、存托凭证或者国务院依法认定的其他证券，数额巨大、后果严重或者有其他严重情节的，处五年以下有期徒刑或者拘役，并处或者单处罚金；数额特别巨大、后果特别严重或者有其他特别严重情节的，处五年以上有期徒刑，并处罚金。

控股股东、实际控制人组织、指使实施前款行为的，处五年以下有期徒刑或者拘役，并处或者单处非法募集资金金额百分之二十以上一倍以下罚金；数额特别巨大、后果特别严重或者有其他特别严重情节的，处五年以上有期徒刑，并处非法募集资金金额百分之二十以上一倍以下罚金。

单位犯前两款罪的，对单位判处非法募集资金金额百分之二十以上一倍以下罚金，并对其直接负责的主管人员和其他直接责任人员，依照第一款的规定处罚。

第一百六十一条　【违规披露、不披露重要信息罪】依法负有信息披露义务的公司、企业向股东和社会公众提供虚假的或者隐瞒重要事实的财务会计报告，或者对依法应当披露的其他重要信息不按照规定披露，严重损害股东或者其他人利益，或者有其他严重情节的，对其直接负责的主管人员和其他直接责任人员，处五年以下有期徒刑或者拘役，并处或者单处罚金；情节特别严重的，处五年以上十年以下有期徒刑，并处罚金。

前款规定的公司、企业的控股股东、实际控制人实施或者组织、指使实施前款行为的，或者隐瞒相关事项导致前款规定的情形发生的，依照前款的规定处罚。

犯前款罪的控股股东、实际控制人是单位的，对单位判处罚金，并对其直接负责的主管人员和其他直接责任人员，依照第一款的规定处罚。

附录六:产能置换纠纷案件相关法条摘录

一、民事方面法律

1.《民法典》

第九条　民事主体从事民事活动,应当有利于节约资源、保护生态环境。

第一百一十九条　依法成立的合同,对当事人具有法律约束力。

第五百零二条　依法成立的合同,自成立时生效,但是法律另有规定或者当事人另有约定的除外。依照法律、行政法规的规定,合同应当办理批准等手续的,依照其规定。未办理批准等手续影响合同生效的,不影响合同中履行报批等义务条款以及相关条款的效力。应当办理申请批准等手续的当事人未履行义务的,对方可以请求其承担违反该义务的责任。依照法律、行政法规的规定,合同的变更、转让、解除等情形应当办理批准等手续的,适用前款规定。

2.《环境保护法》

第十九条　编制有关开发利用规划,建设对环境有影响的项目,应当依法进行环境影响评价。未依法进行环境影响评价的开发利用规划,不得组织实施;未依法进行环境影响评价的建设项目,不得开工建设。

3.《环境影响评价法》

第十六条　国家根据建设项目对环境的影响程度,对建设项目的环境影响评价实行分类管理。

建设单位应当按照下列规定组织编制环境影响报告书、环境影响报告表或者填报环境影响登记表(以下统称环境影响评价文件):

(一)可能造成重大环境影响的,应当编制环境影响报告书,对产生的环境影响进行全面评价;

(二)可能造成轻度环境影响的,应当编制环境影响报告表,对产生的环境影响进行分析或者专项评价;

（三）对环境影响很小、不需要进行环境影响评价的，应当填报环境影响登记表。

建设项目的环境影响评价分类管理名录，由国务院生态环境主管部门制定并公布。

4.《煤炭法（修订草案）》（征求意见稿）

第二十二条 【产能置换】国家对煤炭产能实施宏观调控，实行煤矿新增产能与退出产能置换制度。

第七十五条 【违反产能置换的法律责任】违反本法规定，未达到产能置换要求的，责令限期改正，逾期仍未改正的，煤炭管理部门不予办理项目核准手续；情节严重的，核减所核增产能，按照国家有关规定对政府有关部门及其工作人员进行通报批评。

二、部门规章、规范性文件、政策

1.《国务院关于化解产能严重过剩矛盾的指导意见》（国发〔2013〕41 号）

三、（三）淘汰和退出落后产能。坚决淘汰落后产能。分解落实年度目标，在提前一年完成"十二五"钢铁、电解铝、水泥、平板玻璃等重点行业淘汰落后产能目标任务基础上，通过提高财政奖励标准，落实等量或减量置换方案等措施，鼓励地方提高淘汰落后产能标准，2015 年底前再淘汰炼铁 1500 万吨、炼钢 1500 万吨、水泥（熟料及粉磨能力）1 亿吨、平板玻璃 2000 万重量箱。"十三五"期间，结合产业发展实际和环境承载力，通过提高能源消耗、污染物排放标准，严格执行特别排放限值要求，加大执法处罚力度，加快淘汰一批落后产能。中央企业在淘汰和退出落后产能方面要发挥示范带头作用。

引导产能有序退出。完善激励和约束政策，研究建立过剩产能退出的法律制度，引导企业主动退出过剩行业。分行业制修订并严格执行强制性能耗限额标准，对超过能耗限额标准和环保不达标的企业，实施差别电价和惩罚性电价、水价等差别价格政策。产能严重过剩行业项目建设，须制定产能置换方案，实施等量或减量置换，在京津冀、长三角、珠三角等环境敏感区域，实施减量置换。项目所在地省级人民政府须制定产能等量或减量置换方案并向社会公示，行业主管部门对产能置换方案予以确认并公告，同时将置换产能列入淘汰名单，监督落实。鼓励各地积极探索政府引导、企业自愿、市场化运作的产能置换指标交易，形成淘汰落后与发展先进的良性互动机制。

（四）调整优化产业结构。推进企业兼并重组。完善和落实促进企业兼并重组的财税、金融、土地等政策措施。协调解决企业跨地区兼并重组重大问题，理顺地区间分配关系，促进行业内优势企业跨地区整合过剩产能。支持兼并重组企业整合内部资源，优化技术、产品结构，压缩过剩产能。鼓励和引导非公有制企业通过参股、控股、资产收购等多种方式参与企业兼并重组。研究出台促进企业做优做强的指导意见，推动优强企业引领行业发展，支持和培育优强企业发展壮大，提高产业集中度，增强行业发展的协调和自律能力。

优化产业空间布局。科学制定产业布局规划，在坚决遏制产能盲目扩张和严控总量的前提下，有序推进产业布局调整和优化。按照区域发展总体战略要求，适应城镇化发展需要，结合地方环境承载力、资源能源禀赋、产业基础、市场空间、物流运输等条件，有序推进产业梯度转移和环保搬迁、退城进园，防止落后产能转移。支持跨地区产能置换，引导国内有效产能向优势企业和更具比较优势的地区集中，推动形成分工合理、优势互补、各具特色的区域经济和产业发展格局。

2.《水泥玻璃行业产能置换实施办法》（工信部原〔2021〕80号）

第三条　严禁备案和新建扩大产能的水泥熟料、平板玻璃项目。确有必要新建的，必须制定产能置换方案，实施产能置换。

第四条　下列情形可不制定产能置换方案：

（一）依托现有水泥窑和玻璃熔窑实施治污减排、节能降耗、协同处置、提升装备水平等不扩大产能的技术改造项目。

（二）确因当地发展规划调整，导致不属于国家明令淘汰的落后产能的生产装置迁建的（水泥项目严格限制在同一地市州范围内），企业搬迁又未享受退出产能的资金奖补（因员工安置、土地回收的补偿和奖励除外）和政策支持的项目，可不制定产能置换方案，但应公示、公告项目迁建情况，主动接受监督。

（三）熔窑能力不超过150吨/天的新建工业用平板玻璃项目。

（四）光伏压延玻璃项目可不制定产能置换方案，但要建立产能风险预警机制，规定新建项目由省级工业和信息化主管部门委托全国性的行业组织或中介机构召开听证会，论证项目建设的必要性、技术先进性、能耗水平、环保水平等，并公告项目信息(附件5),项目建成投产后企业履行承诺不生产建筑玻璃(具体文件另发)。

第五条 企业开展产能置换,应切实贯彻落实国家关于化解过剩产能的精神和要求,有利于推动产业结构调整和布局优化,统筹考虑项目建设所在区域环境容量、资源禀赋、市场需求、物流运输等因素,诚实守信,慎重决策,做好可行性研究,制定好产能置换方案。

第六条 用于置换的水泥熟料、平板玻璃生产线产能必须是合规的有效产能(含经省级工业和信息化主管部门审批已实施窑炉技术改造,并经省级行业协会等组织鉴定过的 JT 窑),且在各省级工业和信息化主管部门每年公告的本地区合规水泥熟料、平板玻璃生产线清单内(包括企业名称、生产线名称、窑径、备案或核准产能、实际产能、建成投产日期等)。

第七条 存在下列情形之一的,不能用于产能置换:

(一)已超过国家明令淘汰期限的落后产能,已享受产能退出补贴的生产线,无水泥产品生产许可证或许可证过期,未依法取得排污许可证或许可证过期的水泥熟料产能。

(二)违反错峰生产规定被省级及以上工业和信息化主管部门或环保部门约谈后拒不改正的水泥企业所涉及的熟料产能。

(三)2013 年以来,连续停产两年及以上的水泥熟料、平板玻璃生产线产能(因省级主管部门制定或同意的错峰生产方案以及因地方规划调整导致此情况的除外)。

(四)光伏压延玻璃产能。

第八条 用于置换的水泥熟料、平板玻璃生产线产能拆分转让不能超过两个项目。

第九条 非新型干法工艺的特种水泥产能指标只能置换为特种水泥项目。

第十条 用于置换的产能指标,依据项目备案或核准文件上的设计产能确定。实际产能小于备案或核准产能的,按实际产能确定,实际产能大于备案或核准产能的,按备案或核准产能确定。项目实际产能按照附件 1、附件 2 推算确定。

第十一条 产能置换比例:

(一)位于国家规定的大气污染防治重点区域实施产能置换的水泥熟料和

平板玻璃建设项目,产能置换比例分别不低于2∶1和1.25∶1;位于非大气污染防治重点区域的水泥熟料和平板玻璃建设项目,产能置换比例分别不低于1.5∶1和1∶1。大气污染防治重点区域依据《中共中央、国务院关于全面加强生态环境保护坚决打好防治污染攻坚战的意见》以及生态环境部相关文件界定。

(二)使用国家产业结构调整目录限制类水泥熟料生产线作为置换指标和跨省置换水泥熟料指标,产能置换比例不低于2∶1。

第十二条　为支持重点地区水泥企业和磷化工企业联合开展磷石膏资源化利用,对于湖北、云南、贵州、四川、安徽五个省份,新建水泥窑生产线处置磷(钛、氟)石膏,且替代石灰石原料70%以上的,可以在省内水泥熟料产能总量不增加的条件下,由本省统筹调节全省产能指标,根据磷(钛、氟)石膏的处置量,科学合理确定新上项目数量和布局,实施等量置换。未经产能置换的新建磷石膏生产水泥熟料生产线不得再用于产能置换,通过产能置换或以产能入股的生产线,可按照置换办法继续用于产能置换。新建项目建成后,必须由省级工业和信息化主管部门会同有关部门组织验收合格后方可投入生产,并做好事中、事后监管,防止弄虚作假。

第十三条　新建白色硅酸盐水泥熟料项目,其产能指标可减半,但新建白色硅酸盐水泥熟料项目产能不能再置换为通用水泥和其他特种水泥熟料。其他特种水泥产能置换比例与通用水泥相同。

第十四条　建设项目产能置换方案(附件3)由项目建设企业制定,报项目建设地省级工业和信息化主管部门审核后公示、公告。跨省产能置换,须由出让产能企业制定产能出让方案(附件4),报出让地省级工业和信息化主管部门公示、公告。

第十五条　产能置换方案主要包括建设项目和出让产能情况,须包括但不限于以下内容:

(一)建设项目所属企业的名称,设计产能,主体设备(生产线)拟建的具体位置、规格型号及数量,计划点火投产时间。

(二)出让产能企业名称,统一社会信用代码,主体设备(生产线)所在的具体位置,水泥回转窑外径或平板玻璃熔窑日熔化量,备案或核准文件上的设计产能,核定产能,计划关停时间和计划拆除时间,企业的水泥生产许可证等。

(三)跨省产能置换,须附产能出让地省级工业和信息化主管部门出让公告。

第十六条　项目建设地省级工业和信息化主管部门负责核实确认产能置换方案的真实性、合规性，在门户网站上公示不少于10个工作日，产能指标真实有效无异议后予以公告。

跨省置换的，出让地省级工业和信息化主管部门核实确认产能指标，并将企业提供的拟建设项目基本情况，一并在门户网站上公告，项目建设地省级工业和信息化主管部门在公示产能置换方案前，应委托全国性的行业组织或中介机构召开置换听证会。跨省置换听证会应充分论证产能置换方案是否符合国家相关政策要求，发挥好政府、协会、专家、企业、公众、媒体等社会各界的作用。

第十七条　用于产能置换的生产线，必须在建设项目投产前关停并完成拆除退出，用于分拆的置换指标项目，按最先建成投产的建设项目时间计算。因债务纠纷、法院查封设备等原因导致暂时无法拆除的，视同已拆除，但不得恢复生产，待具备拆除条件后立即拆除。产能置换方案未实施或内容发生重大变更的，经指标出让企业和受让企业协商一致，省级工业和信息化主管部门核实确认后对方案予以撤销或变更，并向社会公告，跨省置换的根据方案实施进度分别由出让地、转入地予以公告。方案予以变更或撤销的，符合要求的产能指标可以继续转让。

第十八条　项目建设地省级工业和信息化主管部门负责监督新建项目方案的落实，督促组织查验并公布装置的实际生产能力，如存在弄虚作假、“批小建大”等行为，依照《企业投资项目核准和备案管理条例》有关要求处罚，整改到位前不得点火投产。产能指标所属地省级工业和信息化主管部门督促指标出让企业按承诺时间要求关停和拆除用于产能置换的生产线，并组织实地核查，将关停和拆除情况向社会公告。跨省置换的，项目建设地省级工业和信息化主管部门应在项目投产前函告产能指标出让地省级工业和信息化主管部门。

第十九条　各地工业和信息化主管部门要进一步畅通举报渠道，及时在门户网站上向社会公开电话、传真、电子邮箱、网络等多种举报形式，接受社会监督。鼓励行业协会、媒体和公众对产能置换方案执行情况和建设项目情况开展监督。

第二十条　工业和信息化部负责组织抽查省级工业和信息化主管部门公告的产能置换方案执行情况。对产能置换方案核实把关不严、监督落实不到位的地区,责令限期整改,并依照法律法规追究相关人员责任。

3.《关于电解铝企业通过兼并重组等方式实施产能置换有关事项的通知》(工信部原〔2018〕12 号)

一、凡包含电解工序生产铝液、铝锭等建设项目,应通过兼并重组、同一实际控制人企业集团内部产能转移和产能指标交易的方式取得电解铝产能置换指标,制定产能置换方案,实施产能等量或减量置换。

二、可用于产能置换的指标,必须是符合国家产业政策和投资项目审批管理要求的合规项目产能,须在 2017 年 10 月底国务院国资委、各省级人民政府上报国务院的清理整顿电解铝违法违规项目专项行动工作总结报告的项目清单内,但已超过国家明令淘汰期限的落后产能、2013 年以前关停但未列入工业和信息化部公告或省级人民政府完成任务公告(以下统称淘汰公告)的产能不得用于置换;2017 年 10 月及以后建成的合规产能也可用于产能置换。产能数量须以备案或者核准文件上的设计产能值为准。

三、2011 年及以后关停并列入淘汰公告的产能可用作《国家发展改革委工业和信息化部关于印发对钢铁、电解铝、船舶行业违规项目清理意见的通知》(发改产业〔2015〕1494 号)处理意见的建设项目的产能置换。2013 年及以后关停并列入淘汰公告的产能可用作 2013 年 5 月之后建设的电解铝项目的产能置换。

2011 年至 2017 年关停并列入淘汰公告的电解铝产能指标须在 2018 年 12 月 31 日前完成产能置换,逾期将不得用于置换。

四、电解铝企业通过兼并重组、同一实际控制人企业集团内部产能转移实施产能置换的,必须按照《国务院关于促进企业兼并重组的意见》(国发〔2010〕27 号)、《国务院关于进一步优化企业兼并重组市场环境的意见》(国发〔2014〕14 号)的相关要求实施,妥善解决资产债务处置、职工安置等问题。产能退出企业须向所在地省级工业和信息化主管部门提交产能退出报告,包括退出产能指标相关信息、产能退出、职工安置和债务处置等责任落实情况。

五、电解铝企业通过产能指标交易实施产能置换的,产能退出企业作为责任主体,必须确保退出产能无资产债务纠纷、职工安置到位、产能退出指标真实准确、无重复使用,并向所在地省级工业和信息化主管部门提交产能退出报告,经省级工业和信息化主管部门核实后,在部门网站上向社会公示(公示期不少于

10 个工作日,格式见附件 1),主动接受社会监督,公示无异议后公告。

六、电解铝建设项目的产能置换方案须在建设项目所在地省级工业和信息化主管部门网站公示(公示期不少于 10 个工作日,格式见附件 2),公示无异议后公告。

七、企业获得的电解铝产能置换指标,须优先用于本企业现有未完成产能置换的建设项目,现有项目未完成产能置换的,原则上不得用于其他新开工建设项目。

八、电解铝建设项目产能置换中如存在以下情况,视同违规项目,各地应依法依规进行处理:

(一)未落实产能等量或减量置换的;

(二)产能置换方案公告前备案、复建的;

(三)投产或复产前,相应退出产能未落实相关淘汰要求、具备重启条件的;

(四)退出产能存在重复利用的;

(五)弄虚作假,不符合产能置换政策要求的;

(六)其他违反法律法规情形的。

附录七：高耗能、高碳排放企业生态环境侵权纠纷案件相关法条摘录

1.《民法典》

第九条　民事主体从事民事活动，应当有利于节约资源、保护生态环境。

第五百零九条　当事人应当按照约定全面履行自己的义务。

当事人应当遵循诚信原则，根据合同的性质、目的和交易习惯履行通知、协助、保密等义务。

当事人在履行合同过程中，应当避免浪费资源、污染环境和破坏生态。

第一千二百三十四条　违反国家规定造成生态环境损害，生态环境能够修复的，国家规定的机关或者法律规定的组织有权请求侵权人在合理期限内承担修复责任。侵权人在期限内未修复的，国家规定的机关或者法律规定的组织可以自行或者委托他人进行修复，所需费用由侵权人负担。

第一千二百三十五条　违反国家规定造成生态环境损害的，国家规定的机关或者法律规定的组织有权请求侵权人赔偿下列损失和费用：

（一）生态环境受到损害至修复完成期间服务功能丧失导致的损失；

（二）生态环境功能永久性损害造成的损失；

（三）生态环境损害调查、鉴定评估等费用；

（四）清除污染、修复生态环境费用；

（五）防止损害的发生和扩大所支出的合理费用。

2.《环境保护法》

第六条　一切单位和个人都有保护环境的义务。

地方各级人民政府应当对本行政区域的环境质量负责。

企业事业单位和其他生产经营者应当防止、减少环境污染和生态破坏，对所造成的损害依法承担责任。

公民应当增强环境保护意识，采取低碳、节俭的生活方式，自觉履行环境保

护义务。

第四十条 国家促进清洁生产和资源循环利用。

国务院有关部门和地方各级人民政府应当采取措施，推广清洁能源的生产和使用。

企业应当优先使用清洁能源，采用资源利用率高、污染物排放量少的工艺、设备以及废弃物综合利用技术和污染物无害化处理技术，减少污染物的产生。

3.《节约能源法》

第二条 本法所称能源，是指煤炭、石油、天然气、生物质能和电力、热力以及其他直接或者通过加工、转换而取得有用能的各种资源。

第三条 本法所称节约能源（以下简称节能），是指加强用能管理，采取技术上可行、经济上合理以及环境和社会可以承受的措施，从能源生产到消费的各个环节，降低消耗、减少损失和污染物排放、制止浪费，有效、合理地利用能源。

第四条 节约资源是我国的基本国策。国家实施节约与开发并举、把节约放在首位的能源发展战略。

第七条 国家实行有利于节能和环境保护的产业政策，限制发展高耗能、高污染行业，发展节能环保型产业。

国务院和省、自治区、直辖市人民政府应当加强节能工作，合理调整产业结构、企业结构、产品结构和能源消费结构，推动企业降低单位产值能耗和单位产品能耗，淘汰落后的生产能力，改进能源的开发、加工、转换、输送、储存和供应，提高能源利用效率。

国家鼓励、支持开发和利用新能源、可再生能源。

第十三条 国务院标准化主管部门和国务院有关部门依法组织制定并适时修订有关节能的国家标准、行业标准，建立健全节能标准体系。

国务院标准化主管部门会同国务院管理节能工作的部门和国务院有关部门制定强制性的用能产品、设备能源效率标准和生产过程中耗能高的产品的单位产品能耗限额标准。

国家鼓励企业制定严于国家标准、行业标准的企业节能标准。

省、自治区、直辖市制定严于强制性国家标准、行业标准的地方节能标准，由省、自治区、直辖市人民政府报经国务院批准；本法另有规定的除外。

第十六条 国家对落后的耗能过高的用能产品、设备和生产工艺实行淘汰制度。淘汰的用能产品、设备、生产工艺的目录和实施办法，由国务院管理节能工作的部门会同国务院有关部门制定并公布。

生产过程中耗能高的产品的生产单位，应当执行单位产品能耗限额标准。对超过单位产品能耗限额标准用能的生产单位，由管理节能工作的部门按照国务院规定的权限责令限期治理。

对高耗能的特种设备，按照国务院的规定实行节能审查和监管。

第十七条　禁止生产、进口、销售国家明令淘汰或者不符合强制性能源效率标准的用能产品、设备；禁止使用国家明令淘汰的用能设备、生产工艺。

第三十一条　国家鼓励工业企业采用高效、节能的电动机、锅炉、窑炉、风机、泵类等设备，采用热电联产、余热余压利用、洁净煤以及先进的用能监测和控制等技术。

第六十八条　负责审批政府投资项目的机关违反本法规定，对不符合强制性节能标准的项目予以批准建设的，对直接负责的主管人员和其他直接责任人员依法给予处分。

固定资产投资项目建设单位开工建设不符合强制性节能标准的项目或者将该项目投入生产、使用的，由管理节能工作的部门责令停止建设或者停止生产、使用，限期改造；不能改造或者逾期不改造的生产性项目，由管理节能工作的部门报请本级人民政府按照国务院规定的权限责令关闭。

第六十九条　生产、进口、销售国家明令淘汰的用能产品、设备的，使用伪造的节能产品认证标志或者冒用节能产品认证标志的，依照《中华人民共和国产品质量法》的规定处罚。

第七十条　生产、进口、销售不符合强制性能源效率标准的用能产品、设备的，由市场监督管理部门责令停止生产、进口、销售，没收违法生产、进口、销售的用能产品、设备和违法所得，并处违法所得一倍以上五倍以下罚款；情节严重的，吊销营业执照。

第七十一条　使用国家明令淘汰的用能设备或者生产工艺的，由管理节能工作的部门责令停止使用，没收国家明令淘汰的用能设备；情节严重的，可以由管理节能工作的部门提出意见，报请本级人民政府按照国务院规定的权限责令停业整顿或者关闭。

第七十二条　生产单位超过单位产品能耗限额标准用能，情节严重，经限期治理逾期不治理或者没有达到治理要求的，可以由管理节能工作的部门提出意见，报请本级人民政府按照国务院规定的权限责令停业整顿或者关闭。

4.《循环经济促进法》

第二条 本法所称循环经济，是指在生产、流通和消费等过程中进行的减量化、再利用、资源化活动的总称。

本法所称减量化，是指在生产、流通和消费等过程中减少资源消耗和废物产生。

本法所称再利用，是指将废物直接作为产品或者经修复、翻新、再制造后继续作为产品使用，或者将废物的全部或者部分作为其他产品的部件予以使用。

本法所称资源化，是指将废物直接作为原料进行利用或者对废物进行再生利用。

第三条 发展循环经济是国家经济社会发展的一项重大战略，应当遵循统筹规划、合理布局，因地制宜、注重实效，政府推动、市场引导，企业实施、公众参与的方针。

5.《最高人民法院关于审理生态环境侵权责任纠纷案件适用法律若干问题的解释》

第一条 侵权人因实施下列污染环境、破坏生态行为造成他人人身、财产损害，被侵权人请求侵权人承担生态环境侵权责任的，人民法院应予支持：

（一）排放废气、废水、废渣、医疗废物、粉尘、恶臭气体、放射性物质等污染环境的；

（二）排放噪声、振动、光辐射、电磁辐射等污染环境的；

（三）不合理开发利用自然资源的；

（四）违反国家规定，未经批准，擅自引进、释放、丢弃外来物种的；

（五）其他污染环境、破坏生态的行为。

第四条 污染环境、破坏生态造成他人损害，行为人不论有无过错，都应当承担侵权责任。

行为人以外的其他责任人对损害发生有过错的，应当承担侵权责任。

第十八条 因第三人的过错污染环境、破坏生态造成他人损害，被侵权人请求侵权人或者第三人承担责任的，人民法院应予支持。

侵权人以损害是由第三人过错造成的为由，主张不承担责任或者减轻责任的，人民法院不予支持。

第十九条　因第三人的过错污染环境、破坏生态造成他人损害，被侵权人同时起诉侵权人和第三人承担责任，侵权人对损害的发生没有过错的，人民法院应当判令侵权人、第三人就全部损害承担责任。侵权人承担责任后有权向第三人追偿。

侵权人对损害的发生有过错的，人民法院应当判令侵权人就全部损害承担责任，第三人承担与其过错相适应的责任。侵权人承担责任后有权就第三人应当承担的责任份额向其追偿。

第二十条　被侵权人起诉第三人承担责任的，人民法院应当向被侵权人释明是否同时起诉侵权人。被侵权人不起诉侵权人的，人民法院应当根据民事诉讼法第五十九条的规定通知侵权人参加诉讼。

被侵权人仅请求第三人承担责任，侵权人对损害的发生也有过错的，人民法院应当判令第三人承担与其过错相适应的责任。

6.《最高人民法院关于审理环境民事公益诉讼案件适用法律若干问题的解释》

第十八条　对污染环境、破坏生态，已经损害社会公共利益或者具有损害社会公共利益重大风险的行为，原告可以请求被告承担停止侵害、排除妨碍、消除危险、修复生态环境、赔偿损失、赔礼道歉等民事责任。

第十九条　原告为防止生态环境损害的发生和扩大，请求被告停止侵害、排除妨碍、消除危险的，人民法院可以依法予以支持。

原告为停止侵害、排除妨碍、消除危险采取合理预防、处置措施而发生的费用，请求被告承担的，人民法院可以依法予以支持。

第二十条　原告请求修复生态环境的，人民法院可以依法判决被告将生态环境修复到损害发生之前的状态和功能。无法完全修复的，可以准许采用替代性修复方式。

人民法院可以在判决被告修复生态环境的同时，确定被告不履行修复义务时应承担的生态环境修复费用；也可以直接判决被告承担生态环境修复费用。

生态环境修复费用包括制定、实施修复方案的费用，修复期间的监测、监管费用，以及修复完成后的验收费用、修复效果后评估费用等。

第二十一条　原告请求被告赔偿生态环境受到损害至修复完成期间服务功

能丧失导致的损失、生态环境功能永久性损害造成的损失的,人民法院可以依法予以支持。

第二十二条 原告请求被告承担以下费用的,人民法院可以依法予以支持:

(一)生态环境损害调查、鉴定评估等费用;

(二)清除污染以及防止损害的发生和扩大所支出的合理费用;

(三)合理的律师费以及为诉讼支出的其他合理费用。

7.《最高人民法院关于审理生态环境损害赔偿案件的若干规定(试行)》

第十一条 被告违反国家规定造成生态环境损害的,人民法院应当根据原告的诉讼请求以及具体案情,合理判决被告承担修复生态环境、赔偿损失、停止侵害、排除妨碍、消除危险、赔礼道歉等民事责任。

第十二条 受损生态环境能够修复的,人民法院应当依法判决被告承担修复责任,并同时确定被告不履行修复义务时应承担的生态环境修复费用。

生态环境修复费用包括制定、实施修复方案的费用,修复期间的监测、监管费用,以及修复完成后的验收费用、修复效果后评估费用等。

原告请求被告赔偿生态环境受到损害至修复完成期间服务功能损失的,人民法院根据具体案情予以判决。

第十三条 受损生态环境无法修复或者无法完全修复,原告请求被告赔偿生态环境功能永久性损害造成的损失的,人民法院根据具体案情予以判决。

第十四条 原告请求被告承担下列费用的,人民法院根据具体案情予以判决:

(一)实施应急方案、清除污染以及为防止损害的发生和扩大所支出的合理费用;

(二)为生态环境损害赔偿磋商和诉讼支出的调查、检验、鉴定、评估等费用;

(三)合理的律师费以及其他为诉讼支出的合理费用。

第十五条 人民法院判决被告承担的生态环境服务功能损失赔偿资金、生态环境功能永久性损害造成的损失赔偿资金,以及被告不履行生态环境修复义务时所应承担的修复费用,应当依照法律、法规、规章予以缴纳、管理和使用。

8.《生态环境损害赔偿管理规定》

第五条 生态环境损害赔偿范围包括:

（一）生态环境受到损害至修复完成期间服务功能丧失导致的损失；

（二）生态环境功能永久性损害造成的损失；

（三）生态环境损害调查、鉴定评估等费用；

（四）清除污染、修复生态环境费用；

（五）防止损害的发生和扩大所支出的合理费用。

第九条　赔偿权利人及其指定的部门或机构，有权请求赔偿义务人在合理期限内承担生态环境损害赔偿责任。

生态环境损害可以修复的，应当修复至生态环境受损前的基线水平或者生态环境风险可接受水平。赔偿义务人根据赔偿协议或者生效判决要求，自行或者委托开展修复的，应当依法赔偿生态环境受到损害至修复完成期间服务功能丧失导致的损失和生态环境损害赔偿范围内的相关费用。

生态环境损害无法修复的，赔偿义务人应当依法赔偿相关损失和生态环境损害赔偿范围内的相关费用，或者在符合有关生态环境修复法规政策和规划的前提下，开展替代修复，实现生态环境及其服务功能等量恢复。

第十条　赔偿义务人因同一生态环境损害行为需要承担行政责任或者刑事责任的，不影响其依法承担生态环境损害赔偿责任。赔偿义务人的财产不足以同时承担生态环境损害赔偿责任和缴纳罚款、罚金时，优先用于承担生态环境损害赔偿责任。

各地可根据案件实际情况，统筹考虑社会稳定、群众利益，根据赔偿义务人主观过错、经营状况等因素分类处置，探索分期赔付等多样化责任承担方式。

有关国家机关应当依法履行职责，不得以罚代赔，也不得以赔代罚。

第十一条　赔偿义务人积极履行生态环境损害赔偿责任的，相关行政机关和司法机关，依法将其作为从轻、减轻或者免予处理的情节。

对生效判决和经司法确认的赔偿协议，赔偿义务人不履行或者不完全履行义务的，依法列入失信被执行人名单。

9.《关于推进生态环境损害赔偿制度改革若干具体问题的意见》

八、关于鼓励赔偿义务人积极担责

对积极参与生态环境损害赔偿磋商，并及时履行赔偿协议、开展生态环境修复的赔偿义务人，赔偿权利人指定的部门或机构可将其履行赔偿责任的情况提供给相关行政机关，在作出行政处罚裁量时予以考虑，或提交司法机关，供其在案件审理时参考。

十、关于生态环境修复

对生态环境损害可以修复的案件,要体现环境资源生态功能价值,促使赔偿义务人对受损的生态环境进行修复。磋商一致的,赔偿义务人可以自行修复或委托具备修复能力的社会第三方机构修复受损生态环境,赔偿权利人及其指定的部门或机构做好监督等工作;磋商不成的,赔偿权利人及其指定的部门或机构应当及时提起诉讼,要求赔偿义务人承担修复责任。

对生态环境损害无法修复的案件,赔偿义务人缴纳赔偿金后,可由赔偿权利人及其指定的部门或机构根据国家和本地区相关规定,统筹组织开展生态环境替代修复。

磋商未达成一致前,赔偿义务人主动要求开展生态环境修复的,在双方当事人书面确认损害事实后,赔偿权利人及其指定的部门或机构可以同意,并做好过程监管。

赔偿义务人不履行或不完全履行生效的诉讼案件裁判、经司法确认的赔偿协议的,赔偿权利人及其指定的部门或机构可以向人民法院申请强制执行。对于赔偿义务人不履行或不完全履行义务的情况,应当纳入社会信用体系,在一定期限内实施市场和行业禁入、限制等措施。

十二、关于修复效果评估

赔偿权利人及其指定的部门或机构在收到赔偿义务人、第三方机构关于生态环境损害修复完成的通报后,组织对受损生态环境修复的效果进行评估,确保生态环境得到及时有效修复。

修复效果未达到修复方案确定的修复目标的,赔偿义务人应当根据赔偿协议或法院判决要求继续开展修复。

修复效果评估相关的工作内容可以在赔偿协议中予以规定,费用根据规定由赔偿义务人承担。

附录八:绿色金融纠纷案件相关法条摘录

一、法律与两高司法文件

1.《民法典》

第九条　民事主体从事民事活动,应当有利于节约资源、保护生态环境。

第五百零九条　当事人应当按照约定全面履行自己的义务。

当事人应当遵循诚信原则,根据合同的性质、目的和交易习惯履行通知、协助、保密等义务。

当事人在履行合同过程中,应当避免浪费资源、污染环境和破坏生态。

2.《最高人民法院关于完整准确全面贯彻新发展理念　为积极稳妥推进碳达峰碳中和提供司法服务的意见》(法发〔2023〕5号)

4.统筹国内法治与涉外法治。落实《世界环境司法大会昆明宣言》,秉持公平、共同但有区别的责任及各自能力原则,依法审理节能减排、低碳技术、碳交易、绿色金融等相关案件,促进气候变化减缓和适应。秉持人类命运共同体理念,坚定维护经济全球化和可持续发展,持续深化环境司法领域国际合作交流,积极参与应对气候变化全球治理。

二、政府法规、规章、政策性文件

1.《生态文明体制改革总体方案》

(四十五)建立绿色金融体系。推广绿色信贷,研究采取财政贴息等方式加大扶持力度,鼓励各类金融机构加大绿色信贷的发放力度,明确贷款人的尽职免责要求和环境保护法律责任。加强资本市场相关制度建设,研究设立绿色股票指数和发展相关投资产品,研究银行和企业发行绿色债券,鼓励对绿色信贷资产实行证券化。支持设立各类绿色发展基金,实行市场化运作。建立上市公司环保信息强制性披露机制。完善对节能低碳、生态环保项目的各类担保机制,加大风险补偿力度。在环境高风险领域建立环境污染强制责任保险制度。建立绿色评级体系以及公益性的环境成本核算和影响评估体系。积极推动绿色金融领域各类国际合作。

(四十六)建立统一的绿色产品体系。将目前分头设立的环保、节能、节水、循环、低碳、再生、有机等产品统一整合为绿色产品,建立统一的绿色产品标准、认证、标识等体系。完善对绿色产品研发生产、运输配送、购买使用的财税金融支持和政府采购等政策。

2.《绿色债券发行指引》

一、适用范围和支持重点

绿色债券是指,募集资金主要用于支持节能减排技术改造、绿色城镇化、能源清洁高效利用、新能源开发利用、循环经济发展、水资源节约和非常规水资源开发利用、污染防治、生态农林业、节能环保产业、低碳产业、生态文明先行示范实验、低碳试点示范等绿色循环低碳发展项目的企业债券。现阶段支持重点为:

(一)节能减排技术改造项目。包括燃煤电厂超低排放和节能改造,以及余热暖民等余热余压利用、燃煤锅炉节能环保提升改造、电机系统能效提升、企业能效综合提升、绿色照明等。

(二)绿色城镇化项目。包括绿色建筑发展、建筑工业化、既有建筑节能改造、海绵城市建设、智慧城市建设、智能电网建设、新能源汽车充电设施建设等。

(三)能源清洁高效利用项目。包括煤炭、石油等能源的高效清洁化利用。

(四)新能源开发利用项目。包括水能、风能、核能、太阳能、生物质能、地热、浅层地温能、海洋能、空气能等开发利用。

(五)循环经济发展项目。包括产业园区循环化改造、废弃物资源化利用、农业循环经济、再制造产业等。

(六)水资源节约和非常规水资源开发利用项目。包括节水改造、海水(苦咸水)淡化、中水利用等。

(七)污染防治项目。包括污水垃圾等环境基础设施建设,大气、水、土壤等突出环境问题治理,危废、医废、工业尾矿等处理处置。

(八)生态农林业项目。包括发展有机农业、生态农业,以及特色经济林、林下经济、森林旅游等林产业。

（九）节能环保产业项目。包括节能环保重大装备、技术产业化，合同能源管理，节能环保产业基地（园区）建设等。

（十）低碳产业项目。包括国家重点推广的低碳技术及相关装备的产业化，低碳产品生产项目，低碳服务相关建设项目等。

（十一）生态文明先行示范实验项目。包括生态文明先行示范区的资源节约、循环经济发展、环境保护、生态建设等项目。

（十二）低碳发展试点示范项目。包括低碳省市试点、低碳城（镇）试点、低碳社区试点、低碳园区试点的低碳能源、低碳工业、低碳交通、低碳建筑等低碳基础设施建设及碳管理平台建设项目。

我委将根据实际情况，适时调整可采用市场化方式融资的绿色项目和绿色债券支持的范围，并继续创新推出绿色发展领域新的债券品种。

3.《关于构建绿色金融体系的指导意见》

一、构建绿色金融体系的重要意义

（一）绿色金融是指为支持环境改善、应对气候变化和资源节约高效利用的经济活动，即对环保、节能、清洁能源、绿色交通、绿色建筑等领域的项目投融资、项目运营、风险管理等所提供的金融服务。

（二）绿色金融体系是指通过绿色信贷、绿色债券、绿色股票指数和相关产品、绿色发展基金、绿色保险、碳金融等金融工具和相关政策支持经济向绿色化转型的制度安排。

（三）构建绿色金融体系主要目的是动员和激励更多社会资本投入到绿色产业，同时更有效地抑制污染性投资。构建绿色金融体系，不仅有助于加快我国经济向绿色化转型，支持生态文明建设，也有利于促进环保、新能源、节能等领域的技术进步，加快培育新的经济增长点，提升经济增长潜力。

（四）建立健全绿色金融体系，需要金融、财政、环保等政策和相关法律法规的配套支持，通过建立适当的激励和约束机制解决项目环境外部性问题。同时，也需要金融机构和金融市场加大创新力度，通过发展新的金融工具和服务手段，解决绿色投融资所面临的期限错配、信息不对称、产品和分析工具缺失等问题。

二、大力发展绿色信贷

（六）推动银行业自律组织逐步建立银行绿色评价机制。明确评价指标设计、评价工作的组织流程及评价结果的合理运用，通过银行绿色评价机制引导金融机构积极开展绿色金融业务,做好环境风险管理。对主要银行先行开展绿色信贷业绩评价,在取得经验的基础上,逐渐将绿色银行评价范围扩大至中小商业银行。

(七)推动绿色信贷资产证券化。在总结前期绿色信贷资产证券化业务试点经验的基础上,通过进一步扩大参与机构范围,规范绿色信贷基础资产遴选,探索高效、低成本抵质押权变更登记方式,提升绿色信贷资产证券化市场流动性,加强相关信息披露管理等举措,推动绿色信贷资产证券化业务常态化发展。

(八)研究明确贷款人环境法律责任。依据我国相关法律法规,借鉴环境法律责任相关国际经验,立足国情探索研究明确贷款人尽职免责要求和环境保护法律责任,适时提出相关立法建议。

三、推动证券市场支持绿色投资

(十二)完善绿色债券的相关规章制度,统一绿色债券界定标准。研究完善各类绿色债券发行的相关业务指引、自律性规则,明确发行绿色债券筹集的资金专门(或主要)用于绿色项目。加强部门间协调,建立和完善我国统一的绿色债券界定标准,明确发行绿色债券的信息披露要求和监管安排等。支持符合条件的机构发行绿色债券和相关产品,提高核准(备案)效率。

四、设立绿色发展基金,通过政府和社会资本合作(PPP)模式动员社会资本

(十九)支持设立各类绿色发展基金,实行市场化运作。中央财政整合现有节能环保等专项资金设立国家绿色发展基金,投资绿色产业,体现国家对绿色投资的引导和政策信号作用。鼓励有条件的地方政府和社会资本共同发起区域性绿色发展基金,支持地方绿色产业发展。支持社会资本和国际资本设立各类民间绿色投资基金。政府出资的绿色发展基金要在确保执行国家绿色发展战略及政策的前提下,按照市场化方式进行投资管理。

(二十一)支持在绿色产业中引入 PPP 模式,鼓励将节能减排降碳、环保和其他绿色项目与各种相关高收益项目打捆,建立公共物品性质的绿色服务收费机制。推动完善绿色项目 PPP 相关法规规章,鼓励各地在总结现有 PPP 项目经验的基础上,出台更加具有操作性的实施细则。鼓励各类绿色发展基金支持以 PPP 模式操作的相关项目。

五、发展绿色保险

(二十二)在环境高风险领域建立环境污染强制责任保险制度。按程序推

动制修订环境污染强制责任保险相关法律或行政法规,由环境保护部门会同保险监管机构发布实施性规章。选择环境风险较高、环境污染事件较为集中的领域,将相关企业纳入应当投保环境污染强制责任保险的范围。鼓励保险机构发挥在环境风险防范方面的积极作用,对企业开展"环保体检",并将发现的环境风险隐患通报环境保护部门,为加强环境风险监督提供支持。完善环境损害鉴定评估程序和技术规范,指导保险公司加快定损和理赔进度,及时救济污染受害者、降低对环境的损害程度。

(二十三)鼓励和支持保险机构创新绿色保险产品和服务。建立完善与气候变化相关的巨灾保险制度。鼓励保险机构研发环保技术装备保险、针对低碳环保类消费品的产品质量安全责任保险、船舶污染损害责任保险、森林保险和农牧业灾害保险等产品。积极推动保险机构参与养殖业环境污染风险管理,建立农业保险理赔与病死牲畜无害化处理联动机制。

九、防范金融风险,强化组织落实

(三十二)完善与绿色金融相关监管机制,有效防范金融风险。加强对绿色金融业务和产品的监管协调,综合运用宏观审慎与微观审慎监管工具,统一和完善有关监管规则和标准,强化对信息披露的要求,有效防范绿色信贷和绿色债券的违约风险,充分发挥股权融资作用,防止出现绿色项目杠杆率过高、资本空转和"洗绿"等问题,守住不发生系统性金融风险底线。

4.《关于构建绿色金融体系的指导意见》

五、发行人应当认真履行信息披露义务,按照规定或约定真实、准确、完整、及时地披露绿色公司债券相关信息。

申请发行绿色公司债券时,募集说明书应当披露拟投资的绿色产业项目类别、项目认定依据或标准、环境效益目标、募集资金使用计划和管理制度等内容。同时,发行人还应当提供募集资金投向绿色产业项目的承诺函。绿色公司债券存续期间,发行人应当按照相关规则规定或约定披露绿色公司债券募集资金使用情况、绿色产业项目进展情况和环境效益等内容。绿色公司债券受托管理人在年度受托管理事务报告中也应当披露上述内容。

5.《关于支持绿色金融改革创新试验区发行绿色债务融资工具的通知》

五、鼓励试验区内企业通过注册发行定向工具、资产支持票据等不同品种的绿色债务融资工具,增加融资额度,丰富企业融资渠道。

十、坚持企业发行债务融资工具与地方政府债务严格切割，债务融资工具不具有地方政府信用，避免增加地方政府隐性债务。支持试验区地方政府加强企业信用风险监测和评估，密切监测绿色债券支持项目的偿付能力，建立健全绿色债券风险预警机制和市场约束机制，积极稳妥做好相关风险防范和化解处置工作。

6.《银行业金融机构绿色金融评价方案》

（三）绿色金融评价面向银行业金融机构开展，坚持绿色导向、商业可持续、激励约束兼容，按照客观、公平、公正原则稳步推进，依法尊重银行业金融机构合规自主经营。

7.《银行业保险业绿色金融指引》

第十八条　银行保险机构应当加强授信和投资尽职调查，根据客户及其项目所处行业、区域特点，明确环境、社会和治理风险尽职调查的内容要点，确保调查全面、深入、细致。必要时可以寻求合格、独立的第三方和相关主管部门的支持。

第十九条　银行保险机构应当对拟授信客户和拟投资项目进行严格的合规审查，针对不同行业的客户特点，制定环境、社会和治理方面的合规文件清单和合规风险审查清单，审查客户提交的文件和相关手续的合规性、有效性和完整性，确信客户对相关风险点有足够的重视和有效的动态控制，符合实质合规要求。

第二十条　银行保险机构应当加强授信和投资审批管理，根据客户面临的环境、社会和治理风险的性质和严重程度，确定合理的授信、投资权限和审批流程。对在环境、社会和治理方面存在严重违法违规和重大风险的客户，应当严格限制对其授信和投资。

第二十一条　银行保险机构应当通过完善合同条款督促客户加强环境、社会和治理风险管理。对涉及重大环境、社会和治理风险的信贷客户和投资项目，应当在合同正文或附件中要求客户提交环境、社会和治理风险报告，订立客户加强环境、社会和治理风险管理的声明和承诺条款，以及客户在管理环境、社会和治理风险方面违约时的救济条款。

第二十二条　银行保险机构应当加强信贷和投资资金拨付管理，将客户对环境、社会和治理风险的管理状况作为信贷和投资资金拨付的重要依据。在已授信和投资项目的设计、准备、施工、竣工、运营、关停等相关环节,合理设置环境、社会和治理风险评估关卡,对出现重大风险隐患的,可以按照合同约定中止直至终止资金拨付。

第二十三条 银行保险机构应当加强贷后和投后管理,对有潜在重大环境、社会和治理风险的客户,制定并实行有针对性的管理措施。密切关注国内外法律、政策、技术、市场变化对客户经营状况和行业发展的影响,加强动态分析,开展情景分析和压力测试,并在资产风险分类、准备计提等方面及时做出调整。建立健全客户重大环境、社会和治理风险的内部报告制度和责任追究制度,在客户发生重大环境、社会和治理风险事件时,应当督促客户及时采取相关的风险处置措施,并就该事件可能造成的影响及时进行报告。

8.《碳达峰碳中和标准体系建设指南》

三、标准重点建设内容

(四)市场化机制标准子体系

1. 绿色金融标准

重点制修订绿色金融术语、金融机构碳核算、银行企业和个人碳账户管理、气候投融资和转型金融分类目录等基础通用标准,绿色贷款、绿色债券、绿色保险、碳金融衍生品交易等绿色金融产品服务标准。推动制修订绿色债券信用评级等绿色金融评价评估标准。完善金融机构和金融业务环境信息披露等标准。

四、国际标准化工作重点

(三)积极参与国际标准制定

重点推动提出温室气体排放监测核算、林草固碳和增汇、能源领域的传统能源清洁低碳利用、智能电网与储能、新型电力系统、清洁能源、绿色金融、信息通信领域与数字赋能等国际标准提案,推动标准研制。积极争取在国际标准组织中成立区域能源系统、医用冷冻装备、生态碳汇等技术机构。深入参与国际标准组织应对气候变化治理工作,推荐中国专家参加气候变化协调委员会(CCCC)、环境社会治理(ESG)协调委员会、联合国秘书长独立咨询委员会能源结构专委会(CEET)等战略研究和协调治理机构。积极联合相关国家共同制定并发布《多能智慧耦合能源系统》《多源固废能源化》等政策白皮书。

附录九:煤炭资源整合和电力结构调整纠纷案件相关法条摘录

一、煤炭资源整合和电力结构调整法律法规

1.《煤炭法》(2016 修正)

第一条　为了合理开发利用和保护煤炭资源,规范煤炭生产、经营活动,促进和保障煤炭行业的发展,制定本法。

第十六条　煤炭生产开发规划应当根据国民经济和社会发展的需要制定,并纳入国民经济和社会发展计划。

第十九条　煤矿建设应当坚持煤炭开发与环境治理同步进行。煤矿建设项目的环境保护设施必须与主体工程同时设计、同时施工、同时验收、同时投入使用。

第五十九条　违反本法第四十三条的规定,在煤炭产品中掺杂、掺假,以次充好的,责令停止销售,没收违法所得,并处违法所得一倍以上五倍以下的罚款;构成犯罪的,由司法机关依法追究刑事责任。

2.《国务院办公厅关于促进煤炭行业平稳运行的意见》

一、坚决遏制煤炭产量无序增长

全面贯彻党中央、国务院关于化解产能严重过剩矛盾的总体要求,完善法规政策,科学调控煤炭总量。严格新建煤矿准入标准,停止核准新建低于 30 万吨/年的煤矿、低于 90 万吨/年的煤与瓦斯突出矿井。新建煤矿必须严格履行基本建设程序,严厉查处未批先建、批小建大等违规行为。要从完善安全生产管理入手,逐步淘汰 9 万吨/年及以下煤矿,重点关闭不具备安全生产条件的煤矿,加快关闭煤与瓦斯突出等灾害隐患严重的煤矿。煤炭企业必须严格按照核准的煤矿建设规模和生产能力组织生产,严禁违规建设和超能力生产。建立煤矿产能登

记及公告制度,提高超能力生产处罚标准,加大处罚力度,定期公布处罚结果。有效整合资源,鼓励煤炭企业兼并重组,以大型企业为主体,在大型煤炭基地内有序建设大型现代化煤矿,促进煤炭集约化生产……

四、提高煤炭企业生产经营水平

引导煤炭企业加强市场供需分析,优化生产布局,科学确定采掘关系,依法有序组织生产,严禁私采乱挖和超层越界开采;加强煤矿补充地质勘探和资源储备,摸清老矿区外围资源储量,延长矿区服务年限。加强企业内部精细化管理,压缩非生产性支出,合理控制生产经营成本,提高内控管理和安全生产水平,增加企业效益。要保持矿区和谐稳定与煤矿安全运转,进一步加大安全生产投入,保障一线职工人身安全及合法权益。充分发挥行业协会在自律管理、统计监测、信息发布、推广先进技术和管理经验、研究制订标准等方面的重要作用,引导行业健康发展……

五、营造煤炭企业良好发展环境

着力解决老矿区、老企业历史遗留问题。原国有重点煤矿承担的办社会职能中,已分离转移至地方的学校、公安等机构的运转费用,按相关政策规定纳入当地财政预算;尚未分离的职能,地方政府要采取有效措施加快移交。落实相关政策,解决原国有重点企业破产煤矿遗留的离退休人员医疗保障及社会化管理、社会职能移交等问题。建立完善退出机制,对资不抵债且扭亏无望的煤矿,要依法及时关闭破产。支持煤炭企业发展矿区循环经济,加快建设一批煤电一体化项目。研究出台有效措施,推动煤炭企业与用户签订中长期煤炭合同。加强煤炭行业与制造业规划及生产运行的配套衔接,促进煤炭供应侧与需求侧协调均衡发展。地方各级政府及其有关部门要根据煤炭市场变化情况,及时调整完善企业考核机制。树立煤炭市场全国一盘棋的思想,不得出台限制煤炭正常流通的地方保护性措施……

3.《国务院关于煤炭行业化解过剩产能实现脱困发展的意见》

一、总体要求

(一)指导思想。

全面贯彻党的十八大和十八届三中、四中、五中全会以及中央经济工作会议精神,按照“五位一体”总体布局和“四个全面”战略布局,牢固树立和贯彻落实创新、协调、绿色、开放、共享的发展理念,着眼于推动煤炭行业供给侧结构性改革，坚持市场倒逼、企业主体，地方组织、中央支持，综合施策、标本兼治，因地制宜、分类处置，将积极稳妥化解过剩产能与结构调整、转型升级相结合，实现煤炭行业扭亏脱困升级和健康发展。

（二）基本原则。

市场倒逼与政府支持相结合。充分发挥市场机制作用和更好发挥政府引导作用，用法治化和市场化手段化解过剩产能。企业承担化解过剩产能的主体责任，地方政府负责制定落实方案并组织实施，中央给予资金奖补和政策支持。

化解产能与转型升级相结合。严格控制新增产能，切实淘汰落后产能，有序退出过剩产能，探索保留产能与退出产能适度挂钩。通过化解过剩产能，促进企业优化组织结构、技术结构、产品结构，创新体制机制，提升综合竞争力，推动煤炭行业转型升级。

整体推进与重点突破相结合。在重点产煤省份和工作基础较好的地区率先突破，为整体推进探索有益经验。以做好职工安置为重点，挖掘企业内部潜力，做好转岗分流工作，落实好各项就业和社会保障政策，保障职工合法权益，处理好企业资产债务。

（七）推进企业改革重组。

稳妥推动具备条件的国有煤炭企业发展混合所有制经济，完善现代企业制度，提高国有资本配置和运行效率。鼓励大型煤炭企业兼并重组中小型企业，培育一批大型煤炭企业集团，进一步提高安全、环保、能耗、工艺等办矿标准和生产水平。利用3年时间，力争单一煤炭企业生产规模全部达到300万吨/年以上。

（十四）做好职工安置。

要把职工安置作为化解过剩产能工作的重中之重，坚持企业主体作用与社会保障相结合，细化措施方案，落实保障政策，维护职工合法权益。安置计划不完善、资金保障不到位以及未经职工代表大会或全体职工讨论通过的职工安置方案，不得实施。

（十五）加大金融支持。

2. 运用市场化手段妥善处置企业债务和银行不良资产，落实金融机构呆账核销的财税政策，完善金融机构加大抵债资产处置力度的财税支持政策。研究完善不良资产批量转让政策，支持银行加快不良资产处置进度，支持银行向金融资产管理公司打包转让不良资产，提高不良资产处置效率。

3. 支持社会资本参与企业并购重组,鼓励保险资金等长期资金创新产品和投资方式,参与企业并购重组,拓展并购资金来源。完善并购资金退出渠道,加快发展相关产权的二级交易市场,提高资金使用效率。

4.《煤炭矿区总体规划管理暂行规定》

第三条　煤炭资源开发必须编制矿区总体规划。经批准的矿区总体规划,是煤炭工业发展规划、煤矿建设项目开展前期准备工作和办理核准的基本依据。

第五条　煤炭矿区总体规划由省级发展改革委委托具有甲级煤炭工程咨询资质的单位编制。

第十一条　资源储量为中型、规划总规模300万吨/年及以上的矿区,其总体规划由矿区所在省级发展改革委会同省级煤炭行业管理等部门提出审查意见后,报国家发展改革委审批。

二、地方性法规、规范性文件及相关政策

1.《乌海市关于落实自治区促进煤炭工业高质量发展意见的实施方案》

一、指导思想

以习近平新时代中国特色社会主义思想为指导,全面贯彻党的十九大和十九届二中、三中、四中、五中全会精神,深入贯彻习近平总书记关于内蒙古重要讲话重要指示批示精神,坚持新发展理念,以推动煤炭工业高质量发展为主题,持续深化煤炭供给侧结构性改革,推进煤炭清洁高效开发利用,提升产业链现代化水平,走一条以生态优先、绿色发展为导向的高质量发展新路子,努力实现环境效益、经济效益和社会效益多赢,为我市能源供应保障和综合利用基地建设作出新贡献。

四、保障措施

(一)加强组织领导。推动煤炭工业高质量发展对优化我市能源布局、改善生态环境、助推产业升级具有深远意义。各区、各有关部门要进一步提高政治站位,把主体责任和监管责任落实到位,突出统筹兼顾,切实处理好生态保护、经济发展、安全生产的关系。要建立健全煤炭行业高质量发展工作机制,进一步加强工作配合,积极主动作为,细化目标任务,及时制定完善各项配套方案政策,切实抓好我市煤炭工业高质量发展实施方案顺利实施。

（二）优化发展环境。各区、各有关部门要深化煤炭行业"放管服"改革，减少和规范事前审批，加强事中事后监管。加大煤炭行业金融支持力度，促进煤炭行业产融结合。落实国家和自治区有关财政金融、税收优惠、技术创新、电力、人才等惠企政策，推动煤炭行业减税降费、降本增效，保障用地、用水等要素供给。推进煤炭领域执法公开规范，明确煤炭监管监察权力责任清单、执法程序等。

（三）建立考评机制。各区、各有关部门要高度重视煤炭工业高质量发展考核工作，把供应能力、绿色发展、科技创新、能耗水平、安全生产等作为重要评价内容。严格落实自治区关于智能化矿井、煤矿优质产能、煤矿关闭退出、资源综合利用、绿色矿山建设、煤炭产品质量等方面管理规范，完善我市煤炭集约发展、高效发展、安全发展、绿色发展等方面指标，为强化煤炭工业高质量发展提供保障。

2.《六盘水市推动煤炭产业结构战略性调整实施方案》

一、总体要求

以习近平新时代中国特色社会主义思想为指导，深入学习贯彻党的二十大精神，认真落实习近平总书记"四个革命、一个合作"能源安全新战略和视察贵州重要讲话精神，全面贯彻落实省第十三次党代会和省委十三届二次全会、市第八次党代会和市委八届四次全会精神，坚持围绕"四新"主攻"四化"，聚焦煤炭产业高质量发展，建设新型综合能源基地和西南地区煤炭保供中心，为贵州省煤炭能源提供重要支撑。统筹发展和安全，深入实施煤矿"六个一批"分类处置，进一步压减小煤矿数量，推动煤炭产业规模化、智能化发展，加大国有企业煤炭资源开发力度，加快培育和释放煤炭优质产能，稳步提升煤矿安全保障和生产供应能力。

3.《大同市煤炭资源保护办法》

第四条　开发利用煤炭资源实行统一规划、合理布局、综合勘查、合理开采、综合利用和有效保护的方针。

开发利用煤炭资源，应当保护生态环境，防止污染，防止地质灾害和其他公害。

煤炭资源开发利用和保护应当纳入市国民经济和社会发展规划。

4.《山西省煤炭清洁高效利用促进条例》

第一条　为了促进煤炭清洁高效利用，保障实现碳达峰、碳中和目标，全方位推动高质量发展，根据有关法律、行政法规，结合本省实际，制定本条例。

第二条　本省行政区域内促进煤炭清洁高效利用及其监督管理活动适用本条例。

本条例所称煤炭清洁高效利用，是指在煤炭生产、加工、运输、利用和转化过程中，降低能源消耗，控制和减少污染物和温室气体排放，提高煤炭利用效率的活动。

第八条　省人民政府、设区的市人民政府应当编制煤炭清洁高效利用规划，明确工作目标、重点任务和保障措施，与国土空间规划、生态环境保护规划等相衔接。

县（市、区）人民政府应当根据煤炭清洁高效利用规划，结合本地实际编制煤炭清洁高效利用计划，并组织实施。

5.《贵州省煤炭工业淘汰落后产能加快转型升级工作领导小组办公室公告2022年第2号》

按照《国务院关于煤炭行业化解过剩产能实现脱困发展的意见》（国发〔2016〕7号）、《贵州省人民政府关于煤炭工业淘汰落后产能加快转型升级的意见》（黔府发〔2017〕9号）要求，各有关市（州）、县（市、区）人民政府对2022年企业自愿申请关闭的安全生产条件差、资源枯竭、布局不合理和不符合国家产业政策的煤矿（含矿权）进行了审查，现将企业自愿申请关闭且经公示无异议的6处煤矿名单予以公告（详见附件），请各有关市（州）、县（市、区）人民政府按要求做好以下工作。

……

五、各有关单位要依法及时撤销或注销煤矿相关证照；各级人力资源和社会保障部门要指导煤矿企业做好涉及职工的分流安置工作。

6.《吉林省煤炭消费总量控制“十四五”规划》

第三章　重点任务

第一节　推动产业绿色低碳发展

统筹经济发展与煤炭消费总量控制相协调，将低碳绿色发展作为新常态下经济提质、能源增效的重要动力，立足全省产业基础与优势，构建优势互补、结构合理的战略性新兴产业增长引擎，以产业结构调整带动能源结构调整，支持绿色技术创新，推动传统产业绿色化升级，加快推进传统产业节能降耗，促进产业低碳发展,全面推进现代农业建设,强化农村清洁能源供给,创造能源绿色低碳转型新模式。

7.《全市生产煤矿与建设煤矿“结对共建”助推煤炭行业高质量发展实施方案》

二、“结对共建”方式

“结对共建”由生产煤矿、建设煤矿双方在平等自愿的基础上,自行洽谈、自主选择,不搞“拉郎配”。“共建”双方任何一方提出解除“共建”关系,该“共建”关系自行解除。

(一)以互惠互利为基本原则,在合法合规和遵守市场机制的前提下,生产煤矿以购买矿权、融资入股、资金拆借和设备租赁等方式给予建设煤矿支持,帮助建设煤矿走出资金短缺困境。

(二)生产煤矿与建设煤矿开展人才技术交流合作,由生产煤矿派遣在安全生产标准化和安全生产技术管理等方面能力突出人员作为建设煤矿顾问,加强现场管理,提高安全生产标准化水平,带动建设煤矿人才培养,推动建设煤矿早日进入联合试运转阶段。

(三)其他合作方式和内容。

附录十:油气资源矿业权纠纷案件相关法条摘录

一、民事方面

1.《民法典》

第九条　民事主体从事民事活动,应当有利于节约资源、保护生态环境。

第五百零二条　依法成立的合同,自成立时生效,但是法律另有规定或者当事人另有约定的除外。

依照法律、行政法规的规定,合同应当办理批准等手续的,依照其规定。未办理批准等手续影响合同生效的,不影响合同中履行报批等义务条款以及相关条款的效力。应当办理申请批准等手续的当事人未履行义务的,对方可以请求其承担违反该义务的责任。

依照法律、行政法规的规定,合同的变更、转让、解除等情形应当办理批准等手续的,适用前款规定。

第五百零九条　当事人应当按照约定全面履行自己的义务。

当事人应当遵循诚信原则,根据合同的性质、目的和交易习惯履行通知、协助、保密等义务。

当事人在履行合同过程中,应当避免浪费资源、污染环境和破坏生态。

2.《矿产资源法》

第三条　矿产资源属于国家所有,由国务院行使国家对矿产资源的所有权。地表或者地下的矿产资源的国家所有权,不因其所依附的土地的所有权或者使用权的不同而改变。

国家保障矿产资源的合理开发利用。禁止任何组织或者个人用任何手段侵占或者破坏矿产资源。各级人民政府必须加强矿产资源的保护工作。

勘查、开采矿产资源,必须依法分别申请、经批准取得探矿权、采矿权,并办理登记;但是,已经依法申请取得采矿权的矿山企业在划定的矿区范围内为本企业的生产而进行的勘查除外。国家保护探矿权和采矿权不受侵犯，保障矿区和勘查作业区的生产秩序、工作秩序不受影响和破坏。

从事矿产资源勘查和开采的，必须符合规定的资质条件。

第三十九条 违反本法规定，未取得采矿许可证擅自采矿的，擅自进入国家规划矿区、对国民经济具有重要价值的矿区范围采矿的，擅自开采国家规定实行保护性开采的特定矿种的，责令停止开采、赔偿损失，没收采出的矿产品和违法所得，可以并处罚款；拒不停止开采，造成矿产资源破坏的，依照刑法有关规定对直接责任人员追究刑事责任。

单位和个人进入他人依法设立的国有矿山企业和其他矿山企业矿区范围内采矿的，依照前款规定处罚。

第四十条 超越批准的矿区范围采矿的，责令退回本矿区范围内开采、赔偿损失，没收越界开采的矿产品和违法所得，可以并处罚款；拒不退回本矿区范围内开采，造成矿产资源破坏的，吊销采矿许可证，依照刑法有关规定对直接责任人员追究刑事责任。

第四十四条 违反本法规定，采取破坏性的开采方法开采矿产资源的，处以罚款，可以吊销采矿许可证；造成矿产资源严重破坏的，依照刑法有关规定对直接责任人员追究刑事责任。

3.《矿产资源法实施细则》

第四十二条 依照《矿产资源法》第三十九条、第四十条、第四十二条、第四十三条、第四十四条规定处以罚款的，分别按照下列规定执行：

（一）未取得采矿许可证擅自采矿的，擅自进入国家规划矿区、对国民经济具有重要价值的矿区和他人矿区范围采矿的，擅自开采国家规定实行保护性开采的特定矿种的，处以违法所得50%以下的罚款……

4.《矿产资源开采登记管理办法》

第三条 除按照下列规定可以转让外，探矿权、采矿权不得转让：（一）探矿权人有权在划定的勘查作业区内进行规定的勘查作业，有权优先取得勘查作业区内矿产资源的采矿权。探矿权人在完成规定的最低勘查投入后，经依法批准，可以将探矿权转让他人。如第五条：转让探矿权，应当具备下列条件：（一）自颁发勘查许可证之日起满2年，或者在勘查作业区内发现可供进一步勘查或者开采的矿产资源；（二）完成规定的最低勘查投入；（三）探矿权属无争议；（四）按照国家有关规定已经缴纳探矿权使用费、探矿权价款;(五)国务院地质矿产主管部门规定的其他条件。本条“最低勘查投入”的要求从一定程度上限制了市场主体取得探矿权后不进行开发,而进行倒卖矿权赚取快钱扰乱矿产市场的行为的发生。

第十七条 任何单位和个人未领取采矿许可证擅自采矿的,擅自进入国家规划矿区和对国民经济具有重要价值的矿区范围采矿的,擅自开采国家规定实行保护性开采的特定矿种的,超越批准的矿区范围采矿的,由登记管理机关依照有关法律、行政法规的规定予以处罚。

第二十二条 有下列情形之一的,探矿权人应当在勘查许可证有效期内,向登记管理机关申请变更登记:(一)扩大或者缩小勘查区块范围的;(二)改变勘查工作对象的;(三)经依法批准转让探矿权的;(四)探矿权人改变名称或者地址的。规定了转让探矿权的条件。

5.《关于进一步规范矿产资源勘查审批登记管理的通知》

(十四)以申请在先、招标、拍卖、挂牌方式取得的非油气探矿权申请变更主体,应当持有探矿权满 2 年,或者持有探矿权满 1 年且提交经资源储量评审备案的普查及以上地质报告。以协议方式取得的非油气探矿权申请变更主体,应当持有探矿权满 10 年;未满 10 年的,按协议出让探矿权的要件要求及程序办理。

6.《环境保护法》

第六条 一切单位和个人都有保护环境的义务。

地方各级人民政府应当对本行政区域的环境质量负责。

企业事业单位和其他生产经营者应当防止、减少环境污染和生态破坏,对所造成的损害依法承担责任。

公民应当增强环境保护意识,采取低碳、节俭的生活方式,自觉履行环境保护义务。

第三十二条 国家加强对大气、水、土壤等的保护,建立和完善相应的调查、监测、评估和修复制度。

7.《生态环境损害赔偿管理规定》

第四条 本规定所称生态环境损害,是指因污染环境、破坏生态造成大气、地表水、地下水、土壤、森林等环境要素和植物、动物、微生物等生物要素的不利改变,以及上述要素构成的生态系统功能退化。违反国家规定造成生态环境损害的，按照《生态环境损害赔偿制度改革方案》和本规定要求，依法追究生态环境损害赔偿责任。以下情形不适用本规定：（一）涉及人身伤害、个人和集体财产损失要求赔偿的，适用《中华人民共和国民法典》等法律有关侵权责任的规定；（二）涉及海洋生态环境损害赔偿的，适用海洋环境保护法等法律及相关规定。

第五条 生态环境损害赔偿范围包括：（一）生态环境受到损害至修复完成期间服务功能丧失导致的损失；（二）生态环境功能永久性损害造成的损失；（三）生态环境损害调查、鉴定评估等费用；（四）清除污染、修复生态环境费用；（五）防止损害的发生和扩大所支出的合理费用。

第十条 赔偿义务人因同一生态环境损害行为需要承担行政责任或者刑事责任的，不影响其依法承担生态环境损害赔偿责任。赔偿义务人的财产不足以同时承担生态环境损害赔偿责任和缴纳罚款、罚金时，优先用于承担生态环境损害赔偿责任。各地可根据案件实际情况，统筹考虑社会稳定、群众利益，根据赔偿义务人主观过错、经营状况等因素分类处置，探索分期赔付等多样化责任承担方式。有关国家机关应当依法履行职责，不得以罚代赔，也不得以赔代罚。

10.《最高人民法院关于审理生态环境侵权责任纠纷案件适用法律若干问题的解释》

第四条 污染环境、破坏生态造成他人损害，行为人不论有无过错，都应当承担侵权责任。

行为人以外的其他责任人对损害发生有过错的，应当承担侵权责任。

第十六条 对于查明环境污染、生态破坏案件事实的专门性问题，人民法院经审查认为有必要的，应当根据当事人的申请或者依职权委托具有相应资格的机构、人员出具鉴定意见。

第二十一条 因没有鉴定标准、成熟的鉴定方法、相应资格的鉴定人等原因无法进行鉴定，或者鉴定周期过长、费用过高的，人民法院可以结合案件有关事实、当事人申请的有专门知识的人的意见和其他证据，对涉及专门性问题的事实作出认定。

第二十二条 当事人申请有专门知识的人出庭，就鉴定意见或者污染物认定、损害结果、因果关系、生态环境修复方案、生态环境修复费用、生态环境受到损害至修复完成期间服务功能丧失导致的损失、生态环境功能永久性损害造成的损失等专业问题提出意见的，人民法院可以准许。

对方当事人以有专门知识的人不具备相应资格为由提出异议的，人民法院对该异议不予支持。

9.《最高人民法院关于审理环境民事公益诉讼案件适用法律若干问题的解释》

第十七条　环境民事公益诉讼案件审理过程中，被告以反诉方式提出诉讼请求的，人民法院不予受理。

第十八条　对污染环境、破坏生态，已经损害社会公共利益或者具有损害社会公共利益重大风险的行为，原告可以请求被告承担停止侵害、排除妨碍、消除危险、修复生态环境、赔偿损失、赔礼道歉等民事责任。

第二十二条　原告请求被告承担以下费用的，人民法院可以依法予以支持：（一）生态环境损害调查、鉴定评估等费用；（二）清除污染以及防止损害的发生和扩大所支出的合理费用；（三）合理的律师费以及为诉讼支出的其他合理费用。

10.《最高人民法院关于审理生态环境损害赔偿案件的若干规定》

第十一条　被告违反国家规定造成生态环境损害的，人民法院应当根据原告的诉讼请求以及具体案情，合理判决被告承担修复生态环境、赔偿损失、停止侵害、排除妨碍、消除危险、赔礼道歉等民事责任。

第十二条　受损生态环境能够修复的，人民法院应当依法判决被告承担修复责任，并同时确定被告不履行修复义务时应承担的生态环境修复费用。生态环境修复费用包括制定、实施修复方案的费用，修复期间的监测、监管费用，以及修复完成后的验收费用、修复效果后评估费用等。

原告请求被告赔偿生态环境受到损害至修复完成期间服务功能损失的，人民法院根据具体案情予以判决。

第十七条　人民法院受理因同一损害生态环境行为提起的生态环境损害赔偿诉讼案件和民事公益诉讼案件，应先中止民事公益诉讼案件的审理，待生态环境损害赔偿诉讼案件审理完毕后，就民事公益诉讼案件未被涵盖的诉讼请求依法作出裁判。

二、刑事方面

1.《刑法》

第三百四十三条　【非法采矿罪】违反矿产资源法的规定，未取得采矿许可证擅自采矿,擅自进入国家规划矿区、对国民经济具有重要价值的矿区和他人矿区范围采矿,或者擅自开采国家规定实行保护性开采的特定矿种,情节严重的,处三年以下有期徒刑、拘役或者管制,并处或者单处罚金;情节特别严重的,处三年以上七年以下有期徒刑,并处罚金。

【破坏性采矿罪】违反矿产资源法的规定,采取破坏性的开采方法开采矿产资源,造成矿产资源严重破坏的,处五年以下有期徒刑或者拘役,并处罚金。

2.《最高人民法院、最高人民检察院关于办理盗窃油气、破坏油气设备等刑事案件具体应用法律若干问题的解释》

第六条 违反矿产资源法的规定,非法开采或者破坏性开采石油、天然气资源的,依照刑法第三百四十三条以及《最高人民法院关于审理非法采矿、破坏性采矿刑事案件具体应用法律若干问题的解释》的规定追究刑事责任。

3.《最高人民检察院、公安部关于印发〈最高人民检察院、公安部关于公安机关管辖的刑事案件立案追诉标准的规定(一)〉的通知》

第六十八条 [非法采矿案(刑法第三百四十三条第一款)]违反矿产资源法的规定,未取得采矿许可证擅自采矿的,或者擅自进入国家规划矿区、对国民经济具有重要价值的矿区和他人矿区范围采矿的,或者擅自开采国家规定实行保护性开采的特定矿种,经责令停止开采后拒不停止开采,造成矿产资源破坏的价值数额在五万至十万元以上的,应予立案追诉。

具有下列情形之一的,属于本条规定的"未取得采矿许可证擅自采矿":

(一)无采矿许可证开采矿产资源的;

(二)采矿许可证被注销、吊销后继续开采矿产资源的;

(三)超越采矿许可证规定的矿区范围开采矿产资源的;

(四)未按采矿许可证规定的矿种开采矿产资源的(共生、伴生矿种除外);

(五)其他未取得采矿许可证开采矿产资源的情形。

在采矿许可证被依法暂扣期间擅自开采的,视为本条规定的"未取得采矿许可证擅自采矿"。

造成矿产资源破坏的价值数额,由省级以上地质矿产主管部门出具鉴定结论,经查证属实后予以认定。

第六十九条第一款 [破坏性采矿案(刑法第三百四十三条第二款)]违反矿产资源法的规定,采取破坏性的开采方法开采矿产资源,造成矿产资源严重破坏，价值在三十万至五十万元以上的，应予立案追诉。

三、行政方面

《矿产资源补偿费征收管理规定》

第五条　矿产资源补偿费按照下列方式计算：

征收矿产资源补偿费金额 = 矿产品销售收入 × 补偿费费率 × 开采回采率系数

核定开采回采率/实际开采回采率核定开采回采率，以按照国家有关规定经批准的矿山设计为准；按照国家有关规定，只要求有开采方案，不要求有矿山设计的矿山企业，其开采回采率由县级以上地方人民政府负责地质矿产管理工作的部门会同同级有关部门核定……

第十四条　采矿权人在规定期限内未足额缴纳矿产资源补偿费的，由征收机关责令限期缴纳，并从滞纳之日起按日加收滞纳补偿费2‰的滞纳金。采矿权人未按照前款规定缴纳矿产资源补偿费和滞纳金的，由征收机关处以应当缴纳的矿产资源补偿费3倍以下的罚款；情节严重的，由采矿许可证颁发机关吊销其采矿许可证。

附录十一:可再生能源发展纠纷案件相关法条摘录

一、《可再生能源法》

第一章　总　　则

第一条　为了促进可再生能源的开发利用,增加能源供应,改善能源结构,保障能源安全,保护环境,实现经济社会的可持续发展,制定本法。

第二条　本法所称可再生能源,是指风能、太阳能、水能、生物质能、地热能、海洋能等非化石能源。

水力发电对本法的适用,由国务院能源主管部门规定,报国务院批准。

通过低效率炉灶直接燃烧方式利用秸秆、薪柴、粪便等,不适用本法。

第三条　本法适用于中华人民共和国领域和管辖的其他海域。

第四条　国家将可再生能源的开发利用列为能源发展的优先领域,通过制定可再生能源开发利用总量目标和采取相应措施,推动可再生能源市场的建立和发展。

国家鼓励各种所有制经济主体参与可再生能源的开发利用,依法保护可再生能源开发利用者的合法权益。

第五条　国务院能源主管部门对全国可再生能源的开发利用实施统一管理。国务院有关部门在各自的职责范围内负责有关的可再生能源开发利用管理工作。

县级以上地方人民政府管理能源工作的部门负责本行政区域内可再生能源开发利用的管理工作。县级以上地方人民政府有关部门在各自的职责范围内负责有关的可再生能源开发利用管理工作。

第二章　资源调查与发展规划

第六条　国务院能源主管部门负责组织和协调全国可再生能源资源的调查,并会同国务院有关部门组织制定资源调查的技术规范。

国务院有关部门在各自的职责范围内负责相关可再生能源资源的调查，调查结果报国务院能源主管部门汇总。

可再生能源资源的调查结果应当公布；但是，国家规定需要保密的内容除外。

第七条　国务院能源主管部门根据全国能源需求与可再生能源资源实际状况，制定全国可再生能源开发利用中长期总量目标，报国务院批准后执行，并予公布。

国务院能源主管部门根据前款规定的总量目标和省、自治区、直辖市经济发展与可再生能源资源实际状况，会同省、自治区、直辖市人民政府确定各行政区域可再生能源开发利用中长期目标，并予公布。

第八条　国务院能源主管部门会同国务院有关部门，根据全国可再生能源开发利用中长期总量目标和可再生能源技术发展状况，编制全国可再生能源开发利用规划，报国务院批准后实施。

国务院有关部门应当制定有利于促进全国可再生能源开发利用中长期总量目标实现的相关规划。

省、自治区、直辖市人民政府管理能源工作的部门会同本级人民政府有关部门，依据全国可再生能源开发利用规划和本行政区域可再生能源开发利用中长期目标，编制本行政区域可再生能源开发利用规划，经本级人民政府批准后，报国务院能源主管部门和国家电力监管机构备案，并组织实施。

经批准的规划应当公布；但是，国家规定需要保密的内容除外。

经批准的规划需要修改的，须经原批准机关批准。

第九条　编制可再生能源开发利用规划，应当遵循因地制宜、统筹兼顾、合理布局、有序发展的原则，对风能、太阳能、水能、生物质能、地热能、海洋能等可再生能源的开发利用作出统筹安排。规划内容应当包括发展目标、主要任务、区域布局、重点项目、实施进度、配套电网建设、服务体系和保障措施等。

组织编制机关应当征求有关单位、专家和公众的意见，进行科学论证。

第三章　产业指导与技术支持

第十条　国务院能源主管部门根据全国可再生能源开发利用规划，制定、公布可再生能源产业发展指导目录。

第十一条　国务院标准化行政主管部门应当制定、公布国家可再生能源电力的并网技术标准和其他需要在全国范围内统一技术要求的有关可再生能源技术和产品的国家标准。

对前款规定的国家标准中未作规定的技术要求，国务院有关部门可以制定相关的行业标准，并报国务院标准化行政主管部门备案。

第十二条　国家将可再生能源开发利用的科学技术研究和产业化发展列为科技发展与高技术产业发展的优先领域，纳入国家科技发展规划和高技术产业发展规划，并安排资金支持可再生能源开发利用的科学技术研究、应用示范和产业化发展，促进可再生能源开发利用的技术进步，降低可再生能源产品的生产成本，提高产品质量。

国务院教育行政部门应当将可再生能源知识和技术纳入普通教育、职业教育课程。

第四章　推广与应用

第十三条　国家鼓励和支持可再生能源并网发电。

建设可再生能源并网发电项目，应当依照法律和国务院的规定取得行政许可或者报送备案。

建设应当取得行政许可的可再生能源并网发电项目，有多人申请同一项目许可的，应当依法通过招标确定被许可人。

第十四条　国家实行可再生能源发电全额保障性收购制度。

国务院能源主管部门会同国家电力监管机构和国务院财政部门，按照全国可再生能源开发利用规划，确定在规划期内应当达到的可再生能源发电量占全部发电量的比重，制定电网企业优先调度和全额收购可再生能源发电的具体办法，并由国务院能源主管部门会同国家电力监管机构在年度中督促落实。

电网企业应当与按照可再生能源开发利用规划建设，依法取得行政许可或者报送备案的可再生能源发电企业签订并网协议，全额收购其电网覆盖范围内符合并网技术标准的可再生能源并网发电项目的上网电量。发电企业有义务配合电网企业保障电网安全。

电网企业应当加强电网建设，扩大可再生能源电力配置范围，发展和应用智能电网、储能等技术，完善电网运行管理，提高吸纳可再生能源电力的能力，为可再生能源发电提供上网服务。

第十五条　国家扶持在电网未覆盖的地区建设可再生能源独立电力系统，

为当地生产和生活提供电力服务。

第十六条　国家鼓励清洁、高效地开发利用生物质燃料，鼓励发展能源作物。

利用生物质资源生产的燃气和热力，符合城市燃气管网、热力管网的入网技术标准的，经营燃气管网、热力管网的企业应当接收其入网。

国家鼓励生产和利用生物液体燃料。石油销售企业应当按照国务院能源主管部门或者省级人民政府的规定，将符合国家标准的生物液体燃料纳入其燃料销售体系。

第十七条　国家鼓励单位和个人安装和使用太阳能热水系统、太阳能供热采暖和制冷系统、太阳能光伏发电系统等太阳能利用系统。

国务院建设行政主管部门会同国务院有关部门制定太阳能利用系统与建筑结合的技术经济政策和技术规范。

房地产开发企业应当根据前款规定的技术规范，在建筑物的设计和施工中，为太阳能利用提供必备条件。

对已建成的建筑物，住户可以在不影响其质量与安全的前提下安装符合技术规范和产品标准的太阳能利用系统；但是，当事人另有约定的除外。

第十八条　国家鼓励和支持农村地区的可再生能源开发利用。

县级以上地方人民政府管理能源工作的部门会同有关部门，根据当地经济社会发展、生态保护和卫生综合治理需要等实际情况，制定农村地区可再生能源发展规划，因地制宜地推广应用沼气等生物质资源转化、户用太阳能、小型风能、小型水能等技术。

县级以上人民政府应当对农村地区的可再生能源利用项目提供财政支持。

第五章　价格管理与费用补偿

第十九条　可再生能源发电项目的上网电价，由国务院价格主管部门根据不同类型可再生能源发电的特点和不同地区的情况，按照有利于促进可再生能源开发利用和经济合理的原则确定，并根据可再生能源开发利用技术的发展适时调整。上网电价应当公布。

依照本法第十三条第三款规定实行招标的可再生能源发电项目的上网电价，按照中标确定的价格执行；但是，不得高于依照前款规定确定的同类可再生能源发电项目的上网电价水平。

第二十条　电网企业依照本法第十九条规定确定的上网电价收购可再生能源电量所发生的费用,高于按照常规能源发电平均上网电价计算所发生费用之间的差额,由在全国范围对销售电量征收可再生能源电价附加补偿。

第二十一条　电网企业为收购可再生能源电量而支付的合理的接网费用以及其他合理的相关费用,可以计入电网企业输电成本,并从销售电价中回收。

第二十二条　国家投资或者补贴建设的公共可再生能源独立电力系统的销售电价,执行同一地区分类销售电价,其合理的运行和管理费用超出销售电价的部分,依照本法第二十条的规定补偿。

第二十三条　进入城市管网的可再生能源热力和燃气的价格,按照有利于促进可再生能源开发利用和经济合理的原则,根据价格管理权限确定。

第六章　经济激励与监督措施

第二十四条　国家财政设立可再生能源发展基金,资金来源包括国家财政年度安排的专项资金和依法征收的可再生能源电价附加收入等。

可再生能源发展基金用于补偿本法第二十条、第二十二条规定的差额费用,并用于支持以下事项:

(一)可再生能源开发利用的科学技术研究、标准制定和示范工程;

(二)农村、牧区的可再生能源利用项目;

(三)偏远地区和海岛可再生能源独立电力系统建设;

(四)可再生能源的资源勘查、评价和相关信息系统建设;

(五)促进可再生能源开发利用设备的本地化生产。

本法第二十一条规定的接网费用以及其他相关费用,电网企业不能通过销售电价回收的,可以申请可再生能源发展基金补助。

可再生能源发展基金征收使用管理的具体办法,由国务院财政部门会同国务院能源、价格主管部门制定。

第二十五条　对列入国家可再生能源产业发展指导目录、符合信贷条件的可再生能源开发利用项目,金融机构可以提供有财政贴息的优惠贷款。

第二十六条　国家对列入可再生能源产业发展指导目录的项目给予税收优惠。具体办法由国务院规定。

第二十七条　电力企业应当真实、完整地记载和保存可再生能源发电的有关资料,并接受电力监管机构的检查和监督。

电力监管机构进行检查时，应当依照规定的程序进行，并为被检查单位保守商业秘密和其他秘密。

第七章　法律责任

第二十八条　国务院能源主管部门和县级以上地方人民政府管理能源工作的部门和其他有关部门在可再生能源开发利用监督管理工作中，违反本法规定，有下列行为之一的，由本级人民政府或者上级人民政府有关部门责令改正，对负有责任的主管人员和其他直接责任人员依法给予行政处分；构成犯罪的，依法追究刑事责任：

（一）不依法作出行政许可决定的；

（二）发现违法行为不予查处的；

（三）有不依法履行监督管理职责的其他行为的。

第二十九条　违反本法第十四条规定，电网企业未按照规定完成收购可再生能源电量，造成可再生能源发电企业经济损失的，应当承担赔偿责任，并由国家电力监管机构责令限期改正；拒不改正的，处以可再生能源发电企业经济损失额一倍以下的罚款。

第三十条　违反本法第十六条第二款规定，经营燃气管网、热力管网的企业不准许符合入网技术标准的燃气、热力入网，造成燃气、热力生产企业经济损失的，应当承担赔偿责任，并由省级人民政府管理能源工作的部门责令限期改正；拒不改正的，处以燃气、热力生产企业经济损失额一倍以下的罚款。

第三十一条　违反本法第十六条第三款规定，石油销售企业未按照规定将符合国家标准的生物液体燃料纳入其燃料销售体系，造成生物液体燃料生产企业经济损失的，应当承担赔偿责任，并由国务院能源主管部门或者省级人民政府管理能源工作的部门责令限期改正；拒不改正的，处以生物液体燃料生产企业经济损失额一倍以下的罚款。

第八章　附　　则

第三十二条　本法中下列用语的含义：

（一）生物质能，是指利用自然界的植物、粪便以及城乡有机废物转化成的能源。

（二）可再生能源独立电力系统，是指不与电网连接的单独运行的可再生能源电力系统。

（三）能源作物，是指经专门种植，用以提供能源原料的草本和木本植物。

（四）生物液体燃料，是指利用生物质资源生产的甲醇、乙醇和生物柴油等液体燃料。

第三十三条　本法自2006年1月1日起施行。

二、《节约能源法》

第七十五条　瞒报、伪造、篡改能源统计资料或者编造虚假能源统计数据的，依照《中华人民共和国统计法》的规定处罚。

第七十六条　从事节能咨询、设计、评估、检测、审计、认证等服务的机构提供虚假信息的，由管理节能工作的部门责令改正，没收违法所得，并处五万元以上十万元以下罚款。

第七十八条　电网企业未按照本法规定安排符合规定的热电联产和利用余热余压发电的机组与电网并网运行，或者未执行国家有关上网电价规定的，由国家电力监管机构责令改正；造成发电企业经济损失的，依法承担赔偿责任。

第七十九条　建设单位违反建筑节能标准的，由建设主管部门责令改正，处二十万元以上五十万元以下罚款。

设计单位、施工单位、监理单位违反建筑节能标准的，由建设主管部门责令改正，处十万元以上五十万元以下罚款；情节严重的，由颁发资质证书的部门降低资质等级或者吊销资质证书；造成损失的，依法承担赔偿责任。

第八十条　房地产开发企业违反本法规定，在销售房屋时未向购买人明示所售房屋的节能措施、保温工程保修期等信息的，由建设主管部门责令限期改正，逾期不改正的，处三万元以上五万元以下罚款；对以上信息作虚假宣传的，由建设主管部门责令改正，处五万元以上二十万元以下罚款。

第八十一条　公共机构采购用能产品、设备，未优先采购列入节能产品、设备政府采购名录中的产品、设备，或者采购国家明令淘汰的用能产品、设备的，由政府采购监督管理部门给予警告，可以并处罚款；对直接负责的主管人员和其他直接责任人员依法给予处分，并予通报。

第八十二条　重点用能单位未按照本法规定报送能源利用状况报告或者报告内容不实的，由管理节能工作的部门责令限期改正；逾期不改正的，处一万元以上五万元以下罚款。

第八十三条 重点用能单位无正当理由拒不落实本法第五十四条规定的整改要求或者整改没有达到要求的，由管理节能工作的部门处十万元以上三十万元以下罚款。

第八十四条 重点用能单位未按照本法规定设立能源管理岗位，聘任能源管理负责人，并报管理节能工作的部门和有关部门备案的，由管理节能工作的部门责令改正；拒不改正的，处一万元以上三万元以下罚款。

第八十五条 违反本法规定，构成犯罪的，依法追究刑事责任。

第八十六条 国家工作人员在节能管理工作中滥用职权、玩忽职守、徇私舞弊，构成犯罪的，依法追究刑事责任；尚不构成犯罪的，依法给予处分。

三、《海岛保护法》

第二十条 国家支持在海岛建立可再生能源开发利用、生态建设等实验基地。

第二十四条 有居民海岛的开发、建设应当对海岛土地资源、水资源及能源状况进行调查评估，依法进行环境影响评价。海岛的开发、建设不得超出海岛的环境容量。新建、改建、扩建建设项目，必须符合海岛主要污染物排放、建设用地和用水总量控制指标的要求。

有居民海岛的开发、建设应当优先采用风能、海洋能、太阳能等可再生能源和雨水集蓄、海水淡化、污水再生利用等技术。

有居民海岛及其周边海域应当划定禁止开发、限制开发区域，并采取措施保护海岛生物栖息地，防止海岛植被退化和生物多样性降低。

四、《电力法》

第五条 电力建设、生产、供应和使用应当依法保护环境，采用新技术，减少有害物质排放，防治污染和其他公害。

国家鼓励和支持利用可再生能源和清洁能源发电。

第十条 电力发展规划应当根据国民经济和社会发展的需要制定，并纳入国民经济和社会发展计划。

电力发展规划,应当体现合理利用能源、电源与电网配套发展、提高经济效益和有利于环境保护的原则。

第四十八条 国家提倡农村开发水能资源,建设中、小型水电站,促进农村电气化。

国家鼓励和支持农村利用太阳能、风能、地热能、生物质能和其他能源进行农村电源建设,增加农村电力供应。

五、《招标投标法》

第三条 在中华人民共和国境内进行下列工程建设项目包括项目的勘察、设计、施工、监理以及与工程建设有关的重要设备、材料等的采购,必须进行招标:

(一)大型基础设施、公用事业等关系社会公共利益、公众安全的项目;

(二)全部或者部分使用国有资金投资或者国家融资的项目;

(三)使用国际组织或者外国政府贷款、援助资金的项目。

前款所列项目的具体范围和规模标准,由国务院发展计划部门会同国务院有关部门制订,报国务院批准。

法律或者国务院对必须进行招标的其他项目的范围有规定的,依照其规定。

附录十二：合同能源管理节能服务合同纠纷案件相关法条摘录

1.《节约能源法》

第三条　本法所称节约能源(以下简称节能)，是指加强用能管理，采取技术上可行、经济上合理以及环境和社会可以承受的措施，从能源生产到消费的各个环节，降低消耗、减少损失和污染物排放、制止浪费，有效、合理地利用能源。

第四条　节约资源是我国的基本国策。国家实施节约与开发并举、把节约放在首位的能源发展战略。

第七条　国家实行有利于节能和环境保护的产业政策，限制发展高耗能、高污染行业，发展节能环保型产业。

国务院和省、自治区、直辖市人民政府应当加强节能工作，合理调整产业结构、企业结构、产品结构和能源消费结构，推动企业降低单位产值能耗和单位产品能耗，淘汰落后的生产能力，改进能源的开发、加工、转换、输送、储存和供应，提高能源利用效率。

国家鼓励、支持开发和利用新能源、可再生能源。

第十五条　国家实行固定资产投资项目节能评估和审查制度。不符合强制性节能标准的项目，建设单位不得开工建设；已经建成的，不得投入生产、使用。政府投资项目不符合强制性节能标准的，依法负责项目审批的机关不得批准建设。具体办法由国务院管理节能工作的部门会同国务院有关部门制定。

第二十二条　国家鼓励节能服务机构的发展，支持节能服务机构开展节能咨询、设计、评估、检测、审计、认证等服务。

国家支持节能服务机构开展节能知识宣传和节能技术培训，提供节能信息、节能示范和其他公益性节能服务。

第六十条　中央财政和省级地方财政安排节能专项资金，支持节能技术研究开发、节能技术和产品的示范与推广、重点节能工程的实施、节能宣传培训、信息服务和表彰奖励等。

第六十一条 国家对生产、使用列入本法第五十八条规定的推广目录的需要支持的节能技术、节能产品,实行税收优惠等扶持政策。国家通过财政补贴支持节能照明器具等节能产品的推广和使用。

第六十六条 国家实行有利于节能的价格政策,引导用能单位和个人节能。国家运用财税、价格等政策,支持推广电力需求侧管理、合同能源管理、节能自愿协议等节能办法……

2.《民法典》

第四百四十条 债务人或者第三人有权处分的下列权利可以出质:

(一)汇票、本票、支票;

(二)债券、存款单;

(三)仓单、提单;

(四)可以转让的基金份额、股权;

(五)可以转让的注册商标专用权、专利权、著作权等知识产权中的财产权;

(六)现有的以及将有的应收账款;

(七)法律、行政法规规定可以出质的其他财产权利。

第四百四十五条 以应收账款出质的,质权自办理出质登记时设立。应收账款出质后,不得转让,但是出质人与质权人协商同意的除外。出质人转让应收账款所得的价款,应当向质权人提前清偿债务或者提存。

3.《最高人民法院关于适用〈中华人民共和国民法典〉有关担保制度的解释》(法释〔2020〕28 号)

第六十一条 以现有的应收账款出质,应收账款债务人向质权人确认应收账款的真实性后,又以应收账款不存在或者已经消灭为由主张不承担责任的,人民法院不予支持。

以现有的应收账款出质,应收账款债务人未确认应收账款的真实性,质权人以应收账款债务人为被告,请求就应收账款优先受偿,能够举证证明办理出质登记时应收账款真实存在的,人民法院应予支持;质权人不能举证证明办理出质登记时应收账款真实存在,仅以已经办理出质登记为由,请求就应收账款优先受偿的,人民法院不予支持。

以现有的应收账款出质,应收账款债务人已经向应收账款债权人履行了债务,质权人请求应收账款债务人履行债务的,人民法院不予支持,但是应收账款债务人接到质权人要求向其履行的通知后,仍然向应收账款债权人履行的除外。

以基础设施和公用事业项目收益权、提供服务或者劳务产生的债权以及其他将有的应收账款出质,当事人为应收账款设立特定账户,发生法定或者约定的质权实现事由时,质权人请求就该特定账户内的款项优先受偿的,人民法院应予支持;特定账户内的款项不足以清偿债务或者未设立特定账户,质权人请求折价或者拍卖、变卖项目收益权等将有的应收账款,并以所得的价款优先受偿的,人民法院依法予以支持。

4.《国务院关于印发〈“十四五”节能减排综合工作方案〉的通知》(国发〔2021〕33号)

二、主要目标

到2025年,全国单位国内生产总值能源消耗比2020年下降13.5%,能源消费总量得到合理控制,化学需氧量、氨氮、氮氧化物、挥发性有机物排放总量比2020年分别下降8%、8%、10%以上、10%以上。节能减排政策机制更加健全,重点行业能源利用效率和主要污染物排放控制水平基本达到国际先进水平,经济社会发展绿色转型取得显著成效。

三、实施节能减排重点工程

(一)重点行业绿色升级工程。以钢铁、有色金属、建材、石化化工等行业为重点,推进节能改造和污染物深度治理。推广高效精馏系统、高温高压干熄焦、富氧强化熔炼等节能技术,鼓励将高炉—转炉长流程炼钢转型为电炉短流程炼钢。推进钢铁、水泥、焦化行业及燃煤锅炉超低排放改造,到2025年,完成5.3亿吨钢铁产能超低排放改造,大气污染防治重点区域燃煤锅炉全面实现超低排放。加强行业工艺革新,实施涂装类、化工类等产业集群分类治理,开展重点行业清洁生产和工业废水资源化利用改造。推进新型基础设施能效提升,加快绿色数据中心建设。“十四五”时期,规模以上工业单位增加值能耗下降13.5%,万元工业增加值用水量下降16%。到2025年,通过实施节能降碳行动,钢铁、电解铝、水泥、平板玻璃、炼油、乙烯、合成氨、电石等重点行业产能和数据中心达到能效标杆水平的比例超过30%。(工业和信息化部、国家发展改革委、生态环境部、市场监管总局、国家能源局等按职责分工负责,地方各级人民政府负责落实。以下均需地方各级人民政府落实,不再列出)

（二）园区节能环保提升工程。引导工业企业向园区集聚，推动工业园区能源系统整体优化和污染综合整治，鼓励工业企业、园区优先利用可再生能源。以省级以上工业园区为重点，推进供热、供电、污水处理、中水回用等公共基础设施共建共享，对进水浓度异常的污水处理厂开展片区管网系统化整治，加强一般固体废物、危险废物集中贮存和处置，推动挥发性有机物、电镀废水及特征污染物集中治理等“绿岛”项目建设。到2025年，建成一批节能环保示范园区。（国家发展改革委、工业和信息化部、生态环境部等按职责分工负责）

（三）城镇绿色节能改造工程。全面推进城镇绿色规划、绿色建设、绿色运行管理，推动低碳城市、韧性城市、海绵城市、“无废城市”建设。全面提高建筑节能标准，加快发展超低能耗建筑，积极推进既有建筑节能改造、建筑光伏一体化建设。因地制宜推动北方地区清洁取暖，加快工业余热、可再生能源等在城镇供热中的规模化应用。实施绿色高效制冷行动，以建筑中央空调、数据中心、商务产业园区、冷链物流等为重点，更新升级制冷技术、设备，优化负荷供需匹配，大幅提升制冷系统能效水平。实施公共供水管网漏损治理工程。到2025年，城镇新建建筑全面执行绿色建筑标准，城镇清洁取暖比例和绿色高效制冷产品市场占有率大幅提升。（住房城乡建设部、生态环境部、国家发展改革委、自然资源部、交通运输部、市场监管总局、国家能源局等按职责分工负责）

（四）交通物流节能减排工程。推动绿色铁路、绿色公路、绿色港口、绿色航道、绿色机场建设，有序推进充换电、加注（气）、加氢、港口机场岸电等基础设施建设。提高城市公交、出租、物流、环卫清扫等车辆使用新能源汽车的比例。加快大宗货物和中长途货物运输“公转铁”、“公转水”，大力发展铁水、公铁、公水等多式联运。全面实施汽车国六排放标准和非道路移动柴油机械国四排放标准，基本淘汰国三及以下排放标准汽车。深入实施清洁柴油机行动，鼓励重型柴油货车更新替代。实施汽车排放检验与维护制度，加强机动车排放召回管理。加强船舶清洁能源动力推广应用，推动船舶岸电受电设施改造。提升铁路电气化水平，推广低能耗运输装备，推动实施铁路内燃机车国一排放标准。大力发展智能交通，积极运用大数据优化运输组织模式。加快绿色仓储建设，鼓励建设绿色物流园区。加快标准化物流周转箱推广应用。全面推广绿色快递包装，引导电商企业、邮政快递企业选购使用获得绿色认证的快递包装产品。到2025年，新能源汽车新车销售量达到汽车新车销售总量的20%左右，铁路、水路货运量占比进一步提升。(交通运输部、国家发展改革委牵头,工业和信息化部、公安部、财政部、生态环境部、住房城乡建设部、商务部、市场监管总局、国家能源局、国家铁路局、中国民航局、国家邮政局、中国国家铁路集团有限公司等按职责分工负责)

(五)农业农村节能减排工程。加快风能、太阳能、生物质能等可再生能源在农业生产和农村生活中的应用,有序推进农村清洁取暖。推广应用农用电动车辆、节能环保农机和渔船,发展节能农业大棚,推进农房节能改造和绿色农房建设。强化农业面源污染防治,推进农药化肥减量增效、秸秆综合利用,加快农膜和农药包装废弃物回收处理。深入推进规模养殖场污染治理,整县推进畜禽粪污资源化利用。整治提升农村人居环境,提高农村污水垃圾处理能力,基本消除较大面积的农村黑臭水体。到 2025 年,农村生活污水治理率达到 40%,秸秆综合利用率稳定在 86% 以上,主要农作物化肥、农药利用率均达到 43% 以上,畜禽粪污综合利用率达到 80% 以上,绿色防控、统防统治覆盖率分别达到 55%、45%,京津冀及周边地区大型规模化养殖场氨排放总量削减 5%。(农业农村部、生态环境部、国家能源局、国家乡村振兴局牵头,国家发展改革委、工业和信息化部、住房城乡建设部、水利部、市场监管总局等按职责分工负责)

(六)公共机构能效提升工程。加快公共机构既有建筑围护结构、供热、制冷、照明等设施设备节能改造,鼓励采用能源费用托管等合同能源管理模式。率先淘汰老旧车,率先采购使用节能和新能源汽车,新建和既有停车场要配备电动汽车充电设施或预留充电设施安装条件。推行能耗定额管理,全面开展节约型机关创建行动。到 2025 年,创建 2000 家节约型公共机构示范单位,遴选 200 家公共机构能效领跑者。(国管局、中直管理局等按职责分工负责)

(七)重点区域污染物减排工程。持续推进大气污染防治重点区域秋冬季攻坚行动,加大重点行业结构调整和污染治理力度。以大气污染防治重点区域及珠三角地区、成渝地区等为重点,推进挥发性有机物和氮氧化物协同减排,加强细颗粒物和臭氧协同控制。持续打好长江保护修复攻坚战,扎实推进城镇污水垃圾处理和工业、农业面源、船舶、尾矿库等污染治理工程,到 2025 年,长江流域总体水质保持为优,干流水质稳定达到Ⅱ类。着力打好黄河生态保护治理攻坚战,实施深度节水控水行动,加强重要支流污染治理,开展入河排污口排查整治,到 2025 年,黄河干流上中游(花园口以上)水质达到Ⅱ类。(国家发展改革

委、生态环境部、工业和信息化部、水利部牵头,住房城乡建设部、交通运输部、国家能源局等按职责分工负责)

(八)煤炭清洁高效利用工程。要立足以煤为主的基本国情,坚持先立后破,严格合理控制煤炭消费增长,抓好煤炭清洁高效利用,推进存量煤电机组节煤降耗改造、供热改造、灵活性改造“三改联动”,持续推动煤电机组超低排放改造。稳妥有序推进大气污染防治重点区域燃料类煤气发生炉、燃煤热风炉、加热炉、热处理炉、干燥炉(窑)以及建材行业煤炭减量,实施清洁电力和天然气替代。推广大型燃煤电厂热电联产改造,充分挖掘供热潜力,推动淘汰供热管网覆盖范围内的燃煤锅炉和散煤。加大落后燃煤锅炉和燃煤小热电退出力度,推动以工业余热、电厂余热、清洁能源等替代煤炭供热(蒸汽)。到 2025 年,非化石能源占能源消费总量比重达到 20% 左右。“十四五”时期,京津冀及周边地区、长三角地区煤炭消费量分别下降 10%、5% 左右,汾渭平原煤炭消费量实现负增长。(国家发展改革委、生态环境部、工业和信息化部、住房城乡建设部、市场监管总局、国家能源局等按职责分工负责)

(九)挥发性有机物综合整治工程。推进原辅材料和产品源头替代工程,实施全过程污染物治理。以工业涂装、包装印刷等行业为重点,推动使用低挥发性有机物含量的涂料、油墨、胶粘剂、清洗剂。深化石化化工等行业挥发性有机物污染治理,全面提升废气收集率、治理设施同步运行率和去除率。对易挥发有机液体储罐实施改造,对浮顶罐推广采用全接液浮盘和高效双重密封技术,对废水系统高浓度废气实施单独收集处理。加强油船和原油、成品油码头油气回收治理。到 2025 年,溶剂型工业涂料、油墨使用比例分别降低 20 个百分点、10 个百分点,溶剂型胶粘剂使用量降低 20%。(工业和信息化部、生态环境部等按职责分工负责)

(十)环境基础设施水平提升工程。加快构建集污水、垃圾、固体废物、危险废物、医疗废物处理处置设施和监测监管能力于一体的环境基础设施体系,推动形成由城市向建制镇和乡村延伸覆盖的环境基础设施网络。推进城市生活污水管网建设和改造,实施混错接管网改造、老旧破损管网更新修复,加快补齐处理能力缺口,推行污水资源化利用和污泥无害化处置。建设分类投放、分类收集、分类运输、分类处理的生活垃圾处理系统。到 2025 年,新增和改造污水收集管网 8 万公里,新增污水处理能力 2000 万立方米/日,城市污泥无害化处置率达到

90%,城镇生活垃圾焚烧处理能力达到80万吨/日左右,城市生活垃圾焚烧处理能力占比65%左右。(国家发展改革委、住房城乡建设部、生态环境部等按职责分工负责)

5.《关于加快推行合同能源管理促进节能服务产业发展的意见》(国办发〔2010〕25号)

三、完善促进节能服务产业发展的政策措施

(一)加大资金支持力度。

将合同能源管理项目纳入中央预算内投资和中央财政节能减排专项资金支持范围,对节能服务公司采用合同能源管理方式实施的节能改造项目,符合相关规定的,给予资金补助或奖励。有条件的地方也要安排一定资金,支持和引导节能服务产业发展。

(二)实行税收扶持政策。

在加强税收征管的前提下,对节能服务产业采取适当的税收扶持政策。

一是对节能服务公司实施合同能源管理项目,取得的营业税应税收入,暂免征收营业税,对其无偿转让给用能单位的因实施合同能源管理项目形成的资产,免征增值税。

二是节能服务公司实施合同能源管理项目,符合税法有关规定的,自项目取得第一笔生产经营收入所属纳税年度起,第一年至第三年免征企业所得税,第四年至第六年减半征收企业所得税。

三是用能企业按照能源管理合同实际支付给节能服务公司的合理支出,均可以在计算当期应纳税所得额时扣除,不再区分服务费用和资产价款进行税务处理。

四是能源管理合同期满后,节能服务公司转让给用能企业的因实施合同能源管理项目形成的资产,按折旧或摊销期满的资产进行税务处理。节能服务公司与用能企业办理上述资产的权属转移时,也不再另行计入节能服务公司的收入。

上述税收政策的具体实施办法由财政部、税务总局会同发展改革委等部门另行制定。

(三)完善相关会计制度。

各级政府机构采用合同能源管理方式实施节能改造,按照合同支付给节能服务公司的支出视同能源费用进行列支。事业单位采用合同能源管理方式实施节能改造,按照合同支付给节能服务公司的支出计入相关支出。企业采用合同能源管理方式实施节能改造,如购建资产和接受服务能够合理区分且单独计量的,应当分别予以核算,按照国家统一的会计准则制度处理;如不能合理区分或虽能区分但不能单独计量的,企业实际支付给节能服务公司的支出作为费用列支,能源管理合同期满,用能单位取得相关资产作为接受捐赠处理,节能服务公司作为赠与处理。

(四)进一步改善金融服务。

鼓励银行等金融机构根据节能服务公司的融资需求特点,创新信贷产品,拓宽担保品范围,简化申请和审批手续,为节能服务公司提供项目融资、保理等金融服务。节能服务公司实施合同能源管理项目投入的固定资产可按有关规定向银行申请抵押贷款。积极利用国外的优惠贷款和赠款加大对合同能源管理项目的支持。

6.《国务院关于进一步加强淘汰落后产能工作的通知》(国发〔2010〕7号)

五、完善政策激励机制

(一)加强财政资金引导。中央财政利用现有资金渠道,统筹支持各地区开展淘汰落后产能工作。资金安排使用与各地区淘汰落后产能任务相衔接,重点支持解决淘汰落后产能有关职工安置、企业转产等问题。对经济欠发达地区淘汰落后产能工作,通过增加转移支付加大支持和奖励力度。各地区也要积极安排资金,支持企业淘汰落后产能。在资金申报、安排、使用中,要充分发挥工业、能源等行业主管部门的作用,加强协调配合,确保资金安排对淘汰落后产能产生实效。

(二)做好职工安置工作。妥善处理淘汰落后产能与职工就业的关系,认真落实和完善企业职工安置政策,依照相关法律法规和规定妥善安置职工,做好职工社会保险关系转移与接续工作,避免大规模集中失业,防止发生群体性事件。

(三)支持企业升级改造。充分发挥科技对产业升级的支撑作用,统筹安排技术改造资金,落实并完善相关税收优惠和金融支持政策,支持符合国家产业政策和规划布局的企业,运用高新技术和先进适用技术,以质量品种、节能降耗、环境保护、改善装备、安全生产等为重点,对落后产能进行改造。提高生产、技术、安全、能耗、环保、质量等国家标准和行业标准水平,做好标准间的衔接,加强标准贯彻，引导企业技术升级。对淘汰落后产能任务较重且完成较好的地区和企业，在安排技术改造资金、节能减排资金、投资项目核准备案、土地开发利用、融资支持等方面给予倾斜。对积极淘汰落后产能企业的土地开发利用，在符合国家土地管理政策的前提下，优先予以支持。

7.《国务院关于加强节能工作的决定》（国发〔2006〕28号）

三、加快构建节能型产业体系

（六）大力调整产业结构。各地区和有关部门要认真落实《国务院关于发布实施〈促进产业结构调整暂行规定〉的决定》（国发〔2005〕40号）要求，推动产业结构优化升级，促进经济增长由主要依靠工业带动和数量扩张带动，向三次产业协同带动和优化升级带动转变，立足节约能源推动发展。合理规划产业和地区布局，避免由于决策失误造成能源浪费。

（七）推动服务业加快发展。充分发挥服务业能耗低、污染少的优势，努力提高服务业在国民经济中的比重。要以专业化分工和提高社会效率为重点，积极发展生产服务业；以满足人们需求和方便群众生活为中心，提升生活服务业。大中城市要优先发展服务业，有条件的大中城市要逐步形成以服务经济为主的产业结构。

（八）积极调整工业结构。严格控制新开工高耗能项目，把能耗标准作为项目核准和备案的强制性门槛，遏制高耗能行业过快增长。对企业搬迁改造严格能耗准入管理。加快淘汰落后生产能力、工艺、技术和设备，不按期淘汰的企业，地方各级人民政府及有关部门要依法责令其停产或予以关闭，依法吊销排污许可证和停止供电，属实行生产许可证管理的，依法吊销生产许可证。积极推进企业联合重组，提高产业集中度和规模效益。

（九）优化用能结构。大力发展高效清洁能源。逐步减少原煤直接使用，提高煤炭用于发电的比重，发展煤炭气化和液化，提高转换效率。引导企业和居民合理用电。大力发展风能、太阳能、生物质能、地热能、水能等可再生能源和替代能源。

四、着力抓好重点领域节能

（十）强化工业节能。突出抓好钢铁、有色金属、煤炭、电力、石油石化、化工、建材等重点耗能行业和年耗能1万吨标准煤以上企业的节能工作，组织实施千家企业节能行动，推动企业积极调整产品结构，加快节能技术改造，降低能源消耗。

（十一）推进建筑节能。大力发展节能省地型建筑，推动新建住宅和公共建筑严格实施节能 50% 的设计标准，直辖市及有条件的地区要率先实施节能 65% 的标准。推动既有建筑的节能改造。大力发展新型墙体材料。

（十二）加强交通运输节能。积极推进节能型综合交通运输体系建设，加快发展铁路和内河运输，优先发展公共交通和轨道交通，加快淘汰老旧铁路机车、汽车、船舶，鼓励发展节能环保型交通工具，开发和推广车用代用燃料和清洁燃料汽车。

（十三）引导商业和民用节能。在公用设施、宾馆商厦、写字楼、居民住宅中推广采用高效节能办公设备、家用电器、照明产品等。

（十四）抓好农村节能。加快淘汰和更新高耗能落后农业机械和渔船装备，加快农业提水排灌机电设施更新改造，大力发展农村户用沼气和大中型畜禽养殖场沼气工程，推广省柴节煤灶，因地制宜发展小水电、风能、太阳能以及农作物秸秆气化集中供气系统。

（十五）推动政府机构节能。各级政府部门和领导干部要从自身做起、厉行节约，在节能工作中发挥表率作用。重点抓好政府机构建筑物和采暖、空调、照明系统节能改造以及办公设备节能，采取措施大力推动政府节能采购，稳步推进公务车改革。

五、大力推进节能技术进步

（十六）加快先进节能技术、产品研发和推广应用。各级人民政府要把节能作为政府科技投入、推进高技术产业化的重点领域，支持科研单位和企业开发高效节能工艺、技术和产品，优先支持拥有自主知识产权的节能共性和关键技术示范，增强自主创新能力，解决技术瓶颈。采取多种方式加快高效节能产品的推广应用。有条件的地方可对达到超前性国家能效标准、经过认证的节能产品给予适当的财政支持，引导消费者使用。落实产品质量国家免检制度，鼓励高效节能产品生产企业做大做强。有关部门要制定和发布节能技术政策，组织行业共性技术的推广。

（十七）全面实施重点节能工程。有关部门和地方人民政府及有关单位要认真组织落实“十一五”规划纲要提出的燃煤工业锅炉（窑炉）改造、区域热电联产、余热余压利用、节约和替代石油、电机系统节能、能量系统优化、建筑节能、绿色照明、政府机构节能以及节能监测和技术服务体系建设等十大重点节能工程。发展改革委要督促各地区、各有关部门和有关单位抓紧落实相关政策措施,确保工程配套资金到位,同时要会同有关部门切实做好重点工程、重大项目实施情况的监督检查。

(十八)培育节能服务体系。有关部门要抓紧研究制定加快节能服务体系建设的指导意见,促进各级各类节能技术服务机构转换机制、创新模式、拓宽领域,增强服务能力,提高服务水平。加快推行合同能源管理,推进企业节能技术改造。

(十九)加强国际交流与合作。积极引进国外先进节能技术和管理经验,广泛开展与国际组织、金融机构及有关国家和地区在节能领域的合作。

8.《促进产业结构调整暂行规定》(国发〔2005〕40号)

第二条 产业结构调整的目标:推进产业结构优化升级,促进一、二、三产业健康协调发展,逐步形成农业为基础、高新技术产业为先导、基础产业和制造业为支撑、服务业全面发展的产业格局,坚持节约发展、清洁发展、安全发展,实现可持续发展。

第九条 大力发展循环经济,建设资源节约和环境友好型社会,实现经济增长与人口资源环境相协调。坚持开发与节约并重、节约优先的方针,按照减量化、再利用、资源化原则,大力推进节能节水节地节材,加强资源综合利用,全面推行清洁生产,完善再生资源回收利用体系,形成低投入、低消耗、低排放和高效率的节约型增长方式。积极开发推广资源节约、替代和循环利用技术和产品,重点推进钢铁、有色、电力、石化、建筑、煤炭、建材、造纸等行业节能降耗技术改造,发展节能省地型建筑,对消耗高、污染重、危及安全生产、技术落后的工艺和产品实施强制淘汰制度,依法关闭破坏环境和不具备安全生产条件的企业。调整高耗能、高污染产业规模,降低高耗能、高污染产业比重。鼓励生产和使用节约性能好的各类消费品,形成节约资源的消费模式。大力发展环保产业,以控制不合理的资源开发为重点,强化对水资源、土地、森林、草原、海洋等的生态保护。

第十四条 鼓励类主要是对经济社会发展有重要促进作用,有利于节约资源、保护环境、产业结构优化升级,需要采取政策措施予以鼓励和支持的关键技术、装备及产品。按照以下原则确定鼓励类产业指导目录:

(一)国内具备研究开发、产业化的技术基础,有利于技术创新,形成新的经济增长点;

(二)当前和今后一个时期有较大的市场需求,发展前景广阔,有利于提高短缺商品的供给能力,有利于开拓国内外市场;

(三)有较高技术含量,有利于促进产业技术进步,提高产业竞争力;

(四)符合可持续发展战略要求,有利于安全生产,有利于资源节约和综合利用,有利于新能源和可再生能源开发利用、提高能源效率,有利于保护和改善生态环境;

(五)有利于发挥我国比较优势,特别是中西部地区和东北地区等老工业基地的能源、矿产资源与劳动力资源等优势;

(六)有利于扩大就业,增加就业岗位;

(七)法律、行政法规规定的其他情形。

第十五条　限制类主要是工艺技术落后,不符合行业准入条件和有关规定,不利于产业结构优化升级,需要督促改造和禁止新建的生产能力、工艺技术、装备及产品。按照以下原则确定限制类产业指导目录:

(一)不符合行业准入条件,工艺技术落后,对产业结构没有改善;

(二)不利于安全生产;

(三)不利于资源和能源节约;

(四)不利于环境保护和生态系统的恢复;

(五)低水平重复建设比较严重,生产能力明显过剩;

(六)法律、行政法规规定的其他情形。

第十六条　淘汰类主要是不符合有关法律法规规定,严重浪费资源、污染环境、不具备安全生产条件,需要淘汰的落后工艺技术、装备及产品。按照以下原则确定淘汰类产业指导目录:

(一)危及生产和人身安全,不具备安全生产条件;

(二)严重污染环境或严重破坏生态环境;

(三)产品质量低于国家规定或行业规定的最低标准;

(四)严重浪费资源、能源;

(五)法律、行政法规规定的其他情形。

9.《国务院关于实施动产和权利担保统一登记的决定》(国发〔2020〕18 号)

一、自 2021 年 1 月 1 日起,在全国范围内实施动产和权利担保统一登记。

二、纳入动产和权利担保统一登记范围的担保类型包括:

(一)生产设备、原材料、半成品、产品抵押;

(二)应收账款质押;

(三)存款单、仓单、提单质押;

(四)融资租赁;

(五)保理;

(六)所有权保留;

(七)其他可以登记的动产和权利担保,但机动车抵押、船舶抵押、航空器抵押、债券质押、基金份额质押、股权质押、知识产权中的财产权质押除外。

三、纳入统一登记范围的动产和权利担保,由当事人通过中国人民银行征信中心(以下简称征信中心)动产融资统一登记公示系统自主办理登记,并对登记内容的真实性、完整性和合法性负责。登记机构不对登记内容进行实质审查。

五、国家市场监督管理总局不再承担“管理动产抵押物登记”职责。中国人民银行负责制定生产设备、原材料、半成品、产品抵押和应收账款质押统一登记制度,推进登记服务便利化。中国人民银行、国家市场监督管理总局应当明确生产设备、原材料、半成品、产品抵押登记的过渡安排,妥善做好存量信息的查询、变更、注销服务和数据移交工作,确保有关工作的连续性、稳定性、有效性。

10.《动产和权利担保统一登记办法》(中国人民银行令〔2021〕第 7 号)

第三条　本办法所称应收账款是指应收账款债权人因提供一定的货物、服务或设施而获得的要求应收账款债务人付款的权利以及依法享有的其他付款请求权,包括现有的以及将有的金钱债权,但不包括因票据或其他有价证券而产生的付款请求权,以及法律、行政法规禁止转让的付款请求权。

本办法所称的应收账款包括下列权利:

(一)销售、出租产生的债权,包括销售货物,供应水、电、气、暖,知识产权的许可使用,出租动产或不动产等;

(二)提供医疗、教育、旅游等服务或劳务产生的债权;

(三)能源、交通运输、水利、环境保护、市政工程等基础设施和公用事业项目收益权;

（四）提供贷款或其他信用活动产生的债权；

（五）其他以合同为基础的具有金钱给付内容的债权。

第四条　中国人民银行征信中心（以下简称征信中心）是动产和权利担保的登记机构，具体承担服务性登记工作，不开展事前审批性登记，不对登记内容进行实质审查。

征信中心建立基于互联网的动产融资统一登记公示系统（以下简称统一登记系统）为社会公众提供动产和权利担保登记和查询服务。

第十六条　有下列情形之一的，担保权人应当自该情形发生之日起 10 个工作日内办理注销登记：

（一）主债权消灭；

（二）担保权利实现；

（三）担保权人放弃登记载明的担保财产之上的全部担保权；

（四）其他导致所登记权利消灭的情形。

担保权人迟延办理注销登记，给他人造成损害的，应当承担相应的法律责任。

附录十三：碳排放配额、核证自愿减排量交易纠纷案件相关法条摘录

一、民事、行政方面

（一）法律与两高司法文件

1.《民法典》

第九条　民事主体从事民事活动，应当有利于节约资源、保护生态环境。

第五百零九条　当事人应当按照约定全面履行自己的义务。

当事人应当遵循诚信原则，根据合同的性质、目的和交易习惯履行通知、协助、保密等义务。

当事人在履行合同过程中，应当避免浪费资源、污染环境和破坏生态。

2.《最高人民法院关于完整准确全面贯彻新发展理念为积极稳妥推进碳达峰碳中和提供司法服务的意见》（法发〔2023〕5号）

17.依法审理碳排放配额、核证自愿减排量交易纠纷案件。重点排放单位、其他符合国家有关交易规则规定的机构或个人等碳排放权交易主体主张通过协议转让、单向竞价等方式订立的交易合同有效的，依法予以支持。审理碳排放配额、核证自愿减排量交易合同案件，依照法律法规，参照行政规章，结合碳市场业务规则、交易合同约定，全面、客观审核碳排放权注册登记系统、碳排放权交易系统以及核证自愿减排注册登记系统、核证自愿减排交易系统记载的分配、持有、交易、变更、注销等信息、数据，依法确定碳交易产品的归属。交易主体主张碳排放权、核证自愿减排注册登记机构、交易机构承担相关民事责任的，应当依照法律法规，参照行政规章关于注册登记机构与交易机构之间的职能划分和风险防范制度、结算风险准备金制度等规定，结合碳市场业务规则、交易合同约定等，依法予以认定，保障碳市场健康有序发展。

(二)中央法规、规章

1.《碳排放权交易管理暂行条例(草案修改稿)》

第九条 【重点排放单位义务】重点排放单位应当控制温室气体排放,如实报告碳排放数据,及时足额清缴碳排放配额,依法公开交易及相关活动信息,并接受设区的市级以上生态环境主管部门的监督管理。

重点排放单位应当根据国务院生态环境主管部门制定的温室气体排放核算与报告技术规范,编制其上一年度的温室气体排放报告,载明排放量,并于每年3月31日前报其生产经营场所所在地的省级生态环境主管部门。

重点排放单位对温室气体排放报告的真实性、完整性和准确性负责。

温室气体排放报告所涉数据的原始记录和管理台账应当至少保存五年。

第十条 【排放核查】省级生态环境主管部门应当在接到重点排放单位温室气体排放报告之日起三十个工作日内组织核查,并在核查结束之日起七个工作日内向重点排放单位反馈核查结果。核查结果应当作为重点排放单位碳排放配额的清缴依据。

省级生态环境主管部门可以通过政府购买服务的方式,委托技术服务机构开展核查。核查技术服务机构应当对核查结果的真实性、完整性和准确性负责。

第十二条 【配额清缴】重点排放单位应当根据其温室气体实际排放量,向分配配额的省级生态环境主管部门及时清缴上一年度的碳排放配额。

重点排放单位的碳排放配额清缴量,应当大于或者等于省级生态环境主管部门核查确认的该单位上一年度温室气体实际排放量。

重点排放单位足额清缴碳排放配额后,配额仍有剩余的,可以结转使用;不能足额清缴的,可以通过在全国碳排放权交易市场购买配额等方式完成清缴。

第十三条 【自愿减排核证】国家鼓励企业事业单位在我国境内实施可再生能源、林业碳汇、甲烷利用等项目,实现温室气体排放的替代、吸附或者减少。

前款所指项目的实施单位,可以申请国务院生态环境主管部门组织对其项目产生的温室气体削减排放量进行核证。经核证属实的温室气体削减排放量,由国务院生态环境主管部门予以登记。

重点排放单位可以购买经过核证并登记的温室气体削减排放量,用于抵销其一定比例的碳排放配额清缴。

温室气体削减排放量的核证和登记具体办法及相关技术规范，由国务院生态环境主管部门制定。

第十四条 【交易产品】全国碳排放权交易市场的交易产品主要是碳排放配额，经国务院批准可以适时增加其他交易产品。

第十五条 【交易主体】全国碳排放权交易市场的主体包括重点排放单位以及符合国家有关交易规则的其他机构和个人。

第十六条 【交易方式】碳排放权交易应当通过全国碳排放权交易系统进行，可以采取协议转让、单向竞价或者其他符合国家有关规定的交易方式。

第十九条 【信息披露】重点排放单位应当在完成碳排放配额清缴后，及时公开上一年度温室气体排放情况。省级生态环境主管部门应当及时公开重点排放单位碳排放配额清缴情况。

全国碳排放权注册登记机构和全国碳排放权交易机构应当按照国家有关规定，及时公布碳排放权登记、交易、结算等信息，并披露可能影响市场重大变动的相关信息。

第二十四条 【重点排放单位追责】重点排放单位违反本条例规定，有下列行为之一的，由其生产经营场所所在地设区的县级以上地方生态环境主管部门责令改正，处五万元以上二十万元以下的罚款；逾期未改正的，由重点排放单位生产经营场所所在地省级生态环境主管部门组织测算其温室气体实际排放量，作为该单位碳排放配额的清缴依据：

（一）未按要求及时报送温室气体排放报告，或者拒绝履行温室气体排放报告义务的；

（二）温室气体排放报告所涉数据的原始记录和管理台账内容不真实、不完整的；

（三）篡改、伪造排放数据或者台账记录等温室气体排放报告重要内容的。

第二十五条 【违规清缴追责】重点排放单位违反本条例规定，不清缴或者未足额清缴碳排放配额的，由其生产经营场所所在地设区的市级以上地方生态环境主管部门责令改正，处十万元以上五十万元以下的罚款；逾期未改正的，由分配排放配额的省级生态环境主管部门在分配下一年度碳排放配额时，等量核减未足额清缴部分。

第三十二条 【地方交易市场】本条例施行后，不再建设地方碳排放权交易市场。本条例施行前已经存在的地方碳排放权交易市场，应当逐步纳入全国碳排放权交易市场。具体步骤和办法由国务院生态环境主管部门制定。

本条例施行前已经存在的地方碳排放权交易市场，应当参照本条例规定，在碳排放配额的核查清缴、交易方式、交易规则、风险控制等方面建立相应管理制度，加强监督管理。

纳入全国碳排放权交易市场的重点排放单位，不再参与地方相同温室气体种类和相同行业的碳排放权交易市场。

2.《碳排放权交易管理办法(试行)》

第二十五条 重点排放单位应当根据生态环境部制定的温室气体排放核算与报告技术规范，编制该单位上一年度的温室气体排放报告，载明排放量，并于每年3月31日前报生产经营场所所在地的省级生态环境主管部门。排放报告所涉数据的原始记录和管理台账应当至少保存五年。

重点排放单位对温室气体排放报告的真实性、完整性、准确性负责。

重点排放单位编制的年度温室气体排放报告应当定期公开，接受社会监督，涉及国家秘密和商业秘密的除外。

第二十九条 重点排放单位每年可以使用国家核证自愿减排量抵销碳排放配额的清缴，抵销比例不得超过应清缴碳排放配额的5%。相关规定由生态环境部另行制定。

用于抵销的国家核证自愿减排量，不得来自纳入全国碳排放权交易市场配额管理的减排项目。

第三十九条 重点排放单位虚报、瞒报温室气体排放报告，或者拒绝履行温室气体排放报告义务的，由其生产经营场所所在地设区的市级以上地方生态环境主管部门责令限期改正，处一万元以上三万元以下的罚款。逾期未改正的，由重点排放单位生产经营场所所在地的省级生态环境主管部门测算其温室气体实际排放量，并将该排放量作为碳排放配额清缴的依据；对虚报、瞒报部分，等量核减其下一年度碳排放配额。

第四十条 重点排放单位未按时足额清缴碳排放配额的，由其生产经营场所所在地设区的市级以上地方生态环境主管部门责令限期改正，处二万元以上三万元以下的罚款；逾期未改正的，对欠缴部分，由重点排放单位生产经营场所所在地的省级生态环境主管部门等量核减其下一年度碳排放配额。

3.《温室气体自愿减排交易管理办法(试行)》(征求意见稿)

第三十一条 【双随机一公开】生态环境主管部门按照“双随机、一公开”原则对已登记项目和核证自愿减排量的真实性、合规性组织开展监督检查,包括项目实施情况,项目设计文件和核算报告所涉及的原始数据与相关材料等。

第三十八条 【对抗监督管理的处罚】违反本办法规定,拒不接受或阻挠监督管理,或在接受监督管理时弄虚作假的单位和个人,由实施监督管理的生态环境主管部门、市场监督管理部门根据情节轻重给予警告或者通报批评,并处一万元以上十万元以下罚款。

第三十九条 【项目业主责任】已登记项目被查实存在提供虚假材料或篡改数据等弄虚作假行为的,由注册登记机构撤销登记,3 年内不再受理该项目业主提交的自愿减排项目登记申请。

因弄虚作假行为产生核证自愿减排量的,由生态环境部或项目所在地省级生态环境主管部门通知注册登记机构和交易机构对项目业主持有的核证自愿减排量暂停交易,责令项目业主按照虚假部分核证自愿减排量进行等量注销,并处一万元以上五万元以下罚款;逾期未按要求等量注销的,处五万元以上十万元以下罚款,不再受理该项目业主提交的项目和减排量申请。

4.《碳排放权登记管理规则(试行)》

第十九条 重点排放单位可以使用符合生态环境部规定的国家核证自愿减排量抵销配额清缴。用于清缴部分的国家核证自愿减排量应当在国家温室气体自愿减排交易注册登记系统注销,并由重点排放单位向注册登记机构提交有关注销证明材料。注册登记机构核验相关材料后,按照生态环境部相关规定办理抵销登记。

第二十条 登记主体出于减少温室气体排放等公益目的自愿注销其所持有的碳排放配额,注册登记机构应当为其办理变更登记,并出具相关证明。

5.《碳排放权结算管理规则(试行)》

第三条 注册登记机构负责全国碳排放权交易的统一结算,管理交易结算资金,防范结算风险。

第四条 全国碳排放权交易的结算应当遵守法律、行政法规、国家金融监管的相关规定以及注册登记机构相关业务规则等,遵循公开、公平、公正、安全和高效的原则。

6.《碳排放权交易管理规则(试行)》

第五条　全国碳排放权交易市场的交易产品为碳排放配额,生态环境部可以根据国家有关规定适时增加其他交易产品。

第六条　碳排放权交易应当通过全国碳排放权交易系统进行,可以采取协议转让、单向竞价或者其他符合规定的方式。

协议转让是指交易双方协商达成一致意见并确认成交的交易方式,包括挂牌协议交易及大宗协议交易。其中,挂牌协议交易是指交易主体通过交易系统提交卖出或者买入挂牌申报,意向受让方或者出让方对挂牌申报进行协商并确认成交的交易方式。大宗协议交易是指交易双方通过交易系统进行报价、询价并确认成交的交易方式。

单向竞价是指交易主体向交易机构提出卖出或买入申请,交易机构发布竞价公告,多个意向受让方或者出让方按照规定报价,在约定时间内通过交易系统成交的交易方式。

第三十八条　交易主体之间发生有关全国碳排放权交易的纠纷,可以自行协商解决,也可以向交易机构提出调解申请,还可以依法向仲裁机构申请仲裁或者向人民法院提起诉讼。

交易机构与交易主体之间发生有关全国碳排放权交易的纠纷,可以自行协商解决,也可以依法向仲裁机构申请仲裁或者向人民法院提起诉讼。

第三十九条　申请交易机构调解的当事人,应当提出书面调解申请。交易机构的调解意见,经当事人确认并在调解意见书上签章后生效。

第四十条　交易机构和交易主体,或者交易主体间发生交易纠纷的,当事人均应当记录有关情况,以备查阅。交易纠纷影响正常交易的,交易机构应当及时采取止损措施。

(三)地方规章

1.《深圳市碳排放权交易管理办法》

第二十七条　交易机构负责制订交易方式、交易服务费等交易规则,报市生态环境主管部门审核并报市地方金融监管部门备案后发布实施。

碳排放权交易应当采用单向竞价、协议转让或者其他符合规定的方式进行。

第二十八条　重点排放单位以及符合交易规则规定的其他组织和个人，可以参与碳排放权交易，并按规定向交易机构缴纳交易服务费。

第二十九条　碳排放权交易品种包括碳排放配额、核证减排量和市生态环境主管部门批准的其他碳排放权交易品种。

鼓励创新碳排放权交易品种。

第三十条　配额或者核证减排量持有人可以出售、质押、托管配额或者核证减排量，或者以其他合法方式取得收益或者融资支持。

第五十一条　重点排放单位未在本办法第三十七条规定期限内提交年度碳排放报告的，市生态环境主管部门应当催告其限期提交；期满仍未提交的，处五万元罚款，由市生态环境主管部门测算其年度实际碳排放量，并将该排放量作为履约的依据。

重点排放单位未在本办法第三十八条规定期限内提交生产活动产出数据报告的，市生态环境主管部门应当催告其限期提交；期满仍未提交的，由市生态环境主管部门将其生产活动产出数据认定为零。

第五十二条　有下列情形之一的，由市生态环境主管部门按照下列规定处理：

（一）违反本办法第十六条第二款的规定，重点排放单位未按时将超出的预分配配额退回的，责令限期改正；逾期未改正的，处超额排放量乘以履约当月之前连续六个月配额平均价格三倍的罚款；

（二）违反本办法第二十五条第一款、第二款的规定，重点排放单位未按时将合并或者分立情况报市生态环境主管部门备案的，责令限期改正；逾期未改正的，处五万元罚款，并依法没收违法所得；

（三）违反本办法第二十六条第二款的规定，重点排放单位被移出重点排放单位名单后预分配配额不足以收缴的，责令限期改正；逾期未改正的，处十万元罚款，并依法没收违法所得；

（四）违反本办法第三十一条第一款的规定，碳排放权交易主体违法从事交易活动的，责令停止违法行为，依法没收违法所得，并处五万元罚款，情节严重的，并处十万元罚款；造成损失的，依法承担赔偿责任；

违反本办法第三十一条第二款的规定，交易机构、第三方核查机构及其工作人员持有、买卖碳排放配额的，依法没收违法所得，并对单位处十万元罚款，对个人处五万元罚款；

（五）违反本办法第三十六条的规定，碳排放单位未按要求在温室气体排放信息报送系统申报年度碳排放量等信息的，责令限期改正；逾期未改正的，处一万元罚款；

（六）违反本办法第三十七条第一款、第三十八条第三款的规定，重点排放单位虚报、瞒报、漏报年度碳排放报告或者生产活动产出数据报告的，责令限期改正，处五万元罚款，情节严重的，处十万元罚款；对虚报、瞒报、漏报部分，等量核减其下一年度碳排放配额；

（七）违反本办法第三十九条的规定，重点排放单位未按时足额履约的，责令限期补足并提交与超额排放量相等的配额或者核证减排量；逾期未补足并提交的，强制扣除等量配额，不足部分从其下一年度配额中直接扣除，处超额排放量乘以履约当月之前连续六个月配额平均价格三倍的罚款；

（八）违反本办法第四十五条第一款、第二款的规定，第三方核查机构、专业机构弄虚作假、篡改、伪造相关数据或者报告的，或者开展核查工作违反独立、客观、公正原则或者未履行保密义务的，责令限期改正，处五万元罚款，情节严重的，处十万元罚款；造成损失的，依法承担赔偿责任。

第五十三条　有下列情形之一的，由市生态环境主管部门或者相关部门按照下列规定处理：

（一）违反本办法第二十七条第一款的规定，交易机构制订的交易规则未按规定报市生态环境主管部门审核并报市地方金融监管部门备案的，责令限期改正，处五万元罚款；

（二）违反本办法第三十三条第二款、第四十四条第二款的规定，交易机构未按规定履行报告义务或者未按规定采取紧急措施的，或者未按规定公布碳排放权交易市场相关信息的，责令限期改正，处五万元罚款，情节严重的，处十万元罚款；

（三）违反本办法第四十四条第三款的规定，重点排放单位未按规定公开上一年度目标碳强度完成情况的，责令限期改正；逾期未改正的，处五万元罚款，情节严重的，处十万元罚款。

第五十四条　任何组织或者个人违反本办法的规定，阻挠、妨碍市生态环境主管部门或者相关部门监督检查的，由市生态环境主管部门或者相关部门处五万元罚款，情节严重的，处十万元罚款；涉嫌犯罪的，依法移送司法机关处理。

2.《广东省碳排放管理试行办法》

第二十二条　本省实行配额交易制度。交易主体为控排企业和单位、新建项目企业、符合规定的其他组织和个人。

第二十四条　配额交易采取公开竞价、协议转让等国家法律法规、标准和规定允许的方式进行。

第二十五条　配额交易价格由交易参与方根据市场供需关系确定,任何单位和个人不得采取欺诈、恶意串通或者其他方式,操纵交易价格。

第二十六条　交易参与方应当按照规定缴纳交易手续费。

第三十五条　违反本办法第七条规定,控排企业和单位、报告企业有下列行为之一的,由省生态环境部门责令限期改正;逾期未改正的,并处罚款:

(一)虚报、瞒报或者拒绝履行碳排放报告义务的,处1万元以上3万元以下罚款。

(二)阻碍核查机构现场核查,拒绝按规定提交相关证据的,处1万元以上3万元以下罚款;情节严重的,处5万元罚款。

第三十六条　违反本办法第十七条规定,未足额清缴配额的企业,由省生态环境部门责令履行清缴义务;拒不履行清缴义务的,在下一年度配额中扣除未足额清缴部分2倍配额,并处5万元罚款。

3.《上海市碳排放管理试行办法》

第三十七条　(未履行报告义务的处罚)

纳入配额管理的单位违反本办法第十二条的规定,虚报、瞒报或者拒绝履行报告义务的,由市发展改革部门责令限期改正;逾期未改正的,处以1万元以上3万元以下的罚款。

第三十八条　(未按规定接受核查的处罚)

纳入配额管理的单位违反本办法第十三条第二款的规定,在第三方机构开展核查工作时提供虚假、不实的文件资料,或者隐瞒重要信息的,由市发展改革部门责令限期改正;逾期未改正的,处以1万元以上3万元以下的罚款;无理抗拒、阻碍第三方机构开展核查工作的,由市发展改革部门责令限期改正,处以3万元以上5万元以下的罚款。

第三十九条　(未履行配额清缴义务的处罚)

纳入配额管理的单位未按照本办法第十六条的规定履行配额清缴义务的,

由市发展改革部门责令履行配额清缴义务,并可处以5万元以上10万元以下罚款。

第四十条 (行政处理措施)

纳入配额管理的单位违反本办法第十二条、第十三条第二款、第十六条的规定,除适用本办法第三十七条、第三十八条、第三十九条的规定外,市发展改革部门还可以采取以下措施:

(一)将其违法行为按照有关规定,记入该单位的信用信息记录,向工商、税务、金融等部门通报有关情况,并通过政府网站或者媒体向社会公布;

(二)取消其享受当年度及下一年度本市节能减排专项资金支持政策的资格,以及3年内参与本市节能减排先进集体和个人评比的资格;

(三)将其违法行为告知本市相关项目审批部门,并由项目审批部门对其下一年度新建固定资产投资项目节能评估报告表或者节能评估报告书不予受理。

4.《福建省碳排放权交易管理暂行办法》

第三十五条 违反本办法第二十一条规定,交易机构及其工作人员有下列行为之一的,由省人民政府碳排放权交易主管部门责令限期改正;逾期未改正的,处以1万元以上3万元以下罚款;给交易参与者造成经济损失的,依法承担民事赔偿责任;构成犯罪的,依法追究刑事责任:

(一)未制定并执行交易规则;

(二)未公布交易信息;

(三)泄露交易主体的商业秘密;

(四)未建立并执行风险管理制度。

第三十六条 违反本办法第二十五条第一款、第二十六条第一款规定,虚报、瞒报、拒绝履行碳排放报告义务,或者拒绝、干扰、阻挠第三方核查机构现场核查,拒绝提交相关材料的,由设区的市人民政府碳排放权交易主管部门责令限期改正,逾期未改正的,处以1万元以上3万元以下罚款。

第三十七条 违反本办法第二十六条第二款、第三十四条规定,第三方核查机构有下列行为之一的,由设区的市人民政府碳排放权交易主管部门责令限期改正;逾期未改正的,处以1万元以上3万元以下罚款;给重点排放单位造成经济损失的,依法承担民事赔偿责任;构成犯罪的,依法追究刑事责任:

(一)出具虚假、不实核查报告;

(二)核查报告存在重大错误;

(三)泄露被核查单位的商业秘密;

(四)违规参与碳排放权市场交易的。

第三十八条　违反本办法第二十九条规定,重点排放单位未足额清缴配额的,由设区的市人民政府碳排放权交易主管部门责令其履行清缴义务;拒不履行清缴义务的,在下一年度配额中扣除未足额清缴部分 2 倍配额,并处以清缴截止日前一年配额市场均价 1 至 3 倍的罚款,但罚款金额不超过 3 万元。

第三十九条　违反本办法规定,国家工作人员在碳排放权交易监督管理活动中滥用职权、玩忽职守、徇私舞弊的,由其所在单位、监察机关或者上级主管部门对直接负责的主管人员和其他直接责任人员依法给予处分;构成犯罪的,依法追究刑事责任。

二、刑事方面

(一)法律

《刑法》

第二百八十六条　【破坏计算机信息系统罪】违反国家规定,对计算机信息系统功能进行删除、修改、增加、干扰,造成计算机信息系统不能正常运行,后果严重的,处五年以下有期徒刑或者拘役;后果特别严重的,处五年以上有期徒刑。

违反国家规定,对计算机信息系统中存储、处理或者传输的数据和应用程序进行删除、修改、增加的操作,后果严重的,依照前款的规定处罚。

故意制作、传播计算机病毒等破坏性程序,影响计算机系统正常运行,后果严重的,依照第一款的规定处罚。

单位犯前三款罪的,对单位判处罚金,并对其直接负责的主管人员和其他直接责任人员,依照第一款的规定处罚。

(二)司法解释

《最高人民法院、最高人民检察院关于办理环境污染刑事案件适用法律若干问题的解释》(法释〔2023〕7号)

第十一条　违反国家规定,针对环境质量监测系统实施下列行为,或者强令、指使、授意他人实施下列行为,后果严重的,应当依照刑法第二百八十六条的规定,以破坏计算机信息系统罪定罪处罚:

(一)修改系统参数或者系统中存储、处理、传输的监测数据的;

(二)干扰系统采样,致使监测数据因系统不能正常运行而严重失真的;

(三)其他破坏环境质量监测系统的行为。

重点排污单位、实行排污许可重点管理的单位篡改、伪造自动监测数据或者干扰自动监测设施,排放化学需氧量、氨氮、二氧化硫、氮氧化物等污染物,同时构成污染环境罪和破坏计算机信息系统罪的,依照处罚较重的规定定罪处罚。

从事环境监测设施维护、运营的人员实施或者参与实施篡改、伪造自动监测数据、干扰自动监测设施、破坏环境质量监测系统等行为的,依法从重处罚。

附录十四：碳排放配额、核证自愿减排量担保纠纷案件相关法条摘录

一、法律与两高司法文件

1.《民法典》

第九条　民事主体从事民事活动，应当有利于节约资源、保护生态环境。

第三百八十六条　担保物权人在债务人不履行到期债务或者发生当事人约定的实现担保物权的情形，依法享有就担保财产优先受偿的权利，但是法律另有规定的除外。

第三百八十七条第一款　债权人在借贷、买卖等民事活动中，为保障实现其债权，需要担保的，可以依照本法和其他法律的规定设立担保物权。

第三百八十八条　设立担保物权，应当依照本法和其他法律的规定订立担保合同。担保合同包括抵押合同、质押合同和其他具有担保功能的合同。担保合同是主债权债务合同的从合同。主债权债务合同无效的，担保合同无效，但是法律另有规定的除外。

担保合同被确认无效后，债务人、担保人、债权人有过错的，应当根据其过错各自承担相应的民事责任。

第三百八十九条　担保物权的担保范围包括主债权及其利息、违约金、损害赔偿金、保管担保财产和实现担保物权的费用。当事人另有约定的，按照其约定。

第三百九十条　担保期间，担保财产毁损、灭失或者被征收等，担保物权人可以就获得的保险金、赔偿金或者补偿金等优先受偿。被担保债权的履行期限未届满的，也可以提存该保险金、赔偿金或者补偿金等。

第三百九十一条　第三人提供担保，未经其书面同意，债权人允许债务人转

移全部或者部分债务的,担保人不再承担相应的担保责任。

第三百九十二条　被担保的债权既有物的担保又有人的担保的,债务人不履行到期债务或者发生当事人约定的实现担保物权的情形,债权人应当按照约定实现债权;没有约定或者约定不明确,债务人自己提供物的担保的,债权人应当先就该物的担保实现债权;第三人提供物的担保的,债权人可以就物的担保实现债权,也可以请求保证人承担保证责任。提供担保的第三人承担担保责任后,有权向债务人追偿。

第三百九十三条　有下列情形之一的,担保物权消灭:

(一)主债权消灭;

(二)担保物权实现;

(三)债权人放弃担保物权;

(四)法律规定担保物权消灭的其他情形。

第五百零九条　当事人应当按照约定全面履行自己的义务。

当事人应当遵循诚信原则,根据合同的性质、目的和交易习惯履行通知、协助、保密等义务。

当事人在履行合同过程中,应当避免浪费资源、污染环境和破坏生态。

2.《最高人民法院关于完整准确全面贯彻新发展理念为积极稳妥推进碳达峰碳中和提供司法服务的意见》(法发〔2023〕5号)

18.依法审理碳排放配额、核证自愿减排量担保纠纷案件。担保合同当事人或者利害关系人以碳排放配额、核证自愿减排量不是可以设立担保的财产为由,主张担保合同无效的,从严认定合同无效情形,依法最大限度维护合同效力。当事人在碳排放权或者核证自愿减排注册登记系统等办理质押登记,债务人不履行到期债务或者发生当事人约定实现质权的情形,质权人主张就登记账户内的碳排放配额或者核证自愿减排量优先受偿的,依法予以支持,助力碳交易产品发挥融资功能,稳定市场预期。

二、中央法规、规章

1.《碳排放权登记管理规则(试行)》

第三条　注册登记机构通过全国碳排放权注册登记系统(以下简称注册登

记系统)对全国碳排放权的持有、变更、清缴和注销等实施集中统一登记。注册登记系统记录的信息是判断碳排放配额归属的最终依据。

2.《温室气体自愿减排交易管理暂行办法》

第六条 国家对温室气体自愿减排交易采取备案管理。参与自愿减排交易的项目,在国家主管部门备案和登记,项目产生的减排量在国家主管部门备案和登记,并在经国家主管部门备案的交易机构内交易。

中国境内注册的企业法人可依据本暂行办法申请温室气体自愿减排项目及减排量备案。

第七条 国家主管部门建立并管理国家自愿减排交易登记簿(以下简称“国家登记簿”),用于登记经备案的自愿减排项目和减排量,详细记录项目基本信息及减排量备案、交易、注销等有关情况。

三、地方规章与规范性文件

1.《深圳市碳排放权交易管理办法》

第八条 鼓励金融机构开展以增强重点排放单位减排能力及碳排放权交易市场功能为目的的金融创新,发展碳基金、碳债券、碳排放权质押融资、结构性存款等碳金融业务,鼓励探索碳信贷、碳保险等创新业务。

第二十一条 重点排放单位应当在碳排放权注册登记系统开立账户,进行相关业务操作。

碳排放权注册登记系统记录碳排放配额和核证减排量的签发、持有、转移、质押、履约、抵销、注销和结转等信息,作为判断碳排放配额和核证减排量持有的依据。

第二十三条 以配额或者核证减排量设定质押的应当办理质押登记,并向市生态环境主管部门提交下列材料:

(一)质押登记申请书;

(二)申请人的身份证明;

(三)质押合同;

(四)主债权合同;

(五)交易机构出具的质押见证书。

申请人提交的申请材料齐全的,市生态环境主管部门应当自收到质押登记申请之日起十个工作日内,完成质押登记工作,并发布质押公告;申请人提交的申请材料不齐全的,应当一次性书面告知需要补齐的材料。

质押公告包括下列内容:

(一)质押当事人;

(二)质押的配额或者核证减排量数量;

(三)质押的时间期限。

第三十条　配额或者核证减排量持有人可以出售、质押、托管配额或者核证减排量,或者以其他合法方式取得收益或者融资支持。

2.《上海市碳排放管理试行办法》

第三十四条　(金融支持)

鼓励银行等金融机构优先为纳入配额管理的单位提供与节能减碳项目相关的融资支持,并探索碳排放配额担保融资等新型金融服务。

3.《中国人民银行济南分行、山东省生态环境厅、山东省地方金融监督管理局、中国银行保险监督管理委员会山东监管局关于支持开展碳排放权抵质押贷款的意见》

二、主要任务

(五)盘活碳排放权担保权能。指导重点排放单位积极参与全国碳排放权交易市场,充分发挥碳排放权交易市场价格发现功能,促进担保价值实现。鼓励银行业金融机构深入研究碳排放权价值实现机制,合理确定碳排放权抵质押物的价值测算方法和抵质押率参考范围。

(六)推动打通抵质押物处置环节。加强与全国碳排放权注册登记机构和交易机构的业务对接,完善抵质押物处置机制,提高处置受偿效率。探索碳排放权回购等模式解决抵质押物处置问题,保障抵押权人合法权益。

(七)防范碳排放权抵质押风险。建立完善与全国碳排放权交易市场配套的担保登记公示机制,有效避免重复质押、虚假融资等风险事件。银行业金融机构应加强碳排放权市场价值监测,当抵质押物出现价格波动导致抵质押率低于合同约定比率时,及时要求借款人补足价值缺口。

附录十五:碳排放配额清缴行政处罚案件相关法条摘录

1.《碳排放权交易管理办法(试行)》

第八条　温室气体排放单位符合下列条件的,应当列入温室气体重点排放单位(以下简称重点排放单位)名录:

(一)属于全国碳排放权交易市场覆盖行业;

(二)年度温室气体排放量达到2.6万吨二氧化碳当量。

第十六条　省级生态环境主管部门确定碳排放配额后,应当书面通知重点排放单位。

重点排放单位对分配的碳排放配额有异议的,可以自接到通知之日起七个工作日内,向分配配额的省级生态环境主管部门申请复核;省级生态环境主管部门应当自接到复核申请之日起十个工作日内,作出复核决定。

第二十六条　省级生态环境主管部门应当组织开展对重点排放单位温室气体排放报告的核查,并将核查结果告知重点排放单位。核查结果应当作为重点排放单位碳排放配额清缴依据。

省级生态环境主管部门可以通过政府购买服务的方式委托技术服务机构提供核查服务。技术服务机构应当对提交的核查结果的真实性、完整性和准确性负责。

第二十七条　重点排放单位对核查结果有异议的,可以自被告知核查结果之日起七个工作日内,向组织核查的省级生态环境主管部门申请复核;省级生态环境主管部门应当自接到复核申请之日起十个工作日内,作出复核决定。

第二十八条　重点排放单位应当在生态环境部规定的时限内,向分配配额的省级生态环境主管部门清缴上年度的碳排放配额。清缴量应当大于等于省级生态环境主管部门核查结果确认的该单位上年度温室气体实际排放量。

第二十九条　重点排放单位每年可以使用国家核证自愿减排量抵销碳排放

配额的清缴，抵销比例不得超过应清缴碳排放配额的5%。相关规定由生态环境部另行制定。

用于抵销的国家核证自愿减排量，不得来自纳入全国碳排放权交易市场配额管理的减排项目。

第三十九条 重点排放单位虚报、瞒报温室气体排放报告，或者拒绝履行温室气体排放报告义务的，由其生产经营场所所在地设区的市级以上地方生态环境主管部门责令限期改正，处一万元以上三万元以下的罚款。逾期未改正的，由重点排放单位生产经营场所所在地的省级生态环境主管部门测算其温室气体实际排放量，并将该排放量作为碳排放配额清缴的依据；对虚报、瞒报部分，等量核减其下一年度碳排放配额。

第四十条 重点排放单位未按时足额清缴碳排放配额的，由其生产经营场所所在地设区的市级以上地方生态环境主管部门责令限期改正，处二万元以上三万元以下的罚款；逾期未改正的，对欠缴部分，由重点排放单位生产经营场所所在地的省级生态环境主管部门等量核减其下一年度碳排放配额。

2.《刑法》

第二百七十七条 【妨害公务罪】以暴力、威胁方法阻碍国家机关工作人员依法执行职务的，处三年以下有期徒刑、拘役、管制或者罚金。

以暴力、威胁方法阻碍全国人民代表大会和地方各级人民代表大会代表依法执行代表职务的，依照前款的规定处罚。

在自然灾害和突发事件中，以暴力、威胁方法阻碍红十字会工作人员依法履行职责的，依照第一款的规定处罚。

故意阻碍国家安全机关、公安机关依法执行国家安全工作任务，未使用暴力、威胁方法，造成严重后果的，依照第一款的规定处罚。

【袭警罪】暴力袭击正在依法执行职务的人民警察的，处三年以下有期徒刑、拘役或者管制；使用枪支、管制刀具，或者以驾驶机动车撞击等手段，严重危及其人身安全的，处三年以上七年以下有期徒刑。

第二百八十六条 【破坏计算机信息系统罪】违反国家规定，对计算机信息系统功能进行删除、修改、增加、干扰，造成计算机信息系统不能正常运行，后果严重的，处五年以下有期徒刑或者拘役；后果特别严重的，处五年以上有期徒刑。

违反国家规定，对计算机信息系统中存储、处理或者传输的数据和应用程序进行删除、修改、增加的操作,后果严重的,依照前款的规定处罚。

故意制作、传播计算机病毒等破坏性程序,影响计算机系统正常运行,后果严重的,依照第一款的规定处罚。

单位犯前三款罪的,对单位判处罚金,并对其直接负责的主管人员和其他直接责任人员,依照第一款的规定处罚。

第三百三十八条 【污染环境罪】违反国家规定,排放、倾倒或者处置有放射性的废物、含传染病病原体的废物、有毒物质或者其他有害物质,严重污染环境的,处三年以下有期徒刑或者拘役,并处或者单处罚金;情节严重的,处三年以上七年以下有期徒刑,并处罚金;有下列情形之一的,处七年以上有期徒刑,并处罚金:

(一)在饮用水水源保护区、自然保护地核心保护区等依法确定的重点保护区域排放、倾倒、处置有放射性的废物、含传染病病原体的废物、有毒物质,情节特别严重的;

(二)向国家确定的重要江河、湖泊水域排放、倾倒、处置有放射性的废物、含传染病病原体的废物、有毒物质,情节特别严重的;

(三)致使大量永久基本农田基本功能丧失或者遭受永久性破坏的;

(四)致使多人重伤、严重疾病,或者致人严重残疾、死亡的。

有前款行为,同时构成其他犯罪的,依照处罚较重的规定定罪处罚。

第三百八十三条 【贪污罪的处罚规定】对犯贪污罪的,根据情节轻重,分别依照下列规定处罚:

(一)贪污数额较大或者有其他较重情节的,处三年以下有期徒刑或者拘役,并处罚金。

(二)贪污数额巨大或者有其他严重情节的,处三年以上十年以下有期徒刑,并处罚金或者没收财产。

(三)贪污数额特别巨大或者有其他特别严重情节的,处十年以上有期徒刑或者无期徒刑,并处罚金或者没收财产;数额特别巨大,并使国家和人民利益遭受特别重大损失的,处无期徒刑或者死刑,并处没收财产。

对多次贪污未经处理的,按照累计贪污数额处罚。

犯第一款罪,在提起公诉前如实供述自己罪行、真诚悔罪、积极退赃,避免、减少损害结果的发生,有第一项规定情形的,可以从轻、减轻或者免除处罚;有第二项、第三项规定情形的,可以从轻处罚。

犯第一款罪,有第三项规定情形被判处死刑缓期执行的,人民法院根据犯罪情节等情况可以同时决定在其死刑缓期执行二年期满依法减为无期徒刑后,终身监禁,不得减刑、假释。

第三百八十五条 【受贿罪】国家工作人员利用职务上的便利,索取他人财物的,或者非法收受他人财物,为他人谋取利益的,是受贿罪。

国家工作人员在经济往来中,违反国家规定,收受各种名义的回扣、手续费,归个人所有的,以受贿论处。

第三百八十六条 【受贿罪的处罚规定】对犯受贿罪的,根据受贿所得数额及情节,依照本法第三百八十三条的规定处罚。索贿的从重处罚。

第三百八十九条 【行贿罪】为谋取不正当利益,给予国家工作人员以财物的,是行贿罪。

在经济往来中,违反国家规定,给予国家工作人员以财物,数额较大的,或者违反国家规定,给予国家工作人员以各种名义的回扣、手续费的,以行贿论处。

因被勒索给予国家工作人员以财物,没有获得不正当利益的,不是行贿。

第三百九十条 【行贿罪的处罚规定】对犯行贿罪的,处五年以下有期徒刑或者拘役,并处罚金;因行贿谋取不正当利益,情节严重的,或者使国家利益遭受重大损失的,处五年以上十年以下有期徒刑,并处罚金;情节特别严重的,或者使国家利益遭受特别重大损失的,处十年以上有期徒刑或者无期徒刑,并处罚金或者没收财产。

行贿人在被追诉前主动交待行贿行为的,可以从轻或者减轻处罚。其中,犯罪较轻的,对侦破重大案件起关键作用的,或者有重大立功表现的,可以减轻或者免除处罚。

3.《大气污染防治法》

第九十八条 违反本法规定,以拒绝进入现场等方式拒不接受生态环境主管部门及其环境执法机构或者其他负有大气环境保护监督管理职责的部门的监督检查,或者在接受监督检查时弄虚作假的,由县级以上人民政府生态环境主管部门或者其他负有大气环境保护监督管理职责的部门责令改正,处二万元以上二十万元以下的罚款;构成违反治安管理行为的,由公安机关依法予以处罚。

第九十九条 违反本法规定,有下列行为之一的,由县级以上人民政府生态环境主管部门责令改正或者限制生产、停产整治，并处十万元以上一百万元以下的罚款；情节严重的，报经有批准权的人民政府批准，责令停业、关闭：

（一）未依法取得排污许可证排放大气污染物的；

（二）超过大气污染物排放标准或者超过重点大气污染物排放总量控制指标排放大气污染物的；

（三）通过逃避监管的方式排放大气污染物的。

附录十六：涉碳排放配额、国家核证自愿减排量金钱债权执行案件相关法条摘录

一、法律

1.《民法典》

第三百二十三条　用益物权人对他人所有的不动产或者动产，依法享有占有、使用和收益的权利。

第三百二十四条　国家所有或者国家所有由集体使用以及法律规定属于集体所有的自然资源，组织、个人依法可以占有、使用和收益。

第三百二十六条　用益物权人行使权利，应当遵守法律有关保护和合理开发利用资源、保护生态环境的规定。所有权人不得干涉用益物权人行使权利。

2.《民事诉讼法》

第二百三十一条　发生法律效力的民事判决、裁定，以及刑事判决、裁定中的财产部分，由第一审人民法院或者与第一审人民法院同级的被执行的财产所在地人民法院执行。

法律规定由人民法院执行的其他法律文书，由被执行人住所地或者被执行的财产所在地人民法院执行。

第二百三十二条　当事人、利害关系人认为执行行为违反法律规定的，可以向负责执行的人民法院提出书面异议。当事人、利害关系人提出书面异议的，人民法院应当自收到书面异议之日起十五日内审查，理由成立的，裁定撤销或者改正；理由不成立的，裁定驳回。当事人、利害关系人对裁定不服的，可以自裁定送达之日起十日内向上一级人民法院申请复议。

第二百三十三条　人民法院自收到申请执行书之日起超过六个月未执行的，申请执行人可以向上一级人民法院申请执行。上一级人民法院经审查，可以

责令原人民法院在一定期限内执行,也可以决定由本院执行或者指令其他人民法院执行。

第二百三十四条　执行过程中,案外人对执行标的提出书面异议的,人民法院应当自收到书面异议之日起十五日内审查,理由成立的,裁定中止对该标的的执行;理由不成立的,裁定驳回。案外人、当事人对裁定不服,认为原判决、裁定错误的,依照审判监督程序办理;与原判决、裁定无关的,可以自裁定送达之日起十五日内向人民法院提起诉讼。

第二百三十五条　执行工作由执行员进行。

采取强制执行措施时,执行员应当出示证件。执行完毕后,应当将执行情况制作笔录,由在场的有关人员签名或者盖章。

人民法院根据需要可以设立执行机构。

第二百三十六条　被执行人或者被执行的财产在外地的,可以委托当地人民法院代为执行。受委托人民法院收到委托函件后,必须在十五日内开始执行,不得拒绝。执行完毕后,应当将执行结果及时函复委托人民法院;在三十日内如果还未执行完毕,也应当将执行情况函告委托人民法院。

受委托人民法院自收到委托函件之日起十五日内不执行的,委托人民法院可以请求受委托人民法院的上级人民法院指令受委托人民法院执行。

第二百三十七条　在执行中,双方当事人自行和解达成协议的,执行员应当将协议内容记入笔录,由双方当事人签名或者盖章。

申请执行人因受欺诈、胁迫与被执行人达成和解协议,或者当事人不履行和解协议的,人民法院可以根据当事人的申请,恢复对原生效法律文书的执行。

第二百三十八条　在执行中,被执行人向人民法院提供担保,并经申请执行人同意的,人民法院可以决定暂缓执行及暂缓执行的期限。被执行人逾期仍不履行的,人民法院有权执行被执行人的担保财产或者担保人的财产。

第二百三十九条　作为被执行人的公民死亡的,以其遗产偿还债务。作为被执行人的法人或者其他组织终止的,由其权利义务承受人履行义务。

第二百四十条　执行完毕后,据以执行的判决、裁定和其他法律文书确有错误,被人民法院撤销的,对已被执行的财产,人民法院应当作出裁定,责令取得财产的人返还;拒不返还的,强制执行。

第二百四十一条　人民法院制作的调解书的执行,适用本编的规定。

第二百四十二条 人民检察院有权对民事执行活动实行法律监督。

第二百四十三条 发生法律效力的民事判决、裁定,当事人必须履行。一方拒绝履行的,对方当事人可以向人民法院申请执行,也可以由审判员移送执行员执行。

调解书和其他应当由人民法院执行的法律文书,当事人必须履行。一方拒绝履行的,对方当事人可以向人民法院申请执行。

第二百四十四条 对依法设立的仲裁机构的裁决,一方当事人不履行的,对方当事人可以向有管辖权的人民法院申请执行。受申请的人民法院应当执行。

被申请人提出证据证明仲裁裁决有下列情形之一的,经人民法院组成合议庭审查核实,裁定不予执行:

(一)当事人在合同中没有订有仲裁条款或者事后没有达成书面仲裁协议的;

(二)裁决的事项不属于仲裁协议的范围或者仲裁机构无权仲裁的;

(三)仲裁庭的组成或者仲裁的程序违反法定程序的;

(四)裁决所根据的证据是伪造的;

(五)对方当事人向仲裁机构隐瞒了足以影响公正裁决的证据的;

(六)仲裁员在仲裁该案时有贪污受贿,徇私舞弊,枉法裁决行为的。

人民法院认定执行该裁决违背社会公共利益的,裁定不予执行。

裁定书应当送达双方当事人和仲裁机构。

仲裁裁决被人民法院裁定不予执行的,当事人可以根据双方达成的书面仲裁协议重新申请仲裁,也可以向人民法院起诉。

第二百四十五条 对公证机关依法赋予强制执行效力的债权文书,一方当事人不履行的,对方当事人可以向有管辖权的人民法院申请执行,受申请的人民法院应当执行。

公证债权文书确有错误的,人民法院裁定不予执行,并将裁定书送达双方当事人和公证机关。

第二百四十六条 申请执行的期间为二年。申请执行时效的中止、中断,适用法律有关诉讼时效中止、中断的规定。

前款规定的期间,从法律文书规定履行期间的最后一日起计算;法律文书规定分期履行的,从最后一期履行期限届满之日起计算;法律文书未规定履行期间的,从法律文书生效之日起计算。

第二百四十七条　执行员接到申请执行书或者移交执行书,应当向被执行人发出执行通知,并可以立即采取强制执行措施。

第二百四十八条　被执行人未按执行通知履行法律文书确定的义务,应当报告当前以及收到执行通知之日前一年的财产情况。被执行人拒绝报告或者虚假报告的,人民法院可以根据情节轻重对被执行人或者其法定代理人、有关单位的主要负责人或者直接责任人员予以罚款、拘留。

第二百四十九条　被执行人未按执行通知履行法律文书确定的义务,人民法院有权向有关单位查询被执行人的存款、债券、股票、基金份额等财产情况。人民法院有权根据不同情形扣押、冻结、划拨、变价被执行人的财产。人民法院查询、扣押、冻结、划拨、变价的财产不得超出被执行人应当履行义务的范围。

人民法院决定扣押、冻结、划拨、变价财产,应当作出裁定,并发出协助执行通知书,有关单位必须办理。

第二百五十条　被执行人未按执行通知履行法律文书确定的义务,人民法院有权扣留、提取被执行人应当履行义务部分的收入。但应当保留被执行人及其所扶养家属的生活必需费用。

人民法院扣留、提取收入时,应当作出裁定,并发出协助执行通知书,被执行人所在单位、银行、信用合作社和其他有储蓄业务的单位必须办理。

第二百五十一条　被执行人未按执行通知履行法律文书确定的义务,人民法院有权查封、扣押、冻结、拍卖、变卖被执行人应当履行义务部分的财产。但应当保留被执行人及其所扶养家属的生活必需品。

采取前款措施,人民法院应当作出裁定。

第二百五十二条　人民法院查封、扣押财产时,被执行人是公民的,应当通知被执行人或者他的成年家属到场;被执行人是法人或者其他组织的,应当通知其法定代表人或者主要负责人到场。拒不到场的,不影响执行。被执行人是公民的,其工作单位或者财产所在地的基层组织应当派人参加。

对被查封、扣押的财产,执行员必须造具清单,由在场人签名或者盖章后,交被执行人一份。被执行人是公民的,也可以交他的成年家属一份。

第二百五十三条　被查封的财产,执行员可以指定被执行人负责保管。因被执行人的过错造成的损失,由被执行人承担。

第二百五十四条 财产被查封、扣押后，执行员应当责令被执行人在指定期间履行法律文书确定的义务。被执行人逾期不履行的，人民法院应当拍卖被查封、扣押的财产；不适于拍卖或者当事人双方同意不进行拍卖的，人民法院可以委托有关单位变卖或者自行变卖。国家禁止自由买卖的物品，交有关单位按照国家规定的价格收购。

第二百五十五条 被执行人不履行法律文书确定的义务，并隐匿财产的，人民法院有权发出搜查令，对被执行人及其住所或者财产隐匿地进行搜查。

采取前款措施，由院长签发搜查令。

第二百五十六条 法律文书指定交付的财物或者票证，由执行员传唤双方当事人当面交付，或者由执行员转交，并由被交付人签收。

有关单位持有该项财物或者票证的，应当根据人民法院的协助执行通知书转交，并由被交付人签收。

有关公民持有该项财物或者票证的，人民法院通知其交出。拒不交出的，强制执行。

第二百五十七条 强制迁出房屋或者强制退出土地，由院长签发公告，责令被执行人在指定期间履行。被执行人逾期不履行的，由执行员强制执行。

强制执行时，被执行人是公民的，应当通知被执行人或者他的成年家属到场；被执行人是法人或者其他组织的，应当通知其法定代表人或者主要负责人到场。拒不到场的，不影响执行。被执行人是公民的，其工作单位或者房屋、土地所在地的基层组织应当派人参加。执行员应当将强制执行情况记入笔录，由在场人签名或者盖章。

强制迁出房屋被搬出的财物，由人民法院派人运至指定处所，交给被执行人。被执行人是公民的，也可以交给他的成年家属。因拒绝接收而造成的损失，由被执行人承担。

第二百五十八条 在执行中，需要办理有关财产权证照转移手续的，人民法院可以向有关单位发出协助执行通知书，有关单位必须办理。

第二百五十九条 对判决、裁定和其他法律文书指定的行为，被执行人未按执行通知履行的，人民法院可以强制执行或者委托有关单位或者其他人完成，费用由被执行人承担。

第二百六十条 被执行人未按判决、裁定和其他法律文书指定的期间履行给付金钱义务的，应当加倍支付迟延履行期间的债务利息。被执行人未按判决、裁定和其他法律文书指定的期间履行其他义务的，应当支付迟延履行金。

第二百六十一条 人民法院采取本法第二百四十九条、第二百五十条、第二百五十一条规定的执行措施后，被执行人仍不能偿还债务的，应当继续履行义务。债权人发现被执行人有其他财产的，可以随时请求人民法院执行。

第二百六十二条 被执行人不履行法律文书确定的义务的，人民法院可以对其采取或者通知有关单位协助采取限制出境，在征信系统记录、通过媒体公布不履行义务信息以及法律规定的其他措施。

第二百六十三条 有下列情形之一的，人民法院应当裁定中止执行：

（一）申请人表示可以延期执行的；

（二）案外人对执行标的提出确有理由的异议的；

（三）作为一方当事人的公民死亡，需要等待继承人继承权利或者承担义务的；

（四）作为一方当事人的法人或者其他组织终止，尚未确定权利义务承受人的；

（五）人民法院认为应当中止执行的其他情形。

中止的情形消失后，恢复执行。

第二百六十四条 有下列情形之一的，人民法院裁定终结执行：

（一）申请人撤销申请的；

（二）据以执行的法律文书被撤销的；

（三）作为被执行人的公民死亡，无遗产可供执行，又无义务承担人的；

（四）追索赡养费、扶养费、抚养费案件的权利人死亡的；

（五）作为被执行人的公民因生活困难无力偿还借款，无收入来源，又丧失劳动能力的；

（六）人民法院认为应当终结执行的其他情形。

第二百六十五条 中止和终结执行的裁定，送达当事人后立即生效。

二、司法解释

1.《最高人民法院关于人民法院民事执行中拍卖、变卖财产的规定》(法释〔2020〕21号)

第二条 人民法院对查封、扣押、冻结的财产进行变价处理时,应当首先采取拍卖的方式,但法律、司法解释另有规定的除外。

第三条 人民法院拍卖被执行人财产,应当委托具有相应资质的拍卖机构进行,并对拍卖机构的拍卖进行监督,但法律、司法解释另有规定的除外。

第四条 对拟拍卖的财产,人民法院可以委托具有相应资质的评估机构进行价格评估。对于财产价值较低或者价格依照通常方法容易确定的,可以不进行评估。

当事人双方及其他执行债权人申请不进行评估的,人民法院应当准许。

对被执行人的股权进行评估时,人民法院可以责令有关企业提供会计报表等资料;有关企业拒不提供的,可以强制提取。

2.《最高人民法院关于人民法院确定财产处置参考价若干问题的规定》(法释〔2018〕15号)

第二条 人民法院确定财产处置参考价,可以采取当事人议价、定向询价、网络询价、委托评估等方式。

3.《最高人民法院关于民事执行中财产调查若干问题的规定》(法释〔2020〕21号)

第一条 执行过程中,申请执行人应当提供被执行人的财产线索;被执行人应当如实报告财产;人民法院应当通过网络执行查控系统进行调查,根据案件需要应当通过其他方式进行调查的,同时采取其他调查方式。

第五条 被执行人应当在报告财产令载明的期限内向人民法院书面报告下列财产情况:

(一)收入、银行存款、现金、理财产品、有价证券;

(二)土地使用权、房屋等不动产;

(三)交通运输工具、机器设备、产品、原材料等动产;

(四)债权、股权、投资权益、基金份额、信托受益权、知识产权等财产性权利；

（五）其他应当报告的财产。

被执行人的财产已出租、已设立担保物权等权利负担，或者存在共有、权属争议等情形的，应当一并报告；被执行人的动产由第三人占有，被执行人的不动产、特定动产、其他财产权等登记在第三人名下的，也应当一并报告。

被执行人在报告财产令载明的期限内提交书面报告确有困难的，可以向人民法院书面申请延长期限；申请有正当理由的，人民法院可以适当延长。

三、部门规章、规范性文件

1.《碳排放权交易管理办法（试行）》（中华人民共和国生态环境部令第19号）

第五条　生态环境部按照国家有关规定，组织建立全国碳排放权注册登记机构和全国碳排放权交易机构，组织建设全国碳排放权注册登记系统和全国碳排放权交易系统。

全国碳排放权注册登记机构通过全国碳排放权注册登记系统，记录碳排放配额的持有、变更、清缴、注销等信息，并提供结算服务。全国碳排放权注册登记系统记录的信息是判断碳排放配额归属的最终依据。

全国碳排放权交易机构负责组织开展全国碳排放权集中统一交易。

全国碳排放权注册登记机构和全国碳排放权交易机构应当定期向生态环境部报告全国碳排放权登记、交易、结算等活动和机构运行有关情况，以及应当报告的其他重大事项，并保证全国碳排放权注册登记系统和全国碳排放权交易系统安全稳定可靠运行。

第六条　生态环境部负责制定全国碳排放权交易及相关活动的技术规范，加强对地方碳排放配额分配、温室气体排放报告与核查的监督管理，并会同国务院其他有关部门对全国碳排放权交易及相关活动进行监督管理和指导。

省级生态环境主管部门负责在本行政区域内组织开展碳排放配额分配和清缴、温室气体排放报告的核查等相关活动，并进行监督管理。

设区的市级生态环境主管部门负责配合省级生态环境主管部门落实相关具体工作，并根据本办法有关规定实施监督管理。

第十四条　生态环境部根据国家温室气体排放控制要求，综合考虑经济增长、产业结构调整、能源结构优化、大气污染物排放协同控制等因素，制定碳排放配额总量确定与分配方案。

省级生态环境主管部门应当根据生态环境部制定的碳排放配额总量确定与分配方案，向本行政区域内的重点排放单位分配规定年度的碳排放配额。

第十七条　重点排放单位应当在全国碳排放权注册登记系统开立账户，进行相关业务操作。

第十九条　国家鼓励重点排放单位、机构和个人，出于减少温室气体排放等公益目的自愿注销其所持有的碳排放配额。

自愿注销的碳排放配额，在国家碳排放配额总量中予以等量核减，不再进行分配、登记或者交易。相关注销情况应当向社会公开。

第二十条　全国碳排放权交易市场的交易产品为碳排放配额，生态环境部可以根据国家有关规定适时增加其他交易产品。

第二十九条　重点排放单位每年可以使用国家核证自愿减排量抵销碳排放配额的清缴，抵销比例不得超过应清缴碳排放配额的5%。相关规定由生态环境部另行制定。

用于抵销的国家核证自愿减排量，不得来自纳入全国碳排放权交易市场配额管理的减排项目。

第四十二条　本办法中下列用语的含义：

（一）温室气体：是指大气中吸收和重新放出红外辐射的自然和人为的气态成分，包括二氧化碳（CO_2）、甲烷（CH_4）、氧化亚氮（N_2O）、氢氟碳化物（HFCs）、全氟化碳（PFCs）、六氟化硫（SF_6）和三氟化氮（NF_3）。

（二）碳排放：是指煤炭、石油、天然气等化石能源燃烧活动和工业生产过程以及土地利用变化与林业等活动产生的温室气体排放，也包括因使用外购的电力和热力等所导致的温室气体排放。

（三）碳排放权：是指分配给重点排放单位的规定时期内的碳排放额度。

（四）国家核证自愿减排量：是指对我国境内可再生能源、林业碳汇、甲烷利用等项目的温室气体减排效果进行量化核证，并在国家温室气体自愿减排交易注册登记系统中登记的温室气体减排量。

2.《碳排放权交易管理规则(试行)》(生态环境部公告2021年第21号)

第五条 全国碳排放权交易市场的交易产品为碳排放配额,生态环境部可以根据国家有关规定适时增加其他交易产品。

第二十三条 交易机构实行风险警示制度。交易机构可以采取要求交易主体报告情况、发布书面警示和风险警示公告、限制交易等措施,警示和化解风险。

3.《碳排放权登记管理规则(试行)》(生态环境部公告2021年第21号)

第二十二条 司法机关要求冻结登记主体碳排放配额的,注册登记机构应当予以配合;涉及司法扣划的,注册登记机构应当根据人民法院的生效裁判,对涉及登记主体被扣划部分的碳排放配额进行核验,配合办理变更登记并公告。

4.《温室气体自愿减排交易管理暂行办法》(发改气候〔2012〕1668号)

第七条 国家主管部门建立并管理国家自愿减排交易登记簿(以下简称"国家登记簿"),用于登记经备案的自愿减排项目和减排量,详细记录项目基本信息及减排量备案、交易、注销等有关情况。

第二十一条 国家主管部门依据专家评估意见对减排量备案申请进行审查,并于接到备案申请之日起30个工作日内(不含专家评估时间)对符合下列条件的减排量予以备案:

(一)产生减排量的项目已经国家主管部门备案;

(二)减排量监测报告符合要求;

(三)减排量核证报告符合要求。

经备案的减排量称为"核证自愿减排量(CCER)",单位以"吨二氧化碳当量(tCO_2e)"计。

第二十二条 自愿减排项目减排量经备案后,在国家登记簿登记并在经备案的交易机构内交易。用于抵消碳排放的减排量,应于交易完成后在国家登记簿中予以注销。

5.《碳排放权交易有关会计处理暂行规定》(财会〔2019〕22号)

二、会计处理原则

重点排放企业通过购入方式取得碳排放配额的,应当在购买日将取得的碳排放配额确认为碳排放权资产,并按照成本进行计量。

重点排放企业通过政府免费分配等方式无偿取得碳排放配额的,不作账务处理。

6.《企业会计准则——基本准则》(中华人民共和国财政部令第76号)

第二十条　资产是指企业过去的交易或者事项形成的、由企业拥有或者控制的、预期会给企业带来经济利益的资源。

前款所指的企业过去的交易或者事项包括购买、生产、建造行为或其他交易或者事项。预期在未来发生的交易或者事项不形成资产。

由企业拥有或者控制,是指企业享有某项资源的所有权,或者虽然不享有某项资源的所有权,但该资源能被企业所控制。

预期会给企业带来经济利益,是指直接或者间接导致现金和现金等价物流入企业的潜力。

第二十一条　符合本准则第二十条规定的资产定义的资源,在同时满足以下条件时,确认为资产:

(一)与该资源有关的经济利益很可能流入企业;

(二)该资源的成本或者价值能够可靠地计量。

第二十二条　符合资产定义和资产确认条件的项目,应当列入资产负债表;符合资产定义、但不符合资产确认条件的项目,不应当列入资产负债表。

附录十七：涉温室气体排放报告纠纷案件相关法条摘录

一、法律

《刑法》

第二百二十九条 【提供虚假证明文件罪】承担资产评估、验资、验证、会计、审计、法律服务、保荐、安全评价、环境影响评价、环境监测等职责的中介组织的人员故意提供虚假证明文件，情节严重的，处五年以下有期徒刑或者拘役，并处罚金；有下列情形之一的，处五年以上十年以下有期徒刑，并处罚金：

（一）提供与证券发行相关的虚假的资产评估、会计、审计、法律服务、保荐等证明文件，情节特别严重的；

（二）提供与重大资产交易相关的虚假的资产评估、会计、审计等证明文件，情节特别严重的；

（三）在涉及公共安全的重大工程、项目中提供虚假的安全评价、环境影响评价等证明文件，致使公共财产、国家和人民利益遭受特别重大损失的。

【提供虚假证明文件罪】有前款行为，同时索取他人财物或者非法收受他人财物构成犯罪的，依照处罚较重的规定定罪处罚。

【出具证明文件重大失实罪】第一款规定的人员，严重不负责任，出具的证明文件有重大失实，造成严重后果的，处三年以下有期徒刑或者拘役，并处或者单处罚金。

二、司法解释与两高司法文件

1.《最高人民法院、最高人民检察院关于办理环境污染刑事案件适用法律若干问题的解释》

第十条 承担环境影响评价、环境监测、温室气体排放检验检测、排放报告编制或者核查等职责的中介组织的人员故意提供虚假证明文件，具有下列情形之一的，应当认定为刑法第二百二十九条第一款规定的“情节严重”：

（一）违法所得三十万元以上的；

（二）二年内曾因提供虚假证明文件受过二次以上行政处罚，又提供虚假证明文件的；

（三）其他情节严重的情形。

实施前款规定的行为，在涉及公共安全的重大工程、项目中提供虚假的环境影响评价等证明文件，致使公共财产、国家和人民利益遭受特别重大损失的，应当依照刑法第二百二十九条第一款的规定，处五年以上十年以下有期徒刑，并处罚金。

实施前两款规定的行为，同时索取他人财物或者非法收受他人财物构成犯罪的，依照处罚较重的规定定罪处罚。

2.《最高人民检察院、公安部关于公安机关管辖的刑事案件立案追诉标准的规定(二)》

第八十一条 ［提供虚假证明文件案(刑法第二百二十九条第一款、第二款)］承担资产评估、验资、验证、会计、审计、法律服务等职责的中介组织的人员故意提供虚假证明文件，涉嫌下列情形之一的，应予立案追诉：

（一）给国家、公众或者其他投资者造成直接经济损失数额在五十万元以上的；

（二）违法所得数额在十万元以上的；

（三）虚假证明文件虚构数额在一百万元且占实际数额百分之三十以上的；

（四）虽未达到上述数额标准，但具有下列情形之一的：

1. 在提供虚假证明文件过程中索取或者非法接受他人财物的；

2. 两年内因提供虚假证明文件，受过行政处罚二次以上，又提供虚假证明文件的。

（五）其他情节严重的情形。

第八十二条 ［出具证明文件重大失实案（刑法第二百二十九条第三款）］承担资产评估、验资、验证、会计、审计、法律服务等职责的中介组织的人员严重不负责任，出具的证明文件有重大失实，涉嫌下列情形之一的，应予立案追诉：

（一）给国家、公众或者其他投资者造成直接经济损失数额在一百万元以上的；

（二）其他造成严重后果的情形。

第八十八条 本规定中的“虽未达到上述数额标准”，是指接近上述数额标准且已达到该数额的百分之八十以上的。

第九十一条 本规定中的“以上”，包括本数。

李 华

盈科律师事务所创始合伙人、盈科全国业务指导委员会主任。

李华律师作为盈科全国业务指导委员会主任，负责盈科体系内的专业化建设，带领盈科律师，构建出完整的专业化法律服务体系，包括研究院、专业委员会及综合性法律中心，推动盈科律师专业化的法律服务，以适应法律服务市场不断细分的需要。在此基础上，通过集成各专业委员会纵深化的法律服务能力为客户提供综合性的法律服务。

曾荣获全国律师行业优秀党员律师、北京市优秀律师、朝阳区优秀律师、朝阳区首届优秀女律师、朝阳区优秀党员的荣誉称号，钱伯斯《大中华区指南2023》TMT：数据保护&隐私领域上榜律师。

刘新海

盈科上海高级合伙人律师，中南财经政法大学法学学士，华东政法大学法律硕士。现任盈科全国碳中和法律专业委员会主任、盈科全球ESG中心气候变化分中心主任，盈科上海资产管理法律事务部主任；荣获盈科上海2021年度领军人才称号，并曾多次荣获盈科律师事务所“优秀金融与资本市场律师”称号；已取得上海环境能源交易所碳交易员资质。同时担任上海市律师协会融资租赁专业委员会委员、全联新能源商会理事、喜牛私募学院认证讲师、中南财经政法大学上海校友会第五届理事会副会长。

主要执业领域为碳资产开发与管理、碳交易、碳金融、ESG合规、融资租赁、商业保理、供应链金融、私募基金、投资并购、不良资产处置、资产证券化、企业投融资、公司股权、公司争议解决等法律业务。

陈勇珍

盈科成都管委会副主任、政府法律事务部主任。并担任四川省法律人才专家库成员、成都市法学会首席法律咨询专家库专家、成都市律师协会理事会理事，成都市法学会第五届理事，成都市律师协会政府法律顾问专业委员会副主任、凉山仲裁委员会专家咨询委员会委员、遂宁仲裁委员会仲裁员、成都理工大学法学客座教授等社会职务。